MONEY CHANGES EVERYTHING

How Finance Made Civilization Possible

金融創造文明

從美索不達米亞到世界經濟體的誕生
5000年前至21世紀世界經濟大歷史

William N. Goetzmann

威廉・戈茲曼——著 吳書榆——譯

國際媒體、專家學者一致推薦

唯有兼考古學家、藝術史學家與備受尊崇的金融學者於一身的威廉·戈茲曼，才可能寫出這本跨越時代、探索貨幣與投資的偉大之作。《金融創造文明》深入、廣泛且無所不包，還有華美的插圖，全部一次到位。這是一本會讓讀者細細品嘗且不斷回頭參考的好書。

——威廉·伯恩斯坦（William Bernstein），《貿易大歷史：貿易如何形塑世界，從石器時代到數位時代，跨越人類五千年的貿易之旅》（*A Splendid Exchange: How Trade Shaped the World*）

貨幣是自輪子之後最偉大的發明。在《金融創造文明》這部大作中，威廉·戈茲曼追蹤貨幣的角色，上至史前時代，下及現代，說明文明如何在金融交易的基石上發展。這本書寫得好，極為動人。

——埃羅伊·迪姆遜（Elroy Dimson），劍橋大學兼倫敦商學院在《金融創造文明》裡，讀者可以了解大量的金融核心概念。威廉・戈茲曼運用廣泛的歷史範例，解釋為何金融與文明的演進密不可分。

——羅伯・席勒（Robert J. Shiller），諾貝爾經濟學獎得主

在這本引人入勝的書裡，身為現代文藝復興者的威廉・戈茲曼證明，金融貫穿了整部有紀錄可考的歷史，其力量改善了人類的處境。一如其他技術，金融創新有時極具顛覆性，但，戈茲曼指出，大部分時候這些創新都促動了經濟進步，也為個人開拓了機會。

——理查・希拉（Richard Sylla），紐約大學史登商學院（Stern School of Business, New York University）

若有人告訴我某人能一貫且巧妙地把卡爾・馬克思、楔形文字板、南海泡沫、鴉片貿易與大衛的畫作《馬拉之死》放在同一本書裡，我會懷疑地搖搖頭。這本書卻做到了。《金融創造文明》縝密周詳地思考了金融對於現代文明的貢獻，是一本讓人驚豔之作。

——漢斯—喬亞吉姆・沃斯（Hans-Joachim Voth），蘇黎世大學（University of Zurich）

一部出色的貨幣與金融史。

——《紐約時報》（*New York Times*）書評

提出讓人信服的理據，證明金融是各種改變局面因素當中最重要的改變局面因素。

——《金融時報》（*Financial Times*）

《金融創造文明》這本書是一部跨越三千年的金融史，書中有為人樂見的解方，用來化解近年來我們看到銀行家們連續不斷造成的衝擊。說到底，少了金融，文明生活幾乎無法存在。

——《華爾街日報》（*Wall Street Journal*）

全方位的歷史，充滿了有趣的小故事……全部內容都讓人樂在其中，我認為，對於任何有興趣了解金融史的人來說，這是一本很重要的書。

——開明經濟學家（Enlightened Economist）部落格

威廉・戈茲曼的《金融創造文明》全面檢視金融與世界史，這趟長達五千年的旅程，說明了自由市場資本主義在建立國家與為人類謀幸福等面向上扮演的關鍵角色。

——《華盛頓自由燈塔網路報》（*Washington Free Beacon*）

這是一份易讀的研究，但妥適地重新配置了過去、現在與未來。

——《科克斯書評》（*Kirkus*）雜誌

《金融創造文明》是一座寶庫，泛範疇之廣無人可及，洞見之深刻亦無可匹敵……任何身處金融界或是想要了解何謂金融的人，都要一讀本書。

——《金融郵報》（*Financial Post*）

是任何有對於金融史有興趣的人必讀的書。

——《市場觀察新聞網》（*MarketWatch*）

我就直說了吧，每一個對於金融是感到好奇的人，都會因為讀了本書而大有收穫。

——琳達・茱賓（Linda Jubin），「調查網」（Investing.com）

本書是兼具綜合性與學術性的出色之作，提供深入的觀點，供每一位想要理解文明社會裡金融與金融規範所扮演角色造成的現有問題的人參考。

——伊利・卡內提（Elie Canetti），《金融與發展期刊》（*Finance & Development*）

單一本書無法掌握和金融史相關的一切，但《金融創造文明》已經非常接近全面綜觀金融基礎架構……戰爭、建國、金融、數學甚至藝術彼此的綜橫交錯，本書都有詳細的分析……威廉・戈茲曼寫的這本書就像是一趟讓人入迷的導覽，帶領讀者暢遊貨幣、金融、概率與風險。

——大衛・亨德森（David R. Henderson），《規範季刊》（*Regulation*）

戈茲曼將他在金融、建築、考古、漢學與藝術史方面的專業細細編織成極為豐富的織錦。戈茲曼對這個主題的熱情，深具感染力……戈茲曼以讓廣泛讀者都能讀懂的方式寫出一本博學多聞的書，本書應該是所有金融專業人士與對於經濟學、金融或歷史有性取者的必讀書。如果想了解貨幣如何改變一切，那麼，絕對必讀戈茲曼的鉅著。

——約翰・透納（John D Turner），《經濟史評論期刊》（*Economic History Review*）

這是講述金融技術與機構長期發展與重要性的歷史，是一本結合了原始素材的有用綜合性書籍，主張金融體系提供了推進文明的方法。

——葛拉罕・奧利佛（Graham Oliver），布朗大學（Brown University）

從早期的文明講到現代，從兩河流域的新月沃土講到目前的全球社會，這本書包含了對於金融史的豐富有趣觀察。親切的語調以及許多和個人發現有關的小故事，必能引人入勝。

——彼得・特明（Peter Temin），麻省理工學院（Massachusetts Institute of Technology）

致謝

感謝每一位讀過本書草稿並提供建議的人，包括我的朋友、同事與和我共同寫作過的人：我的編輯賽斯・迪奇克（Seth Ditchik）、我的同事格特・羅文霍斯特（K. Geert Rouwenhorst）、瑞克・孚瑞翰（Rik Frehen）、大衛・勒・布里（David Le Bris）、馬丁・舒比克（Martin Shubik）、陳志武（Zhiwu Chen）、道格拉斯・雷伊（Douglas Rae）、芮樂偉・韓森（Valerie Hansen）、亨利・漢斯曼（Henry Hansmann）以及三位不願具名的評論者。我最感謝先父威廉・戈茲曼（William H. Goetzmann）的支持，是他的鼓勵與助力讓我能堅持寫作本書的計畫。他強調和廣大群眾溝通的重要性。感謝麗・安・克拉克（Leigh Ann Clark）幫助我處理本書重要部分的實務挑戰，感謝喬安娜・帕拉席歐（Johanna Palacio）管理寫作本書這個專案，以及她為本書的版面所做的出色成績，我也非常感謝陳元（Yuan Chen）仔細地編輯本書和中國有關的章節。多年來，烏拉・卡斯頓（Ulla Kasten）一直在協助我取得耶魯大學巴比倫文物館的館藏，特此感謝。

我也感謝多位提供建議並指引正確方向的學者：班恩・佛斯特（Ben Foster）、馬可・馮・迪・米路普（Marc Van De Mieroop）、柯麗莎（Elisabeth Köll）、羅伯・席勒（Robert Shiller）、提摩西・楊恩（Timothy Young）、凱薩琳・拉比歐（Catherine Labio）、強納森・史班斯（Jonathan Spence）、史蒂芬・平克斯（Steven Pincus）和娜歐蜜・拉摩瑞絲（Naomi Lamoreaux）。感謝威廉・菲茨赫（William Fitzhugh）和哈維・衛斯（Harvey Weiss）在我事業發展早期讓我參與他們開創性的考古探險。感謝我的朋友威廉・瑞斯（William S. Reese）讓我知悉許多金融史上難得一見的文件，成為本書中重要的內容。

我尤其感謝耶魯管理學院多年來的支持。耶魯大學以及匿名贊助人為國際金融中心提供的資金，讓我得以遊歷金融史上重要地點、收集與研究早期的金融文獻、探索全世界的檔案紀錄、建立早期金融市場資料庫、匯聚領域內一流的學者以促進討論和互相激盪交流構想，最終能發展出金融史的各種案例與研究路線。雖然未納入本書，但詹恩・伊萊亞斯（Jaan Elias）、安卓雅・娜姬—史密斯（Andrea Nagy-Smith）與珍・羅森塔爾（Jean Rosenthal）發展出的案例研究，豐富了我對過去的了解。最重要的，我要感謝耶魯大學打造出智性豐富的環境，始終如一地大力推廣跨學門的研究。

目次

前言

在一般人心目中，金融是抽象的數學主題，偶爾因為戲劇性的危機引人注目，或是成為行為無度的象徵。但事實上，金融是過去五千年來人類社會發展中不可少的一部分，深深影響了第一批城市的形成、各古帝國的興起，以及人類對整個世界的探索。

金融史是一部高潮迭起的故事。比方說，古代近東為了記載金融契約，專門發明書寫系統。在第一批納入時間與風險的複雜模型裡，金融是其中不可或缺的一環。雅典帝國能擁有黃金時代，金融訴訟和蘇格拉底（Socrates）同樣厥功甚偉。若少了複雜的金融組織，羅馬帝國充滿傳奇的財富也無法維持幾個世紀。中國古代的文明發展出自己的金融傳統，讓統治者得以維繫一個龐大的帝國。

在現代歐洲，金融在數學上激發出一套新的傳統，將風險量化並進行分析，促成了過去無法成事的探索與發掘。後來又出現新的金融架構：股份公司，成為整合資本的工具，促成亞洲以及美洲之間的貿易。金融更是帶動工業革命的一項重要輔助因素。二十世紀時，資本市場開放投資，刺激出新穎的方案來解決諸多重大社會問題：為了降低家庭的經濟風險，推出社會安全、主權基金以及個人存款帳戶等等機制。這些制度在金融史當中都可以找到悠長的淵源。

金融對人類大有貢獻，但同時也創造了各種問題：負債、市場泡沫、毀滅性的危機與崩盤、行事剝削的公司、帝國主義、所得不均等等，難以盡述。金融史也正是科技史：講的是做事的方法。一如其他科技，金融的發展來自於增進效率的創新，本身並無好壞可言。

時間與金錢

金融之所以有力量在世界發展史中引發重大轉變，是因為金融能把經濟價值在不同的時間點推前移後。就以房貸為例，買屋者承諾未來三十年每個月都要付一筆錢，透過房貸轉換成當下的一整筆錢。房貸已經太普遍，尋常到一般人根本不覺得有什麼了不起；但，想想看，買屋者因此突然之間能拿出一大筆本來沒有的財富。金融的強大力量來自何處？為何有效？又有哪些地方會出錯？這些都是本書要探討的幾個重要議題。

房貸替屋主把錢挪到眼前，但是，對於放款者來說，則是把錢挪到未來。同理，擔心退休後生活的人也可以在目前先買好以後的生活費——折現率通常很高。有能力解決照顧自己退休後人生這個基本問題，能讓人擁有強大的力量，而其仰賴的是精密的技術架構，藉以表述與執行跨越數十年的承諾，在某些時候甚至可長達數百年。本質上，金融技術宛如一部我們替自己打造的時光機，雖然無法帶著人們穿梭在不同的時間點，但可以把金錢乾坤大挪移，從而改變了人目前與未來的經濟地位。金融也改變了人類的思維方式，增進了人類想像與盤算規畫未來的能力。由於過去是預測未來的根本基礎，金融也促使我們更深入了解過去並加以量化。金融助人類一臂之力，使我們成為能穿梭時光的動物。有了時間維度（temporal dimension），才有了金融架構，反之，金融架構也塑造出了時間維度的種種可能。

本書探索世界發展史中金融演化的幾個重要階段，基本前提是文明需要精密的工具，以管理時間和風險的經濟性質。古代近東第一批文明興起時，金融也隨之而起，此後在許多我們認為相當複雜的社會文化當中扮演要角。過去五千年來，各個文明都面對幾個共同的問題，而，解決問題時，他們不約而同借用或新發明了類似的金融工具組。

中國在本書中占有一席之地，這是因為中國以獨特的方式面對經濟性時空帶來的複雜文明挑戰。某些金融工具與方法透過貿易和契約早已傳遍歐亞大陸各地，然而，中國的金融發展仍走出自己的路；中國推演出獨有的貨幣經濟體、獨有的會計與金融控制體系，也擁有第一批紙本證券：這指的是馬可・波羅（Marco Polo）親眼所見、親手使用的中國紙本貨幣，比歐洲出現印刷術的時間早了幾百年。中國與歐洲金融發展的同聲與異調，反映了不同的歷史軌跡。我們可以從中學到不同的金融技術有哪些共同之處，如何運用出類似的創新，以及社會、政治與文化的大架構如何採行、改造與納入新的想法。拿中國與歐洲的金融發展兩相對照，反映的是我個人過去二十年來的研究興趣；但非常遺憾的是，我必須捨棄許多其他文明出現的證據。

人文與城市社會過去五千年來飛快擴張，正好證明金融大大增進人類社會的能力，降低了人類的生存風險，並跨越時間資源配置以孕育成長。然而，文明的茁壯也為自身招來問題，其中最嚴重的就是要如何維持跨時的平衡，亦即，如何在目前與未來世代中做取捨。

這本書某種程度上是我個人要講的故事，在將金融當成推動文明的技術為前提，訴說我認為形塑了金融史的人、地與事物。本書並未假裝成一本全面討論世界金融史的書；要寫出後面這類作品是一大工程，目前已經集合學界之力進行到某個程度。本書探討的是聯繫起金融與文明的特定主題，以及我個人的獨特經驗。在這兩方面，我的身分都是金融經濟學家兼曾涉獵考古學與製片業的參與者；關於金融在社會中所扮演的角色，這兩個面向分別提出了不同的參考架構。這些過往經驗帶我走進金融史中某些讓人讚嘆之處，我祈求讀者能諒解我，因為我在其中一些地方加入了個人色彩。「……之地」這樣的參考架構，有時候會牽引出更豐富的脈絡，供人發掘。而，在進入正題之前，讓我先來談一談金融技術概略、文明的某些定義以及兩者之間相關的邏輯。

金融有四大要素：

一、金融將經濟價值重新配置在不同的時間點上；

二、金融重新配置風險；

三、金融重新配置資本；

四、而且金融拓展了重新配置的管道，也增添了複雜度。

且讓我逐一說明。

前述的房貸範例闡述的是第一個要素：將經濟價值重新配置到不同的時間點上。房貸是一種金融契約，而金融契約種類繁多，每一種都是在今天做出對未來的承諾。這種契約讓締約各方都有利，藉此將現在和未來連起來。

其二，金融重新配置風險。所謂配置到不同的時間點上，是指金融契約必須穿越把現在和未來區分開來的障礙，而這些障礙帶有不確定性。有些風險我們必須與之共存，比方說隕石撞擊地球的風險，但有些風險我們可以想辦法減輕或重組。金融契約接受時間維度裡天生就存在的風險，並配置到不同的對象身上。舉例來說，壽險契約就把單一家庭的死亡風險轉移到大型機構，而這個機構回過頭來又把許多其他類似的契約整合在一起，進而分散風險。

其三，金融可以重新分配資本。以股市為例，股市可以讓投資金流進到生產企業當中。以銀行為例，銀行放款給有潛力獲利的企業。從這樣的角度來看，金融便是促進經濟成長的技術。

第四，金融拓展了重新配置的管道，也增添了複雜度。當金融隨著時間不斷發展，也創造出更豐富的跨時契約可能性。這種豐富度與複雜性，反映出創造金融的社會本身的複雜性。偶爾，複雜會為規範其特性的語言帶來挑戰，測試語言的能耐。比方說，現代的不動產抵押證券化契約（mortgage-backed securitization contract）可長達九百頁，詳述各式各樣的條件、權利與責任。複雜的好處，在於可拓展締約當事人之間的「空間」，這是指，這當中有很多可供協商之處。允許複雜，就能達成在較簡單的體系之下無法成立的合約。金融造就的跨時合約豐富與複雜，本身就是一項重要的技術貢獻。若少了這種多面向的自由度，就不可能催生出某些基本的文明活動。

在不同的時間點上重新配置

喜歡金融契約的人，通常是想要把價值挪到現在，和想要把價值移到以後的人。想把錢挪到現在有兩大理由：支應消費及生產。消費動機是指需要現金來支應目前的費用、購買食物、支付醫療費用，或是因應某些之前沒有設想到的成本。

消費性貸款也可用來降低風險。在一個充滿不確定的世界裡，總是會有突發費用。金融契約讓你可以借用未來的錢或以未來作為擔保，減緩今天的負面衝擊。當發生極端的情況，例如作物歉收或急病，急難貸款能讓你有食物可吃、有錢可以治病，縮短好時機與壞時機的差異。金融契約可以成為保生存的重要工具。順帶一提，金融契約也為政府帶來了同樣的潛在益處。政府可借錢來支付國防費用或因應突如其來的天災人禍，未來再用稅收償還。若以經濟術語來說，金融的這種功能叫作「跨時拉平消費」（intertemporal smoothing of consumption）。

生產性貸款則不同於消費性貸款，前者在經濟體中扮演特殊角色，因為這類貸款的基礎是成長的概念。生產性貸款不僅是撫平現在和未來的經濟衝擊而已，更創造出不同的未來可能性。金融可以匯集資本創辦企業，在未來創造出更高的價值。舉例來說，農民可以借錢買種子耕種，收成的價值將遠遠超過購買種子的原始成本。若無法借貸，農民就難以善加利用土地。

同樣的，透過金融，也可以善用人類的聰明才智。少了金融，就只剩下已經有錢的人才能創業。金融消除了創業必得要具備財富這個前提，將資本注入可能有生產力的專案當中，不去管創業者是否富有。從這個角度來看，金融讓一般人雨露均霑財富的優勢：金融讓大家都有機會得到供生產用的資本，消除了必須為生產性專案籌資的原有限制。這是把金融和經濟成長連在一起的基本邏輯。

但，把金融用於消費和生產也有潛在問題。消費性貸款飽受抨擊，被視為助長揮霍行為與剝削求助無門的借款人。生產性貸款可能扭曲資本配置，來得容易的貸款可協助具獲利能力的企業，同樣也可能促成愚蠢的專案。

不管出於什麼樣的消費與生產理由，要挪動目前的錢，可以透過各種不同的金融契約進行。最簡單的一種是貸款，但也還有各種其他的金融性承諾。股票或合夥持份提供的是企業的所有權，而不是未來會固定支付的金額。保險與選擇權契約未來要支付多少錢，要視特定的事件或條件是否發生而定。在整部歷史中，人類想出過千百種契約形式以便讓更多人能參與生產性活動，我們會在本書中詳談其中某些類型。

投資

消費與生產使用的是目前的資本，投資則負責提供資本。這是讓人能替未來存款的基本技術。正因如此，退休基金才會持有股票、債券以及其他金融資產。

把錢拿去投資而不是花掉，代表你需要把歡娛延後。如果沒有充分的理由，沒人喜歡把快樂延後，對投資者來說，延後的重大誘因是預期未來可獲得更高的消費。以形式最單純的金融契約（即貸款）來說，把錢借出去的人期望之後能把借款拿回來，並再多加一點：利息。貸款期限愈長，投資人遞延個人消費的時間也就愈長，因此，通常借錢的人會承諾更高的利息以作為補償。

我們可以把投資報酬率想成時間的價格，這個價格讓跨時的資金供給與需求達成均衡，也平衡了投資者和消費者／生產者之間的需求。舉例來說，如果利率太低，投資人可能就寧願把錢花掉，不存下來。如果利率太高，生產者可能會放棄生產專案，因為他們借來的資本預期報酬率不足以償還貸款。

這些取捨看來雖然簡單，卻蘊藏著放諸四海皆準的意義。資本投資的生產力，調和了全世界的消費者／生產者與投資人。透過金融機構和市場，投資人得以和今天的消費者／生產者搭上線。這是很微妙的平衡。金融一旦崩盤，投資人就會縮減投入企業的資本金流。人口動態是這種平衡當中的基本要素。當全世界人口的預期壽命延長，儲蓄的需求也隨之提高。當世界人口老化，生產者對消費者的比率則會隨之下降。金融不只調和現在與未來，也調和年輕世代與年長世代。

基於同上的理由，現在與未來之間的金融等式要能發揮功效，前提為經濟真的有所成長。當世界上隨處皆是創業機會時問題不大，然而，隨著新興經濟體步向成熟、成長隨之減緩時，未來的成長在哪裡這個問題便隱隱浮現。長久以來，經濟學家以及規畫專家都很擔心成長限制這個可怕的幽靈，以及現在與未來的經濟價值聯繫關係隨之崩壞的問題。

文化與金融

我們很容易就認為金融很抽象，畢竟，在時間當中穿梭這個概念基本上就很抽象，但實際上，金融就具體地嵌在人類的文化與行為當中。長久以來，要如何把金融放入道德與文化的脈絡裡頭，一直是讓人類社會傷透腦筋的事。金融可以解決很多重大問題，但也可能威脅到現狀。在緊急狀況下，金融會讓助人者變成求助者。金融重新配置財富，創造出潛在的社會流動與社會干擾。

從某些角度來說，家庭是最基本的跨時經濟性機構。比方說，由兒女在家裡照顧年邁父母的這種社會契約（social compact），就是一種退休方案。同樣的，家庭、朋友或社群成員之間的互惠性餽贈承諾，也擔負著與金融貸款相似的功能。但，和貸款不同的是，這類餽贈得到的補償不是拿到利息，而是對方未來履行社會責任；這會強化、而不是削弱社交網絡的緊密度。

這類安排遠早於正式的金融契約。能催生出金融的，都是已經把跨時問題處理到一定程度的文化脈絡。從這個角度來看，金融契約並非新鮮事，不過是替代了傳統的跨時機制，但通常都以傳統為基礎再加以改進。也因此，金融契約代表著挑戰現狀。

偶爾，文化會回過頭來反將金融一軍，尤其是發生金融危機之時。會有這類反應，部分理由可能是因為金融對傳統社會、經濟與政治機構造成威脅。比方說，金融從業人員最早遭受的人身攻擊，有一部分便是出於想鞏固政權的巴比倫政治領導人物。十八世紀英國有史以來首度出現的股市熱潮之所以受到批評，部分理由是因為女性投資人居然能在向來由男性主導的領域賺錢。

就因為金融是一股潛在的擾動力量，導致社會經常設法畫出限制作為規範。這類限制有時會以道德的措辭來表達。反高利貸的法律打著保障借款人的名義，英國的〈泡沫法〉（Bubble Act）則藉口要阻止悖德的投機，從而限制商業股份公司設立。美國於一九三〇年代成立證券交易委員會，以規範可能發生的濫用金融技術與工具。在這些以及其他對金融契約所做的限制背後有一個隱含（且合理）的假定，認為必須要設置規定才能防範精通金融的人去剝削不太具備相關知識的人；但更深層的事實是，金融重新架構了權力。精通金融、能想通如何取捨現在與未來的人，在充滿金融工具與市場的世界裡是無比珍貴的資產，但也可能代表了危險。金融具有引發重大社會變革的潛力，這本來就是很危險的事。

金融與文明

金融提供了大量的方式重新架構人際關係，尤其是，金融可以拓展互動的面向，分散在不同的時間點上。金融可以聚焦在經濟力量上，把這股力量快速地從一處挪到另一處。金融，可以是掀起戰爭的武器，也可以是創造和平的工具。這樣的複雜性與潛力，使得金融成為促成文明的特殊工具。在本書中，我提出論據，指出金融基於幾個理由出現在最初幾個人類文明裡；同時，基於其他理由，傳統的文化工具套件比較不常納入複雜的金融工具。

文明的標誌是都市化、社會分工、精密的符號體系與複雜且多面向的互動。文明也是能吸納與合成知識的開放系統。先父戈茲曼（W. H. Goetzmann）是歷史學家，他曾說過：

> 文化（culture）是由互有關聯的機構、語言、想法、價值觀、神話與符號組成的架構，多半具有排他性，甚至部落意味濃厚。反之，文明（civilization）則對於新的慣例與想法抱持開放態度。文明是社會性質的資訊體系，綜合、混亂且常讓人迷惑，會因為社會性質經驗的豐富、多樣與複雜而持續成長茁壯。[1]

金融體系擴大了社會關係的範疇與本質，跨入了時間領域，期間可以很長，也可以很短。密集的都市型社會創造出各式各樣的人際關係。在都市裡，你不僅要和家人以及久識的熟人互動，也要和無法動用傳統互惠關係的人往來。在城市裡生活，你可能會和海外觀光客做一次性的交流，或者和不會依你的要求彼此互惠的商人重複交易。

錢幣、貸款以及合夥協議等等金融工具，為某些本來不願互動的人開拓了從事經濟互動的空間。他們不需要擁有共同的信仰體系或文化慣例，只要有一套可供記錄與執行的架構。金融工具開拓了個人可以達成協議的面向，而這樣的拓展正適合複雜、多面向城市社會的需求。

要有文明，需要各種不同類型的經濟性質代表人能締約，更需要能因應複雜、多面向問題的彈性。金融契約能容許大量的新形態報酬與承諾存在。即便是最早期，金融從業人員都是在非常精密的機構與承諾網絡中操作，他們必須與宮廟和皇宮等機構交手，和農民與其他生產者交手，和遠距的貿易商交手，這些貿易商又去和其他的文化與文明從事經濟交流。早期的金融從業人員要仰賴各種不同的結果與事件：政治決策、農產品收成、海外貿易賺得的財富、大宗商品不斷波動的價格以及員工的誠實。要過複雜的生活，需要在許多不同面向根據未來各種未知的成果進行互動、規畫並許下承諾。文明的社會與經濟複雜性衍生出來的需求，帶動了金融的發展。

金融與知識

金融在文明的另一個重要面向也扮演要角：知識的發展。人類之所以能了解世界的界限在哪

---

1 William H. Goetzmann. 2009. *Beyond the Revolution: A History of American Though from Paine to Pragmatism*. New York: Basic Books, p. xii.

裡，其中一個重要的方式是透過需要耗費金錢時間的貿易航行；在背後提供資金的，是期待未來能獲利的投資人。透過這種方式，金融成為一個輔助因素，促成文明的拓展。貿易路徑把天涯海角的各種社會連了起來。打從一開始，長程貿易就創造出極長的時間差：不確定這塊簾幕，把投資與報酬遠遠隔了開來。哥倫布（Columbus）必須耐心等候，才能籌足資金進行第一趟橫渡大西洋的旅程，而且他必須承諾未來會給贊助人當下尚不可知的利潤。他和西班牙皇室之間訂下的契約極其繁複：他能享有政治上的禮遇，還能分得未來大西洋兩岸貿易營收的一成。他也協商出另一個選擇：如果任何商業性事業體組織要利用他的發現，他至多可以投資八分之一的股份。少了這些跨時契約，他可能永遠都無法出航。

我也會提到金融如何改變人類用來發展與保存知識的工具。金融問題激發了書寫、記錄、計算與印刷的發展，也直接導引出某些對人類而言最重要的數學創新，包括推演出演算法，發展和機率與不確定性相關的數學，還讓數學得以表達無限長的數列，並把時間以及變化過程切分成無數的小區間。

在金融刺激之下，發展以未來為標的的量化模型，也有辦法維護大量的歷史紀錄。市場教會了人們很多事，比方說，理性能力有其限制，以及計算錯誤會招致哪些危險。這些複雜的概念架構強化、增進了人類在解決問題方面的發展，但也造成傳統與量化思維模式的對立，金融創新與金融災難期間尤其凸顯衝突。金融架構不僅挑戰了傳統機構，也挑戰了傳統用來因應未知的概念架構。文化上的機會與財富概念蘊藏在各式各樣的符號、神話與道德觀組合當中，了解與管理金融與傳統之間的衝突，是現代社會的挑戰。

硬體與軟體

金融有兩大面向，我們可以想成是硬體和軟體。構成硬體的是諸如金融契約、股份公司、銀行、市場以及貨幣與法律體系等等元素，我通常把這稱為金融架構。而金融也是一套分析體系，納入了計算、記錄、演算法計算以及微積分和機率理論等先進數學方法。更深入來說，金融是一套思想體系，一種建構與解決關於金錢、時間與價值等複雜問題的方法。本質上，這是金融技術的軟體。

本書要強調的，是金融軟、硬體發展過程中的各個歷史性重要時刻。這兩個面向，都深入社會中的各種大型架構當中。金融的軟硬體演進時會用上其他工作與技術領域，其他的科技發展時也會汲取金融之長。

一體的兩面

金融軟、硬體每一次進步都能解決一個問題，但新的問題又出現了。金融解決方案強化了人類的各種能力，比方說打造城市、探索新世界、拓展經濟機會並促進經濟平等、控制風險並能因應不確定的未來。但有時候，金融創新會在社會當中引發嚴重失衡，甚至蔓延到各個不同的社會，這類干擾決定現代社會的根本衝突，也將持續影響世界未來的發展。我希望能探討金融的這兩個面向：金融解決問題的能力，以及金融引發問題的傾向。

觀點

本書會從幾個不同的觀點來寫。首先是透過金融工具發明者與使用者的角度。有時候我們知道這些人是誰，但他們多半是無名氏。發明有史以來的第一樁貸款，這是很了不起的構想，但沒人知道是誰想出來的。金融從業人員並非歷史學家，資本市場亦非圖書館；人類發明金融技術的用意是賺錢，而不是為了讓發明家名留青史。事實上，我們之所以能對某些金融創新者多一些了解，通常都是因為災難。舉例來說，深富遠見的銀行家約翰・勞（John Law）出名的理由，乃是因為他所創立創新性十足的密西西比公司（Mississippi Company）在幾年內破產，引發一七二〇年的泡沫；設立該公司的目的，是為了拯救法國免於破產。無論發明者多麼知名、無名或惡名昭彰，請記住，金融的存在是依附在人的生活，金融的目的是為了增進人的生活，金融的重點是人的生活。約翰・勞的密西西比公司裡每一位股東都是為了私人理由才買股票；他們可能是要冒險在風險性事業上賭一把，可能是因為信任約翰・勞的計畫，或者是因為大家都這麼做所以跟著做。不管理由是什麼，要知道某一項金融工具是否有用，唯一的方法是去問為何一開始會有人需要。說到底，金融是充滿人味且具體的存在，並非抽象理論。金融的重點不只是錢，更在於人以及人如何用錢。

第二種是研究人員的觀點。歷史是發現，歷史學家則是探勘人員。本書有一大半都是從考古學家、古典學家、歷史學家、經濟學家以及數學家的研究開始，之後往下推展。然而，另一群人也同樣重要：他們是獻身於保存過去的圖書館學家、收藏者與交易員，珍藏了歷史的文獻證據。

我希望能傳達他們追尋志業的沸騰熱血。其中某些人的觀點充滿了火花，有洞見，更加入了多年的審慎研究。舉例來說，如果沒有德州大學的丹尼絲・絲曼特—貝瑟芮特（Denise Schmandt-Besserat）教授，我們就無法了解古代近東金融的誕生；她發現了楔形文字（譯注：楔形文字為蘇美人發明的古老文字，用於兩河流域，是最早的文字之一，由最初的象形文字逐漸簡化、抽象化演變而成）書寫的起源：隨著金融契約一起出現。上海金融兼貨幣歷史學家彭信威也貢獻良多；他把一生奉獻給中國金融史，最後在文革期間不知所終。倘若經濟學家羅伯・席勒（Robert Shiller）的個人使命不是幫助人們自保以面對日常經濟風險，我們可能永遠也無法了解第一張通膨指數化證券會是怎麼一回事。

第三種則是實證觀點：實際的事物與地點。展現技術需要實際的工具與地點，以金融來說，這指的是錢幣、檔案、通訊信函，以及創造與交換這些物品的地方。錢幣和股票憑證等物品是工具，因為它們的用途是解決問題，例如價值儲存與傳遞的問題，以及在不同時間點傳輸價值的問題。這些東西可以由很多不同的材質製成，比方說陶土、金屬與紙莎草紙，印在羊皮紙、樹皮或紙上。重要的是，要了解實質的金融文化，才能理解金融如何發揮技術的作用。

另外還有一個文化觀點。雖然本書的重點並非金融文化史，但很多時候會有藝術家、作家、道德哲學家、戲劇家甚至喜劇演員來詮釋金融市場，從而影響了市場的發展。早在巴比倫時代，就有人從道德立場來批評金融是一種剝削人的工具。人類社會因金融工具的複雜度與抽象性而感到的不安，在藝術領域刺激出大量的詮釋解讀，回過頭來影響了文化對於金融的態度。我們有時候會從藝術方面去找看法；不管是十七世紀鬱金香狂熱時的印刷品，還是二十世紀紐約洛克斐勒中心（Rockefeller Center）描述商業的壁畫，藝術家對於金融的見解，在我們熟悉的文化符號脈絡下勾畫出金融。藝術家的觀點是本書敘事中不可或缺的一部分。

在我所做的金融相關研究中，有很多都以學術型的群眾為對象，但我寫作本書的動機之一，就是希望激發更多一般大眾去了解金融的起源；這是人類共有的工具組，也是一種偶爾看來很難懂、甚至很違反自然的心智狀態。活在當下的每一天很重要，而同樣重要的是，金融挑戰著我們，要我們認真去思考未來。

我個人認為，技術創新的軌跡大致上是不斷進步，而且未來也將如此。現今世界裡的金融解決方案，大致上有助於提升人類的生活品質。金融解決方案偶爾引發嚴重問題，但是，以全球社會觀之，人類在因應這類問題時迭有進步。如果沒有發明貸款、銀行、債券、股票、選擇權、資本市場、保險與股份公司，這個世界是否會成為一個更美好的地方？或許，但我存疑。本書的主張是，有了金融技術之後，可以容下更複雜的政治機構、更暢通的社會流動以及更高的經濟成長，簡言之，也就是給了我們名為文明的複雜社會應具備的所有主要指標。說到底，由於各個經濟體交織成一個複雜的全球性文明，金融面向上的關係也因此成為十分重要的工具。這個全球文明必須持續面對金融帶來的基本問題：如何平衡當下與未來的需求，以及如何讓金融的利益廣被社會中的每一個人，無論貧富。金融創新的歷史發展軌跡或許能提供有用的指引。

第一部　從楔形文字到古典文明

金融隨著幾個最早的城市開始發展，反過來說也成立。本書第一部的重點，放在城市文明與金融的同步興起。古代近東金融與文明的同時出現，給我們上了很重要的一課：政治社會發展的程度愈高，愈需要複雜的經濟組織與技術。過去因為有了金融基礎建設，城市社會才得以落實許多進步，現在仍是如此。在走向都市化的發展過程中，人類在經濟上也不再全然單純，在此同時也啟動一套發明與發現的過程，從根本上改變了人的經驗。

本書前四章要追蹤古代近東金融發展的非凡軌跡。我主張，發明一種方式用來表達不同時間點的價值交換，創造出了嶄新的思維模式：這是一種能預測經濟結果的能力，以同樣的具體觀點看待過去、現在與未來的價值。有了金融的相關發明，人們就能在明確描述的時間架構之下過經濟生活。進入這樣的量化跨時架構，便開啟了許多新的可能性。有些可以減緩風險，比方說，最早期的農業文明中便蘊含著金融思維，這是因為農業生活需要規畫農耕與操作農事，也需要記下未來要交付的大宗商品承諾。然而，金融工具也是戰事的一環。上古時代最早的邊境爭議紀錄，便寫到了要求以懲罰性的複利作為賠償。

在金融與城市社會共存的前兩千年期間，兩者都不是靜態的，在本書以古代近東為主題的情況這幾章，重點會放在人類社會如何改造金融工具以適應貿易與農業生產。從安納托利亞（Anatolia）到印度河，金融都是促進複雜商業操作的機制。

至於談到雅典與羅馬的那幾章，則會說明這兩種不同的文化如何採用與轉換近東的金融傳承。我主張，金融化正是創造出雅典與羅馬經濟體的因素。這兩個經濟體仰賴進口穀物。他們之所以發展出金融體系，有一部分是為了配置投資資本以支援商品貿易，以及把風險也配置到這類貿易上。

圖1　恩美鐵那錐體（Enmetena cone）的細部，其時期約為公元前兩千四百年。這個錐體是一份蘇美語文件，紀念拉格什（Lagash）城市國王恩美鐵那攻占敵對的烏瑪城（Umma）。統治者要求戰爭賠償，是最早的已知複利紀錄（作者提供）。

書中會著重希臘文明的兩大面向：法律和貨幣。雅典法庭光是存在，便創造了可執行的財產權，引來投資人。我主張，這些法庭在智慧方面也有重要影響，甚至也影響了認知。貿易爭議經常交由幾百位公民組成的陪審團辯證，這必然創造出一個人民普遍具備金融素養的社會。雅典經濟體的貨幣化，這一點也同樣重要。最近，學者主張，在雅典政治過渡期間貨幣化扮演要角，推助雅典轉向其最著名的政治形態：民主。貨幣既是分享雅典經濟成就的工具，也是調整個人態度向城邦輸誠的手段。

在這一部的結尾，會有一章專門談羅馬，勾勒出一個完全金融化的古代經濟體面貌；羅馬一如雅典，是個進口型的社會，透過商品貿易支撐起世界上最大型的城市之一。羅馬時代的個人財富在政治權力當中扮演重要角色，羅馬人以各種直接、間接投資機會來維繫財富。債務在羅馬金融體系裡也很重要，在一系列金融危機裡面留下了蛛絲馬跡。

羅馬最重要的金融創新貢獻之一，是創造出由股東持股的公司，以滿足城邦不斷成長的服務需求。這些公司稱為收稅人社會（publican society），當投資人可以參與分配包稅（tax-farm；譯注：指代替某個地區先支付應付的稅金，之後再向此地區收取產品與服務作為代價）與公共建設的收益，並供養羅馬的軍隊。收稅人社會是世界上最早的大型公開持股公司，有點像是現代的股份公司，股份的價值會變動，持股人是一般的羅馬人民。我主張，這類金融工具在羅馬史上某個時刻大大影響了羅馬的政治架構：這些工具提供了一種方法，把羅馬靠著擴張與征服得來的利益重新分配給各個重要的政治組成分子。

第一章　金融與書寫

本章要探討的是，金融技術如何出現在古代近東，以及金融在世界上第一批大型城市社會的特有面貌中所扮演的角色。美索不達米亞給了這個世界第一群大規模城市社會、第一部法律、第一批契約以及第一套先進數學，其中很多都直接或間接由金融技術發展而來。比方說，楔形文字是古代會計系統與契約無意中衍生出來的副產品，巴比倫則因為其金融性經濟體需要演算計算而發展出數學。早在四千年前，就已經出現最早一批用來說明商業成長與利潤的數學模型。巴比倫的法律體系極仰賴公證與見證文件與契約來設定個人權利與責任，很多都和現代金融工具與契約相似。許多以楔形文字檔案呈現的最早期抵押、契據、貸款、期貨合約、合夥協議以及信用狀，時期可回溯到公元前第二個千禧年，甚至更早。簡而言之，始於五千多年前的城市社會蓬勃發展，和新制度、新流程（其中有很多具有經濟性與金融性）的發展同步。這些金融實務操作（內含於大型的社會經濟制度當中）也就是我在前言中所說的金融硬體。

本章也會探討金融工具如何改變人的思維。有了金融技術才可能有金融契約，也才會有金融思維；金融思維指的是從概念上去建構經濟性互動，這類互動會用到金融的時間觀點。借入、借出與金融規畫等活動建構出特定的時間概念，用新方式加以量化，並為了能進行計算而予以簡化。這種新的思維與特殊化的知識，回過頭來會影響並擴大政府與企業的能力。這種概念性架構就是我在前言所稱的金融軟體。

金融仰賴的是人們有能力運用數學進行量化、計算與推理，因此，本章有許多篇幅會放在古代的數學工具發展上。金融的另一項基本要素是時間面向。要有金融，需要能衡量與表達時間，因此本章也會深入探索和時間相關的技術。最後，本章要談保存紀錄、締約與金融的法律架構。金融的重點大抵和未來的承諾有關，若無能力記錄並執行，承諾便無意義。

最早的金融工具證據，出現在古

圖2　古代近東用來代表經濟性貨物的陶土代符。一般認為這些代符用來當作會計系統，也相信這是世界上最早書寫語言的前身（Denise Schmandt-Besserat [http://sites.utexas.edu/dsb], courtesy Vorderasiatisches Museum, Berlin, Germany）。

代近東的早期城市農業社會，約與青銅時代之始相當。古代近東城市社會的根源溯及史前時代，可能回到七千年前。公元前三千六百年時，古代蘇美的各城市以底格里斯河和幼發拉底河匯流點（在現代的伊拉克）為核心開始發展，這個地點非常適合農耕畜牧，但少了其他必需品，例如木材、銅和錫。最後兩種非常重要，因為這是製作青銅的主要成分；而青銅在古代的戰事中是很重要的金屬。考古證據指出，蘇美各城市仰賴長程貿易以取得重要商品，也交易帶有異國風情的珍貴品項，例如象牙和寶石，這些物品大大強化了政治社會階級；凸顯政治社會階級是重要的文明化指標。

簡言之，古代近東文明經濟體需要各種方法，以利在地生產基本糧食並分配給高度集中的城市人口，也需要找到管道以便取得遠方的貨物。金融的基本單位（這指的是延伸到不同時間點的契約）可以因應這兩方面的經濟需求。隨著古代近東的城市社會規模與範疇愈來愈大（這指的是人口的密度與貿易的地理區域），愈是仰賴跨時締約的技能（亦即金融）。金融首次登場時伴隨著人類最偉大的發明之一：書寫。書寫能力讓人可以當下做紀錄，供日後明確解讀。而書寫也有前身，這些前身也都出自於金融需求。

這一章從重要金融硬體的出現開始說起：計算、會計與締約工具。

廟宇與代符

他建造了烏魯克（Uruk）的城牆，這羊欄（之城），伊安娜（Eanna）神廟聖殿，上天的儲藏室。
看看它的城牆，還有那宛如青銅的雕梁畫棟！
屏氣凝神看著它的堡壘，無人能出其右！拾古石階而上，
一步步走近伊安娜神廟，這戰爭女神伊絲塔（Ishtar）的聖座，
日後沒有任何帝王——也沒有任何人——能創造出這樣的成就。[1]

最早期的書寫文學作品之一，講述了吉爾迦美什（Gilgamesh）國王的故事，這位大英雄跋涉千里以取得木材，在自己的城市裡打造一座神廟。上述的詩句摘自講述吉爾迦美什的敘事詩，[2]詩中吟詠讚頌烏魯克的城牆與伊安娜神廟；烏魯克城便是美索不達米亞文明的誕生地。詩文確實動人，但寫成這首詩的楔形文字一開始能被記錄下來，商人與會計人員的功勞要大於詩人。發明楔形文字的目的並非用來寫詩，而是用於會計商業，但就這兩個不同面向來說，發源地很可能都是烏魯克。當然，要指出任何技術發展的明確時間與地點是很困難的事，但某些遺留下來的最早期書寫形式（以及書寫形式的前身）的斷簡殘編，就出現在烏魯克。研究書寫起源的學者相信，書寫的源頭是一套和烏魯克神廟經濟體有關的符號會計紀錄特殊系統，之後逐漸演變。

一九二九年，德國考古學家尤利葉斯・約登（Julius Jordan）開挖這座古城的核心：烏魯克的中央神廟群落。這次開挖行動的規模可媲美印第安納・瓊斯（Indiana Jones），為約登帶來夢寐以求的獎品：「伊安娜神廟聖殿，上天的儲藏室」。這裡是崇拜豐饒女神伊南娜（Inanna）之地，也是將貨物商品分配給大眾之地。在神廟附近，約登與開挖團隊發現了神廟的石階，就和描述吉

爾迦美什的詩裡一模一樣。約登小心記錄所有發現，記下了重要的建築，也記下在挖掘行動中出土的小型工藝品和物件。日誌裡，他寫到有一些讓人感到好奇的小型代符，「狀如日常生活中的商品，比方說廣口瓶、麵包塊和動物」，就出現在神廟群落四周。這些小東西一直沒什麼人研究，直到德州大學奧斯丁分校的丹尼絲・絲曼特—貝瑟芮特教授才開始以系統性的方法進行分析。

絲曼特—貝瑟芮特教授生於法國也在法國接受教育，後來加入一項專為傑出女性學者設立的研究方案，在美國雷德克里夫（Radcliffe）高等研究院展開研究。她開始著迷於一個問題：人類是否早就運用陶土當成一種技術，之後才開始製陶？為了解謎，她一開始去看博物館的館藏，搜尋早期的陶土物件。之後她成為哈佛大學皮巴底博物館（Peabody Museum）近東考古組的研究員，並在那裡重新挖掘約登的小代符之謎。絲曼特—貝瑟芮特於一九七〇年代轉往德州大學，在此繼續研究這些代符，煞費苦心從所有與近東相關的考古挖掘追出每一次有紀錄的描述，並探訪每一處保有這些物品的博物館。

初會絲曼特—貝瑟芮特時，我還是德州大學奧斯丁分校藝術史的研究生，她則是德州大學藝

1 Thorkild Jacobsen. 1976. *The Treasures of Darkness: A History of Mesopotamian Religion*, vol. 326. New Haven, C.T.: Yale University Press, p. 196.

2 欲了解其發現過程的歷史背景及翻譯，請參見Benjamin R. Foster (trans.). 2001. *The Epic of Gilgamesh*. New York: W. W. Norton and Company。

術博物館的策展人。她是我的老師，而我也因此得以親眼見到她開創新局的研究。當時的我並不知道，最後讓我著迷的是這些代符系統裡蘊藏的金融意義，而非其藝術意涵。

其他的古代近東學者在研究神廟建築的演進、古代城邦政治史以及古代氣候如何影響農耕與都市生活等大哉問之時，絲曼特—貝瑟芮特卻傾注全副心力，研究代符的實驗室分析與紀錄上。她確定這些代符的年代甚至早於烏魯克古城，最早可推至公元前七千年，近東各個史前遺址都可見其蹤影。無論這些代符是計算符碼、遊戲代符還是某些神祕的符號，在發明書寫之前，就有很多人、很多文化在用了。

這些物品的尺寸大約像棋子一般，格式固定且簡化，指向這些是標準化的物品，讓人可輕易辨識；抽象而簡單，並非寫實。不管是用形態還是發現地點分類，都可用系統性的架構整理這些代符，這讓絲曼特—貝瑟芮特得出一套讓人震驚的新假說。透過分析，她在圖像上把這些代符連上了最早的象形文字；後者寫在陶土板上，出現在烏魯克城最古老的地區。

這些最古老的陶土板約在公元前三千一百年由抄寫員製作而成，這些人拿來大塊的溼陶土，塑成菱形，然後用木製尖筆在板子上書寫。尖筆一頭尖一頭圓，一端用來畫線，一端用來畫點。如果把尖筆側放，也可以用來畫三角形和圓柱形。這些組合構成了一套詞彙，學者目前得出的結論是，這是最初的書寫。

絲曼特—貝瑟芮特發現這些早期陶土板上的象形文字本質上是把小陶土代符圖像化，因此聲名大噪。她指出，比方說，代表衣物的象形文字可以連回到一個圓形的條紋代符。代表甜點的象形文字從狀如蜂蜜罐的代符演變而來，代表食物的則從狀如全魚的代符演變而來。多數呈現出來的都是日常生活裡的商品：羔羊、綿羊、牛隻、狗、條狀麵包、罐裝油品、蜂蜜、啤酒、牛奶、衣物、繩索、羊毛與地毯，甚至還有工作的數量等抽象物品。顯然，這些都是曾經存放在女神伊南娜「上天的儲藏室」裡的物品。這些美麗的小代符無關藝術，而在於經濟，是蘇美人重分配系統裡的商品。

陶土板和代符之間有相關，有助於說明每一種代符的功能。基本上，這些烏魯克的最早期陶土板都是會計檔案，記載著貨物商品的移轉。這些都是某種中央政府經濟機關使用的行政紀錄；這類機關幾乎可確定就是神廟。

這些代符顯然都用在相同的流程當中，使用者可能是世上第一批的會計人員，他們就坐在神廟的儲藏室門口，計算進進出出的東西。在一個還沒有文字的社會裡，需要想辦法記錄經濟性的交易，可以一對一對應標準化貨品與服務的自然符號，就變成了代符。符號紀錄與早期書寫紀錄之間的關聯性，導引絲曼特—貝瑟芮特發展出自己一套關於書寫如何演變的理論。[3]

在古典的蘇美經濟體模型裡，神廟擔負行政機關的功能，管理商品的生產、收集與重分配。從神廟群落挖出來的行政用陶土板，指向代符以及後續發展出的書寫都是集中治理經濟時使用的工具。由於烏魯克時代當地遺址的考古證據極少，因此無法得知一般人在締結個人合約時是否也使用這套系統。就這點來說，我們不清楚開始有了讀寫之後，普及率有多高。使用早期陶土板上的可識別符號與象形文字符合行政人員的需求，他們需要一套識字與不識字的人都可理解的詞

3 Denise Schmandt-Besserat. 1992. *From Counting to Cuneiform*, vol. 1. Austin: University of Texas Press.

彙。隨著楔形文字愈來愈抽象，要讓一個人明白自己同意了什麼，識字能力一定也會變得愈來愈重要。

書寫概念的傳播範疇，顯然超越底格里斯河與幼發拉底河流域。蘇美各城市在公元前第四個千禧年時已經和蘇薩（Susa）大量貿易；蘇薩與蘇美東方接壤，位於今日伊拉克的西南方。事實上，蘇薩很可能早在公元前第五個千禧年晚期時就已經被烏魯克殖民。蘇薩發展出自己的陶土板文字，稱為原始埃蘭文（proto-Elamite），使用的代符系統和烏魯克找到的相同。[4]這套會計系統的用途很可能不限於分配在地商品，或許也用來處理跨區域貿易合約。

在楔形文字書寫發展的相關理論中有一個重要環節，那是古代近東另一種謎樣般的陶土物件：一種中空的圓形陶土封套，名為陶泥包（bulla）。法國學者皮耶・阿米耶（Pierre Amiet）發現，陶泥包的外部有一套標記，對應內部代符的數目和類型。阿米耶提出一套理論，認為烏魯克的會計人員使用外部標記來表示陶泥包內部所含的代符，無須開啟即可知情。絲曼特—貝瑟芮特根據阿米耶的洞見，重新建構早期書寫的發展過程。她的理論是，陶泥包是象形文字陶土板的前身；隨著立體模型本身化繁為簡變得抽象，成為陶土板上的圖像，用來代表日常生活物品的代符也從立體模型演化成制式的象形符號。之後，制式的象形符號愈來愈抽象，從圖畫變成用尖筆畫出的點線形狀，也就是如今所說的「楔形文字」。

絲曼特—貝瑟芮特的理論並未廣為人所接受，有些學者質疑從代符過渡到書寫這個基本想法，指出「立體模型隨著時間過去轉變為符號」的概念裡有些不一致之處。比方說，古代近東使用代符幾千年，而不只是在文字出現之前使用而已；比方說，為何陶泥包系統在文字發明之後仍保留下來？另外一個疑點是，代符種類最多的時期是在有了書寫之後、而不是之前，這表示代符與陶泥包系統當時都存活著，而且活得很好，兩者是平行地演變成楔形文字。代符與陶泥包或許導引出書寫，但顯然書寫技術持續演變，回應某些無法光靠書寫文字滿足的需求。

古代的契約

古代烏魯克的會計人員為何會使用麻煩的陶泥包系統做紀錄，連後來他們已經可以書寫資訊時仍保留了陶泥包？陶泥包並不完全是會計記帳工具，更可能是契約。我們現在所說的金融工具標的，全部都是契約。具體來說，政府公債是政府與公債持有人之間的契約，保證未來一連串的支付款。股票是股東和股份公司之間的契約，保證可參與分配公司的利潤，並有權投票決定公司的管理。雖然早在發明文字之前（甚至是發明陶泥包系統之前）就有契約了，但是陶泥包這種中空的陶土球以及其上的代符，可說是關於契約的最早考古證據。

每一個陶泥包顯然都代表某個人許諾要提供某些商品給神廟，可能是一罐蜂蜜、一頭羊、一頭牛，甚至是做幾天的工。陶泥包外的資訊，讓締約雙方可以知道契約期間欠下的數目是多少，或是簽訂契約的當事人是誰。內部的代符具體表達應履行的義務。這番解讀或許也可以解釋陶泥包的其他奇特特徵。有些陶泥包以滾筒狀的封印圖形（這相當於美索不達米亞時代的簽名）密

4 Maria Eugenia Aubet. 2013. *Commerce and Colonization in the Ancient Near East*. Cambridge: Cambridge University Press.

封，代表締約各方擔心可能會有人打個小洞，插入或移除代符。

鑽研楔形文字的學者史蒂芬・李柏曼（Stephen Lieberman）指出，陶泥包的重點並非記錄資訊，而是驗證條件的裝置，萬一對數量有爭議便可拿來檢視，就像現代締約人一旦有歧異時會參照紙本契約一樣。[5]

如果烏魯克的陶土板是文字的前身（protowriting），陶泥包或許可說是金融工具的前身（proto-financial instrument）。當然，我們並不清楚人們對神廟的義務是貸款、稅金還是奉獻，但確定這些陶土板把未來的支付款化為正式的承諾。陶泥包是一種契約，跨越兩件事之間未定的期間：從兩方議定義務那一刻起，到卸載義務的那一刻為止，而且可能需要動用驗證。

發展出陶泥包與代符系統的社會，是個非常仰賴生產與分配農產品、但並非人人務農的社會。古代城市裡有人種麥釀酒，有人牧羊、收集羊毛並紡成織品，也有人從事貿易取得來自天涯海角的貨物。今天我們把逛市場買齊晚餐必要的食材視為理所當然之事，但城市經濟極為複雜，從農場到餐桌涉及了無數的仲介單位。沒有訂單、收據和退款補償等機制，我們很難想像提供城市日常生活所需的經濟供應鏈如何能存在？在烏魯克古城當然也是這樣。

金融帳目

楔形文字書寫創造出許多的可能性。雖然書寫演進的實際過程到底如何仍有諸多爭議，但考古學家都同意，約在公元前三千一百年時，烏魯克城以及近東其他地方（蘇美和蘇薩）的居民開始使用象形文字陶土板來記錄經濟交易，然而，到目前為止，來自烏魯克城的陶土板數量最多，這座吉爾迦美什國王的城市很可能是早期重要的書寫發展中心。

在不斷壯大以因應經濟體各種需求的古代金融體系裡，陶土板本身就很重要。陶泥包裡面放的代符通常很難超過幾十個，但象形文字陶土板記錄的貨物數量龐大；能做到這一點都要歸功於一種非常聰明的方式：數字系統。

記載大數目的烏魯克城象形文陶土板，是抽象數字系統最早的證據。這是金融軟體發展過程中重要的一步。一旦經濟性事物的數量夠大，就很難用代符以一對一的關係來代表，甚至連象形文字都不夠用。烏魯克的陶土板開始做區別，有代表商品的象形文字，另外加上抽象數字。比方說，在一塊陶土板上，就以一頭羊的符號（交叉環形），加上旁邊畫在陶土裡的五條線條形（這是代表數字「五」）。圓形則代表數字「十」。因此，烏魯克的會計人員可以用三個圓形加三條線來代表三十三。非常有趣的是，雖然貨品的數量與類型以不同的符號表示，但早期的烏魯克陶土板並沒有獨立的數字，數字永遠都要配上要計算的物件。這套系統代表的並非數字五的「概念」，而只是在記錄某個東西有五樣。這指向早期美索不達米亞人一開始連結上的是具體想法，而非抽象概念。

---

5 Stephen J. Leiberman. 1980. "Of Clay Pebbles, Hollow Clay Balls, and Writing: A Sumerian View," *American Journal of Archaeology* 84 (3): 339-58.

時間的模型

時間基本上是抽象的概念，從季節循環與天文現象（如月相）裡抽離出來之後更是如此。時間（更具體來說，是共通的衡量時間指標這個概念）是金融的核心，舉例來說，除非有方法讓各方都同意未來事件發生的具體時間點是何時，不然的話，承諾在未來返還物品並無意義。古代美索不達米亞人的符號系統將時間的概念抽象化，以符號的方式來表達時間，而最有意思的或許是他們還以演算法來計算時間的數量。美索不達米亞人當然在有金融之前就已經有了時間，但他們的經濟體大大影響了他們的時間觀念。

羅伯特・恩格蘭（Robert Englund）教授是加州大學洛杉磯分校楔形文字數位圖書館計畫（Cuneiform Digital Library Initiative）主任；這個單位打造了線上可看的檔案庫，收入全世界的楔形文字文本以利學術研究。他精準地解讀這套理想化的蘇美管理行政時間架構。[6]恩格蘭教授研究一系列原始楔形文字陶土板，內容顯然記錄著每天的穀物配額，時間長達三年：每天會配發的量二・五公升或五公升，而且非常固定。這些紀錄之所以有趣，是因為支付實物的時間並不是根據「自然的時間循環，（而）是人為定義的一年，一年中有十二個月，每個月三十天。」[7]到了公元前第三個千禧年晚期，古代蘇美人已經把經濟性質的時間和天文性質的時間分開；他們創造出在數學上非常方便的「一年」：三百六十天；這個數值可以被很多數值除盡，比方說二、三、四、五、六、八、九、十、十二、十五、十八、二十、二十四、三十六、四十、四十五、六十、七十二、九十、一百二十和一百八十。三百六十五只能被五和七十三除盡。一年若是三百六十天，就可以用很多不同的期間來談年度比率的問題：這一年可以二分、三分、四分、五分、六分、八分、九分和十二分，每個期間內的天數都是整數。美索不達米亞人顯然是以整數和簡單的分數來思考，數學工具是拿來實用的，而不是哲學性的。

一年以三百六十天計，計算利息時也方便。確實，就算是現代，在計算公司債和市政債券的應計利息時，也以一年三百六十天為基準。我們大可認為美索不達米亞人在行政上所使用的是理想性的、更明確的，而且做過調整的「年」，是數學家和行政人員會喜歡的紀年方式，而不是由實際的天文來定義的時間。簡而言之，美索不達米亞人發明的時間模型，非常適合作為分析定期經濟現象的架構，這也是一項讓人類非常驕傲的發展：宣告了人類制定的時間勝過自然時序。

到了公元前三千年，近東幾個古城已經發展出基本的金融工具，從符號、象形文字慢慢發展到寫在陶土板上的字元，他們有了適應性極強的系統，以記錄經濟性質的數量。這套系統用來訂定跨期契約，也用來當成驗證雙方收取貨物的憑證。金融最基本的單位，是跨期契約。蘇美人創

6 Robert Englund. 1988. "Administrative Timekeeping in Ancient Mesopotamia," *Journal of the Economic and Social History of the Orient* 31: 121-85.

7 Robert Englund. 2004. "Proto-cuneiform Account Books and Journals," in Michael Hudson and Cornelia Wunsch (eds.). *Creating Economic Order*. International Scholars Conference on Ancient Near Eastern Economies, vol. 4. Bethesda, MD.: CDL Press, pp. 32-33.

造出的工具，可在跨期契約上載明數量，透過發明經濟性的單位與靈活的數字系統來消除曖昧或歧見。書寫和數字讓近東經濟體系所需要的安排具備了明確與精準的特性。

證據亦顯示金融契約的發展也刺激了概念的發展。當公權力管理的城市經濟體密度愈來愈高，就開始需要可以表達大量數值的紀錄系統（以及概念性架構）。早期的楔形文字文獻顯然記錄了這種書寫表達上的大躍進，可能還伴隨著算術思考的變動，學者則記錄到把自然、天文時序抽象化的行政用途時間計量，這兩者成為其他面向發展抽象概念的基礎。不管要表達的數值多大，要切分的時間片段多小，唯一能造成限制的只有人的想像力。我們應讚賞現代數學的這兩大根基，因為這兩種概念上的大跳躍對於金融技術的誕生大有功勞。

雖然非城市農業社會的文化脈絡或許也可能出現金融基礎，但古代近東的金融技術特性很切合其獨有的社會經濟架構。蘇美經濟系統的特性是催生出金融的基本要素，因此，廣泛了解其背景條件非常重要。接下來，我們要轉向最終發展出這些金融工具的社經背景環境。

第二章　金融與城市生活

二〇〇三年六月十二日，有一輛紅色的汽車載著三名男子駛向伊拉克國立博物館，隨手將一片包裹在毯子裡的石片交給博物館警衛，然後駛過大道沿線設下的路障檢查點，朝著底格里斯河揚長而去。當相關人士打開包裹時，才發現原來裡面是一大片瓦爾卡祭祀瓶（Warka Vase），那是伊拉克戰爭期間博物館被搶的寶物之一。博物館遭逢的是浩劫式的搶奪，所有文物都經歷了比遺失更悲慘的命運。雖然被竊的寶物多不勝數，但這件祭祀瓶對伊拉克的意義是任何其他藝術作品都無法比擬的。祭祀瓶的年代可上溯至美索不達米亞文明剛展開之後，發現的地點就在烏魯克的神廟地區。這個祭祀瓶並未受到妥善處理，大部分的瓶身仍下落不明，而且很難找到。然而，從科學研究角度來說，還好的是，這個祭祀瓶在戰事開打前已經留下大量照片。

瓦爾卡祭祀瓶的年代大約為公元前三千年，這是一個瓶身窄、有三足的雪花石膏製高筒瓶，上面是有三組雕刻圖形，每一組代表的是不同層級的世界。最下面是水，波浪形的線條，可能描繪的是烏魯克城坐落的幼發拉底河河岸。水上方這一組描繪的是栽種作物，顯然這座古城周圍曾是有人灌溉的耕地。在這之上則是一排互相交錯的公羊和母羊。人類的世界占據祭祀瓶的中心地帶。裸身的男子魚貫走著（這些人是莊稼人），每個人手上都提著籃子或雙耳瓶，裡面裝的明顯是從下一層被人類馴化的農牧世界收集與加工而來的商品。這些人也沒有個人特色，指向他們本身也是商品，可能代表著勞動人力，而不是具人性的人。最後，在祭祀瓶的上層是神廟的世界：動物與人排成壯觀的一列，領頭的是祭司，正要向神廟的女祭司或女神伊南娜獻禮。在這個區塊，有一個和祭祀瓶本身很相像的細瓶圖樣。

祭祀瓶描繪的顯然是一場宗教典禮，但也是一幅古代經濟體的圖像。統治者是面對女神的人類代表，他為祂獻上烏魯克人努力的成果。由於這些商品大部分容易腐敗，我們必須預設神廟會以某種方式快速重新分配。烏魯克的陶土板上的數值很大，明顯點出這是一場大工程：向人民課徵實物稅，收到之後再進行重分配。事實上，這套仰賴中央分配中心的經濟體制可以解釋為何人們流入城市、貼近神廟。以公元前約三千年烏魯克城極盛時的規模來判斷，這裡的人口超過一萬人。從烏魯克留下來的物品與材料種類觀之，這些遠古的城市居民大多數都從事不同的產業，已經出現勞力分工的現象。很明顯，有些烏魯克居民是牧羊人，有些是農人、烘焙師、釀酒師、織工，甚至也有會計人員、抄寫員與教師。瓦爾卡祭祀瓶透露了個人對於神廟所擔負的義務很重要，這是農業生產與分配系統的基礎。

一套以大規模物品重分配系統為基礎的經濟體無法只仰賴善意運作，還需要事先的承諾：有了必會交付的承諾，才能進行規畫。若無能記錄個人對於神廟的義務，就無法追蹤誰努力工作、誰又在偷懶，誰上一季沒有繳交穀物、下一季必須補回來，誰已經領取這個月的配額或是還欠多少。在一套中央體系當中，人變成了數字，會計帳裡也有涉及了人。瓦爾卡祭祀瓶中唯一少掉的，是沒看到描繪會計人員記錄禮物的流向，但透過其他烏魯克陶土板與代符系統，不僅讓我們知道這套古代經濟體仰賴把公民義務變成對於神的承諾，也提醒了我們仔細記下這些義務與履行狀況是城市生活興起過程中不可或缺的一環。

目前已知最古老的信用義務，是登載個人以及他們欠神廟的大麥數量的清單，[1]這一點並不讓人意外。在這些可以推至公元前兩千四百年的清單中，有一份彷彿在細數瓦爾卡祭祀瓶上的參拜者，一一點名上貢者以及他們預計要給神廟的商品數量：「盧吉德（Lugid），收稅員，八百六十四公升大麥；吉度（Kidu），巴加拉（Bagara）人氏，七百二十公升大麥；伊吉希（Igizi），鐵匠，七百二十公升大麥。」諸如此類。當以中央

圖3　2008年烏魯克城空拍圖（Photo © 2015 Crown/SAC Andy Holmes [RAF]. https://commons.wikimedia.org/wiki/File:Uruk_Archaealogical_site_at_Warka,_Iraq_MOD_45156521.jpg）。

1 請參見Marc Van De Mieroop. 2005. "The Invention of Interest: Sumerian Loans," in William N. Goetzmann and K. Geert Rouwenhorst (eds.). *The Origins of Value: The Financial Innovations that Created Modern Capital Markets*. Oxford: Oxford University Press, pp. 17-30, p. 19。

規畫與重分配為基礎的經濟體誕生，隨之而來的是債務和稅額。

一套仰賴這類承諾與履行義務以餵養一萬人口的系統，也需要跨期間的長期規畫。一座城市要能自給自足，只有年復一年運作的分配系統還不夠。舉例來說，你要如何確定明年有足夠的肉可以餵飽整座城市的人？要解決這類問題，規畫者必須在現有人口以及牲畜繁衍的比率之間找到平衡。這是一個金融問題。放養一群綿羊（在豐美的草地上），牠們會隨著時間以指數比率擴大，但成長的規模也取決於有多少頭羊會遭到宰殺以供消費。成長的數學題非常複雜。

複利的出現

耶魯大學巴比倫文物館藏有一份檔案，便是這種複雜性（以及指數型成長概念在邏輯上的極端情況）的一個範例；這是一個陶製的圓錐體，形狀與大小約如大顆的鳳梨一般。圓錐體上有一段蘇美銘文，時代約為公元前兩千四百年，記錄兩座古城的邊界糾紛：這兩座城分別為拉格什（Lagash；譯注：在現今伊拉克境內）和烏瑪（Umma；譯注：在現今伊拉克境內），是美索不達米亞南方兩大城。敵方的烏瑪城從拉格什城手中搶來一片肥沃的土地，占有時間達兩個世代，拉格什城的統治者恩美鐵那（Enmetena）最終收復失土，並以欠「租」再加上累計利息為名義要求賠償。文字記載如下：「烏瑪城的領導者從南社女神（Nanshe）與寧吉爾蘇女神（Ningursu）手中奪走一『古魯』（guru）的大麥，這是一筆貸款，這要負擔利息，應付八百六十四萬『古魯』。」[2]

這些蘇美城市幾十年來為了農地爭奪不足為奇，因為農作本是古代經濟的基底。但，這份文件的重要之處，在於讓我們理解當時的抽象性概念到達哪種層次，以及金融概念在政治上扮演的角色。

首先，這個錐體之所以重要，是因為上面用到了極大的數值。恩美鐵那追索大麥貸款，請求以穀物慣用利率（百分之三十三・三三）計算出來的利息。代換成現代數量，這張要烏瑪城居民支付的帳單約為四・五兆公升的大麥。這是美國近代大麥年產量的約五百八十倍，幾乎確定大於截至當時整個美索不達米亞地區有史以來的大麥收穫總量。有趣的是，即便是沒有受過訓練的人，也能輕易了解銘文中所載明的巨額數值：上面有三個圓形的穿孔記號，每一個裡面還有較小的穿孔記號，這代表一個很大的數值再乘以另一個很大的數值。如果沒有烏魯克時期的數學抽象化大躍進，就不可能有能力想像、之後還表達出這個龐大的數量。而到了此時，陶土板不再是對於個人提出主張的憑證，請求的對象變成一整個城邦。

圖4 耶魯大學巴比倫文物館收藏的恩美鐵那銘文（作者提供）。

2 Marc Van De Mieroop (2005), p. 29.

恩美鐵那錐體的第二項重大意義，在於這是全世界第一份複利證據。以複利計算的債務會隨著時間以指數成長，而不是每年以等比例增加，這也是數值變成這麼大的原因所在。

恩美鐵那主張以複利計算，其基礎前提是前一年所得的利潤隔年可以再投入從事同樣具生產力的事業。他的主張在邏輯上當然是行不通的。以複利計算穀物的收穫量，不僅需要投入更多的種子，更需要不斷擴大的土地來種植多出來的種子。拉格什的統治者必定了解，他主張複利這件事非常荒謬，因此這只是一種說法託辭，讓拉格什得以用數學和金融語言提出巨額賠償要求。事實上，錐體主張，因為烏瑪城根本付不出來，所以拉格什的統治者「擁有」烏瑪城。

複利的觀念從何而來？有一個可能性是蘇美的另一個經濟基礎本身具備指數型成長的特性：牲口。綿羊、山羊、牛、公牛等等都很重要，牠們是肉品、羊毛、奶類和畜力的來源。

金融規畫

有一份公元前第三個千禧年稍後期的楔形文字文件，顯示照料牲口的重要性不僅是因為這是一項大型事業，更在於這需要極高的數學精密度。從我們的觀點來看，最有趣的是，這代表了金融軟體的重要發展。這是一套將長期金融規畫公式化的成長數學模型。

這塊陶土板來自一座名為卓罕（Drehem）的城市，這裡和牲口買賣大有關係。[3] 陶土板寫於烏爾（第三）王朝（dynasty of Ur〔Ur III〕），王朝開始的時間約為公元前兩千一百年，晚於恩美鐵那錐體的時代。羅伯特・恩格蘭教授與柏林一支由其他學者（包括一位考古學家與數學歷史學家）組成的團隊合作，破解了一塊大型陶土板並加以分析。陶土板上描述一群牛十年期間的生長情況，以及在牛群數量呈指數生長前提下，預期可得到的相應牛奶與起司數量。陶土板上也計算出產出食物的經濟價值，使用的單位是古代近東的銀幣。

恩格蘭教授指出，文本並非實際的牛群計量紀錄，因為其中有些不切實際的假設，包括假設沒有牛隻死亡以及配成的每一對牛隻每年都可以生下一頭小公牛或母牛。在之後的幾年，每一年每一頭母牛都會生一頭小牛，一開始配成對的兩頭牛便壯大成一大群牛。

這份內容是一套利用數學工具計算出來的抽象幾何成長模型。這也是一套投資模型，因為獲利最後一行把整個流程的成果轉換成銀幣。從金融的觀點來看，這份文件類似於企業的獲利成長模型，其中，牲口代表了投資，而乳製品的銷售量則代表年度獲利。

卓罕的會計人員為何需要一套這樣的模型？這項純理論的練習是否為對於指數型成長感到好奇的數學家憑空虛構出來的？這是一個成立於理想狀況下的基準，在這裡動物不會死亡，價格不會波動，還可以準確預測繁衍出來的牲口數量。這套模型揭示了在理想條件下買進一對繁殖用牲口並善加管理的潛在利益，甚至還可以當成一套業務計畫。

以古代近東和金融有關的所有文件檔案來說，卓罕陶土板很讓人興奮，因為這裡提到最多金融思維的發展。這塊陶土板證明了一件事：最晚到公元前第三個千禧年結束之前，就已經完全發

3 請參見Hans J. Nissen, Peter Damerow and Robert K. Englund. 1993. *Archaic Bookkeeping*. Chicago: University of Chicago Press, p. 97。

展出用以管理、量化以及最終針對未來事業進行估值的基本工具了。

若沒有必要以具體的數量來預測未來，可能就不會有這塊陶土板。這當中包含一項根本性的洞見：根據標的經濟結構（亦即，動物的繁衍）來看，時間本身是有價值的。這絕對是抽象性、金融性思維的驚人結果。卓罕陶土板中暗藏的「業務計畫」體現了對成長與變動的預期，不僅是對牛群本身，也包括牛群供養的對象。隨著牛隻不斷加倍，牠們供養的社會也隨

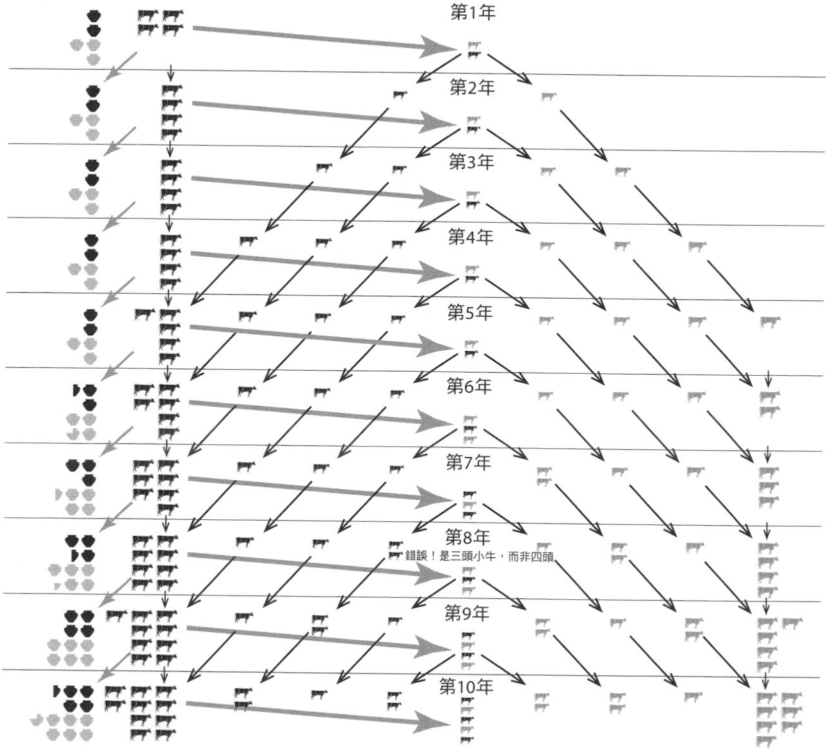

圖5　一群牛的十年成長計畫示意圖，本圖說明乳製品的未來預期利潤；出自於公元前第三個千禧年（Courtesy UCLA Robert Englund）。

之壯大。

借與貸

無論鄉村或城市，所有人都會彼此借貸，即便這類相助行為的益處並非立即可見，人們也還是會這麼做。在小社群中，人會把工具和時間借給別人，雖然他們可能期待未來能得到回報，但並未明確寫下契約正式約定。這類合作是某種形式的保險。有能力時你可以幫助別人，當你發現自己需要幫助時，你則呼喊鄰人。

當人開始生活在如烏魯克城這樣的大型社群中，除了友人之外，他們也要和陌生人共同生活。在大型的農村裡或許可能認識每一個人，但在烏魯克這種大城市裡就辦不到了。過去鄰居之間的默示合意，就變成了陌生人之間的明示契約協議。當每個人的專業和技能都相同時，你永遠都可以用實際行動回報鄰居提供的協助，但是，當人各自發展出不同的專業時，要維持鄰人間的互惠就會變得非常困難。城市生活仍需要合作，但是對於附近的住戶所知有限，再加上難以將合作的單位數量化，代表人們需要更正式的方式以確保自己提供的協助能獲得回報。劍橋大學的保羅・穆利特（Paul Millett）便追查古代雅典都市化與付息貸款之間的關係演變，他找到的模式很明確：都市生活必須要有明確的契約，因此導引出利息費用。利息是甜頭，誘使對方把你需要的東西借給你。

鄰近的人彼此合作顯然是社群在危機期間採取的因應之道，但用以償還「禮物」的貸款加上利息，讓放款人可以累積財富；放款人收到還款時可能並無金錢上的需要。對照明示與默示契約之間的差別，浮現的是文明對於放款的矛盾想法：人類在都市化之前就是透過互惠來因應危機，因此，向朋友或鄰居收取利息感覺不太對。發明利息（在神的國度之外、伊甸園大門的陰影之下）這種制度，可能是人類最初的墮落。確實，針對工作和配給量明訂契約、做紀錄以及留下檔案等等是古代城邦的特色，這顯然已經不是理想條件下的共同生活方式，但無疑的，有了這些工具，才可能有大規模的都市化與政治實體。

古美索不達米亞也有私人金融契約。公元前二十四世紀中期時的一份蘇美人紀錄，很可能是最早的個人貸款文件，剛好和人民與神廟之間的契約形成對比。文件中寫道：「四十公克的銀子和九百（？）公升的大麥，烏爾—加瑞瑪（Ur-garima）對普蘇爾—埃斯塔（Puzur-Eshtar）握有控制權。」[4]

雖然還有很多細節不明，包括日期、講定的債務到期時間、締約雙方的地位與在制度面上的關係以及見證人的姓名，但這份檔案載明了「普蘇爾—埃斯塔」欠「烏爾—加瑞瑪」的債，也記錄了一項承諾。雖然要辨識最古老的金融紀錄問題重重，但我們可以知道，到了此時，私人貸放以及紀錄有案的債務確定已是古代美索不達米亞金融架構中的一環了。

債務的發明以及開始利用利息作為貸放的動機，是金融史上最意義深重的創舉。有了債務的機制，借錢的人就可以使用未來的金錢以履行當下的責任。舉例來說，假設有位農民忽然發現他的存糧都腐爛了，下一次的收成又還得等上一個月。如果沒有貸放和利息，這位農民就要挨餓一個月，不然就得靠著不知有無的善心提供援助。但有了債務機制之後，農夫就可以進行調整，讓目前和未來的消費趨於平穩。從這樣的觀點來看，債務遞補了腐爛的穀物，其效果是把未來的收成挪到現在。

調整消費趨於平穩只是貸款的其中一項用途。事實上，古代美索不達米亞的借貸技術依附著當時普及的經濟體系。舉例來說，在神廟或統治者要求納稅時，可以用個人貸款來支付不足的額度。在其他情況下，比方說購買貨品或貿易，貸放在美索不達米亞是複雜仲介鏈當中的一環，在商品供應上扮演要角。

商人的監督人

史蒂芬・賈芬克勒（Steven Garfinkle）是西華盛頓大學的楔形文字學者，他研究公元前第三個千禧年晚期（也就是烏爾第三王朝）的貸款契約。這段時期有豐富的金融素材；這個時代的特色，是經濟體以大型的機構性家戶單位為基礎，家戶單位則以各種不同的方式約束人們。一般認為這段期間相對上甚少容許企業活動；多數的經濟活動都是為了服務大型機構，而非個人。

賈芬克勒指出，借貸的行為遍及烏爾第三王朝各個階級，從低階的農民到顯赫的政府官員人人借貸。訂定契約的標的為銀子和大麥，範疇從附息貸款、零息貸款到抵償性（antichretic）貸款（這是以勞務償付的附息貸款）皆有。就像前述的普蘇爾——埃斯塔貸款文件，這些文件有時候

4　請參見 Marc Van De Mieroop (2005), p. 20。

是簡潔的說明，看不出契約的脈絡，有些條件還必須從大環境架構下去推論。有些貸款文件封在陶封裡面，外面有圓筒狀的封印以及說明——這讓我們想起陶泥包傳統。賈芬克勒認為，貸款還完之後會銷毀的是封套部分，貸款文件則保留下來。

烏爾三世時期，尼普爾城（Nippur）有一位名叫圖藍—伊犁（Tūran-ilī）的人擔任商人的監督人，耶魯大學巴比倫文物館便藏有他的部分商業檔案資料。這份檔案資料就像一個測試用範例，可用於檢驗當時金融專用於服務機構、排除個人的程度。包括賈芬克勒以及哥倫比亞大學的馬可・馮・迪・米路普（Marc Van De Mieroop）在內，多位楔形文字學者研究超過六十份圖藍—伊犁的陶板，他們的分析證明借貸在烏爾三世時期的古經濟體中是很基本的一環，並指出即便在高度受控、階級分明的經濟體，貸放仍為必要。圖藍—伊犁的記錄期間從公元前二〇二四至二〇三一年，[5]文件顯示他監督一所大型「家戶單位」（比方說神廟、首長宅邸、皇宮）為了取得商品所差遣的一群商人，這些商人管理帳戶，和家戶單位往來：商人會先收到銀與羊毛作為預付款，他們就用這些貨物去購買其他商品並交回給家戶單位，比方說洋蔥、鷹嘴豆、大蒜、大麥、茜草、葡萄乾、椰棗、小麥、牛隻和山羊，也會購置其他必需品（例如明礬、石膏、鹼類、磨石、瀝青和牛皮），以及一些貴重物品（像是銅盒、黃金與芳香植物）。

商人會輪番把收到的銀預付款拿去貸放，不時也要靠圖藍—伊犁把預付款撥入他們的帳戶或貸款給他們以解決債務。這套商業信用系統不僅為商人提供必要的流動資金以購置與交運商品，也容許從中產生金融性獲利。商人的監督人本身就利用信用工具賺取個人利潤。他甚至某種程度上也負擔收稅人的角色，為政府收稅，當納稅人阮囊羞澀時提供貸款，並把稅收當密帳帳戶，為商業活動提供更多支援。賈芬克勒與馮．迪．米路普從這些驚人的檔案資料中得出結論，認為即便當時經濟的仲介機構要看大型經濟單位的臉色，但他們也是促進經濟的催化劑。到了公元前兩千年（距離利息概念問世大概又過了一千年），即便是高度受控的經濟體，也都需要管理複雜的跨時需求。就算烏爾三世王朝本身不算是市場經濟體，但明顯是一個金融經濟體。金融促成了這個城邦需要的複雜外部仲介系統。

利息一詞的起源

古蘇美人基於什麼理由才會想要對他人收取利息？語言學的證據可以提供線索。在蘇美語中，利息稱為「mash」，這個詞也用來指稱小牛。在古希臘，利息稱為「tokos」，也指繁衍出來的牲口。拉丁文中的「pecus」，指稱獸群，這也是英語詞彙「pecuniary」（和金錢有關）的字根。埃及語中的利息和蘇美語有點相似，是「ms」，也有「生出」的意思。所有代表生息速率的用詞，都出自於牲口的自然繁衍。如果你借了三十頭牛給某人、屆期為一年，你預期對方還你的

5 請參見Steven J. Garfinkle. 2004. "Shepherds, Merchants, and Credit: Some Observations on Lending Practices in Ur III Mesopotamia," *Journal of the Economic and Social History of the Orient* 47: 1-30。Steven J. Garfinkle. 2012. *Entrepreneurs and Enterprise in Early Mesopotamia: A Study of Three Archives from the Third Dynasty of Ur*. Bethesda, MD.: CDL Press。Marc Van De Mieroop. 1986. "Tūram-ilī: An Ur III Merchant," *Journal of Cuneiform Studies* 38 (1): 1-80。

時候要超過三十頭。牛群會繁衍;牛群主人的財富會自然增加,成長速度等於牲口繁衍的速度。如果把牛隻當成標準貨幣,那麼,所有以相當商品當作標的的貸放,應該也會「生出」衍生物才對。利息的概念在農牧社會相當自然,但對於採集社會就不盡然。古代蘇美社會(尤其是有時也被稱為「羊圈之城」〔the city of sheepfolds〕的烏魯克)是附息放款實務做法最佳的演進環境。本章稍早提到的卓罕陶土板上面的繪圖,事實上就詳細表達了這個概念。

我們在本章中看到,古代城市由於居住環境密度漸高而衍生出訂定契約和支付利息。支持這些古代城市的農業經濟是邏輯思維的大熔爐,幫忙發展出愈來愈精密的金融工具。農民必須計畫下一次的收成,決定每一年要消費多少、又要儲蓄多少或種植多少。近東早期各城市發展出規畫方法與資產公平殖利率的概念,並不讓人意外;這些在他們的思維裡很基本,連城邦之間的政治爭議都使用複雜的金融計算來量化。

我們也探索了這些第一批城市裡的金融技術發展,以及金融理論的興起:實務性的與理論成分極高的金融成長模型。卓罕陶土板以牛隻的繁殖率來表達一套有用的理論:未來的生產計畫。反之,恩美鐵那錐體則使用複利算式,超越想像力的範疇,得出一個實際上如何都無法達成的大麥產量。「尼普爾城的圖藍—伊犁」這個範例,則說明由於經濟體很複雜,因此需要一套技術以管理商人買辦與交付商品的時點。即便在經濟體受到相對高度控制的時期,時間的經濟價值也扮演重要角色。

第三章　金融架構

在第二章中，我們看到古代近東第一批城市住民蘇美人不僅發展出基本金融工具，也有了精密模式以建構金融模型。然而，蘇美人只是開端，在接下來的兩千五百年裡，有更多仰賴金融契約、留存紀錄與市場的量化性社會。在本章中，我們要深入檢視其中的一個社會，看看金融在法律、貿易與商業上扮演的角色。我們也要探訪一處古代遺址，在那裡，發現了一整個匯集了古代美索不達米亞金融家的集居區，一位現代學者也在那裡重建他們的業務活動、法律爭議、貸款與交易。古代金融家留給我們的信息，不僅透露了他們的業務營運，也顯示了他們的生活與個性。

在公元前第二個千禧年初期，古代中東出現了嚴重的政治紛擾，這段期間一般稱為古巴比倫時期。到了那個時候，北方說閃米語（Semitic）的人大致取代了說蘇美語的人。阿卡德語（Akkadian）是閃米語的一種，如果以流傳下來的文件數量和已知的詞彙量來說，是目前為止已消逝語言中規模最大的一種。但除非你是經濟學家，不然的話，應該不會對這些文件內容太感興趣；九成的陶土板都是會計帳，當中有大量的紀錄都是抵押、土地契約、貸款契約、本票和合夥契約。

這段期間最著名的統治者叫漢摩拉比（Hammurabi），他的年代約為公元前一七九二至一七五〇年，他最為人所知的成就是〈漢摩拉比法典〉（Code of Hammurabi），這是一套篆刻在玄武岩石柱上的法典，目前矗立在羅浮宮內。〈漢摩拉比法典〉規定銀的利率為百分之二十，大麥則為百分之三十三・三三。〈漢摩拉比法典〉最重要的不是法條規定，而是代表的意義。這是一套統一的法律架構，整個巴比倫帝國皆適用，涵蓋了刑法、家事法、商業實務以及財產權。法典詳述了各種違法犯紀的懲罰、化解爭議的方法，以及各種不同犯行的規則，也規定了法官、陪審團、證人、原告和被告的角色。這套法典認可財產所有權並加以詳述，包括租賃權與徵用權，也規範了契約責任下書面文件的角色、收據的必要性，以及如果沒有這些東西應該怎麼辦。法典中規定了法定貨幣，也描述了商人、經紀人與代理人的義務、他們的信託責任以及若遭搶盜時的責任範圍限制，也對於債務履約期設限（三年）。簡言之，〈漢摩拉比法典〉為商業打造出一套全面且統一的架構。

雖然美索不達米亞早期歷史中已出現契約，代表當時已經有法律體系了，但是〈漢摩拉比法典〉的地位仍非常重要：這套法典有法規、法庭、陪審團和證人等等，非常詳細地鋪陳出一套法律架構。如果沒有法律（以及負責裁決的法庭系統）和承諾規範與執法的政府，契約就無意義。如果相關文件不被視為承諾，不履行不會遭受調查與懲罰，那麼，誰在陶泥包外面或是楔形文字陶土板上寫了什麼，都不重要了。〈漢摩拉比法典〉是古代近東金融架構中的一環，一如貸款陶土板、抵押陶土板、租賃契約、信用狀以及古巴比倫時期出現的所有金融文件。有了制度環境，才可能以更詳盡的方式締約。

古代金融區

一九二〇年代，倫納德・伍萊（Leonard Woolley）爵士挖掘出一座烏爾（Ur）古城（寓言說此處是先知亞伯拉罕〔Abraham〕的出生地），他認為自己所在之處必定是一處中上階級社區遺跡，靠近市中心。他帶領的伊拉克籍挖掘工人發現了狹窄的牆面與小室，代表應該是居家建築，而非通常讓研究近東的考古學者眼睛一亮的宏偉皇宮建築。有一個獨立的區域和大型城廟隔開，中間隔著一條貫通全市的主運河，伍萊爵士和他的團隊在這裡發現了建造居家、店面、學校和禮拜堂所使用的泥磚地基。他甚至還發現了商業區和水濱區，碼頭和港區指向烏爾是一座海港城，除了農民和牧人之外，也有漁民和航海貿易商人聚居。有很多居民把個人的金融紀錄和祖先一起埋在房子的地板下，以保安全。雖然烏爾城千年以來傳承了蘇美文化，但這些房舍都建於古巴比倫時期的烏爾，因此他們的文件都以阿卡德語寫成。

哥倫比亞大學的馮・迪・米路普教授，是全球研究古代美索不達米亞經濟體學者中的佼佼者，他利用伍萊爵士的挖掘筆記，拿幾十份出土的陶土板和這些房舍做比對，找出古城的金融區：在公元前第二個千禧年時，這裡是放款人與企業家聚集的地區。根據他們留下的紀錄，他重新建構出一個迷人的故事，訴說著這座早期的金融中心。

在這個金融區找到的楔形文字內容，多數的年代都在瑞—辛（Rim-Sin；公元前一八二二至一七六三年）國王統治初期；瑞—辛國王端坐首都之城拉爾薩（Larsa）進行統治的時期，比漢摩拉比稍早一點。在這段期間，烏爾城可能有兩萬五千到四萬名居民。伍萊爵士挖掘出一片廣大的聚居區，有大大小小的房子，圍繞著一處中央廣場。這個廣場對面有兩處聖殿，也有多條大街小巷，可從廣場通往這座人口密集城市的其他地方。

烏爾的商人

壁龕巷三號（No. 3 Niche lane）是烏爾城商人杜姆希—加米爾（Dumuzi-gamil）的辦公室（伍萊爵士借用英國坎特伯里〔Canterbury〕的地名為所有街道命名）。雖然杜姆希—加米爾除了金融文件沒有留下任何個人紀錄，但我們從中可以一窺他的人格特質。他受過教育，自食其力，謹慎處理自己的錢財，而且他自行記帳，沒有聘用抄寫員。雖然杜姆希—加米爾受過教育，但他避用華麗的詞藻堆砌，反而比較偏好馮・迪・米路普所說的「簡練措辭」。這讓我們想起了美國開國功勛班傑明・富蘭克林（Benjamin Franklin；譯注：他說過一句名言「時間就是金錢」）。

杜姆希—加米爾與其他烏爾金融區居民的活動，大大揭示金融家在古代美索不達米亞扮演的角色。公元前一七九六年，杜姆希—加米爾和合夥人舒米—阿比亞（Shumi-abiya）向商人舒米—阿邦（Shumi-abum）借了五百公克的銀子，杜姆希—加米爾承諾，五年後就他借的這一份（兩百五十公克）返還兩百九十七點三公克。根據美索不達米亞的計息方式，這等於年利率為百分之三・七八。這件貸款案的期間相對長（期間為五年）。舒米—阿邦回頭又把這筆貸款售予幾位知名的商人，後面這批人在公元前一七九一年成功收到帳款。

馮・迪・米路普猜測杜姆希—加米爾的功能像是銀行家：以較低的利率接受存款，在期滿前善用這筆錢。確實，杜姆希─加米爾涉足幾項不同的事業，大為成功。他的主業是麵包經銷商，並投資幾家為神廟供應產品的公家機關性質烘焙坊。事實上，他很可能還供應麵包給首都之城拉爾薩；要從烏爾到拉爾薩，要往北走上一天。他也是「國王的穀物供應商」；他有一張陶土板是一份收據，上面記載他每個月交給瑞─辛國王超過五千公升的穀物。[1] 杜姆希─加米爾的貸款代表了有效運用金錢的時間價值，這一點少有人質疑。當他向舒米─阿邦借入商業資本時，顯然他已經有一套財富成長的計畫，可能是一項創業規畫，開設公家機構性質的烘焙坊。烏爾企業家（比方杜姆希─加米爾）的負債，可能是一種促成社會經濟流動的工具。如果杜姆希─加米爾沒有能力將金錢挪移到不同的時點（用未來的收入來借現在的錢），他可能就開不了店。我們對他的放款人所知不多，但，因為對方有收取利息，可推論一定不只是鄰里之間的互相幫忙而已。

杜姆希─加米爾至少拿了一些錢去做短期放款。根據馮・迪・米路普所言，杜姆希─加米爾經常把銀子借給漁民和農民。在他貸放出去的款項中，某些月息高達百分之二十。如果以這個利率來算，一「米納」（mina，這是古代的重量單位，約等於一・二五磅）的銀在兩年半之後就變成六十四米納。杜姆希─加米爾留下十五筆放款紀錄，多數都很短期，為一個月、兩個月或三個月。若有誰欠了烏爾城中的放款人，對他們來說時間的價格很高。

杜姆希─加米爾借來的長期貸款和他放給漁民的短期貸款間的差異，非常重要。短期貸款顯

1 關於這個古代金融區的詳細資訊，請參見第五章 Marc Van De Mieroop. 1992. *Society and Enterprise in Old Babylonian Ur*. Berlin: Dietrich Reimer Verlag, pp. 121-67。

然是消費性貸款，杜姆希—加米爾的長期貸款則是用於生產目的：發展烘焙坊事業與用於貸放。事實上，在公元前第二個千禧年時的烏爾城，多數貸款都是消費性質的，而非生產性。借錢多半是為了應急；以杜姆希—加米爾索取的利息來看，他在債務人之間應該很沒人緣。

抽象財富

烏爾古城裡的金融家就和其他商人一樣，都有在管理帳戶。杜姆希—加米爾的紀錄指出，某些支付款記在個人的帳戶上。這套系統沒有信用卡這麼複雜，但這些記在各個商家與金融家的「帳款」，大大降低實體錢幣的需求。這套記帳法很可能反映出神廟本身的記帳法，但用在個人之間的交易卻是金融思維微妙但重要的進步：這表示人們能認可「紙上利潤」。你不需要囤積銀子，也可以證明自己很富有。這是無形財富發展的第一階段；現代金融體系仰賴的便是無形財富。這些無形利得要能存在，前提是要人們相信其存在，而且，要有一套法律體系確保債權人對於他們貸放出去的財產握有權利。

美索不達米亞法庭的存在是為了裁決物業財產爭議，纏訟幾十年的案子時有所聞。在杜姆希—加米爾的時代，法庭擔負部分當地教會的功能，負責公證或見證重要文件的擬定，比方說銷售契據。即便是極小片的物業，也需要這類契據，馮．迪．米路普就找到一筆標的為四平方碼（約一坪）的交易。在公元前第二個千禧年的烏爾城裡，鄰里貸放的情況顯然已經減少，而且，就連兄弟之間的銷售都有紀錄。幾乎所有買賣都以銀子計價。

在一個將「陶上獲利」（相對於紙上獲利）視為真實獲利的世界裡，金融家的債務也可以當成錢來用。就像之前提過的，烏爾城留下的文件揭示了這裡有流動性極高的個人本票市場。借錢給杜姆希—加米爾的放款人舒米—阿邦，又把本票賣給另外兩名投資人努爾—伊利舒（Nur-ilishu）和新—阿夏瑞德（Sin-ashared）。顯然，杜姆希—加米爾與合夥人的債務很容易就可以轉讓出去。烏爾城還有好幾份紀錄顯示，實務上常見類似的出售貸款之舉。烏爾城裡看來有一個功能絕佳的次級貸款市場，在這裡，會償付貸款的承諾可被視為貨幣。雖然範圍不廣，但也有用來衡量烏爾城古代金融家作用的總體經濟紀錄；這裡的貸款活動很可能鼓勵了其他類型的商業。

負債與風險

公元前第二個千禧年的烏爾城可能是資本主義企業的早期溫室，那麼，對於陷入負債的債務人來說又是如何？有一件很有意思的事值得一提，那就是美索不達米亞的法典保障財產權範疇很廣，甚至超越現代所說的人權保障。舉例來說，一個人有權賣身為奴或典當自己的自由，作為貸款的擔保品。這聽來很殘酷且剝削意味濃厚，但可能很有效率。經濟學家達爾林（M. Darling）針對現代印度旁遮普省的農村經濟做了一項研究，得出的人性結論極具顛覆性：人在負債時會更努力工作，產出量也會更大。[2]達爾林發現，負債農夫的穀物收成通常超過無債一身輕的農夫。

---

2 M. L. Darling. 1925. *The Punjab Peasant in Prosperity and Debt*. London: Oxford University Press.

無法履行債務的旁遮普省農民抵押品可能遭到沒收，古代烏爾城的居民要努力還債的動機更強大：債務人通常被迫賣身為奴。

我們很難逃避以下的結論：第一批貸款契約與第一套執行契約的法律系統或許帶動了美索不達米亞經濟的效率，但也讓男男女女的勞工陷入悲慘人生。歷史學家保羅・穆利特認為，貸款一開始是一種農村社會鄰里間的互惠過程，後來卻演變出大不相同的性質。在巴比倫時代，短期債務是一種工具，用來向人民收稅與提高神廟土地的產能。這大概可以視為政府藉由容許個人將財物義務挪到未來，設法從經濟體中擠出更多的勞力。

烏爾古城的貸放活動雖然有一部分是為了應急（政府很可能就是製造出緊急狀態的推手），但從另一方面來說，某些企業家（比方說杜姆希—加米爾）也透過借貸累積了財富。因此，雖說這套系統對於一般大眾很苛刻，但鼓舞了具創意與生產力的企業，也獎勵了具備金融技能的人。

貿易融資

古代美索不達米亞的貿易商和商人到底是獨立的代理人還是替城邦效命？學界仍莫衷一是。伊亞—納希爾（Ea-nasir）住在杜姆希—加米爾住家的附近，他同樣也是一位企業家。他安排從烏爾城到迪穆（Dilmun）的航海探險並為其融資，藉此賺得財富。考古學家認為，迪穆是美索不達米亞銅貨交易的重要集散地。

從蘇美時代開始，就已經有人航行到迪穆，並沿著波斯灣與印度洋岸一路前往南方的各處港口，到了伊亞—納希爾的時代，迪穆城的貿易商已經成為連結美索不達米亞與南方各地的仲介人。確實，迪穆人在當時就像是威尼斯商人一般，在遠方的港口建立商業社群，藉此控制貿易。在公元前第二個千禧年的烏爾城裡，散布各處的據點都可以看到他們特有的標誌：圓筒形的封印，上有呼應印度河文明的時尚標記，包括聖牛圖案。雖然並無直接證據顯示伊亞—納希爾是迪穆人，但他在迪穆貿易中顯然扮演要角。伊亞—納希爾曾為一次大型的探險集結了五十一位投資人，他們都拿出一些銀子作為資金，也提供各式各樣的貿易商品，包括在迪穆城顯然備受青睞的藝品：烏爾提籃。這些東西用來和迪穆的商人交換銅貨、寶石以及香料。

伊亞—納希爾留下的陶土板指出，要公平分派迪穆貿易賺得的利潤，需要運用很多手段。迪穆航海活動募得的資本投入和杜姆希—加米爾的債務資本不一樣，前者多半是權益投資。出資者預期一旦探險活動順利將可賺到利得。債券性質的契約限制放款人只能收取約定的利息金額當作報酬，伊亞—納希爾的金主如果運氣好，可賺得無上限的利潤。他們根據出資比例分配獲利。烏爾城的合夥契約還有另一項有趣的特色：損失通常僅限於出資額。事實上，在某些探險許可證上，有限責任是明訂的投資條件。

讓金融歷史學家倍感興奮的是，這些權益契約是有限合夥的具體證據；在有限合夥中，合夥人要承擔的債務是有限的，不超過投入資本的價值。這是不管營運的出資人組成的合資企業，和現代高風險的鑽油事業與房地產投資的融資方式相同。由於伊亞—納希爾是承擔最高風險的普通合夥人（general partner），可能也獲利最多。

合資企業

馮・迪・米路普以及其他亞述學者破解了許多陶土板，很多都指出貸款、抵押與責任有限合夥等金融工具都是合作性的事業。在伊亞─納希爾前往迪穆購買銅貨的冒險事業中涉及多位合夥人，代表這類事業通常非單一投資人能力所及。有了金融工具，才能做大事業。就像巴比倫王在這時期建造恢弘宮殿建築時的做法一樣，這類融資專案也要從多個來源取得資金。

有趣的是，宮殿本身也出資參與前往迪穆的航海冒險事業活動。政府參與南向航海事業，並不新鮮。伊安娜神廟就曾經參與迪穆貿易的融資活動，而且時間至少比伊亞─納希爾的時代早了五百年。伊亞─納希爾的合夥事業紀錄還有一點很有趣，那就是平民老百姓也可以加入冒險、配得獲利（有些人的出資額很低，可能小如一、兩個手鐲而已）。企業不再是富人與當權者的特權。在公元前第二個千禧年的烏爾城，因為有了金融工具，使得社會各個階層的人都可以善用時間的力量。

伊亞─納希爾的投資人就像現代的共同基金投資人，他們不見得要成為銅貨貿易的專家，也可以從中獲利。他們也不一定要把所有的財富都投資單項高風險事業。這樣的商業架構，想必對於個人財富大有影響。人們可以保障自己免於遭受失敗：如果自己的事業垮了，投資伊亞─納希爾事業的獲利可以讓他們撐過艱困的時期。當他們不斷投資烏爾城的重要產業（迪穆貿易），就能參與城邦的整體經濟成長。

類資本主義

伊亞—納希爾和其他迪穆貿易的投資人，就像是資本家。從傳統資本主義定義來看，這就是一群用錢賺錢的人。雖然我們並無相關的統計數據，無法得知這種資本主義在公元前第二個千禧年的美索不達米亞有多普遍，但這對於當時的社會結構確實意義重大，尤其是，這催生出一個經濟獨立的社會階層，這些人可以仰賴投資的資產來保障未來的經濟穩定，老來無需依靠城邦或家庭供養。

讓我們來對照一下美國的社會安全系統。數百萬美國人依靠這套由國家管理的制度，當他們再也無法從事任何具生產力的工作之後便由制度供養。在傳統社會中，家族會取代政府退休金的角色，老人家和子孫同住。在古巴比倫時代的美索不達米亞，大量證據指向人民使用投資與金融契約（甚至是法律定義下的家族）取得融資，以支應退休之後的生活。

亞述學家安・古迪瑞絲（Anne Goddeeris）針對美索不達米亞北方各大城的經濟契約做了全面性的研究，涵蓋的時間為公元前兩千年至一千八百年的古巴比倫時期。她追蹤古巴比倫錫巴爾城（Sippar）多名女性的商業活動；她們雖因身為特定教派的成員而受限不得結婚生子（有點像後世的天主教修女），但經濟上卻很獨立。這些人被稱為納迪安頓（Nadiatum）女子，她們都比自家兄弟更早開始經營事業；她們的兄弟多半都先從事家族事業，之後才憑藉繼承地位成為另一個經濟代理人。[3]納迪安頓女子擁有土地，租賃土地以獲取利益。偶爾，她們也會經營合夥事業。有一系列和一位名為庫姆—希莉（Kumu-silli）的女子有關的楔形文字文件，是很典型的紀錄。

庫姆—希莉和洪努巴頓（Hunnubtum）、阿胡希納（Ahusina）分家，之後她繼承一塊位在巴邦（Babum）城中央、面積為四伊庫（iku）又三十一薩爾（sar）的田地，還有另一塊也位在巴邦城、面積為二伊庫的田地，以及一位名叫利巴頓（Ribatum）的奴隸以及一處房地。見證人為修道院職員。

庫姆—希莉將馬哈納（Mahana）灌溉區附近一塊四伊庫大的田地租給穆大頓（Mudadum）之子哈塔倫（Hattalum），租金為四・一・三科爾（kor）的大麥。哈塔倫負責舉辦三場慶典，並為依倫努慶典（elunum festival）供應一頭乳豬。

依希提亞（Ishitia）之女庫姆—希莉向布爾—辛（Bur-sin）之女茵納巴頓（Innabatum）以及夸拉蘇穆雅（Qarassumuia）之女胡蘇頓（Hussutum）買下一塊二分之一薩爾大的房地。她售出一塊三分之二薩爾又二分之一恩依（NE）大小、屬於茵納巴頓與胡蘇頓的房地。

庫姆—希莉的姊妹胡努巴頓（Hunnubtum）指定拉瑪希（Lamassi）為繼承人並收養了她。胡努巴頓給她一塊在納袞（Nagum）、八伊庫大的田地、一棟伊拉巴瑞—恩納姆

（Illabrat-ennam）所擁有、位在錫巴爾的房子、修道院裡的一處房地，以及胡努巴頓所有的財物。只要她活著，就可享有受益權。伊蘇—伊比蘇（Ilsu-ibbisu）則被指定為拉瑪希的繼承人。見證人為修道院職員。[4]

這些文件記錄的一連串交易很平凡，但也很重要，重要之處在於這些交易證明了巴比倫女性擁有財產權，以及她們活躍於房地產事業，不僅是商業性農地與住宅物業的繼承人與出租人，也是財產交易的合夥人。最後一段文字也提到其中一位納迪安頓女子如何規畫退休：收養繼承人，以換得供養的契約承諾，實際上，這是一種以物業收益為基礎的終生年金。至於平凡，則是因為這很容易用現代的財產交易與合夥來說明。當時的人使用種種技術來供養自己、調整投資組合，以及安排安適的退休生活，土地交易與租賃的法律架構便是其中一環。

從這方面來說，金融以巧妙的方式逐漸侵蝕了國家城邦的地位。投資資產讓人們有能力打造自己的經濟未來，無需仰賴政府或家庭制度。如果古代美索不達米亞的投資階級壯大到一定程度，並受到法律架構保護、不讓城邦國家掌握人民的財產，不難看見人民很可能會降低對政府（從而對城邦國家的權力）的依賴。

---

3 Anne Goddeeris. 2002. *Economy and Society in Northern Babylonia in the Early Old Babylonian Period (ca. 2000-1800 BC)*. Leuvin, Belgium: Peeters.

4 Goddeeris (2002), p. 153.

政府規範

再回頭來看烏爾城，在瑞—辛王朝的前半段，杜姆希—加米爾、伊亞—納希爾和他們的金融家同儕從銀行與貿易活動中獲益，但是他們的金融交易並非全無風險。事實上，公元前一七八八年就發生了一場金融災難。瑞—辛國王發出皇家法令，宣布所有的貸款均無效。債務人必定欣喜若狂，債權人必定恐慌發狂。杜姆希—加米爾和其他放款人的款子被一筆勾銷。馮・迪・米路普發現，在瑞—辛國王發布命令之後，就少有金融交易的證據了（但法律訴訟除外）。有一群人在法令之後提起訴訟，聲討為了貸款被拿去抵押的財產。顯然他們並未成功。

撤銷貸款的法令，在瑞—辛王朝前、後都很常見。羅浮宮中東館藏有一個錐體陶土板，是平民主義改革者烏魯卡基納（Urukagina）發布的一份法令。約在公元前一九〇〇年時，這位統治者承諾將權力還諸美索不達米亞城邦拉格什的公民；當地人民因為皇宮與神廟的嚴苛稅賦而飽受折磨。這份公告廢除了收稅官，把放高利貸者、強盜與罪犯逐出城去。法令不僅勾銷債務，也把金融家變成妖魔：放利者和犯罪者變成蛇鼠一窩，被逐出城市。

雖然金融是城邦的基本工具，民間的放款人對於貿易和稅收也極為重要，但古代近東的政府和金融產業之間的關係卻顯得曖昧。金融家直接供應銀子給神廟和宮殿，但他們在這麼做時，卻讓社會付出極高的成本。政府實際上是創造出一個他們在經濟上無法完全控制的產業。經濟性機制（例如銅貨貿易）到底有多少掌握在獨立企業家手上，又有多少在城邦代表的手上，學界仍眾說紛紜，但有一件事很清楚，那就是有管道供個人直接投資，代表某些人過得很好，某些人則不然，而這些有錢人的財富並不完全取決於他們對於國王或神廟的忠貞。

法令對於索取利息金額設限，代表瑞—辛國王打算針對放款人的獲利設下天花板，很可能也對於方興未艾的金融產業施展某些控制手段。但他只成功了一部分。

全面免除債務的法令讓身陷負債的人民不時可鬆一口氣，但會帶來一種風險：這樣一來，貸款投資人就無法透過分散投資來保障自己。比方說，伊亞—納希爾就可以把錢借給杜姆希—加米爾投資麵包事業，以便在他自己的迪穆探險船沉沒時求得保障，如果所有的貸款都被勾銷，分散投資也沒用了。

在伊亞—納希爾之後的一千年，基本上就沒有任何和迪穆貿易相關的文件了。烏爾城顯然不再是盛極一時的海運貨物集散地，褪盡往日風華。雖然學者將遠程航海貿易量的減少歸諸於大環境的政治力量，但他們也應該檢視金融方面的原因。在某個時間點，長程貿易事業的利得已經無法超越投資者因抵銷債務而必須面對的潛在損失。在這樣的經濟環境下，貿易以及短期貸放恐怕都停滯了。

瑞—辛國王為何發布皇家命令以勾銷所有債務，我們僅能揣測。可能他本人或某些與他親近的人也債台高築，或者，這是他想重新獲得民心的政治手段。協助在位者與神廟獲得銀與銅的金融創新，忽然之間變成了一種負債，而非資產。無論國王的理由是什麼，相關命令對於烏爾城金融區造成了永久性的影響。馮•迪•米路普推測，隨著經濟權威轉向首都之城拉爾薩，烏爾的金融黃金年代也隨之告終。杜姆希—加米爾和他的同儕可能撐過了公元前一七八八年的大崩盤，戒慎恐懼地看待相關的金融機會，轉變成順勢而為。

商人之城

古代近東的貸款與投資契約可以用穀物或是勞力來計價，但多數都是以銀子計價。這一點很奇怪，因為美索不達米亞並不產銀。銀子從何而來，又如何變成金融系統的記帳單位？我們在第一章剛開始時討論過，古代伊拉克的天然資源不多，基本原物料如木材和銅都要透過國外貿易取得。早至公元前第四個千禧年時，烏魯克城為了進口石碗等物品，已經在遠方設立了貿易前哨基地（甚至可能進行殖民），例如在位於現代土耳其的安納托利亞，以及位於現代伊朗的蘇薩。鑲在烏爾城皇家陵墓上的美麗寶石，大都是透過貿易取自現代的阿富汗地區，美索不達米亞的多數銅貨（用以製造青銅）則透過貿易取自迪穆和南方。伊亞—納希爾和其他長程海上貿易商在烏爾城的經濟中扮演要角。沒有銅，就沒有青銅；沒有青銅，就沒有武器；沒有武器，就沒有帝國。

但銀子卻是另一回事。銀是一種美麗、具延展性的金屬，但少有實用性。然而，在美索不達米亞，銀子可以是借貸、投資的標的，可以用來支付，也可以當成稅金。古代美索不達米亞人認為銀子和他們製造出來消費或使用的其他物品一樣重要，然而，銀子的價值很抽象：銀有價值，純粹是因為大家認為有價值。[5]

馮・迪・米路普主張，銀子之所以在美索不達米亞成為計價單位與交易媒介，是因為此地在公元前第二個千禧年的晚期之前政治架構分裂為城邦，城邦間必須靠著互相貿易，以及外地貿易才能取得重要貨品。銀很重要，因為這是一種廣被接受的貨幣，可跨越近東早年政治體制相對受限的邊境。尤其有意思的是，雖然銀子被拿來當成貨幣使用，但是通常是在虛擬的層面上發揮這種作用，而非實質層面。帳上的價值以銀子計價，但不一定以銀子結算。銀子變成一種單位，以單一貨幣的維度來表達各種不同貨品的價值，這是一種交易工具，但同樣也是一種思考工具。

古代美索不達米亞的各城邦必須從貿易中取得銀子。在公元前第二個千禧年初期，大約就在瑞—辛王朝統治期間，以及烏爾貿易商四處活動之時，美索不達米亞北方（就在一個名為亞述〔Assyria〕的地區；敘利亞〔Syria〕的名稱也就是從這裡演變而來）有一座城市，成為了銀子的貿易集散地。

亞述城（Assur）在近東歷史上很值得一提，這是因為，在公元前第二個千禧年的頭兩百年裡，這裡基本上由商人治理。[6]市議會的運作獨立於市政府之外，領導者則是由具有領導能力的亞述公民群體選出，這樣的政治結構，和中世紀義大利的各個貿易共和國很相似。歷史學家克拉斯・維恩霍夫（Klaas Veenhof）將泰半的學術生涯花在記錄亞述貿易商的活動：他們交易的品項、他們從事貿易的方法以及市政府如何扶植亞述城在和安納托利亞的貿易上取得主導地位。

有一個偶然之間被保存下來的文件儲藏室，描繪出商人之都亞述城的故事。會發現這些文

5　請參見Marc Van De Mieroop. 2014. "Silver as a Financial Tool in Ancient Egypt and Mesopotamia," in Peter Bernholz and Roland Vaubel (eds.). *Explaining Monetary and Financial Innovation: A Historical Analysis*. Financial and Monetary Policy Studies, vol. 39. Cham, Switzerland: Springer International Publishing, pp. 17-29。

6　請參見María Eugenia Aubet. 2013. *Commerce and Colonization in the Ancient Near East*. Cambridge: Cambridge University Press. Klaas R. Veenhof. 2010. "Ancient Assur: The City, Its Traders, and Its Commercial Network," *Journal of the Economic and Social History of the Orient* 53: 39-82。

件，是因為有人開挖安納托利亞中部的卡尼什（Kanesh），這裡是亞述很重要的貿易前哨基地，也是重要的銀子生產與貿易地點。卡尼什和亞述之間關係密切，亞述的商人會安排親戚長住卡尼什，並沿著聯絡兩城間的商道在各城市進行小型殖民。這些外國商人的殖民地稱為「卡倫」（kārum），亞述商人則被稱為「提卡倫」（timkārum）。當時的許多卡倫區都有留下紀錄，維恩霍夫指出，各卡倫之間如有任何商業爭議，都可由亞述城進行裁決。

亞述貿易以貸款取得融資，同時也使用了延續多年的複雜股權交易合夥。要發起這些合夥事業，得舉辦一場由見證人出席的儀式，並以陶土板記錄。儀式流程包括由投資人將他們的出資額裝入一個「納陸坤」（naruqqum），也就是麻袋裡，然後託付給某一名商人。一份卡尼什貿易的合夥協議提供了明確的範例。

> 所有內容物：三十米納斯（minas）的金子，裝在阿穆—伊格塔（Amur-Igtar）的納陸坤裡。
>
> 根據以名人祖先為名的蘇薩傑（Susaja）估算，阿穆—伊格塔將從事貿易十二年。在本項利益當中，他可以享有（亦即，「消費」）三分之一，他也要對其中的三分之一負起責任（亦即，「必須償付」）。
>
> 任何人在完成貿易之前若收回資金，必須根據四比一的比率將金子兌換成銀子。此人無法分得任何利潤。[7]

三十米納斯的金子約相當於三十七又二分之一磅重，這袋金子交託給阿穆—伊格塔使用十二年，其中的三分之一供他個人使用。此外，他要對三分之一的金子負責，顯然這是指如果他完全虧光，他個人要償還這些投資人十米納斯的金子。最後，如果任何投資人在十二年到期前先抽銀根，就不能分享獲利，而且必須面對非常高的金銀兌換率。

一如伊亞—納希爾的迪穆冒險活動，亞述時期的納陸坤契約記載了古代近東一項重要的金融硬體發展：此時已經出現匯聚資本的投資池，可以從多位投資人手上集結出大量資本。一方面，這可以供應資源，可以資助本來沒有其他方法從事大規模貿易的商人，或許支應商隊裝備和人員的固定成本。另一方面，這也和伊亞—納希爾的迪穆冒險事業一樣，讓投資者得以分散風險。投資十項貿易活動，比方說資助阿穆—伊格塔，是避免某次探險活動運氣不好血本無歸的好方法。

在這個時期，很多美索不達米亞的銀子來自於安納托利亞，亞述城便扮演重要的仲介角色。亞述商人籌組商隊，用驢子馱著美索不達米亞的紡織品（這些顯然是備受安納托利亞人青睞的貨品），經過亞述平原前往北方到托魯斯山脈（Taurus mountains）地區。卡尼什文物中有信函描述商隊會在這條路線上各大城停駐；這些地方會保護亞述的貴重商品。亞述商人會和商隊路線上的在地統治者與王國進行交易，他們會就自己的貨物支付稅項，並獲得獨家權利，阻止其他亞述的競爭對手進入。他們甚至追捕自家城邦的水貨出口商。當這些貿易商返家時（折損大部分的驢子），他們會把美索不達米亞的經濟命脈銀子帶回來。

7 Mogens Trolle Larsen. 1977. "Partnerships in the Old Assyrian Trade," *Iraq* 39 (1): 119-45.

在亞述貿易路線上有一個大型的休息站，位在目前的敘利亞東北方地區，就在哈布爾河（Khabur River）的山谷裡。文件證明這裡有一個卡倫區。[8]這座城市在公元前第三個千禧年末期時可能是亞普王國（kingdom of Apum）的首都，但這一點無法確定。我很幸運，在我之前擔任教授時，有幸能參與一次在這個古代貿易前哨基地的挖掘工作。

開挖古城

一九七九年，我花了好幾個月的時間參與一次在美索不達米亞北方的挖掘行動，住在偏遠的市集鎮奎布爾—阿—拜得（Qibur-al-baid），和一群由考古學家和庫德族工人組成的國際團隊，夜以繼日在一片名為特爾賴蘭（Tell Leilan）的廣大城市土丘進行開挖工作。耶魯大學的考古學家兼本次探險活動的主持人哈維・衛斯（Harvey Weiss），研究古代商隊路線相關紀錄後相中特爾賴蘭。這裡地形起伏，放眼望去，有溪流下切，還有土丘（這些是古代城鎮的遺跡）點綴其中。

特爾賴蘭並不是規模最大的土丘，但衛斯估算，這裡是商隊前往北方時的停駐地。它有一項多數哈布爾平原其他土丘沒有的特色：明顯的城牆遺跡。幾條通往土丘的泥路，時至今日仍穿越雖已頹圮但規模仍大的城市出入口遺跡，貫通古城（其卡倫區位在古城中）的下城，並通向堡壘：堡壘位在一處古老的丘陵上，早在公元前第二個千禧年時就已經存在。特爾賴蘭的堡壘主體是一座廟塔（ziggurat），和一處大型的神廟院落，千年來疊上了一座又一座的皇宮，還有點綴著建築物的錯綜複雜大街，以及抹上雅緻泥灰的庭院。

一九七九年時的賴蘭專案在幾方面都迭有進展。城堡挖掘工作的焦點，是要挖出可回溯到公元前第二個千禧年時的古代皇宮系統。根據溝渠中挖出的陶土板，衛斯與專案中的銘文專家如班恩・佛斯特（Ben Foster）和馮・迪・米路普等人推測，認為賴蘭可能就是過去的舒巴特—恩利爾城（Shubat-Enlil），是漢摩拉比某一位對手亞述王夏姆希—阿達德（Shamshi-Adad，公元前一八一三至一七八一年）的首都；他征服美索不達米亞北方的時間，剛好和亞述貿易忽然暫停的時間相符。亞述學家相信，夏姆希—阿達德接手古亞普王國的首都，掌控了寶貴的貿易權限。

事實上，從金融觀點來看，真正讓人興奮的證據，可能存在於城堡下方的非政府機構聚集區；卡倫區是商人和放款者居住與工作的地方。開挖了幾年之後，衛斯和團隊發現在下城有大規模的住宅區，無疑是商隊停駐與貿易之地。一九八七年，賴蘭團隊在下城發現另一處重要的建築結構，這一次還伴隨著大量的外交檔案文件，記載公元前第三個千禧年晚期的亞普王國政治情況。[9]舒巴特—恩利爾城在商業上和金融上與其他美索不達米亞城市緊緊相連，密切程度一如政治上與宗教上。確實，後兩者很可能是跟著前兩者而來。位於賴蘭的亞普王國土地，是銀貿易重要的停駐點，無論在此地由亞述商人主導之前、期間或之後，這一點都毫無疑問。

8 請參見K. R. Veenhof and J. Eidem. 2008. *Mesopotamia: The Old Assyrian Period*. Saint Paul, MN.: Academic Press Fribourg, p. 267。

9 Jesper Eidem. 2003. "Apum: A Kingdom on the Old Assyrian Route," in Klaas R. Veenhof and Jesper Eidem (eds.). *Mesopotamia, The Old Assyrian Period*. Orbis Biblicus et Orientalis, vol. 160/5. Saint Paul, MN.: Academic Press Fribourg, pp. 265-352.

亞述的貿易與後續發展之所以重要，不僅因為這代表曾經有過一個廣大的貿易網絡，或者城市政治可圍繞著商業原則來安排，更在於銀子被視為經濟生活中的重要投入要素。美索不達米亞對錢的需求就像對食、衣、住的需求一般殷切。雖然我們通常把貴金屬視為「奢侈品」，很可能認為這些是上層階級專屬的尊榮物品，但是，認為金銀是因為其尊榮性質而被人用作貨幣，卻也是很武斷的看法。銀作為貨幣或記帳單位等的特定用處，在古代近東廣為人所接受，因此被視為一種貨幣。銀的價值是全面性，而非區域性的。有了銀，促使遠方（甚至敵對）的城市能在經濟上有所交流。在當地生產與分配生活用品的家戶系統內，穀物是「此界內的貨幣」。反之，銀則是將美索不達米亞各大城市與大世界連起來的交易媒介。

本章的焦點，放在公元前第二個千禧年時金融技術的重要制度面發展。我們看到當時留下豐富的文件素材（其中有一些在考古學中有很清楚的脈絡），供我們詳細理解美索不達米亞的金融架構。各城邦的政治組織架構並不相同，有些以「大型家戶單位」如神廟與皇宮為核心，商人服務政治上的主人，有些城邦則基本上由商人負責管理，以利達成貿易目的。在這兩種情況下，金融都是經濟體中的關鍵因素。短期貸款可以調整家戶單位面對的各類所得與消費衝擊，變得比較平穩。貸放也可以解決任何貿易活動中固有的收入與費用時間點不一致的問題：商人可以事先得到資源，以利掌握時機進行貿易。個人透過商業營運累積資本，之後不僅運用這些資本放出有助於貿易的貸款，也為了增進自身的財富而放款。後者有很多都是短期貸款，利率極高，導致現代學者認為，從某些層面上來看，這些都屬於剝削人的貸款，很可能讓急需用錢的人陷入因債為奴的處境，或變成剝奪地主財產的工具。短期負債並非唯一的借貸形式。低利率的長期放款，為需要時間孕育的有利可圖事業提供了必要資本。

負債並非這段時期使用的唯一金融手段。長程貿易透過股權資本投資進行融資。我們檢視了兩種這類合夥世界：第一種是前往迪穆進行銅貨交易的航海探險，第二種則和安納托利亞之間的銀貿易有關。這類投資形式讓人得以集結資本，也可以分散風險。對於獲利前景不確定性相當高的大規模事業而言，這些行動都是必要的。因此，股權合夥非常適合高風險的國際貿易。

第四章 美索不達米亞晚期

金融當然並未隨著古巴比倫時期逝去而消失，但是，美索不達米亞各大城市在接下來幾百年的狀況如何，就比較不為人所知了。然而，我們知道金融技術順利撐過了古代近東一系列的政治更迭，之後在波斯帝國（公元前六二六至三三〇年）扮演重要角色。某些近東最有意思的金融文件便可追溯到這個時期。在本章中，我們要深入討論兩個案例，兩者均以戲劇性的變動為核心，發生的時間點是在使用楔形文字書寫時代的盡頭。這兩個案例凸顯了金融與市場在制度變革，以及在穩定社會中扮演的重要角色。

尼普爾城的神廟土丘位在古代烏爾城與烏魯克城的北方，一如其他美索不達米亞城市，這座土丘存在了幾千年。一八八九年，美國考古學家深入探查尼普爾土丘，發現一套十分重要的檔案資料：這裡有一個從事放款與資產管理的家族，留下跨越三代的金融交易紀錄。他們的契約、帳目、契據和訴訟紀錄，涵蓋美索不達米亞繁榮的最後一段。亞述學者馬休・史托博（Matthew

Stolper）善用這項豐富的文件來源，拼湊出穆拉蘇（Murašu）氏族的故事。[1]他發現，這家人在美索不達米亞後期社會的金融與政治中扮演的角色，讀來彷彿現代懸疑劇，充滿陰謀、醜聞，還有一套錯綜複雜的金融交易，最終顛覆政府的權力。

在波斯帝國時期，尼普爾城繁榮且豐饒，是波斯諸王（這些國王各在蘇薩城和波斯波利斯城〔Persepolis〕建有宏偉的皇家居所）的保護領地。穆拉蘇家族居於一處大型的私人住宅，俯瞰尼普爾神廟院落。就像古巴比倫烏爾城中的金融區一般，穆拉蘇宅跨越了市中心的運河，和宗教區有所區隔，可能象徵了神聖與俗世之別。

我們對於穆拉蘇氏族的族長所知甚少；他大約生於公元前五百年，有三個兒子和三個孫子，都是地主、農業管理人，也是積極貸款給尼普爾其他地主的放款人。透過謹慎的商業交易，他們集結了可觀的財富，積極打理家族企業，直到約公元前四一七年。有些年頭好，有些差一點，有一年特別不同，這個時間

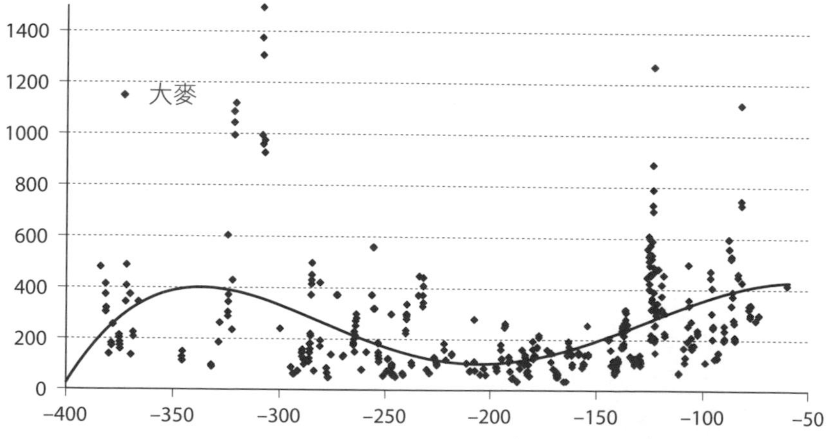

圖6　巴比倫市場的大麥價格，公元前380至60年（Courtesy R. J. Van der Spek）。

點對穆拉蘇一族非常重要。

公元前四二三年是政治動蕩的一年。阿爾塔薛西斯王（King Artaxerxes）在那年冬天中期過世，宮廷鬥爭隨之而起。國王的長子薛西斯二世（Xerxes II）繼承王位，但四十五天後就遭到同父異母的弟弟塞基狄亞努斯（Sogdianus）謀殺；塞基狄亞努斯發動政變，迅速將整個波斯帝國握在手中，從札格洛斯山脈（Zagros Mountains）到地中海均納入版圖。雖然塞基狄亞努斯登基為王，但阿爾塔薛西斯王另一個兒子歐庫斯（Ochus）卻得到波斯幾名大地主的支持與贊助，他是巴比倫侍妾卡絲瑪蒂杜斯（Costmartidus）之子，也是美索不達米亞低地區的總督，當同父異母兄弟繼位時，他人在巴比倫一處租來的豪宅裡。在塞基狄亞努斯發出的第一批王令中，有一條就是召喚這位大權在握的同父異母兄弟前來帝都蘇薩，可能是要殺了他以鞏固自己的權力。

當皇家使者傳來以官方楔形文字陶土板寫成的詔書時，歐庫斯必須快速行動。他的支持者力促他反抗，但是他們無法馬上提供他成功必備的條件：他們有很多土地，卻沒什麼現金，要有銀子才能購買反抗塞基狄亞努斯的傭兵與軍需品。隨著塞基狄亞努斯逼他快快回應，他們轉向穆拉蘇氏族求助。歐庫斯的金主把他們持有、位在幼發拉底河河谷的大批產業抵押給穆拉蘇氏族，用這筆錢請了一支軍隊。早已心生不滿的波斯正規軍叛軍很快投靠他們，當歐克斯馳騁進入蘇薩城時，他的身分不是塞基狄亞努斯的囚犯，而是繼位者。篡位者最終也被人篡位。歐克斯的皇室稱

---

1 Matthew W. Stolper. 1985. *Entrepreneurs and Empire: The Murašû Archive, The Murašû Firm, and Persian Rule in Babylonia.* Istanbul: Nederlands Historisch-Archaeologisch Instituut te Istanbul.

號為大流士二世（Darius II）。

推翻塞基狄亞努斯之役，是我們所知第一場靠著借錢開打的戰爭，但絕對不是最後一場。往後幾年，大流士二世之後的波斯統治者經常訴諸徵稅以籌得戰爭資金。金融仲介機構是關鍵鏈結：這些機構指的是可快速將契約承諾變成現金的公司或代理人。公元前第五世紀，穆拉蘇公司便提供這項重要的信用貸款，很可能因此扭轉了成敗。但命運不會對所有人仁慈。支持歐庫斯的地主仍債台高築，很多人面對抵押品遭沒收的命運。

穆拉蘇氏族的故事很重要，證明了金融如何在一時半刻快速且強力地將經濟資產聚在同一地，以賺取政治上的利益。戰役不僅只有兩軍對峙在實體空間開打，也涉及了時間面向。大流士二世（或者說，至少是他的政治金主）將未來拿去抵押，以換得軍事上的優勢。

價格、週期、市場與模型

目前所知時間最晚的楔形文字紀錄，是公元（亦即耶穌誕生之後）七五年巴比倫城的銀子大宗商品價格。當時的巴比倫城已失去美索不達米亞首都的地位，但仍是重要的貿易中心，以及天文觀測中心。最後的楔形文字文件是一系列的日誌與曆書中的最後一份；這一系列數據記載了價格和天文現象，涵蓋時間超過七百年，日誌以六種常見大宗商品的每個陰曆月價格（以實際數量為單位），基準是一個錫克爾（shekel）銀幣在巴比倫街上能買到的量。愛麗絲・思洛絲姬（Alice Slotsky）是布朗大學的楔形文字學者，她首先嘗試全面性編纂這些巴比倫日誌並進行研究。她指出，日誌通常以十二個月為編排單位，由變動頻繁的價格數據和天文觀察紀錄構成。

典型的半年誌會包含六到七個單位，每個單位為一個陰曆月。每月的紀錄裡有每天的天文與氣象資訊，每一個部分的總結都是一份星象位置的重點摘要、一份六種大宗商品市價列表，以及幼發拉底河水平面的說明，偶爾還會有一些歷史性的備忘錄。[2]

有報價的商品為大麥、椰棗、芥子、水芹（或小豆蔻）、芝麻以及羊毛，報價單保留了好幾個世紀。日誌本身並未說明其由來；沒有任何資料講到為何會有這份紀錄。思洛絲姬假定這些紀錄是「當時世上某種數學性的『重大計畫』中的部分」。[3]若考量我們對於巴比倫天文現象模型的了解，以及過去美索不達米亞進行經濟模型模擬的悠久歷史，這很合理。

這些古代的價格數據系列，近期成為分析上古時代晚期巴比倫經濟的實證根據。學者應用精密的數學方法來分析這些楔形文字紀錄，以檢驗古代的市場力量。

阿姆斯特丹大學的教授伯特・馮・德・斯佩克（Bert van der Spek）花費多年心力，修復巴比倫日誌上的數據，找出詮釋上的問題，並拿來和其他古代價格清單對照，之後把這些數據提供給其他學者做研究。[4]

---

2 Alice Louise Slotsky. 1997. *The Bourse of Babylon: Market Quotations in the Astronomical Diaries of Babylonia*. Bethesda, MD.: CDL Press, p. 7. 亦請參見經濟學家的觀點：Peter Temin. 2002. "Price Behavior in Ancient Babylon," *Explorations in Economic History* 39 (1): 46-60。

3 Slotsky (1997), p. 19.

4 R. J. Van der Spek, Jan Luiten van Zanden and Bas van Leeuwen (eds.). 2014. *A History of Market Performance: From Ancient*

他和其他經濟學家團隊分析這些讓人讚嘆的數據。在他們的努力之下，揭露了許多古代大宗商品市場的性質與決策。大宗商品的價格波動很大，尤其是食物。在古巴比倫，你很難一個月、一個月去預期穀物成本，因為變化極大。學者觀察到美索不達米亞是一處獨立的農業區，無法藉由從鄰近地區進口穀物來緩解饑荒。即便在美索不達米亞區內，南方與北方的市場都無法達成平衡。[5]雖然長期下來有些共通的趨勢，但美索不達米亞晚期的農業生活一如早期，局限於地區。早期以神廟為基礎的經濟或許已做好調整，可適應更複雜的市場與金融機制，但人們吃的東西仍是在地種植的作物。這使得美索不達米亞必須看氣候的臉色，承受嚴重的波動。有時候大麥的價格會翻倍，甚至漲到三倍、四倍。如果說市場經濟與金融體制的功能之一是要緩和收入衝擊，這份天文日誌就代表了這套系統仍不完美。

對巴比倫的購物者來說，最痛苦的時期實際上卻是肇因於政治危難。亞歷山大大帝（Alexander the Great）於公元前三二一年逝世於巴比倫，天文日誌中有一篇註記了他的死亡。這是一場意外；亞歷山大大帝過世時三十二歲，是正值盛年的強大統帥。他生了病，兩個星期內便過世，而且沒有明確指定繼位人選。亞歷山大大帝過世後，巴比倫的食物價格隨即翻倍，而且，由於軍事上的各方競爭對手搶著要繼承地位，導致一整個世代都面對極高的食物價格。價格之所以上漲，是因為食物都被徵用以供士兵食用嗎？是因為戰火毀了作物嗎？食物的供給量可能並未變動，但銀幣大量湧入，推高了價格。我們甚至可以假設，有統治者敞開國庫，以維持和平。艱困時期不斷延長，一直到塞琉古帝國（Seleucid empire）建立了新的政治秩序，但，內部的武力衝突與價格失衡之間的相關性仍然明顯。[6]市場在危難期間即便波動甚大，卻仍持續發揮功能，巴比倫日誌的記錄人很有耐心地追蹤市場動態，甚至利用市場來理解帶動經濟的因素。

這份天文日誌的時代，是一個文明的尾聲；這個文明發明了書寫，是用量化模型來描述自然現象的先驅，並引進了新的思考模式，將數字用在經濟與政治生活中。金融僅是美索不達米亞社會的其中一面，但在其整個歷史上，金融扮演核心決策。經濟上的考慮激發了創新需求，帶來的計算、以量化方式做紀錄以及締約。技術創新會回過頭來自我回饋。一個原本就善於使用數字符號以及陶土籌碼來象徵實質貨物的社會，大步躍進到概念性的詳細數學模型，再自然不過了。卓罕陶土板（利用數學預測理想化條件下牛群的指數性成長）指出，數學計算的技術，以及用符號表示自然成長的抽象化，可能都是美索不達米亞早期記錄與代表方式發展下的副產品。

金融工具對於思考、溝通與締約的模式發展而言極為重要，對於美索不達米亞政體的發展而言亦如是。若沒有記帳技術、沒有可供個人賺錢（不論是銀子還是穀物）來支付稅金的方法，就不會有大規模的中央規畫。促成短期貸款以及規範個人負債與資產的法律架構，也導引出了個人

Babylonia to the Modern World, vol. 68. London: Routledge.

5 請參見Michael Jursa. 2014. "Market Performance and Market Integration in Babylonia in the 'Long Sixth Century' B.C.," in R. J. Van der Spek, Jan Luiten van Zanden and Bas van Leeuwen (eds.). *A History of Market Performance: From Ancient Babylonia to the Modern World*, vol. 68. London: Routledge。

6 Joost Huis, Reinhart Pirngruber, and Bas Van Leeuwen. 2014. "Climate, War and Economic Development: The Case of Second Century BC Babylon," in R. J. Van der Spek, Jan Luiten van Zanden and Bas van Leeuwen (eds.). *A History of Market Performance: From Ancient Babylonia to the Modern World*, vol. 68. London: Routledge.

創業。最終，金融技術進入了政治當中。美索不達米亞會為了戰爭而融資，到現代，人們實務上也還是這麼做。

有了金融契約，才讓美索不達米亞人可以將價值挪動到不同的時間點，並訂出一個成本。時間不僅是一個面向，本身也是一種大宗商品，以利息計價。模擬牛群成長的卓罕陶土板，也體認了對成長的預期：未來會擁有的更多。在巴比倫終於衰亡之後，對於又經過兩千年的烏魯克城土地，這些先民估算出來的價值會是多少呢？

■

美索不達米亞文明演進了超過三千年，在這段非凡的歷史當中，發展出一系列的經濟與金融制度；而這些制度的基礎就是數字化、記帳、契約與法律。牽涉的範疇如此之廣，難以用任何簡單的模型描述金融與政體之間的關係。金融技術有時有利於中央規畫者，有時有利於個人企業家，當然，有時候也兩方兼顧。

第一章到第四章的主要目標，是記錄金融軟、硬體的早期發展，包括最早出現的金融契約，以及金融數學與金融思維的發展。次要目標是說明這些軟硬體在美索不達米亞社會中扮演的不可或缺角色。金融的發展源自於人們需要跨時締約，跨時締約是人類史上第一批城市的經濟基礎。有了金融，也才會有從事長程貿易的組織，與更密集的長程貿易。雖然孕育出這類貿易的古代近東社會金融架構不多，但也已經有了相當的工具套件，包括以銀為基礎的貨幣系統、類股權合夥的事業，以及顯然一套夠穩健也夠有彈性的執法系統，就連好戰的小城邦也可以獲得遠方的尊貴貨物與金屬。一個有趣的問題是，相關的知識如何撐過幾千年流傳下來？

技術是一套發展出文化的方式與想法，並由文化加以維持。沒有人天生就知道如何計算複利，這類知識仰賴人類跨越時間傳遞下去。美索不達米亞以陶土板為基礎的書寫系統有一項副產品，那就是千年前寫成的文本，千年後人們還是可以找得到、讀得懂。精密的金融技術在古代近東發展出三千年的文明，但這些城市早已被遺棄，過去的知識也已經佚失。還好，古代抄寫員是把內容寫在陶土板上，而不是紙上，有些內容仍保留了下來，比方說吉爾伽美什史詩（epic of Gilgamesh），就被人一再、一再地複寫，儲存在各個古代圖書館裡。其他本以為必定已經失去的資料，也因為美索不達米亞學者在古城遺跡裡面淘淘揀揀而再度找了回來。就靠著這些方法，一整套的概念性技術（例如數學、調查研究、天文以及金融工具）得以撐過幾百年的興衰而保留下來。

學者在上個世紀研究美索不達米亞文本與考古開挖成果，整理出來的內容也僅是以管窺天，只能稍探這套在城市文明與長程貿易之始出現的富裕又複雜的經濟體。尚待研究的內容還有成千上萬，甚至還有千百萬，但是它們的存在就已經告訴了我們一件事：金融在文明中的角色至為重要。

第五章　雅典的金融

對小麥的問題完全無知的人不夠格成為政治家。

——蘇格拉底

希臘與羅馬古典文明發展出以貨幣和市場為基礎的複雜金融經濟。希臘人發明銀行制度、鑄幣與商業法庭，羅馬人以這些創新為基礎繼續壯大，並加入了商業股份公司、責任有限投資以及某種形式的中央銀行。古代美索不達米亞城邦的組織主要重心是重新分配當地生產的物資，次要重心是長程貿易，希臘與羅馬則不同，這兩地的成長已經超越了當地的農業產能，要靠海外貿易遞補。雅典的小麥大都為進口，最遠可來自黑海，羅馬則仰賴尼羅河三角洲的豐饒土地以取得穀物。這些冒險進取型的經濟模式要能運作，必須要有新的金融架構。雅典和羅馬必須把穀物運入城中心，經濟體制必須能激勵海外的農民為了供應出口而種植作物，激勵士兵和船長冒著生命危險運回穀物，激勵投資人投資船隻和貿易商品，並創造一套能因應國際商業不確定性環境的穩健運作支付系統。相關的解決方案包括交給看不見的手（意指建立市場）、利用金融技術來因應無法預測的航海貿易結果，以及一套仰賴普遍公認衡量價值方法的貨幣經濟。

我們對於古代雅典金融系統的了解，多半來自於流傳下來的法庭演說。法庭本身即是金融體系的關鍵要素。雅典的法庭系統以陪審團審判來化解原告與被告之間的爭議，陪審員（通常一次五百人）為隨機選出，要坐在法庭一整天，這是一場審判的最長時限。原告和被告代表自己，唯著名的演說家有時候會插上一腳，替當事人編排演講內容。演講時間以水鐘為準。陪審員不會一起商議，而是投票表決，以多數決判定。[1]當天結束時，問題也就解決了。這套系統廣泛用於商業爭端，多半和雅典穀物交易有關。每年九月到四月間召開海事案特別法庭；這段時期船隻不出海，此時也可整頓業務，以迎接下一季。我在本章中主張，雅典法庭系統的特點創造出一個具備金融素養社會，雅典公民有敏銳的抽象概念，了解風險的價格、貨幣的時間價值，以及商業企業的可協商和可質押特性。

圖7　公元前322年的琥珀金硬幣，正面有雅典演說家狄摩西尼（Demosthenes）的肖像（Courtesy Yale University Art Gallery/Christopher Gardner）。

雅典與穀物

公元前三八六年，一群雅典穀物交易商被判死刑。他們因為統一訂價和囤貨而受審。他們的明確犯行是勾結進口商、磋商穀物價格。這樣的經濟面合作代表了什麼樣的風險？為什麼嚴重到要判死刑？到了公元前第四世紀時，雅典城的規模成長到超過當地農業產能的負荷量，雅典平原與周邊的山丘比較適合栽種橄欖樹和採蜜，比較不適合種植小麥和大麥。當時的人口已經達幾十萬，麵包是基本的生活必需品。

在面對這種地理上的限制時，雅典人的部分解決方案是仰賴法律。舉例來說，在所有進口的穀物中，有三分之二必須送入雅典城；雅典公民把穀物運至任何其他港口，就是死罪一條。法律也限制僅有海外穀物貿易能取得海事貸款。一旦穀物進入雅典，法律也對交易商能賺取的利潤設下限制。交易商儲存的穀物量有限，轉售的加價也有上限。市場監督官員負責執行所有規範，並會發獎金給「報馬仔」，這些人會通報消息，舉報迴避規定的穀物交易商。[2]而這些限制引發了一個問題：有哪些正面的誘因鼓勵商人為雅典提供穀物？

1 Robert K. Fleck and F. Andrew Hanssen. 2012. "On the Benefits and Costs of Legal Expertise: Adjudication in Ancient Athens," *Review of Law & Economics* 8 (2): 367-99.

2 Thomas Figueira. 1986. "*Sitopolai* and *Sitophylakes* in Lysias' 'Against the Grain Dealers': Governmental Intervention in the Athenian Economy," *Phoenix* 40: 149-71.

答案之一是市場價格。穀物有時很昂貴而且很難買；進口商面對的價格會因為供需變動而有漲有跌。穀物價格有可能突然間翻倍。有時候雅典人要付出天價才能買到大麥做早晨的蛋糕，或是買到小麥做出晚餐要用的麵包。當船隊帶著貨物在雅典的比雷埃夫斯（Piraeus）港靠岸時，投資航海事業的人預期的就是可賺得的穩當利潤。

觸發前述穀物商人受審事件的因素，顯然是價格忽然波動，可能是因為雅典某個重要的穀物供應商船隊受阻。交易商的犯行，是他們在雅典市場監理人阿尼圖斯（Anytus）教唆之下彼此勾結，以低價向承運人購得穀物，但不僅沒有把存糧賣給買方，反而囤積穀物，以高價流出，違反了不准囤貨的法律。[3]他們的勾結同時不利於供應商和顧客。

阿尼圖斯的出發點無疑是善意的，他可能期待勾結會讓交易商更有力量和進口商談判，但法庭上的公訴人認為，這樣的卡特爾（cartel）長期會造成損害。如果商人拿不到公平市價，他們就不會再把穀物運進雅典。希臘演說家呂西亞斯（Lysias）是公訴人結辯詞的作者，他就說了：

> 如果你譴責他們，你是行正義之事並讓穀粒更便宜；如果你默許他們，就會導致穀粒價格高漲。[4]

他的論點是，穀物的重要流向會回應市場這隻看不見的手，流到其他地方，導致穀粒（亦即穀物）價格更高。如果到岸時的價格太低，投資穀物交易的人就不會再放款給穀物船隊。如果船長賣了貨物也無利可圖，他們就沒有什麼誘因勇敢面對海上的風險。

這場審判的內容並不完整，我們並不知道這些穀物交易商最後的命運如何，但這場審判非常著名，因為這是最早的反托拉斯（antitrust）起訴證據。呂西亞斯的基本論點，已經深深了解雅典有多麼仰賴創造市場誘因才得以存活。法令無法壓低穀物價格，只能做到規範轉口貿易與控制當地價格，唯有靠著把經濟利潤擺在創業家的眼前，市場才能誘使他們投入穀物貿易。

金融與海

到了公元前第四世紀，黑海大部分地區已經希臘化，很多地方已經成為永久性的希臘殖民地，例如克里米亞半島。雅典每年進口的穀物有半數來自黑海各王國，大約是一萬三千公噸的小麥。牛津的歷史學家阿方索・莫雷諾（Alfonso Moreno）計算，這應足以餵飽五萬人以上。[5]事實上，根據他的計算，雅典至少有三分之一的人口要仰賴進口穀物。這表示，每一年必須要有幾百艘船往來愛琴海。

二〇〇三年，羅伯・巴拉德（Robert Ballard）與國家地理（National Geographic）的海底探

3 Wayne R. Dunham. 2008. "Cold Case Files: The Athenian Grain Merchants, 386 BC.," *Cato Journal* 28: 495.

4 Lysias. *Oration XXII*. Available at: http://www.gutenberg.org/cache/epub/6969/pg6969.html。

5 Alfonso Moreno. 2007. *Feeding the Democracy: The Athenian Grain Supply in the Fifth and Fourth Centuries BC*. Oxford: Oxford University Press, p. 32.

險隊深入探勘保加利亞瓦爾納市（Varna）沿岸的黑海深處。海床上一項大型物件激起研究人員的好奇心。他們的無人駕駛潛水艇穿越乾淨黝暗的海水，接近目標物。幽暗處出現一排排細頸雙耳瓶：這是古代希臘貿易船上的貨物。研究人員設法拿回一個細頸雙耳瓶，以進行分析。瓶子形狀指出其製造地在錫諾普（Sinope）：這是一座希臘的貿易城市，位在現今土耳其北方海岸，希臘人將這個地區稱為龐度斯（Pontus）。

龐度斯製造的細頸雙耳瓶通常用於酒類交易，因此，當科學家在實驗室打開這個瓶子時，對裡面的內容物大吃一驚。瓶子裡裝的是一種名為歐鯰（sheat）的淡水鯰魚魚骨，經過放射性碳定年法檢定，其年代可追溯至公元前第三世紀中。歐鯰魚排來自於聶伯河（Dnieper river）三角洲，當地人將歐鯰視為佳餚，這證明希臘的雙耳瓶裝的不僅是黑海四周的穀物。假設前往瓦爾納的航海冒險是商業性質的航行，那麼，是誰出的資金？當船隻和貨物都沉沒了，又會發生什麼事？有趣的是，利用一份來自古典時代的文本，我們可以推測出某些問題的答案。

海上風險

公元前第四世紀偉大的希臘演說家狄摩西尼（Demosthenes）留下許多著名的演講，其中有一份是關於一場航行契約，契約的年代約為公元前三五二年，是貿易商利用一項貸款取得航海貿易的資金，以利從雅典前往黑海再返航：推測應該是以酒換穀，之後再帶回雅典。這筆貸款最後變成呆帳，引發一場訴訟。狄摩西尼替原告寫了講稿；原告打算控告的對象叫拉克圖斯

（Lacritus），是兩名年輕貿易商的哥哥，這兩名貿易商分別是阿特孟（Artemon）和阿波羅多洛斯（Apollodorus），他們借來了三千希臘銀幣德拉克馬（drachma），籌得資金出航，從雅典前往黑海，並北至聶伯河（無疑的，這也是瓦爾納沉船曾經到過的地方之一）。狄摩西尼的講稿詳細說明雅典的海事貸款如何運作、如何處理航海的風險，以及如何詳細規範放款人要求的條件。這份講稿很值得拿來細看，因為當中的內容說明了雅典人如何管理航海貿易相關的複雜風險。

斯菲圖斯城（Sphettus）的安卓克力士（Androcles）和卡魯斯圖斯城（Carystus）的瑙希克瑞斯（Nausicrates）貸放三千德拉克馬的銀幣給法賽利斯城（Phaselis）的阿特孟和阿波羅多洛斯兩人，讓他們可以出海，從雅典前往芒德城（Mende）或肖內城（Scione），然後再前往博斯普魯斯（Bosporus），如果他們願意，往左行可以遠至伯瑞森斯河（Borysthes）[6]，然後返回雅典，要保證帶回三千瓶芒德的酒，每千瓶要繳出兩百二十五瓶（如果他們在大角星〔Arcturus〕升起之後未從龐度斯航向希爾倫城〔Hierum〕，那就變成每千瓶交三百瓶），這些酒會由一艘以希布勒錫斯（Hyblesius）為船長、有二十名槳手的船從芒德或肖內運回來。他們聲明，除了保證商品之外，他們不再欠任何人錢，他們也不會為此再取得任何貸款。他們會搭同一條船返回雅典，帶著所有從龐度斯購得的商品，以及出口貨物賺得的利潤。

在天狼星（Dog-star）升起之後，如果他們在赫勒斯滂（Hellespont，譯注：即今達達尼爾海

6　即聶伯河，在現今的烏克蘭。

峽）等了十天無法進入龐度斯，應該在任何雅典人不會被扣押貨物的地方卸貨，之後返航回到雅典，他們應該支付前一年協議上載明的利息金額。如果運送貨物的船隻遭受無可回復的損失、但作為保證的貨物搶救下來，放款人可以分享剩下的部分。在這方面，任何其他方式的效力都不能高於書面協議。

見證人：比雷埃夫斯城的佛米翁（Phormion）、比奧希亞城（Boeotia）的凱菲索多托斯（Cephisodotus）、皮瑟斯城（Pithus）的赫利奥多羅斯（Heliodorus）……阿納吉魯斯城（Anagyrus）的阿奇達馬斯（Archedamas）之子阿奇諾米德斯（Archenomides），見證斯菲圖斯城的安卓克力士和卡魯斯圖斯城的瑙希克瑞斯，以及皆來自法賽利斯城的阿特孟和阿波羅多洛斯，簽訂契約條款，而且契約仍由其保管。[7]

契約裡有一項重點，那就是如果船沉了，借款人無須償付貸款。由放款人承擔沉船風險，而非借款人。如果這兩兄弟的船命運一如瓦爾納沉船，那他們就免償貸款。有一個術語可描述這種貸放形式，叫「船舶抵押借款」（bottomry），這類貸款中的船隻和貨物抵押給放款人，但僅有當船隻平安歸來時才要償付。

這是把冒險者的風險移轉到投資人身上，請仔細看為何這對兩方而言都合情合理：船舶抵押借款中的放款人若要分散船難的風險，可以借錢給很多船隊，但每支船隊都借一點。由於雅典和黑海地區往來的穀物貿易規模極大，這類分散風險的機會想必很可觀。這樣一來，就算有一艘船沉了，也不會血本無歸。

反之，出海的貿易商基本上是把所有的雞蛋放在同一個籃子裡。他們很有誘因以低價在龐度斯買入穀物、再以高價於比雷埃夫斯售出，賺到足以償還貸款的利潤，但是他們無法保護自己免受無法掌控的環境因素，比方天候。他們和放款者不同，若不和其他貿易商合夥，他們無法利用多趟航行分散風險。

就算放款人可以分散投資，面對沉船風險還是需要補償。阿特孟和阿波羅多洛斯兩兄弟承諾，視情況要支付給安卓克力士和瑙希克瑞斯百分之二十二・五或百分之三十的利息，作為這筆三千德拉克馬投資的報酬。如果這兩兄弟在大角星升起（約在秋分）時沒有開始穿越博斯普魯斯海峽返航（到那時候會有更多暴風雨），利息就會加高。百分之二十二・五和百分之三十的差額，便是額外海難風險的溢價。

另一項重大風險是抵押品。契約規定這三千德拉克馬要在愛琴海北方港口買進三千瓶芒德酒（芒德城離現今的塞薩洛尼基〔Thessaloniki〕不遠）。如果貨船發生任何事，但某些或全部貨品在船難中被搶救下來，這些酒便成為放款人的財產。這種安排看來很明智，但是，放款人無法監督這些抵押品，甚至連確認抵押品是否存在都做不到。實際上，這兩兄弟買來作為抵押的貨品一抵達黑海，就被船長拿去當成另一項貸款的抵押品。

7 Demosthenes. 2004. "35 Against Lacritus," in *Demosthenes, Speeches 27-38*, Douglas M. Macdowell (trans.). Austin: University of Texas Press, p. 137, paragraphs 10-14.

這位來自菲瑟萊特（Phaselite）的船長在龐度斯時想要向一名祈安（Chian）男子多借點錢，這名祈安人說除非能獲得之前的貸款人同意把船上所有貨物拿來抵押，不然他拒絕借錢，而兩名之前的放款人同意把他們的貨物當成祈安人的抵押品，讓他控制一切。8

狄摩西尼主張，阿特孟和阿波羅多洛斯兩人從未購入他們答應要買的酒，而是回頭把他們借來的錢又貸放出去。雖然他們確實有出航到黑海，但回到希臘時兩手空空，主張他們的鹹魚與酒都沒了，因為在潘提卡皮烏（Panticapeaum）與西奧多希亞（Theodosia）之間發生了船難；這兩個地方是希臘在克里米亞的殖民地。他們對於貨物的描述，呼應了巴拉德與其夥伴在（最近這一世紀的）海底找到的遺骸。

在以上的引文中，祈安放款人的索賠權比安卓克力士和瑙希克瑞斯的索賠權「更優先」（senior），唯這與原始契約相牴觸。我們很難知道這兩兄弟如何償還兩筆貸款。這套把戲有點像百老匯音樂劇《金牌製作人》（*The Producers*）的情節，這兩個年輕的無賴顯然對投資人開了空頭支票，他們要擺脫負債，唯一的希望就是船隻和貨物一起消失不見。誰知道呢？也許瓦爾納那艘船是故意弄沉的，以免除償付船舶抵押借款。

從更大的格局來看，船舶抵押借款契約顯示雅典已經有了商業法規，約束整個希臘世界人民的經濟生活。本案的幾個借款人來自靠近呂基亞（Lycia）的小亞細亞城市，幾個貸款人則來自雅典以外的另一個城市，以及東北方的另一個城邦比奧希亞。雅典的角色是成為一個讓雙方訂約的法律舞台，若有人違反交易條件，便根據雅典法律進行訴訟。各方當事人都使用同一套系統，依據具體的規則隨時準備做出裁決。雅典用於化解爭議的法規很透明，在吸引內部資本的同時，也引來了外部資本。

我們可以把雅典的法律架構想成一套金融技術。放款人可以針對發生在黑海的事件提起訴訟尋求賠償，而拉克圖斯有權利用合意的證據規則自辯，才可能有長程貿易融資。希臘商人要航海到烏克蘭，無疑涉及重重危險。愛琴海底確實四處散落著這類航海貿易中失事的船骸，然而，有了海事貸款的法律技術與執法能力，可以降低不知道船難是否為單純詐欺的不確定性。雅典的比雷埃夫斯港有很多吸引人的特性，這是一座受到保護的天然內港，周邊處處有碼頭與市場，但這裡最重要的架構是法律：一套和締約與商業法相關的慣例。

銀行家與投資人

孕育出希臘金融的實務需求，和我們在古代烏爾城看到的類似：提供貸款與融資以利商業航行。但歷史學家愛德華・柯恩（Edward Cohen）主張，希臘有一種與眾不同的思考模式，一種在希臘語言與世界觀很普遍、以二分法為基礎的心態，催生出一套新的金融系統。[9]一方面，如土地等有形財富每個人都看得到，是實體世界的一部分，另一方面，以銀行存款、帳戶和契約為形

8 Demosthenes (2004), p. 144.

9 Edward E. Cohen. 1997b. *Athenian Economy and Society: A Banking Perspective*. Princeton, N.J.: Princeton University Press.

式的抽象財富，這類財富存在於人們在法庭上捍衛的權利、各方當事人簽訂的契約或是銀行家透過信託持有的帳戶。抽象財富早在希臘時代之前已經存在，我們早已看過烏爾古城的金融從業人員會收存的貸款陶土板，但柯恩主張，雅典的銀行在概念上把金融與其他企業切開，讓金融有足夠的靈活度，可以滿足長程航海貿易的需求，最終滿足整個帝國的需求。

金融資產抽象化也讓銀行制度考古學增添難度。最佳研究起點是現代的比雷埃夫斯：這裡是雅典的海港，考古學家在這裡發現了這座港古代的地貌。古城恩波里翁（Emporion）曾是國際貿易的中心，就沿著港口的東北方發展。一如希臘所有主要地點，古時候的恩波里翁城用邊界石碑特別標示出來，這裡是商人、投資人與銀行家從事黑海貿易之地。考古學家找到了恩波里翁古

圖8　重新建構比雷埃夫斯市中心港口，重現其在公元前第五世紀時的面貌，展現恩波里翁古城的景象；這裡是第一批希臘銀行家的營運之地（Eon Images）。

城以及其拱廊的遺跡：這裡是進行商業活動的處所。一八八〇年代，隨著人們打造現代城市比雷埃夫斯，恩波里翁古城的地基也隨之重見天日。[10]

馬卡拉拱廊（Makra Stoa）是最北邊的建築，很可能是古代穀物貿易所在地。中央拱廊面朝一個名為迪格馬（Deigma）的地方，這裡用來展示與銷售進口貨物。這些地方，再加上在現代比雷埃夫斯的海關大樓與市政府附近找到的其他三處迴廊的斷垣殘壁，指向現代的比雷埃夫斯城，以及其相關機構正好坐落在古城上方。沿著海港的東邊走在比雷埃夫斯街上，基本上就是參觀希臘最早銀行區的巡禮。

希臘語（包括古代與現代）中的銀行叫「trapeza」，這指的是銀行家執行業務的辦公桌。[11]顧名思義，當時的銀行不是地方或建築，而是指在一張不起眼的桌子上從事的作業，比方說算錢，更有可能是相關的計數運算。柯恩所提的真實vs.抽象財富假說所言甚是，人類史上最早期的銀行名稱，指的都是促成活動發生的媒介，而不是地點。

我們並不知道比雷埃夫斯的銀行家辦公桌是什麼模樣，但大可想成以目前為止尚未發現的巴比倫計數板（Babylonian counting board）。有一項已知的工藝品名為薩拉米斯計數板（Salamis tablet），很可能是希臘銀行家辦公桌的原型。這是一塊厚重的大理石板，長五英尺（約一百五十二公分）、寬兩英尺半（約七十六公分），年代可追溯到羅馬時代，十九世紀時發現於賽普勒斯

---

10 Robert Garland. 1987. *The Piraeus from the Fifth to the First Century B. C.* Ithaca, N.Y.: Cornell University Press, p. 92.

11 Cohen (1997b), p. 9.

島。石板表面有兩組線條，和長邊垂直。銀行家坐在石板後方，看著垂直的各欄位。石板各邊會有幾組數字，代表兌換成希臘貨幣的分數和倍數。可想而知，薩拉米斯計數板用的是籌碼，可以在線上以及兩條線之間的空間移動，以進行計數。這類技術方法一直延續到文藝復興時代，實際上可說直到現代為止。算盤（發明算盤的是希臘人，而不是中國人）不過就是可攜式的薩拉米斯計數板，差別在於算盤的算珠是用繩線串起來，而不是在板子上移動。

最早已知的比雷埃夫斯銀行家（稱為「trapezitai」）名叫安提斯泰尼（Antisthenes）和阿賈斯特亞圖（Archestratos），他們在公元前第五世紀末時經營相關的業務。公元前三九四年，這兩人把銀行傳給他們獲得自由的奴隸帕希歐（Pasio），帕希歐於公元前三七〇年過世，過世前又把銀行傳給自己獲得自由的奴隸福爾彌昂（Phormio）。由此可知，這家跨越數代的銀行，在公元前第四世紀時想必是雅典的大型金融機構。銀行每一次都傳給一名獲得自由的奴隸，這一點大大透露出希臘的奴隸制度（奴隸制度是一種人力資本財產權）如何讓企業主善用專業化、技術性的訓練。基本上，透過一次簡單的交易，就可以掌握與移轉人才。銀行業務是接受存款與貸出放款，真正的資產並非金庫裡的貨幣、豪華的辦公處所或是一群櫃檯人員，而是銀行家的商業敏銳度、看準機會的眼光、對風險的審慎評估，以及廉正誠實的聲譽。結合了這些人類的聰明才智（再加上簡單的計數板與周延的紀錄系統），才構成了古雅典的銀行。

學術界有很多人撰文討論雅典的銀行家是否真的適用於標準定義下的銀行：一般所稱的銀行，是指接受短期存款並貸放長期貸款的機構。在二十一世紀，一般認為前述定義限制太多；如今我們知道，金融服務可以用各種不同的方法結合或拆開，就算如今的雅典仍把銀行稱之為

「trápeze」，但最好別想著把現代的機構概念加諸於遙遠的過去。歷史證據說得很清楚，雅典的銀行家接受存款，另外也有證據指出他們放款。狄摩西尼宣稱銀行家帕西翁（Pasion）有五十名員工負責貸款業務，學者也估計，使用銀行貸款對於當時的雅典有錢人來說是稀鬆平常的事。[12]

銀行貸款可用於生產性用途，比方說航海探險與商業企業，也可以調整消費模式趨於平緩。雅典菁英分子有一項責任，那就是不時要認捐儀式性活動（聖餐禮），費用不菲。這種稅收形式對於財富來說是意外的衝擊，人們使用金融工具（比方說，向其他同屬菁英階層的人告貸，但多半向銀行申貸）來緩和這種特殊形式的跨時衝擊。我們很難把支應這類衝擊的貸款稱為「消費性貸款」；消費性貸款一詞暗指並無生產性功能。歷史學家保羅・穆利特在研究希臘銀行史時，則將此稱為「尊榮性支出」（prestige expenditure），認同這些費用的必要性，因為這有利於在雅典的社會政治階級中維持強勢地位。[13]

要替客戶維護豐厚的財富並減緩衝擊，必須要有銀行家，而他們也是投資過程中的關鍵中介人。他們本身就是有錢的重要投資人（比方說，帕西翁就擁有一座大型盾牌工廠），也幫忙監督與指引客戶的投資。我們知道帕希翁拿自己的資金出來貸放承擔風險，但是他也拿銀行的錢出來貸放。他可能還扮演仲介角色，在經濟體中為借款人與放款人穿針引線。這在前述的航海貿易契約中便可見端倪。

---

12 Paul Millett. 2002. *Lending and Borrowing in Ancient Athens*. Cambridge: Cambridge University Press, p. 199 and ff.

13 Millett (2002), p. 64.

請注意，前述黑海貿易的船舶抵押借款第一見證人，是比雷埃夫斯的佛米翁。他有可能是便宜行事找來的旁觀者，但更可能是貸款放款人倚重的銀行家。身為比雷埃夫斯重要的金融家，他具有優勢地位，很輕易便知道誰借錢給誰、哪些商人需要錢以及誰有錢。他可能利用這樣的地位為客戶提供建議，甚至組成聯貸，讓幾個船舶抵押借款的放款人齊聚一堂。從現代觀點來看，這代表雅典人需要各式各樣的金融服務：要有基本的機構收取存款，讓出資者不用把錢放在枕頭底下，要有實體供交易各方當事人從事大額轉帳，也有人提供暫時的現金以緩衝經濟衝擊。銀行家也擔任促進經濟性投資的角色；他們的誘因可能是出於自身的財務獲利，或是這有助於提高聲譽和強化人脈。當商業機會與個人投資需求隨著雅典經濟的發展而增加，人們對於金融仲介的需求必然也隨之提高。

金融素養

狄摩西尼年輕時曾控告自家親戚。父親過世之後，他的叔伯成為他的指定監護人，他們竊取了他的遺產。審判中的相關金融細節極其複雜，涉及兩個事業體、存貨、貸款以及其他資產。這場審判一如其他所有法律訴訟案，在隨機選出的雅典公民陪審團面前進行。狄摩西尼面對的挑戰是不僅要說服陪審團他合法的遺產遭人搶奪，也要明確解釋這些遺產價值多少以及估價的基礎。他用來為金融資產估值的方法，讓我們難得能一窺一般雅典人對於金融的看法。

老狄摩西尼是一位企業家，他的事業包括一座鑄劍廠（應該是為軍隊鍛造與加工武器），及一座製造奢華躺椅的家具工廠。他得到家具工廠是因為這是一筆貸款的抵押品；他握有工廠，直到借款人還款為止。

這兩座工廠有相當的規模，鑄劍廠聘用了三十三名奴隸，躺椅廠則聘用了二十名，總計超過五十名全職的技術性勞工。除了企業之外，老狄摩西尼也握有以各種存款與貸款組成的投資組合。他有兩千四百德拉克馬存在銀行家帕西翁那裡，有六百德拉克馬存在銀行家皮拉德斯（Pylades）那裡，貸放一筆七千德拉克馬的海事貸款給蘇索斯（Xuthos），貸放一筆一千六百德拉克馬的貸款給姪子迪摩米勒斯（Demomeles），還有共約六千德拉克馬不附息的小額貸款。[14] 此外，他還擁有一棟房子以及一些個人財物，如他妻子的珠寶。

在狄摩西尼演說中，他以兩種方式來替這些資產估價：第一是根據市價，第二是根據資產每年能創造的淨收益。陪審團想必很熟悉這兩種方法；雅典的審判很簡潔，很看重論點的簡明清晰：

> 各位陪審員，我的父親留下兩座工廠，兩者業務規模都很大。一家是鑄劍廠，聘用三十二或三十三名奴隸，他們每個人的薪資多半都是五到六麥納（mina），而且沒有任何人低於三麥納。我父親每年靠這些人確定能賺取三十麥納的收益。另一處是躺椅工廠，聘用二十名奴

14 Cohen (1997b), p. 123. Demosthenes. 2004. *Demosthenes, Speeches 27-38*, Douglas M. Macdowell (trans.). Austin: University of Texas Press, p. 21.

隸，我父親得到這座工廠，是因為這是一筆四十麥納債務的抵押品。這座工廠確定可以為他帶來十二麥納的收入。他遺留下來一筆約一塔蘭特（talent）的放款，每個月的利息是一德拉克馬，一年下來累計的利息金額超過七麥納……現在，如果各位把最後這筆利息總額加總十年，就用一德拉克馬的利率來算好了，就會得出總額、也就是本金加利息會等於八塔蘭特又四千德拉克馬。[15]

請注意他的最後這一句話。他計入了這筆收入到他成年時延續十年的時間價值，在重新主張他繼承的遺產所有權時以百分之十二的單利計算。就像蘇美的恩美鐵那錐體要求利息費用一樣（請參見第二章），狄摩西尼也希望針對財產遭人奪走這段時間尋求補償。

他的估價當中兩項值得注意的重點。第一，這展現了雅典當時一個堪稱富有的生意人分散得宜的正常投資組合。老狄摩西尼不僅投資主要事業，他也存錢，並以約每年百分之十二的報酬率投資其他事業，包括船舶抵押借款。他的投資組合包括奴隸、設備、存貨、貸款與銀行存款。有些資本用於生產，有些則存起來未雨綢繆。雅典顯然在這兩方面都提供了大量的機會。

第二點更讓人訝異：雅典一定到處都是很能理解金融計算與長期規畫的人。我在想，現代隨機選中的公民有多少能理解狄摩西尼的金融邏輯？公元前四世紀時，一般雅典人顯然具備深厚的金融素養。請各位重讀以上摘文，然後告訴我要了解相關的論點易如反掌！

金融與土地

> 他們擁有的銀可以說是一座噴泉，是土地裡的藏寶盒。[16]
>
> ——埃斯庫羅斯（Aeschylus），《波斯人》（*Persians*）

埃斯庫羅斯曾以波斯人薛西斯的傲慢為題寫過一部著名的悲劇；劇中這位統治者的母親阿塔莎（Atossa）問起雅典的優勢在哪裡。歌舞隊描繪了一幅景象，說道雅典遍地都是等人挖掘的寶藏。在公元前四七二年時，雅典衛城（Acropolis）富麗堂皇的戴奧尼索斯劇場（Dionysus Eleutheris）裡每一個看戲的人，都知道這一幕所指為何。距離雅典東南方幾英里處，在一個名為勞瑞翁（Laurion）的區域，是古代世界銀礦蘊藏量最豐富的地方之一。

上天或許沒有給雅典人良田，但他們得到了銀礦。自青銅時代以來，勞瑞翁就陸陸續續在開採銀礦。雅典人從公元前第六世紀開始在此地大量開採，鑄造愈來愈大量的錢幣，以供國內外使用。勞瑞翁的銀礦讓雅典成為經濟發展的引擎。在公元前第五世紀的生產高峰期，銀礦每年可以

---

15 Demosthenes. 1939. "Against Aphobus," in *Demosthenes with an English Translation by A. T. Murray*. London: William Heinemann, speech 27, paragraph 9. Available at: http://data.perseus.org/citations/urn:cts:greekLit:tlg0014.tlg027.perseus-eng1:9. 貨幣轉換率如下：一塔蘭特等於六十麥納，也等於六千德拉克馬。

16 Aeschylus. 1926. *Aeschylus, with an English Translation by Herbert Weir Smyth*, vol. 1: *Persians*. Cambridge, MA.: Harvard University Press, lines 234-39. Available at: http://data.perseus.org/citations/urn:cts:greekLit:tlg0085.tlg002.perseus-eng1:232-48.

創造七百三十六塔蘭特（銀產量為二十噸）的營收，雅典可收取二十四分之一作為礦稅，銀礦一年就可創造三十塔蘭特的稅收。[17]

歷史學家吉爾・戴維斯（Gil Davis）主張，與流入雅典經濟的銀子所帶動的乘數效果相比，即便銀礦每年都能創造很高的收益，仍算是小巫見大巫。七百塔蘭特的銀子流動，可以創造出四百萬德拉克馬的效果。當時一名工人一天的薪資大約一德拉克馬。我們不難看出勞瑞翁的銀礦噴泉如何出手相助，替雅典衛城的宏偉建築找到資金。勞瑞翁的銀子從礦場被挖出來，然後變成銀幣流向民間與公家的倉庫，流出比雷埃夫斯港，之後流經地中海、黑海，而且一定也流向更遠的地方。希臘古代的歷史學家瑟諾芬（Xenophon）便說了，雅典的銀子為這座城市帶來國際貿易上的明顯優勢：

> 在多數其他港口，商人被迫在返航時也要載運貨物，因為當地的貨幣在其他城邦並不流通；但在雅典，他們有機會把貨物拿來交換，將各形各色有需求的貨物運出口，或者，如果他們返航時不想載貨，把銀子運出口也是一項很穩健的業務，因為，他們很確定，不管在何處把銀子賣掉，投資的資本都可以賺得利潤。[18]

雅典人在其他港口時不用拿商品交換，每個地方都接受他們的銀幣。

民營化

勞瑞翁的採礦事業並非公營，唯城邦也有股份就是了。開礦就和穀物貿易一樣，都由民間投資挹注資金。創業家向城邦租下尚未開採或之前已遭棄置的土地，投入資本挖掘銀礦。如果成功，他們就會在當地設置精煉廠，這需要投入更多資本。銀礦中含有大量的鉛，要分離這兩種金屬，需要敲碎、炙烤後再度加熱銀礦，並要用到大量的水；有水的地方不見得離礦場很近。經營煉銀廠既是技術上的挑戰，也是金融上的挑戰。在探勘銀礦時投資人要承受極大風險，一旦找到銀礦之後還要投入更多資本。

針對勞瑞翁銀礦所做的研究，揭示了這類風險極高的冒險事業如何取得執照與融資。[19]出租礦區的是雅典的地方行政官，稱為「司庫」（poletai），他們負責發出政府的特許權並進行拍賣。早在公元前七世紀，司庫就已構成雅典政治體系中的重要主幹。他們是一個由十名地方行政官組

17 Gil Davis. 2014. "Mining Money in Late Archaic Athens," *Historia* 63 (3): 257-77. 也請參閱H. Sverdrup and Peter Schlyter. 2013. "Modeling the Survival of Athenian Owl Tetradrachms Struck in the Period from 561-42 BC from Then to the Present," in *Proceedings of the 30th International Conference of the System Dynamics Society*, vol. 5. St. Gallen, Switzerland: Systems Dynamics Society, pp. 4024-4043。

18 Xenophon. 1892. *The Works of Xenophon*, H. G. Daykins (trans.). London: Macmillan and Co., p. 331.

19 G. G. Aperghis. 1998. "A Reassessment of the Laurion Mining Lease Records," *Bulletin of the Institute of Classical Studies* 42 (1): 1-20.

成的委員會，這十名地方行政官是每年從雅典的十個部落中以指派方式產生。他們的工作是管理城邦財產的公共拍賣活動，比方說勞瑞翁的銀礦租賃。他們的任期有限，以防止貪汙；他們代表廣大的雅典人民，營造出交易的公平感；他們的決定會公諸於世，因此不會被控耍花招。

雅典的阿歌拉（Agora）就位在驚人財富的旁邊，人們在此從事考古時找到一些石碑，上面刻著勞瑞翁採礦時的相關紀錄。阿歌拉的西南角落找到很多石碑，學者因此順勢小心嘗試，後來找到一棟普通的梯型建築，有中庭與幾間相鄰的房間，這些房間都是「司庫室」（poleterion）。[20]二〇〇四年開挖這棟建築時，找到超過四百雅典的四德拉克馬（tetradrachm）錢幣，是幾次阿歌拉挖掘行動中找到的最大批古代錢幣。這些遺留下來的錢幣指向司庫室在雅典人的生活中扮演重要角色。[21]

勞瑞翁石碑揭露了金融安排的複雜性。租賃標的有三大類：未開採、已開採，以及之前開採過但遭到棄置。這三類都有各自的風險，要求的報酬率也不一樣。學者注意到這三種風險類別的價格並不相同，這一點又再次反映出雅典人可以敏銳地認知到風險與要求報酬之間的取捨。雅典的投資人在這方面的做法就像安排航海貿易融資時，他們也組成合夥以租下採礦權，同時租下奴隸與必要的工作設備以進行採礦。這類合夥關係顯然是為了分擔探勘與開採銀礦的風險，也是把多餘的資本投入生產用途。以勞瑞翁礦業為核心的金融交易，就和雅典船舶抵押借款契約一般複雜。

一樁採礦交易

在狄摩西尼的所有訴訟當中，其中最複雜的一樁是和採礦營運租賃有關的爭議。公元前三四六年，企業家潘特納圖斯（Pantaenetus）租下一處礦場，並借了一百麥納（等於一萬德拉克馬）好加入一樁已經擁有奴隸和工坊的合夥事業，以經營採礦。

貸款的抵押品，是他在合夥事業中可分得的奴隸和工坊持份。當他和合夥人把奴隸與工坊又賣給另一個集團、但雙方的理解是潘特納圖斯還會續租的時候，就出問題了。潘特納圖斯付不出租金，也無法把租賃礦場的費用付給司庫。

集團握有資產權，但他們發現這些東西早已被設定成潘特納圖斯原始貸款的抵押品了。他的抵押品僅占整體企業的一部分，而非全部。各式各樣的債主找上門來主張權利，後來的指控變成對人不對事。潘特納圖斯責怪每一個人，尤其是這些債主，而這些放款人顯然都是專業金融人士。

這樁訴訟透露出一套驚人的制度架構。基本上，在雅典，萬物皆可當，什麼都可以當作擔保抵押，就連奴隸、採礦權甚至整間作坊。不懂如何採礦的投資人可以透過買一批開礦奴工的方式

---

20 N. Papazarkadas. 2012. "Poletai," in *The Encyclopedia of Ancient History*. http://onlinelibrary.wiley.com/doi/10.1002/9781444338386.wbeah04267/full.

21 John McKesson Camp. 2007. "Excavations in the Athenian Agora: 2002-2007," *Hesperia* 76 (4): 627-63.

來購買專業，從而參與採礦事業。一旦出現財務需求且資源移轉時，整個事業也可以換手。

雅典的金融體系不只促成了長程貿易。為海上活動融資的技術，比方說契約、抵押、合夥與外部融資工具等等，也應用在他種事業融資上。雅典人用面對海上風險的態度管理採礦風險，同樣透過極為流暢且適應性絕佳的金融體系分散風險。城邦經由民營化賺得利潤，靠透明且設計巧妙的公開競標系統收到最高的租賃報酬；這套系統是特意設計的機制，可以引來最高的出價。作坊的流動性，再加上產權可移轉，皆鼓勵投資人參與採礦事業，同時滿足城邦與自身的需求。

整理留存下來的古代文獻與法律紀錄之後，我們發現，雅典在金融發展上的貢獻，起因是這座城市非常仰賴穀物進口。

雅典到了公元前第四世紀已經是一個私人市場，在這裡，私人資本是一種可供出售的商品。雅典的法律系統促成了這件事，而一種興起的新制度（私人銀行）很可能是媒介，用以聯繫、監督與計算貿易中的私人投資。這樣的發展，和希臘人能理解有形和無形這兩種財富類型之間的關係，可能互為因果。

如果愛德華・柯恩對於希臘式思維的論調正確，這種簡單的二分法推動金融邁向更抽象且複雜的結構。狄摩西尼的演說中便顯示了這樣的複雜性；他的某些演說內容明顯反映出金融架構在法律上造成的曖昧不明。破產時誰的索賠權優先？債權人的地位是什麼？什麼叫信託責任（fiduciary responsibility）？陪審團必須仰賴環環相扣的邏輯論證來處理這些問題，靠的是法律證明，而不是幾何證明。大量的契約法律爭議（有些涉及大額金錢），凸顯出雅典金融系統留下的實體遺跡少之又少。整套系統的運作基礎是人際關係的連結，靠的是法律和信任。雅典銀行家使用的石板，就是一種拿來計數用的工具。

陪審系統一次要找來幾百名雅典公民，以化解商業交易、合夥、貸款、繼承甚至市場勾結等相關爭議。陪審團是隨機指派，因此演講人必須清楚地將資訊傳達給這些一般希臘公民，而且要信賴他們對於爭議問題的一般認知。在留存下來的審判紀錄中，經常出現金錢的時間價值以及風險的補償等概念。鑑於每個陪審團裡都有幾百個人，可想而知，許多雅典人一定常在商業法庭系統內穿梭。他們一定有聽到（並能理解）複雜的金融主張，並投出他們的一票決定支持這一方或那一方。或許，正是成為陪審員的公民責任教會了雅典人貸款、銀行、合夥、貿易、損益表、抵押和詐欺等相關知識。最起碼，現代的我們在讀古代演講稿時就很清楚一件事，那就是要理解金融議題需要非常強的能力。

航向黑海從事穀物貿易風險高，要整備槳手、商人、船長以及船員等等，成本高昂。這不禁讓人懷疑，若沒有城邦的贊助，航海貿易是否真的能成行。可以出資支應相關成本的富裕人士，可能比較願意把錢留在雅典安全且舒適的環境中，不要冒險越過千百里的海洋。能勸誘投資人挹注幾千德拉克馬給根本一無所知的陌生人，期待從貿易中賺取百分之二、三十的利潤，這樣的金融體系是一大創新。雅典經濟確實仰仗這套系統。同樣的，透過化解爭議的機制，再加上城邦利用各種方式公平且透明分配財產權，雅典城邦得以勸誘投資人投入同樣高風險的銀礦探勘與開採事業。這套誘因架構意味著投資人可以分散風險，不僅可投資多趟航海冒險旅程，也可以從事工業性的事業與採礦營運。雅典有一套促進投資與分散風險的金融體系，支撐起這個偉大城市需要的以進口為基礎的複雜經濟。

第六章 貨幣革命

雅典最響亮的名聲是民主誕生地。雅典政治制度的發展早已是研究主題，但大家對於民主的經濟基礎卻興趣缺缺，直到最近才改觀。民主是一套由人民共同治理的系統，是一種新興的組織架構，需要複雜的機構來做決策，也必須重新調整人民擁戴的對象，脫離傳統的家庭、部落與君主。雅典的民主演進，涉及透過各種機制（如第五章談過的司庫）匯集共同的利益與分配控制權。要做到這點，必須透過一套能貫通到「demo」（亦即一般民眾之義）階級的流程。

從公元前七世紀末的梭倫（Solon）統治到公元前第五世紀的佩力克里斯（Pericles）時代，雅典的政治系統演變了兩百多年，基本上重新架構了人與城邦間的關係。促成重新調整的基本工具，是一套有多項前所未見元素的公共融資系統。若沒有金融創新（以及各種獨特的金融資源），古雅典的民主實驗可能就不會成功。

倫敦大學學院（University College London）的歷史學教授漢斯・馮・威斯（Hans Van Wees），是鑽研古希臘城邦發展的專家。他的理論是，梭倫是雅典第一位偉大政治改革者，他利用一筆中央基金建立起雅典的財政架構，用這筆資金支應戰爭以及推動其他有利於全民共利的事務。梭倫制定一套強制且明確的稅賦系統以支援這筆基金，還改革了度量衡系統，這是建立一套統一且公平的金融系統的必要步驟。[1]

梭倫也廢除雅典公民可成為奴隸的法律，確立了自由是天賦人權的原則（至少是適用於雅典公民的選擇性原則，唯不及於他們擁有的奴隸）。他能完成這些改革，是透過一套全面性的撤銷抵押貸款方案，重新平衡有資源的人與沒有資源的人兩方之間的關係，預示著雅典的民主。

雅典民主的發展過程有一點很諷刺，在梭倫之後，某些重要金融創新的推手其實是君主。公元前五六一至五二七年有專制君主庇西特拉圖（Peisistratus）統治雅典，之後由他的兒子希庇亞斯（Hippias）與希巴克斯（Hyparchus）繼位，他們的統治直至公元前五〇八年才結束。馮・威斯指出，雅典在這段期間轉型成一個貨幣經濟體。

圖9　雅典的四德拉克馬硬幣，年代為公元前449年以後（Classical Numismatic Group. http://commons.wikimedia.org/wiki/File:SNGCop_039.jpg）。

庇西特拉圖引進一套鑄銀幣的系統，和其他方式並用，以支付薪資給愈來愈龐大的城邦工作人員、司法人員以及軍隊。如果你不明白法庭系統為何要求以隨機方式選出幾百位陪審員（而且規定每個人能任職的時間有限），這個答案可能就在於城邦認知到發給薪酬在政治上可以帶來利益。法庭和其他機構的工作人員，是由抽籤決定或指派的公民，並在有限的時間內提供服務。透過這種方式，可以公平的把錢分配給雅典人民，從而培養出人們對於城邦的忠誠度。要付這筆錢，雅典要求其附屬的各保護領地上貢，並針對公民課徵累進稅，以創造穩定的稅收資金流。這套財政體系大力促成公民與城邦建立起直接的經濟關係。

貨幣與希臘人的心智

希臘人認為，金融素養（意指有能力計算成本與效益）是希臘特殊政治結構中的一項重要基礎。公元前第四世紀的畢氏學派（Pythagorean）哲學家阿爾庫塔斯（Archytas）就說了：

> 計算（希臘文的說法是「logismos」，意指理性思考）的出現，終結了內部的衝突、增進了和諧。有了計算，就沒有不公的優勢，就有了公平，因為，透過計算，我們可以在交易中達成合意。[2]

誰又猜得到，民主的根基居然是金融素養？阿爾庫塔斯認為，能聽懂狄摩西尼評估父親遺產

1 Hans Van Wees. 2013. *Ships and Silver, Taxes and Tribute: A Fiscal History of Archaic Athens*. London: IB Tauris.

2 引自Richard Seaford. 2004. *Money and the Early Greek Mind: Homer, Philosophy, Tragedy*. Cambridge: Cambridge University Press, p. 204。

論點的概念性能力（意即他說的理性思考）是一種心智工具，要打造政治體系必須以此為基礎。量化估算原則，是增進合意與降低內部衝突的「軟體」。雅典人的算術能力不僅是成功經營事業必備的技能，也是民主流程仰賴的基本特質。民主的挑戰是要容納各種不同的意見，並且調整雜音以進行治理。就算個人的原則大相逕庭，但面對數字時也很難爭論。

理查・西佛德（Richard Seaford）是一位希臘文獻的專家，也寫出一本充滿洞見的書《貨幣與早期希臘人的心智》（*Money and the Early Greek Mind*），他提出一項主張，認為貨幣在古代雅典社會的心智架構中扮演重要角色。雅典走入貨幣化對於民主的興起而言十分重要，而且也是促成希臘哲學發展的一項因素。西佛德認為，貨幣化導引出抽象思考。貨幣可以用來交換各式各樣的物質，但是錢幣本身無法滿足人們的基本需求。

西佛德更進一步指出，貨幣經濟影響了柏拉圖學派與亞里斯多德學派的「個體」概念。當經濟互動由潛在價值的量化衡量來定義，人們的自主性會愈來愈高，愈來愈不需要仰賴傳統的社會互惠機制，愈發依靠最終以利潤衡量的誘因架構。

蘇格拉底承認這一點，但他不贊同。他尤其強力批評佩力克里斯；後者是公元前五世紀知名的雅典政治人物，基本上是他完成了雅典的民主化過程。佩力克里斯替陪審員加薪，讓人更仰賴公家發放的薪資，強化金錢誘因。蘇格拉底認為，這樣的貨幣化相當於是賄賂靈魂。有薪的服務汙染了動機。用他的話（或者，至少是柏拉圖〔Plato〕說蘇格拉底說過）來說，「佩力克里斯開創一套公家付費的系統，把雅典人變得懶惰、多話且貪得無厭。」[3]這套民主系統並未增進個人美德——至少這是蘇格拉底的定論。

貓頭鷹錢幣

雅典最早在公元前第六世紀晚期就開始鑄造著名的貓頭鷹錢幣，當時的統治者可能是獨裁君主希庇亞斯。雅典的四德拉克馬錢幣是歷史上製造量最大的錢幣之一，鑄造量多達一・二億枚。這也是流通時間最久的貨幣之一；公元前第五世紀開始鑄造，一直用到公元前第一世紀。[4]

錢幣的正面有雅典娜女神的肖像，背面則是大家熟知的女神的貓頭鷹，再加上一根橄欖枝，以及代表雅典的「ΑΘΕ」字樣。一枚雅典的四德拉克馬錢幣值四個德拉克馬，錢幣有一定的重量，兩面的圖案都很明確清晰。雖然一開始是在君主統治體制下鑄幣，但刻意不用特定統治者的肖像或徽章。正面的雅典娜女神正是雅典的代表，因此，這種錢幣自然成為城邦的象徵。崇拜雅典娜就相當於崇拜祂的城市。

錢幣背面同樣也蘊藏豐富的意義。雅典娜女神主掌智慧（因此祂守護的城市亦是智慧之城），以貓頭鷹、書寫和雅典的主要出口品橄欖油為代表。故而，商業、智慧與學習都描繪在這個錢幣上了。

3 Plato. 1967. *Plato in Twelve Volumes*, vol. 3, trans. W. R. M. Lamb. Cambridge, MA.: Harvard University Press; London: William Heinemann Ltd. Gorg. 515.

4 H. Sverdrup and Peter Schlyter. 2013. "Modeling the Survival of Athenian Owl Tetradrachms Struck in the Period from 561-42 BC from Then to the Present," in *Proceedings of the 30th International Conference of the System Dynamics Society*, vol. 5. St. Gallen, Switzerland: Systems Dynamics Society, pp. 4024-4043.

雅典的四德拉克馬是雅典城的恆常廣告宣傳品，提醒世人女神賜予的貨幣利益以及祂代表的原則。雅典的錢幣最後必定在人民身上養成了帕夫洛夫反應（Pavlovian response）：雅典公民輪流在法庭以及其他市政機構服務，收取錢幣當作報酬，他們一看到雅典的四德拉克馬錢幣，想到的就是可以領到城邦發給的薪酬。民主的挑戰是要重新導引個人的身分認同，脫離家庭與部落等傳統制度，轉向更大型的集合體。透過使用代表這座民主城邦的徽章，比方說雅典的貓頭鷹錢幣，是強而有力的達標方法。

錢幣最重要的功能之一，是成為雅典政府具流動性且隨時可用的價值儲存工具。古代希臘的學者修昔底德（Thucydides）說，雅典最強大的軍事優勢之一就是銀幣財富，可用以支付士兵薪水與艦隊費用：

> 他們（雅典人）也緊密控制他們的盟友；雅典的優勢之一，來自於他們付款時帶進來的錢幣，而戰爭的勝利基本上仰仗行動與資本……雅典衛城現在還有六千塔蘭特銀幣，過去這裡另有九千七百塔蘭特，這些錢已經被拿去修雅典衛城的門廊、其他公共建築以及用在波帝迪亞（Potidaea）。[5]

銀幣財富存在希臘最著名的建築裡：帕德嫩神廟（Parthenon）。伯羅奔尼撒戰爭（Peloponnesian War）開打前夕，這座位在雅典衛城的神廟裡持有三千六百萬枚的德拉克馬。

如今去參訪雅典衛城的遊客如果往上看帕德嫩神廟，會看到宏偉的山形牆，然後認為這裡是一座神廟，但古雅典人也把這裡當作他們的金庫，貨幣是他們的強力武器，可對抗侵略。帕德嫩神廟的前門通往一個房間，裡面有著用來崇拜的大型雅典娜雕像，雕像本身鑲了金，如果事態緊急，可以把金子剝下來鑄幣。帕德嫩神廟的後門則通往金庫。雅典娜以保護的眼神照看下方以祂為名的城市，金融的力量則在背後支援祂提供的保護。鑄幣不僅是巧妙的經濟發明，也是出色的政治發明。

雅典的貓頭鷹錢幣不只在雅典流通，在整個東地中海以及更遠的地方，都曾發現雅典的四德拉克馬錢幣。更有意思的是，埃及、阿拉伯與巴比倫地區在鑄幣時也仿造貓頭鷹錢幣，甚至連大希臘（Magna Graecia）地區的各個城市也起而效尤，例如塔倫圖（Tarentum）、貝嘉盟（Pergamum）以及小亞細亞已經希臘化的諸城。山寨版的品質不一，但都保留了基本形式：正面是雅典娜，背面是貓頭鷹。有時候（但不一定）會以當地城市的名稱取代「ΑΘΕ」字樣，但埃及、阿拉伯與巴比倫在公元前第五世紀鑄造的錢幣仍保留了下來，代表他們的貨幣得到傳承，就相當於雅典的四德拉克馬。

事實上，雅典的貓頭鷹錢幣便是「錢」的代名詞，就好像現代我們用「可麗舒」（Kleenex）與「全錄」（Xerox）等品牌名稱來指稱同類的商品。更重要的是，貓頭鷹錢是一種國際貨幣，雅典卻握有壟斷權；可掌有壟斷權的地位帶動競爭，讓各地在技術上爭相模仿。東地中海與近東

5 Thucydides. 1910. *The Peloponnesian War*, Richard Crawley (trans.). London and New York: J. M. Dent and E. P. Dutton, 2. 13. 2-4.

世界仰望雅典，部分原因是這座城市提供可用於國際貿易的貨幣。就像幾世紀前的尼普爾城銀貿易（請見第二章與第四章），貨幣本身會成為愈來愈重要的技術，用在非由重複性帳戶進行、必須靠聲譽與法律權利支援的交易。以（合法的）錢幣付款，不管交易對手是誰都不會有風險，而且又快又精確。雅典的貓頭鷹錢幣不僅適合雅典內部的政治需求，也滿足了一整個貿易網絡的需求；在這個網絡裡，有一大群人並未共享雅典政府或其他機構。

貨幣從何而來？

以弗所（Ephesus）曾是一座熙來攘往的海港，在羅馬時代便已是古城，也是小亞細亞海岸最重要的港口之一。上古時代此地的名聲是來自於名列古代七大奇景之一的亞底米斯神廟（Artemis）；這是一棟重建於公元前六世紀的宏偉建築，之前的建築體毀在一場劇烈的地震中。出資建造新神廟的，是充滿傳奇的呂底亞國王克里索斯（Croesus of Lydia）。

一九〇四年，大英博物館的考古學家挖掘亞底米斯神廟的地基，發現一批用天然金銀合金的琥珀金（electrum）製成的小錢幣。古錢上有一些印有符號：幾何形、交叉排線，甚至還有獅子的頭。琥珀金錢幣的重量有固定的規律：這代表了貨幣的單位。這些可追溯到公元前六世紀的錢幣，是金融史上最有趣的謎題之一：鑄幣之謎。憑藉著後來的發現與進一步的研究，推測琥珀金錢幣最早的年代可溯及公元前第六世紀之始，[6]也就是說，琥珀金錢幣的年代比雅典開始鑄造銀幣的時間早了幾十年前。發現這些錢幣引發了一個基本問題：貨幣從何而來？

亞里斯多德（Aristotle）的說法是來自國際貿易：

> 從事國際貿易時，進口當地人需要的貨品並出口當地太多的貨品，人們必須仰賴和遠方的人交換，出於必要才發明貨幣。並非所有的貨品都具備容易運輸的特性，因此，為了進行交換，人們彼此間要達成合意，支付與接受本身就是一種有用之物的東西，很容易攜帶以滿足生活需求，比方說鐵或銀，或是任何其他類似物品。一開始只是單純地規定大小與重量，後來才加入印花，用印花標示金額，人們就無需秤重衡量。[7]

基於長程貿易開始的時間早於發明鑄幣的時間，學者拒絕了這種說法。而且，以弗所的早期琥珀金錢幣並未廣為流通，因此，在國際貿易間流通不可能是催生出這些錢幣的理由。

現代學者另提出兩種說法，解釋某些錢幣出現的理由。大衛・夏普斯（David Schaps）是以色列巴伊蘭大學（Bar Ilan University）的古典學教授，也是貨幣與古典經濟體的專家，他指出錢幣出現在各城邦交戰的政治背景環境中。夏普斯說，公元前第六世紀的美索不達米亞與埃及帝國都是擁有高效率分配系統的大規模經濟體，但第一批的錢幣卻出現在希臘這個大不相同的環境

6 David M. Schaps. 2004. *The Invention of Coinage and the Monetization of Ancient Greece*. Ann Arbor: University of Michigan Press, p. 93.

7 Schaps (2004), p. 5.

下。他主張，鑄幣的出現和政府更仰賴市場，以及政府需要刺激市場有關係。[8]從他的觀點來看，鑄幣是各敵對希臘城邦當地的統治者用來增加貨幣供給的方法。他認為，鑄幣的存在是一項潛在證據，指向政府承認市場在經濟體中扮演的核心角色。最後這句話無法駁斥而且非常重要。無論催生出錢幣的火花是什麼，政府涉入鑄幣這件事，指向政府有了新的角色，要扮演市場的守門人，以及「管理人的管理人」。

芝加哥大學的艾倫・布列松（Alain Bresson）提出另一種相關的說法，以呼應呂底亞琥珀金錢幣特有的特性。[9]這些錢幣是金銀合金，使用的人並不知道正確的比率。布列松指出，檢驗琥珀金的重量和體積是高度專業化且所費不貲的技術。如果是比較小的面額，去秤重的成本可能高達面額的百分之十。要解決這個問題，辦法就是秤重一次（可能要由政府主導），然後利用印花驗證，並以政府的命令強制大家接受驗證。布列松理論中描述的過程，完全符合夏普斯所提的想法：鑄幣代表政府的承諾，透過支持貨幣供給以維持一個正常運作的市場。鑄幣不只為了滿足小額找零的需求，鑄幣過程也反映出這是最有效率的貨幣供給方法。

這些理論也符合亞里斯多德的鑄幣起源解釋，但他們提出更多的洞見，透視公元前第六世紀愛琴海經濟的演進，和國際貿易扮演的角色。

讓我們再次回顧巴比倫的長期市場價格數據系列。在最基本的層次時，巴比倫人上街購買水芹、穀物或椰棗，他們如何付錢？他們是用銅手鐲付款，還是隨身帶著銀塊？可能兩者皆非。雖然他們的定價系統以銀為基準，但他們可能以記帳的方式處理小額支付或債務，比方說在本地商家記帳。他們把銀當成帳戶的「語言」，但在針對大麥、水芹和椰棗討價還價時，雜貨店不可能一直在秤銀的重量，更別說還要秤得準。

以小額信貸的記帳方式付款，應該是在簿記系統中達成的一種彼此信任，是一種誠實的名聲；這種帳戶結算設定機制，標的是大多數知道雙方是誰、而且十分頻繁的交易。若把紀錄、聲譽或重複性的業務往來這些特質拿開，光把小額記帳當作貨幣來用，系統就會崩潰。

現在，讓我們來看看亞里斯多德設想的國際貿易情形。假設來自雅典、埃及、賽普勒斯、黎凡特（Levant）與黑海的木船停泊在以弗所的石岸碼頭，一邊裝貨、一邊卸貨：這裡有一罐罐的油和穀物、家用品、紡織品，以及來自遙遠地中海世界的其他大宗貨物。船上的船長、船員以及貿易商經歷了幾個星期的航程，他們想要好好吃一頓、睡一覺，並找點樂子。他們也需要替船隻補給，以繼續航行。他們如何付款？當地的商家為何要讓他們記帳？這時讓人想起一句老話「我們相信上帝，其他人一律付現」（In God we trust—all others pay cash）。從此再也見不到這些船員的風險很高。在此同時，如果用以物易物的方式交換他們載來的貨物又很不方便，從經濟面上來說也未必有效率。這當中牽涉到的利益也不高，寫成正式的契約太費事。用某些貨物換得當地的錢幣，是讓外國人能在不知名之地購物的簡單方法。以弗所碼頭沿岸各種商家林立，第一站應該要去找貨幣兌換商。

當然，在公元前六世紀之前就已經有地中海貿易了。比方說，公元前十五世紀時，希臘本島

---

8 Schaps (2004).

9 Alain Bresson. 2006. “The Origin of Lydian and Greek Coinage: Cost and Quantity,” *Historical Research* 5: 149-59.

的邁錫尼（Mycenaean）地區各城市便和埃及、克里特（Crete）都有貿易往來。最早的希臘書面紀錄就是線形文字B板（Linear B tablet），詳細記錄各宮殿的大宗商品交易。然而，這類由政府主導的交易可能用不到支付技術，但獨立的小規模企業卻有需要。政治體之間的進貢和交易，應該涉及的是其他的保證與驗證方式。信任外邦政府與信任外國船長與其船員，完全是兩回事。錢幣是讓個人有能力去從事貿易，而不是政府。

倘若鑄幣僅限小規模用途，比方說呂底亞斯塔德（stater）的琥珀金錢幣，可能不會讓一代又一代的學者為之著迷。事實上，希臘錢幣最深刻的吸引力，在於它們是城邦的象徵。在公元前六世紀末，鑄幣已經發展成一種非凡的藝術形式，每個城邦都有獨特的設計：雅典是貓頭鷹，埃伊納島（Aegina）是烏龜，科林斯（Corinth）則是飛馬。這些設計會壓入已經秤過重的銀塊或青銅塊，讓雕刻的圖樣變成浮雕：變成一座城市的代符、一種對貨幣價值的驗證以及一點經典藝術。

但錢幣不僅是符號而已。雅典是最初的民主體制，雅典的貓頭鷹銀幣把我們和民主社會的根基連了起來。握住一枚貓頭鷹錢幣，就和古代的政府有了具體的連結。錢幣是一種金融工具，成為城邦不可少的工具，是促進與規範商業的手段，而且，如果亞里斯多德的說法是對的，錢幣更是極有助於國際貿易的工具。

▬

有兩大因素使得雅典不同於過去多數的古代社會，那就是仰賴航海貿易以及發展出獨有的治理體系。以古典上古時期來說，雅典和早期的蘇美城邦大不相同。雖然雅典也有雄偉的衛城，但其核心並非以神廟為基礎、在地重新分配農產的系統。海外的穀物貿易有一部分仰賴看不見的手吸引風險性資本，包括財富以及風險性的人力資本。看不見的手扮演重要角色，創造出一套誘因架構，把穀物帶入雅典城，補足他們無法自行生產的穀物。嚴格的法規限制防止了穀物轉口貿易以及為非雅典的穀物貿易提供資金。轉售與囤積穀物同樣也遭到禁止。法規架構扮演關鍵角色。

貿易的資本投資很分散，代表了相關的證據也很分散、零碎。雅典城邦並無集中的檔案記錄經濟活動，不像過去某些早期美索不達米亞城市可以找到相關的資訊。雅典也沒有留下陶土板，只有一小部分最值得記錄的法庭演說與爭議、航海貿易相關的考古證據、希臘戲劇中的一些參考資料，當然，還有錢幣。從這些資訊當中，很難量化金融活動的活躍程度。我們僅能證實某些契約與制度確實存在過。鑽研古代金融的現代學者努力要連點成線，因為雅典經濟體（其範圍非常廣大，跨越了東地中海與黑海）十分值得注意。事實證明，若有足夠的金融架構，有可能打造出一個基本上仰賴國際貿易的大型而複雜的社會。

雅典的民主與雅典的金融一起演變，展現出一種矛盾。分權的資本投資促進了貿易型經濟體，還讓看不見的手將資本分配到穀物貿易上。雅典的民主需要相關的架構以實施分權治理，但在此同時，也要靠相關的措施將人民整合在一個抽象機構（城邦）之下，公民要願意繳交稅金給這個機構，也要支援機構的公共服務需求。民主不只是一種政治架構，也是經濟架構，需要能在許多層面都能運作的技術，有時候包括宗教符號象徵。雅典的錢幣讓公民的忠誠重新聚焦，脫離傳統的家庭與部落群體，轉向新的架構：城邦。雅典錢幣以雅典娜女神作為城邦的標誌，貨幣則變成城邦時常要用到的媒介。貨幣是一套獎勵系統，一套衡量系統，也是集體財富的儲藏之所。

第七章　羅馬的金融

羅馬的金融體系比之前的系統都更複雜，而且，從某種程度上來說，和工業革命之前發展出來的各種體系同等精密。[1]羅馬的金融架構剛好搭配帝國經濟的複雜性。就像雅典的情況一般，羅馬金融體系的重要功能之一，是替成長規模超過當地農業產能的城市都會區提供糧食。羅馬貿易網絡涵蓋的範圍，包括現今大部分的歐洲地區與北非，長程的連結還延伸到印度與中國。少了金融，這套廣大的矩陣將無法運作：一如古代的雅典，羅馬的商人也需要資本、貿易貸款以及因應風險的保障。

羅馬透過征服而成為一個帝國；征服本身就是一項高超的金融技術。軍隊要領薪水、要吃飯、要移動，而且駐守範圍涵蓋三大洲。羅馬必須發展出一套可以酬謝軍隊的貨幣系統。各省被

1 Dominic Rathbone and Peter Temin. 2008. "Financial Intermediation in First-Century AD Rome and Eighteenth-Century England," in Koenraad Verboven, Katelijn Vandorpe and Véronique Chankowski (eds.). *Pistoi dia tèn technèn. Bankers, Loans and Archives in the Ancient World*. Leuven, Belgium: Peeters.

征服之後，就會被徵稅並接受管理。為了處理這些後勤事宜，羅馬將政府的各項功能民營化，包括收稅、提供軍隊以及營造。

在本章中，我們要透過幾個重要範例來探討羅馬的金融制度；範例會講到金融在羅馬開疆拓土時擔負的任務、複雜經濟制度在貿易與羅馬食物鏈中扮演的角色、大型民營企業在羅馬成長時所占的地位以及金融仲介在追求權力的政治局面中發揮的作用。很多時候，這些範例揭示了羅馬人使用相當現代的金融工具組，以因應跨時交易、資本形成與控制風險和不確定性等問題。範例中也顯現出一套備受限制的系統，遭遇到現代人已相當熟悉的金融危機與通膨等問題。偶發的信用緊縮與通膨失控等問題，打擊

圖10　古羅馬廣場卡斯托爾和波呂克斯神廟（Temple of Castor and Pollux）。神廟台階上會進行拍賣，將契約拍賣給名為「稅官公會」的羅馬企業。這些企業的股份也在這裡交易，因此，此地是最早的股票市場（作者提供）。

羅馬經濟。這引發了一個問題：不分古代或現代，複雜的金融體系是否必須面對整體性的衝擊？

有一項特色使得羅馬在金融發展史上與眾不同，那就是金融體系的發展是為了維持統治階層的豐厚財富。在羅馬，所有的政治力量都來自財富，財富則透過投資累積。羅馬金融體系不斷演進，提供資本投資的機會；這是維持羅馬少數寡占者財富的必要條件。這套系統也發展出具備靈活度與策略性的方法，讓上層階級的人分享征服後得來的經濟益處，並透過財務上的取捨來化解複雜的政治角力。

羅馬社會

在整個歷史中，羅馬社會有一項明顯的特質，那就是階級之間涇渭分明，而且政治位階取決於財富。要晉升權力階層，金錢是必要條件，但並非充分條件。從君主統治到共和國再到帝國，在羅馬史上，統治羅馬的是一小群由繼承與財產決定、不斷自我循環的寡頭政治家。規模最大時，是由一群約一萬人組成的集團統治一個六千萬人的帝國。

要進入羅馬的統治機構元老院（Senate）需要二十五萬德納利斯（denarius）銀幣，並由元老院成員推選，帝國時代還需要經過皇帝核可。羅馬在共和時代定期舉辦普查，把人民分入各種階級，同時也評估與記錄家庭狀況與財富。無法達成財富標準的元老院議員，就會喪失地位。每一年都會開放元老院席次，已經進入元老院的家族彼此競爭，設法替親戚爭得一席之地。

有兩個社會階級有資格接受任命進入元老院，其中最獨特、最享尊榮的是貴族階級（patrician

class），他們是羅馬最早期統治階層家族的後世子孫。次為騎士階級（equestrian class），這些人是羅馬的騎士。他們高高在上的地位，是因為傳統上這一群人是為羅馬軍隊供應騎兵部隊。騎士階級的最基本財富標準是十萬德納利斯銀幣。這項門檻反映出他們必須自己擁有馬匹（所以才會被稱為騎士階級），或者是要有足夠的資源可以供養馬匹與士兵。雖然騎士階級的身分資格一開始也是來自繼承，但是一個人也可以靠著聚積財富最後升到這個階級。庶民與自由民（亦即之前曾是奴隸的人）則是羅馬社會的最底層。

由於財富和階級之間的關係，金融方面的合作、競爭及陰謀，就變成政治策略中很重要的面向，也導致政治人物要對企業活動設下法律限制。比方說，元老院在公元前二一八年便通過〈克勞狄法〉（Lex Claudia），限制元老院議員名下商船的載貨量，用意是防止議員濫用政治優勢以謀求經濟利益。元老院議員應該要利用土地賺錢：擁有大片的資產用於種植小麥、釀酒或生產橄欖，並在當地銷售。不許擁有大型船隻，就能有效控制元老院議員土地的產出被運出口。

一旦騎士晉升元老院，理論上就不能直接參與帝國廣大且獲利豐厚的貿易，但透過間接投資不在此限，比方說貸放。元老院議員必須要有錢，但他們能用於投資的活躍資本又得面臨嚴重限制，這些資本卻又進入元老院資格的明定門檻。

簡而言之，元老院議員必須保有豐厚財富，又不能直接涉入獲利豐厚的事業。因此，能夠將財務金融操作交付出去（以至於表面上能撇清直接涉入業務）並把所有權和控制權分開，就非常重要。我們會看到，羅馬的金融體系演化出讓元老院議員完全能妥善運用商機的機構。

次一個階級（羅馬騎士與其家族）則和元老院議員不同，他們可以參與商業。他們經營大型企業，在政府機構中擔任重要職位。騎士階級最後發展出的金融組織形式，與現代的股份公司很相似。公司法人的架構讓騎士階級得以從事股權投資，也保留了羅馬的寡占架構：投資公司的騎士基本上要和共同投資人一起分擔企業的風險和報酬。

綜合上述，羅馬的金融和政治密不可分。金融創新與精密的金融制度反映的是羅馬式治理的特點。說到底，羅馬的獨特，在於它是一個存在長達一千年的政治實體，最鼎盛時統治全球極高比例的人口。這是極出色的政治平衡局面，仰賴的是一套獨特的金融工具組提供支援。

一場金融危機

從一場金融危機出發來討論羅馬的金融，將會讓任何認為羅馬是未開化經濟體（不管從任何方面來說）的想法雲消霧散。「分解」公元三三年的危機可說明帝國早年許多羅馬的金融制度，也能凸顯羅馬政治的複雜性如何催生出這些制度。

之前由元老院治理的羅馬共和國，後來轉型成由皇帝治理的帝國，這當中牽涉到一系列的內戰，以公元前三一年著名的亞克興角戰役（Battle of Actium）告終；在這場戰事裡，屋大維（Octavian）打敗安東尼（Anthony）與埃及豔后克麗奧佩特拉（Cleopatra）的艦隊，成為後來的奧古斯都・凱撒（Augustus Caesar）。凱撒逝於公元一四年，此後由他的養子提貝里烏斯（Tiberius）統治羅馬，直到公元三七年。提貝里烏斯執政之始，口頭賦予元老院羅馬權力中心的地位，在他統治的最後五年，羅馬的特色是權力傾軋、政變不遂以及接續不斷的迫害。

提貝里烏斯過世前四年，羅馬發生一場涉及抵押與違約的金融危機。提貝里烏斯和放蕩揮霍的繼任者卡利古拉（Caligula）不同，前者在公共支出上很保守，因此國庫充實。公元三三年這場金融危機起於民間，最終需要政府干預信貸市場才能解決。

危機前先有一場整肅異己行動，序幕是公元三一年時挑戰提貝里烏斯的塞揚努斯（Sejanus）遭到處決。老邁的提貝里烏斯有一件事很有名，就是他殺掉很多支持叛變的人並丟入台伯河（Tiber River）中。金融危機可能是政變失敗之後整肅異己行動的延伸。

多年後，歷史學家塔西陀（Tacitus）、狄奧（Dio）和蘇埃托尼烏斯（Suetonius）記錄下這場危機。[2]危機的起因，顯然是羅馬政府重新執行幾十年前尤利烏斯・凱撒（Julius Caesar）執行過的法律，監管貸款並訂出得在義大利持有房地產的條件。尤利烏斯的規範，本來就是為了因應另一場起於公元前五〇年代的金融危機，到公元前四九年尤利烏斯進入羅馬任官時才爆發。當時，為了因應信貸不足與資產價值下滑的問題（政治局面的不明朗可能有推波助瀾的效果），元老院將利息上限訂為百分之十二，但顯然無法解決信貸危機。尤利烏斯加碼，容許以土地在危機前的價值來償還債務，也取消了抵押貸款的應付利息與禁止囤積現金，並要求放款人持有的財富當中有一部分必須為不動產。[3]

在解決公元三三年的信貸危機時，也用上同樣的補救措施（事隔八十年）。許多代表人民的羅馬護民官（tribune）大聲疾呼恢復尤利烏斯的法律；很可能是提貝里烏斯在背後唆使他們行動。護民官將利率調降至百分之五，並堵上漏洞，讓人無法再逃避規範高利與土地持有相關的法律，此舉顯然衝擊到元老院議員的財務狀況。據說大權在握的元老院議員涅爾瓦（Nerva）和提貝里烏斯加護民官聯盟對立，並絕食致死；表面上的說法是因為他深信這是會引發災難的政策，但實際上可能是因為他的財務狀況一塌糊塗。

塔西陀的說法是，基本上所有元老院議員都是放款人。當法律阻斷他們從事商業貿易，貸放便成為議員們維持財富的主要工具。羅馬歷史家納森・羅森斯坦（Nathan Rosenstein）研究元老院議員不動產經濟學，他所做的研究明確指出，基本上，至少以多數議員來說，農耕的獲利並不足以支應他們的生活。[4]

元老院要求提貝里烏斯給予十八個月的執法緩衝期，他也答應了，但寬限期並未發揮作用。之後，由於信貸全沒了，借款者又盡量變賣不動產求現以償付貸款，導致現金變得很稀少。帝國的君主把從塞揚努斯支持者手上沒收而來的不動產拿出來變現，很可能導致不動產價格的危機更加惡化。

接下來，元老院要求四分之三的貸款資本都要用位在義大利的土地作為擔保，試著讓地主獲得抵押信用，希望拉抬不動產的價格。這呼應了過去尤利烏斯公告的做法，但顯然無效。放款人從抵押貸款市場撤出，放任資本閒置，直到消除土地價值的不確定性為止。塔西陀寫出了結果：

---

2 Tacitus, *Annals*, Book 6, chapters 16 and 17.

3 Koenraad Verboven. 54-44 BCE. "Financial or Monetary Crisis?". Edipuglia, 2003.

4 Nathan Rosenstein. "Aristocrats and Agriculture in the Middle and Late Republic," *Journal of Roman Studies* 98 (2008): 1-26.

許多人徹底毀了。私人財富化為烏有，加速了地位與名聲的下滑，到最後，皇帝出手相助，在整個銀行體系中撒下了一億名為塞斯特瑞斯（sesterce）的羅馬幣，並允許人民可自由借錢而且三年免息，前提是借款者要把價值比貸款金額高兩倍的土地抵押給政府。信貸因此復甦，民間的放款人也跟著慢慢出現。5

若想了解羅馬政府在公元三三年提供的抵押貸款紓困金額規模有多龐大，比較數據如下：四年後提貝里烏斯過世，他遺留了二十七億塞斯特瑞斯幣。這代表紓困金額相當於政府握有資金的百分之四，也是過去共和時代元老院議員財富資格門檻的一百倍。6

雖然歷時很短，但這場發生在公元三三年的危機讓我們知道很多羅馬金融的細節。大額放款人之間的關係錯綜複雜，引發了整體體系的風險。在公元三三年之前，羅馬已經歷過幾場特徵為信用緊縮與抵押貸款違約的金融危機，當新危機再起，統治階層回顧過去，把過去處理危機的法律解決方式奉為圭臬。當時羅馬的國庫做了類似今日的美國財政部面對金融危機時傳統上會做的事：利用紓困貸款減緩市面上沒有信貸的問題，並利用仲介機構來落實解決方案。

公元三三年這場危機也凸顯了古羅馬政治與金融之間緊密相連。危機之後有一段時間政局不明朗。事實上，金融肅清之後緊接著發生政治肅清，根本就算是標準特色。倘若真是這樣，引發的損害將超越原本的範疇。就算提貝里烏斯把這場危機當作對付元老院的武器，他也必須廣開國庫，以防範更大規模的金融、甚至政治崩盤。

隨著元老院的勢力在帝國時代下滑，金融體系出現危機的可能性也大增。在共和時代，義大利大型不動產的價值有一部分和元老院議員身分的價值掛鉤。提貝里烏斯重申帝國權力並殘暴迫害位居領導地位的元老院議員，可能也導致財產價值下滑。統治之初他演過一場奉元老院為羅馬統治機構的大戲，但在他人生終了時，透過信貸系統，他證明了掌控金融力量的人是他。

古羅馬廣場上的金融

威廉・哈里斯（William Harris）是一位一流的古代經濟研究人員，他針對公元三三年這場危機做了分析，提出一項簡單但重要的觀點：大量金額的轉手方式並非把羅馬銀幣搬來挪去，而是透過一套精密的金融仲介系統——銀行家。[7]請注意，塔西陀說皇帝是「透過銀行」分配紓困金。羅馬政府在許多方面利用銀行：為貸款提供三年無息的抵押，並把貸款的價值減半。[8]

艾米利亞會堂（Basilica Aemilia）佇立在古羅馬廣場東側，面對神聖之路（Via Sacra）。會堂曾有多項用途，其中之一是曾為銀行家（義大利人稱之為「argentarii」）匯聚之地，這裡的工

5 Tacitus, *Annals*, Book 6, chapter 17. A sestertius was a Roman coin and unit of account worth a quarter of a denarius.

6 Cosmo Rodewald. 1976. *Money in the Age of Tiberius*. Manchester, U.K.: Manchester University Press, p. 11.

7 William V. Harris (ed.). 2008. *The Monetary Systems of the Greeks and Romans*. Oxford: Oxford University Press, p. 188.

8 迪奧對於紓困的描述有點不同。他說提貝里烏斯「拿出兩千五百萬（單位為德納利斯，相當於一億塞斯特瑞斯幣）給國庫，好讓元老院議員能貸款給申請的人。」請參見Rodewald (1976), p. 2。

作坊可以眺望亞努斯神廟（temple of Janus）；亞努斯是羅馬掌管門口的神，祂的面容刻在羅馬最早期的銅幣正面，增添錢幣的光彩。這些銀行，大概也就是提貝里烏斯針對危機紓困時所使用的仲介機構。一旦國庫發出資金，銀行就必須放出資產貸款，並進行監督與提供服務，可能是為了幫政府的忙，也可能是為了他們自己。

事實上，實質的紓困工作很可能就發生在古羅馬廣場。羅馬國庫的地點在艾米利亞會堂對面，嵌在農神廟（temple of Saturn）極具歷史意義的地基內部。就像雅典的帕德嫩神廟，這裡也儲存羅馬政府的貨幣資產，以及其金融帳戶。金融危機期間，羅馬司庫做的事可能不是開啟大門、把一袋袋塞斯特瑞斯幣搬到古廣場交給艾米利亞會堂工作坊裡的銀行家；他們很可能透過轉帳處理相關的操作。但艾米利亞會堂裡的銀行家確實也處理現金。如今，觀光客還是能在會堂地板上看到公元四一〇年羅馬麻袋留下來的痕跡；當時那裡燒了一袋青銅幣。紓困的實務操作幾乎可以確定是透過轉帳：政府提出供應資本的承諾或保證，銀行便據此承作抵押貸款。政府出具讓銀行家去國庫提領現金的保證，幾乎就像現金一樣好用。

古羅馬廣場曾發現一件大型的雕刻作品，也讓我們對於金融危機以及其解決方案的情況有所了解。

圖拉真的扶手牆（Balustrade of Trajan）描繪的是日後另一場金融危機：羅馬皇帝圖拉真在公元一〇一年寬免的稅賦債務。那一年，圖拉真在義大利創辦了一套大型的慈善基金系統（他投入資本支應抵押貸款），以供養貧窮的孩子並借錢給小農。他也勾銷羅馬諸省積欠的稅金。憑藉這兩項金融措施，他成為受義大利人民愛戴的君主，也贏得各省鄉民的感激，他們顯然受制於收稅官的控制而苦不堪言。

在雕刻作品中，這位皇帝站在農神廟之前，親自監督稅賦紀錄被銷毀（之前應該是存放在國庫裡）。帳戶裝訂成大型卷軸卷宗，由官員扛在背上，然後堆放在一起燒掉。重點是，皇帝不是發錢紓困，而是監督帳戶的處理情形：價值是蘊藏在有契約效力的稅賦紀錄當中。這幅帝國在財務上展現慷慨的情景，呼應了提貝里烏斯七十年前的大度。政府站出來紓困，被視為非常重要、應公開立碑以資紀念的事件。

羅馬時代以及之後的銀行家

在第五章中，我們看到公元前第五世紀的雅典已經出現第一批銀行，他們是接受存款的機構，同時也是金融仲介機構。在公元三三年發生金融危機之前，銀行業務在地中海世界早已運作了幾百年。事實上，埃及的馬其頓（Macedonia）統治者早在羅馬統治之前就已經設立了國有銀行，負責收稅。讓人興奮的是，這些金融紀錄還留下一些斷簡殘編。

舉例來說，有一位埃及銀行家派松（Python）住在鱷城（Crocodilopolis），活躍於公元前二五五至二三七年。派松的銀行是希臘治理埃及的重要工具。他和其他銀行家負責徵收與移轉政府的收入，同時為埃及人提供個人金融服務，例如銀行存款服務、支票服務、貨幣帳戶付款服務與出具信用狀。席塔・馮・芮登（Sitta von Reden）是一流的作家，鑽研托勒密王朝（Ptolemy），她重新建構出這些銀行家所做的某些交易。她認為，他們的服務擴及相當多的信貸項目。她曾研究過一個案例，有位銀行家在貸放時以包稅契約作為抵押。[9]

在羅馬，民間的銀行家被稱為「argentarii」，他們最早的身影可追溯到公元前第四世紀中葉。「argentarii」一詞指他們原來是貨幣兌換商；雅典的銀行家可能也是。義大利的銀行家提供各種銀行服務，包括收取存款、透過支票或帳戶轉帳、貸款給客戶、在拍賣時借錢給競標人並透過匯票移轉資金。[10]他們自有行會，也在古羅馬廣場裡的神聖之路上有工作坊。就像雅典一樣，羅馬的銀行家可能也會在城市碼頭的附近執業，但他們的聚集區在屠牛廣場（Forum Boarium）；屠牛廣場的入口，仍立著小巧的銀匠拱門（Arcus Argentariorum），上面的銘文說這是放款人與商人行會致贈的禮物，要獻給塞普蒂穆斯・塞維魯（Septimus Severus）皇帝，約建於公元二〇三年。

然而，整體來看，羅馬的銀行家不如政治人物重要。最出名的羅馬銀行家可能是提圖斯・龐波尼烏斯・阿提庫斯（Titus Pomponius Atticus），他來自騎士階級，是哲學家西塞羅（Cicero）的好友。出版西塞羅的作品讓他出名，和他在金融業務方面的名聲一樣響亮。銀行家在羅馬社會並無重要地位；至少，在上古時代晚期之前都是這樣。我們知道至少有一些銀行家賺了大錢可度日，龐貝（Pompeii）最美輪美奐的豪宅之一，便是銀行家魯西奧・切齊流士・喬孔達（Lucius Caecilius Iucundus）的別墅。他有能力讓鄰居見識最新的奢華壁畫和馬賽克地板拼貼。最重要的是，某些他和客戶的交易因為火山灰而保留了下來，就在封了蠟的板子上。

證據顯示羅馬上古時代的銀行家處境起起落落。一般認為銀行家在第三世紀開始走下坡，距離立起銀匠拱門也不過才經過幾十年而已，這樣的發展常讓金融史學家感到困惑。然而，有一項無可質疑的證據顯示，即便在公元四一〇年羅馬遭劫之後，銀行仍是獲利豐厚且十分重要的事業。

義大利東岸的內陸城市拉溫納（Ravenna），留有某些保存最完整的拜占庭藝術作品。淤積前的拉溫納曾是一個海港，也是羅馬衰亡後東哥德王國（Ostragothic kingdom）的首府。公元五四七年完工的聖維塔教堂（Basilica of San Vitale），是高聳的八邊型建築，鑲著美麗的馬賽克。這棟建築的意義之一，是慶祝拜占庭皇帝查士丁尼（Justinian）將拉溫納訂為帝國西邊的新首府，有一幅馬賽克便描寫他、他的軍隊以及教會隨行人員。皇帝左方，是一個留著有點雜亂鬍子的男人，學者一般認為此人就是銀行家尤利安・阿根塔睿斯（Julian Argentarius），他顯然贊助了聖維塔以及拉溫納其他幾處雄偉教堂的營造資金，這些都是在拜占庭帝國征服此地之後才興建的。據說，光是聖維塔就價值兩萬六千索里迪金幣（solidi），大概是兩百六十磅重的金子。[11]

我們對阿根塔睿斯的生平所知不多，但他很可能身為查士丁尼大帝隨員這一點，直指大帝仰賴強勢軍隊、正統教會、機智顧問以及銀行家當他的後盾。學者也認為阿根塔睿斯扮演要角，幫助軍隊成功拿下拉溫納；鑑於金錢在戰爭當中極為重要，這是很合理的推測。其他的證據也顯示查士丁尼非常倚重銀行家管理政府財政，可能由這些人擔任包稅人。如果是這樣，查士丁尼統治時，東羅馬帝國的擴張為金融家創造了機會。沒有人知道查士丁尼多富裕，但自此之後，沒有任

---

9 Sitta Von Reden. 2007. *Money in Ptolemaic Egypt: From the Macedonian Conquest to the End of the Third Century BC*. Cambridge: Cambridge University Press, p. 284 and ff.

10 Leonhard Schmitz. 1875. "Argentarii," in William Smith (ed.), *A Dictionary of Greek and Roman Antiquities*. London: John Murray, pp. 130-32. Available at: http://penelope.uchicago.edu/Thayer/E/Roman/Texts/secondary/SMIGRA*/Argentarii.html.

11 S. J. B. Barnish. 1985. "The Wealth of Julius Argentarius," *Byzantion* 55: 5-38.

何銀行家能留下如此歷久又宏偉的建築。

十字路口的發現

一九五九年春天，從那不勒斯到薩雷諾（Salerno）的高速公路建案暫停，原因是挖到古代遺跡。這次的暫停並非完全意外，因為這條路會經過距離龐貝城南方半英里處，那附近有個十字路口，有一條路可通往龐貝城火山爆發前的海岸（現已遭到掩埋）。開挖火山灰下的掩埋物，發現一處保存完好的天井，旁邊圍繞著裝潢精美的集會室，名為「三方臥食餐椅室」（triclinium）：這些凹室三面內建臥椅，環繞著一張較低的石桌。在其中一個凹室裡，考古學家找到一個籃子裡放著許多可摺疊的木製板，這些木製板是法律文件檔案，屬於蘇爾皮西（Sulpicii）銀行家族，他們想必是在公元七九年維蘇威火山爆發時，慌亂之下棄置這些文件。附近也發現一艘船的遺跡，指向這棟房子並非龐貝人尋歡作樂之處，而是鄰近古代港口的企業營運所。木製板文件裡包括多年的貸款、法律訴訟以及其他交易，顯示蘇爾皮西是一個銀行世家，這棟房子可能是他們的營業所。經濟歷史學家彼得・特銘（Peter Temin）認為，蘇爾皮西一家很可能提供所有我們知道的銀行服務，而且可能更多：他們接受存款、利用帳戶轉帳與付款、承作貸款、仲介投資並貸款給在拍賣中順利得標的人。[12]

發現檔案文件的地點雖然在龐貝，但實際上記載的是蘇爾皮西家在港口城市波圖奧利（Puteoli）所從事的交易；這個港位在那不勒斯灣的另一邊。多數紀錄的年代都約始於公元三三年的金融危機，並延續一、二十年。木製板上的交易進行地在古波圖奧利廣場（Forum of Puteoli），內容是關於商人與貿易商在這座喧鬧古港口所從事的營運活動，其中的業務包括了地中海貿易，尤其是餵飽羅馬人民的埃及運穀船。

亞歷山大港的人來了

仲夏某日，斯多葛學派（Stoic）哲學家塞內卡（Seneca）在波圖奧利港自宅中，看見來自埃及的商船隊入港。

> 忽然之間，來自「亞歷山大港」的船今天就映入了我們的眼簾：我是說，先遣船來了，預告後面有一隊船隊即將入港；這些先遣船被稱為「郵船」（mail-boat）。坎帕尼亞大區的子民（即住在義大利坎帕尼亞〔Campania〕區的人民）（譯注：波圖奧利港是位於坎帕尼亞大區那不勒斯省的一個港）樂見這些船到來。所有波圖奧利的民眾都站在碼頭上，他們都認得出亞歷山大港的船，因為不管船隊有多少船，船帆總是那麼整齊畫一……當每個人交頭接耳、急急奔向港邊時，我樂得慢慢來，這是因為，雖然我很快也會拿到朋友捎的信，但此時我不急著知道我

12 Peter Temin. 2013. *The Roman Market Economy*. Princeton, N.J.: Princeton University Press, p. 182.

的海外事務進展如何，也不想知道信裡會有哪些消息；此時此刻，我既無損失，也無利得。13

波圖奧利在共和時期晚期與羅馬帝國早期時是羅馬的深水港。從坎帕尼亞大區的尼亞波利斯（Neapolis）、龐貝與赫庫蘭尼姆（Herculaneum）等城鎮來到海岸邊僅幾英里，有天然屏障的波圖奧利港既大又深，可供跨大地中海區的貨運船安全停泊。從這裡，穀物會轉運到比較小的船上，運往台伯河口的奧斯提亞（Ostia），然後往上游運到羅馬城。在羅馬馬克西穆斯競技場（Circus Maximus）盡頭的巴拉丁諾山（Palatine Hill）山腳下，繁忙的碼頭與市場是穀物最終的卸貨地點。

埃及在公元前八〇年正式遭羅馬併吞，但早在之前埃及已在羅馬的經濟中擁有重要地位。首都羅馬仰賴從整個地中海區進口糧食，還有來自全世界的奢華商品。每年，當冬天的暴風雨肆虐過、海象平靜了之後，商船隊會駛離亞歷山大港，裝滿一袋袋來自尼羅河三角洲的小麥、一瓶瓶的酒、紡織品，以及印度的珍寶，一路駛往羅馬。這一趟旅程需要一個月甚至更久，看風勢決定。雖然亞歷山大港的船隊對羅馬的經濟來說很重要，但這些船並非由政府所有。很多穀物最後都會送進國庫，支應整個商業運作的資金卻來自民間，航海冒險的風險與獲利，都歸於個別的投資人。問題是，是怎麼樣的法律和金融機制，才能導引出規模如此龐大的國際貿易？

塞內卡對於亞歷山大港的船隻進港的描寫，讓我們清楚知道船隊會為他捎來海外投資的訊息，標的可能是他從姑姑那邊繼承而來的土地；他曾到非洲的某些省分和她同住過一段時期。這一段描述的重點在於風險。塞內卡是一位政治人物，他因為擁有土地繼承權而立場超脫，不用去管商業，他的冷靜自持正好和群眾的情緒沸騰形成對比。他告訴我們，說他無得也無失。顯然他沒有投資裡面任何一艘船；他的幸福並不繫於事件的新訊息或是命運的變幻莫測。他可能很富裕，因此可以做好分散投資。不同於塞內卡的平靜，蘇爾皮西銀行世家幾乎必定在爭先恐後想要迎接船隊的人群裡。他們貸放給本地企業家的業務，有很多都在某些方面和亞歷山大港貿易有牽連。

聞名遐邇的波圖奧利港，其遺跡在如今的波佐利（Pozzuoli）市淺水區仍可得見，古代的海堤、混凝土砌的碼頭、港邊的小店以及磚造的倉庫，在清淺的藍

圖11　描繪古代波圖奧利港的溼壁畫；這是來自埃及亞歷山大港的運穀物船進入羅馬的港口。蘇爾皮西銀行家族也在這個港口城市經營業務（https://commons.wikimedia.org/wiki/File: Stabiae_-_Port_Scene_-_MAN.jpg）。

13 Seneca. "On Taking One's Own Life," in *Epistulae Morales*, R. M. Gummere (trans.). Cambridge, MA.: Harvard University Press, epistle 77.

色海灣之下明顯可見。事實上，這座水中之城是海面下的國家保護區，可供浮潛員探索。在陸地上，其圓形劇場依然佇立，證明了古代這裡曾有的觀眾。在上古時代，這座城市向來以神廟、劇場和古廣場自豪。就像雅典的港口一樣，碼頭邊也有銀行家隨時準備開工。

金融作家與古典學作者大衛・瓊斯（David Jones）深入研究找到的幾百份木製板，重新建構蘇爾皮西銀行之家的交易。[14]他在書中大量描繪了蘇爾皮西家的銀行以及這家銀行營運的金融市場。瓊斯的焦點放在蘇爾皮西家檔案中的其中五份木製板，裡面提到商業信貸與金融中介在亞歷山大港穀物交易中扮演的角色。[15]多數運作由自由民和奴隸負責，而非騎士階級成員，但他們與上層階級的關係很明顯。

舉例來說，公元三七年六月十八日，過去曾為奴的自由民蓋烏斯・納維斯・依努斯（Gaius Novius Eunus）向另一位自由民依凡努斯・波黎比安努斯（Evanus Primianus）借了一萬塞斯特瑞斯幣，透過他的奴隸西西可斯（Hesychus）執行這項協議。依努斯拿出來的抵押品是七千莫迪的穀物（modi；相當於二千一百四十二立方英尺的穀物），以及兩百麻袋的鷹嘴豆、扁豆和其他豆類。這些物品存放在公用倉庫裡，依努斯要承擔損失風險，比方腐壞、遭竊或未繳納倉庫租金。第二份文件是以同樣條件借三千塞斯特瑞斯幣，第三份文件指出西西可斯向另一位奴隸迪歐格納斯（Diognetus）租下倉儲空間，第四份記錄下依努斯延續對西西可斯的債務，第五份則是尚未還清貸款餘額的應付利息（利率為每個月百分之一）。[16]

蘇比薛斯・佛斯特斯（Sulpicius Faustus；蘇爾皮西家的銀行家）見證了前面兩項交易，之後也是付清貸款文件上的收款者。也就是說，他擔任西西可斯的銀行家，也是他將商業信貸延展給身為穀物買辦商的依努斯。

複雜的操作詳盡說明了穀物交易如何融資。穀物作為擔保，並明文簽訂保險，握有資本的銀行家則是整套操作的核心。事實上，到了公元三九年九月，西西可斯已經晉升更高階級了。某張木製板上寫著他是蓋烏斯・凱撒・奧古斯都・日耳曼尼庫斯（Gaius Caesar Augustus Germanicus）的奴隸，後者也就是皇帝蓋烏斯。這位皇帝可能透過繼承或購買得到西西可斯，這名奴隸也持續為大權在握的新主人提供金融交易。

尚・安德羅（Jean Andreau）是研究古典上古時期銀行相關主題的一流專家，他指出蘇爾皮西家靠著向上層階級借錢來籌資。特別要提的是，有一項紀錄提到他們向皇帝家裡一位奴隸借了九萬四千塞斯特瑞斯幣。[17]在這段時期，羅馬的騎士階級與元老議員階級貸放出去的錢，比較多是以義大利的房地產為標的。透過像西西可斯這樣的專門化中介商，他們就可以將貸款放給商業企業。皇帝與他的隨從並未和蘇爾皮西合夥，反之，前者是後者最終的債務人。身為平民老百姓的借款人，顯然能向食物鏈上極高端的放款人借錢。這種彼此相距十萬八千里的金融架構，讓元老院議員和皇帝可以投資商業、卻又不用直接出手。

---

14 David Francis Jones. 2006. *The Bankers of Puteoli: Finance, Trade and Industry in the Roman World*. Stroud, U.K.: Tempus.

15 Jones (2006), pp. 97-99，完整說明這些木製板以及他重建的每個角色在締約時的作用。

16 Lionel Casson. 1980. "The Role of the State in Rome's Grain Trade," *Memoirs of the American Academy in Rome* 36: 21-33.

17 Jean Andreau. 1999. *Banking and Business in the Roman World*. Cambridge: Cambridge University Press, p. 75.

同樣的道理，羅馬社會的階級架構要求政治人物要與商業營運保持一定距離，這也營造出另一種條條（金融）大路通羅馬的架構。羅馬是金融最終集中之地，也是制定與執行金融規範的地方。羅馬的寡頭政治透過信貸市場擴大自身的力量，並創造出各種中介形式，保護他們在政治上不會被拖累，有時候，連金融問題都可以擋下來。

但是，認為羅馬的金融系統完全是為了統治階級而運作，那就錯了。蘇爾皮西家檔案中揭示的精密中介網絡，展現了羅馬商業世界的能耐。如果可以把資本配置到為埃及穀物貨船融資，也就可以配置到其他各式各樣的商業活動。確實，在羅馬時代，最精密的金融文件之一，就是一份為貿易商品貨運提供融資的契約，標的從印度出發，利用商隊和尼羅河經過埃及，前往亞歷山大港，以利出口到羅馬。這份羅馬貿易貸款契約的簽署地，是在印度西岸的貿易前哨基地慕茲里斯（Muziris）[18]，驗證了羅馬貿易範疇之廣，以及金融訂約為其提供的支援。

奴隸制與有限責任制

請先拋開道德觀點，暫時從純法律的觀點來看奴隸制。如果一名奴隸犯了法，受害者將會控告奴隸主。實際上，你可以想像想連累主人遭受池魚之殃的憤怒奴隸在背後亂搞，比方說，弄沉別人的船。羅馬的法律不斷演變，透過限制奴隸主要承擔的責任範圍來解決這個潛在問題。對於奴隸非根據其指示所做的行動結果，奴隸主不負責任。如果奴隸主可以證明自己從未要求奴隸去弄沉別人的船，那麼，受害人對奴隸主就沒有追索權。有限責任也擴及金融交易。如果一名投資人替奴隸設立一家企業並放手讓後者經營，那麼，投資人的責任就僅限於透過名為「特有產」（peculium）的帳戶投資這名奴隸的資本。債權人可以針對特有產帳戶追索，但不能動奴隸主的資產，除非債權人可以證明特定貸款是根據奴隸主的指示所做成。這種制度架構，是羅馬法律與金融最非凡的創新。如果任何單一投資的潛在責任僅限於特有產帳戶，那麼，投資人就願意承擔更高的風險。

大衛・瓊斯連同之前幾位學者，在解讀公元三九年晚期文件中所記載西西可斯從事的穀物交易時，認為那是他自己獨有的事業，這名奴隸在蘇爾皮西家開立的銀行帳戶，自然解讀成他的特有產帳戶。皇帝靠著西西可斯的商業敏銳度獲利，但西西可斯的債權人動不了皇帝大部分的財富，這些人最多只能拿回特有產帳戶中的餘額。也因為這樣，債權人會很想知道特定時候特有產的帳戶中有多少錢。銀行家握有存款以及奴隸西西可斯的其他金融資產（包括貸款和債務），最有立場擔保他的財富淨值。

特有產這種制度的運作機制，和如今的責任有限公司極其類似。責任有限不僅讓投資人僅承受有限損失，也表示他們可以不用密切參與事業經營。投資人可以利用分散投資來取代直接監督。在古代羅馬，使用特有產的架構，讓投資人可以把財產分配到多項由奴隸經營的企業，同時還能置身業務之外。法律不僅有效地強制奴隸主將管理工作委外（這是適用有限責任的前提條件），也讓大家安心，因為任何一項投資都不會讓所有儲蓄化為烏有。無怪乎，即便將獲得埃及

18 Peter Temin. 2006. "The Economy of the Early Roman Empire," *Journal of Economic Perspectives* 20 (1): 133-51.

資產相關訊息，塞內卡仍可如此淡定。他在埃及的相關投資事務非常可能由奴隸管理，他要面對的損失也有保障，僅限於他們的特有產額度。

特有產制度也解釋了自由民在羅馬經濟中的角色。奴隸勞動市場必定也參與了需要商業敏感度與管理技能的領域。我們通常把羅馬經濟體中的奴隸想成體力工與家庭僕傭，但最有價值的奴隸是靠著最低度的監督與指示就能經營事業並賺錢獲利的那些人。羅馬世界的自然均衡很可能是靠著完全不准投資人直接參與高於最小規模的業務，從而能聘雇奴隸全職工作。

分離所有權和控制權是符合法律有限責任規定的必要條件，但不足以經營出可獲利的事業。奴隸主需要找到方法激勵奴隸，導引他們在沒有直接監督之下創造獲利。顯而易見的方法是獎酬。就像現在的經理人可以分享公司利潤，讓他們的利益和公司的利益一致。要激勵羅馬的奴隸一定也是要透過獎勵，而非懲罰。

商業交易中常見自由民的身影，這代表有一項動機是如果企業經營得好，奴隸就可以買回自己的自由。當然，這樣的誘因對於奴隸主大不利，因為他們會失去經理人。蘇爾皮西的檔案文件經常出現的一個主題，也常見於羅馬時代的其他文件，那就是前奴隸和前奴隸主之間延續商業交易。根據法律，自由民和前主人之間仍有契約關係。當將西西可斯從一個主人換到另一個主人，奴隸主在執行交易時期待的成果，是能在成功獨立的經理人，甚至是未來的事業夥伴經營下創造出一門好事業。[19]

特有產法律制度對投資人友善嗎？這樣的制度激勵投資人冒險，因此可以將資本引進產業和貿易，而且，顯然有助於有效率配置管理人才，對貿易與經濟成長來說是一大利多。然而，除了在某些例外情況，這套制度並不能匯聚多位投資人的資本。奴隸特有產帳戶裡的股份，並未在股票市場內交易。

法律面的學術研究，通常著重羅馬法組織的限制。羅馬法顯然僅定義了無限責任的合夥（他們稱之為「公會」〔societas〕）。金融史向來認為，有限責任是催生出現代金融的重要創新。特有產制度雖然重要，也因應了羅馬經濟發展的需求，但看來只做了半套。

耶魯大學法學院教授亨利・漢斯曼（Henry Hansmann）是法律機構研究的權威人士，他和哈佛的萊納・克拉克曼（Reinier Kraakman）、耶魯的理查・斯奎爾（Richard Squire）合作，發展出一套嶄新的股份公司理論，取代著重於不同概念的有限責任，稱之為「資產防禦」（entity shielding）。[20]他們的想法是，投資者最大的風險並不是公司的債權人會追著他們跑，他們最擔心合夥人私人的債權人對公司的財產主張權利，在對公司其中一位投資人求償時，要求關閉企業並清算財產。

因此，在偕同任何人投資之前，你必須評估對方的金融資產和負債。從這方面來說，羅馬式的合夥、也就是他們口中的「公會」很脆弱。也因此，合夥自然傾向於僅限少數幾位彼此信賴、

19 關於奴隸制在羅馬商業中扮演的角色，相關討論請參見Bruce W. Frier and Dennis P. Kehoe. 2007. "Law and Economic Institutions," in Walter Scheidel, Ian Morris and Richard Saller (eds.). *The Cambridge Economic History of the Greco-Roman World*. Cambridge: Cambridge University Press, pp. 113-43.

20 Henry Hansmann, Reinier Kraakman and Richard Squire. 2006. "Law and the Rise of the Firm," *Harvard Law Review* 119 (5): 1333-403.

可以分享個人財務資訊的人參與，這限制了一家公司能集結的資本池規模與交易股份數量的上限。若沒有資產防禦機制，其他擁有股份的人是誰就很重要了。

少了資產防禦，也會替貸放給企業的放款人帶來問題。他們也需要確定，公司破產時，他們擁有最優先的公司資產索賠請求權。特有產無法解決這些問題，因為特有產僅涉及一名投資者，企業破產時，該投資人的債權人可對奴隸的特有產帳戶求償。對西西可斯來說，他情願為皇帝提供服務，而不是其他要承擔信用風險的主人。

現代的股份公司和羅馬式的合夥不同，前者可享有資產防禦的機制。股份公司投資人私人的債權人可以掌握其債務人的股份，但不能直接對其投資的公司資產求償。就算個別投資人破產了，公司也可以一如以往運作。股份可在市場交易這個特性，也因此成為另一個仰賴資產防禦才能存在的重要特性。漢斯曼、克拉克曼、斯奎爾深入鑽研羅馬法律，想知道上古時代是否也有資本防禦。事實上，羅馬確實發展出可在市場交易股份的架構，類似現代的股份公司。

羅馬的股東

在公元前二一八至二〇一年的第二次布匿克戰爭（Second Punic War）之後，羅馬在整個地中海世界的擴張相對快速，也為共和國帶來了挑戰，如今必須供養大批常備軍，要建造與維護廣大的都市基礎建設，要對最近征服的遠地徵稅。羅馬並未建立一套政府官僚體制來執行這些工作，反而是將政府契約拍賣給名為「稅官公會」（societas publicanorum）的民間集團。

稅官公會基本上是業務性的合夥，具備現今股份公司的諸多特質。公會由羅馬的騎士階級籌組與管理，這些人都是富有的騎士。股東則稱為「稅官」（publicani）。騎士階級成員和元老院議員不同，前者並無不得直接參與商業利益的限制。第二次布匿克戰爭後羅馬快速成長，在這段期間稅官公會是很好的工具，讓騎士階級的家庭分享羅馬擴張帶來的新興獲利機會，同時也解決共和國某些後勤支援與金融的問題。

稅官公會會在公共拍賣上競標政府契約，尤其是徵收省稅的契約，但也會爭取從事其他各項服務，從營造、維護公共紀念碑到供給與支應軍隊等。羅馬的法律史學家相信，這些公司不但是規模龐大的企業，他們也有流動性高且可交易的所有權股份。

稅官公會在羅馬的亞洲各省也很活躍：征服了安納托利亞和敘利亞之後，他們就開始在古羅馬廣場拍賣相關的稅收權，涉及的金融利益十分龐大。之後常有各省的納稅人抱怨稅官手段太過分，有鑑於得標者多半是最樂觀估算能從人民身上榨出多少超額稅收的人，因此這並不足為奇。我們在本章稍早提過，圖拉真的扶手牆便是在歌頌皇帝減輕各省過重的稅賦重擔。

歷史學家波利比烏斯（Polybius）觀察到，在公元前第二世紀，每位羅馬公民基本上都參與了政府契約事業，這暗示了稅官公會的成員分布很廣。就算真的只有騎士階級才能參與，這也已經很了不起了。由數百人、甚至數千人共有的類公司機構，是一種新的事業企業形式，當中的投資人無須直接介入公司的活動，而是根據所有權股份被動收取利潤。

我們之前看過雅典人如何擁有、出售與抵押各式各樣的事業（請見第六章），羅馬共和國社會則還超前一步。投資人可以買賣企業的一部分，無需理會合夥事業隱含的複雜法律牽連。針對稅官公會做的交易愈是簡易、普遍，羅馬的投資人就更能分散投資，就更有機會賺得更多利潤，超過放款人收取的有限利息。

股份所有權的普及有兩大意義。其一，這些公司必定有某種形式的資產防禦機制，防止外部的債權人干擾。其二，這代表了透過股權，騎士階級廣泛的分攤了這段期間羅馬擴張帶來的集體性經濟負擔、益處與不確定性。在徵收省稅這件事上尤其明顯。各稅官公會一度是羅馬政體最大的包稅人，他們承擔稅收的不確定性，以換取可能收得的超額稅金利益。這對政府來說有利，但很可能對各省的納稅人造成嚴重傷害。

從政治觀點來看，這套股份制度可分配羅馬軍事征服帶來的益處。元老院把經濟好處分給貴族階級，給他們白吃的午餐，讓他們心滿意足。雖然我們大可把稅官公會想成現代追逐各種商業機會的私人公司，但就算政府契約不是他們的唯一焦點，也是主要重點。這讓他們必得捲入政府事務。當公司的所有權更加分散，他們的政治影響力也隨之大增，進而造成了權力傾軋。

比方說，公元前一二三年時，平民護民官蓋烏斯・格拉古（Gaius Gracchus）領導一次著名的羅馬法律改革，將監督各省地方行政官管理的法庭交由騎士階級控制，而不是原本的元老院。這不只是單單修改法律細則而已。各省的地方行政官必須面對稅官公會的大股東，而且，這樣一來，地方行政官更傾向於不去干涉嚴苛的收稅手段。

在羅馬政治脈絡下，股份所有權的彈性只是讓行賄變得更輕鬆。或許，就是這一點無可避免地放鬆了元老院議員不得參與企業的階級限制。

有一個案例非常切題。在公元前五九年共和時代晚期，演說家西塞羅以護民官的身分指控尤利烏斯・凱撒的手下普布利烏斯・瓦提尼烏斯（Publius Vatinius）貪汙。他主張瓦提尼烏斯濫用權力，透過帝國任命的古波圖奧利廣場金融監督人身分謀取私利，引發一場起義。[21]在西塞羅的指控中，有一條是瓦提尼烏斯持有一家稅官公會的股份，並操作股價以獲利；這項資訊極具吸引力，有點算是早期的證券市場詐騙。[22]

哈佛已故的古典學家厄斯特・巴迪恩（Ernst Badian）認為，瓦提尼烏斯一案證明了稅官系統在共和時代晚期如何適應新的政治秩序。在針對稅官公會及他們和羅馬政治的關係做過審慎研究之後，巴迪恩主張，稅官業務架構讓騎士階級可以累積權力與影響力，在元老院控制力疲弱、屈從於帝國模式的共和國晚期，尤其如此。

巴迪恩相信，瓦提尼烏斯和尤利烏斯・凱撒兩人都持有稅官公會的股份，事實上，稅管公會的投資人不僅有騎士，還有元老院的議員。[23]他們要怎麼從事投資？羅馬共和國晚期，舊秩序已崩解。公元一二〇年代格拉古兄弟（Gracchi brothers）引發一連串事件導致元老院式微，經過一個世代之後，獨裁者蘇拉（Sulla）取消了普查。少了官方的普查，就無從記錄元老院議員的財富

21 Ulrike Malmendier. 2005. "Roman Shares," in William N. Goetzmann and K. Geert Rouwenhorst (eds.). *The Origins of Value: The Financial Innovations that Created Modern Capital Markets*. Oxford: Oxford University Press, p. 38.

22 M. Tullius Cicero. 1891. "Against Publius Vatinius," in *The Orations of Marcus Tullius Cicero*, C. D. Yonge (trans.). London: George Bell & Sons, part 29.

23 Ernst Badian. 1972. *Publicans and Sinners: Private Enterprise in the Service of the Roman Republic*. Ithaca, N.Y.: Cornell University Press, p. 103.

來源。巴迪恩相信，自此之後，羅馬人就開始交易未登記的稅官公會股票，可能是透過銀行家等中介機構。

當然，對稅官公會來說，持有股票的投資人眾多是件好事。稅官制將政治人物的利益調整到符合股東利益，是一種非常有彈性（而且極為新穎）的手段，結合政府與企業的利益。股份公司成為分享帝國主義經濟利益的機制，日後在世界史中一再出現，頻率之高，指向這因應了政體軍事擴張時的一個基本議題。

經濟學家托馬・皮凱提（Thomas Picketty）指出，貧富不均的根源在於金融投資報酬率與經濟成長率的差異，有資本可以投資的人能更快速地累積財富。羅馬的統治階級看來是最切中這套理論的範例。由於他們的權力非常仰仗財富，因此需要讓自己握有的資本能增長。他們發展出各種方法，把資本投入債券和股權證券，更運用政治影響力來達成有利於投資的結果。當共和國崩解，財富的重要性卻有過之而無不及，因為要有錢才能付錢給軍隊。以羅馬內戰期間為例，尤利烏斯・凱撒就襲擊了羅馬國庫。負責人不肯交出鑰匙，他還破門而入，拿走了「一萬五千條金條、三千條銀條以及五千萬塞斯特瑞斯幣」。[24]

羅馬法律與公司

烏莉克・瑪曼迪（Ulrike Malmendier）是加州大學柏克萊分校的金融經濟學家，也是行為金融的專家，特別擅長分析大型公司執行長與董事的行為。她的研究多半很現代，處理的問題如現代金融系統可能發生的規範失靈。但瑪曼迪也是一位金融史學家，她的部分研究聚焦在稅官公會。她主張，我們可能忽略了羅馬法律很重要的一個環節：共和時代管轄稅官公會的法律。

由於稅官公會在帝國後期時消失，因此和這些組織相關的細節遺留下來的很少。瑪曼迪指出，目前我們已知的羅馬法律大都來自羅馬歷史極末期時編纂的文字，而不是稅官公會運作之時。尤其是，〈查士丁尼法典〉（Code of Justinian）是在稅官公會消失之後好幾個世紀才集結而成，到了這時，稅官公會對於羅馬學者來說不過就是歷史上的一段奇譚而已。瑪曼迪把重點放在從以弗所聖約翰教堂（Basilica of St. John）遺跡中找到的文本。有一塊大理石板上有公告碑文，詳細說明公元六二年以弗所收稅機構的權利與義務，這裡講的也就是稅官公會。

碑文說得很清楚，公司的運作必須符合規範收稅權利的周延法律架構：公司收取的標的是什麼，公司有義務交付的標的是什麼、怎麼交付，以及政府要求取得哪些類型的抵押或擔保來保證公司會履行義務。這塊石板的年代，就在稅官股份遭到批評以及亞洲各地的公司備受爭議的時期。

瑪曼迪指出，收稅公司享有的法律權利並不同於一般的合夥事業。一般的羅馬合夥事業（稱為「公會」）存續期間有限，任何個人成員死亡時即告解散，稅官公會保有法律上的「人格」，獨立於投資人的人格，而且存在無限期。

稅官公會保護投資人免受合夥人私人的債務人影響，方式也不同於一般的羅馬合夥事業。這

24 Koenraad Verboven. 2003. "54-44 BCE. Financial or Monetary Crisis?" in E. L. Cascio (ed.), *Credito e Moneta nel Mondo Romano*. Bari, Italy: Edipuglia, pp. 49-68, p. 57.

正是漢斯曼、克拉克曼和斯奎爾在尋覓的現代股份公司早期基因密碼；羅馬發展到這時，企業的投資人數目大增，不再只是一小撮彼此互信的合夥人。這些學者發展出一套理論，認為資產防禦容許廣泛集結資本，同時也導引出股份的可交易特性。這些都出現在古羅馬，而且，顯然受到現已佚失的羅馬法律規範。

古羅馬廣場中間矗立著三根以飛簷相連的科林斯圓柱，那是卡斯托爾神廟的遺跡。在巴拉丁諾山腳下、靠近朱圖娜聖泉（Lacus Juturnae）附近，至今仍看得見墩台和通往神廟的階梯。這裡顯然也是交易稅官公會股票，以及拍賣政府契約的地方。後人重新建構神廟之後，發現這有三角山形牆式的橫飾帶，妙的是，居然和紐約證券交易所大樓的外觀很相似。每年有千百萬的觀光客前往古羅馬廣場踏過神聖之路並讚嘆凱旋門，但沒什麼人體悟自己其實正在參觀世上第一處股票市場。

稅官公會為何消失？瑪曼迪主張，共和時代的羅馬法律必定是一套極具彈性、適應力強的系統。當羅馬快速擴張成為帝國，經濟需求的成長速度快過制度發展。稅官公會制度讓政治體可將重要服務外包，無需建立官僚制度，這很可能也解釋了稅官公會為何衰亡；在羅馬帝國時代，帝國的官僚制度取代了稅官公會。雖然稅官公會制在羅馬帝國發展初期可能扮演要角，但由於公開拍賣的契約減少，這類型的公司也慢慢消失。

到了公元六世紀，查士丁尼雄心萬丈編纂法典，甚至沒有納入規範稅官公會的法律。法律對金融而言或許很重要，但當某些金融技術已無需求時，光靠法律也不足以維持技術。羅馬法律和羅馬金融都反映著政治經濟從共和移轉到帝國。瑪曼迪針對這些古代帶有公共性質的公司所做的研究指出，有必要這麼做時，羅馬法律會滿足金融發展的需求，至少，在自然狀態的法律發展是如此。

金錢與戰爭

之前我們看到雅典得到勞瑞翁的銀礦後便享有極大的經濟優勢。當羅馬將權力觸角伸向義大利半島時，情況卻剛好相反：羅馬缺乏銀礦，因此顯現出一項嚴重的策略性劣勢。當羅馬開始在海外東征西討時，並未具備對手的鑄幣能力。希臘人在阿提卡（Attica）和馬其頓都擁有自己的銀礦。迦太基人（Carthaginian）控制了伊比利半島的貿易，因此擁有西班牙豐富的金礦和銀礦。

第二次布匿克戰爭與之後的發展，完全改變了情勢。這場與迦太基的戰爭不僅是軍事上的纏鬥，也是金融之戰，讓羅馬陷入了金融崩潰的邊緣。菲利浦・凱伊（Philip Kay）是倫敦的一位金融家，也是羅馬歷史學家，他針對金錢與金融制度所扮演的角色提出有用的專業觀點。他認為，羅馬在歷史上這個時間點發生的金融轉型，是日後帝國成功的重要關鍵。他主張，對羅馬而言，第二次布匿克戰爭代表了一場經濟革命。公元前二一六年，當時羅馬付不出軍隊的薪水，因此轉而向外國統治者求援，向敘拉古的希倫（Hieron of Syracuse）借貸，之後無力償還。[25] 羅馬政府也無力償付為其供養軍隊與建造國有建築的稅官公會。政府挪用要給孤兒寡母的資金，徵收

25 Philip Kay. 2014. *Rome's Economic Revolution*. Oxford: Oxford University Press, p. 15.

財產稅，公元前二一〇年時乾脆開始乞求富有的公民貸款給政府，公元前二〇五年時則出售坎帕尼亞大區的國有財產。羅馬政府顯然快破產了，還好這些狗急跳牆的金融政策奏效了，羅馬贏了戰爭，國庫裝滿了戰利品。

公元前二〇二年迦太基的大將軍漢尼拔（Hannibal）兵敗之後，其殖民地便遭搶奪，還要以大量進貢作為和解條件：迦太基在伊比利的金礦和銀礦移轉給羅馬。羅馬的投機客蜂擁西進採礦。此舉造成的經濟結果，是羅馬的貨幣供給大增。取得伊比利的銀礦，讓羅馬踏上主導整個地中海世界的康莊大道。羅馬從原本缺少金屬變成礦藏豐富，而且，和古代雅典的情況如出一轍，貨幣的力量也讓羅馬有能力供養陸軍與海軍，並創造出主宰全球市場的貨幣。

有趣的是，少有證據顯示稅官公會壟斷了伊比利的採礦事業。顯然，各式各樣的羅馬企業都參與了礦務貿易。政府的監理單位制定規範，規定小型企業如何營運。從留存下來的法規範例來看，稅官公會並非羅馬歷史上唯一的企業形式，當時也有小型的股份公司（顯然也是一種有限責任形態的公司）。這也就是說，當時有各式各樣的組織形態開採伊比利的礦產。這很快就引發通貨膨脹（monetary expansion）。

在第二次布匿克戰爭之始，羅馬就開始鑄造

圖12　早期的羅馬德納利斯（denarius）銀幣，年代約為公元前211年（Image courtesy of Yale University Art Gallery, 2001.87.1）。

小型且便利的德納利斯銀幣，這是過去貨幣的大幅改良版。德納利斯銀幣成為泛地中海的通貨標準。

早期的羅馬鑄幣

羅馬的金屬貨幣始於使用鐵棒（火叉）當作貨幣。想像一下，你要上街購物的話，得帶著好幾支三英尺長的鐵棒。這種早期的貨幣是在考古時發現的，必定源自於標準化的家用品（但大小很不合用）。火叉貨幣後來以小青銅金屬片取而代之，最後則變成大型青銅片，名為「重銅」（aes grave），其中「grave」在義大利文裡便是「重」的意思。基本重銅的重量為一羅馬磅，用一個個一磅重的硬幣裝滿一口袋，還是很不方便。在規畫任何軍事行動時，要考慮的不只是運輸士兵上戰場的計畫，還有如何湊齊重銅付錢給他們。

一個德納利斯銀幣的價值等於十羅馬磅重的重銅，但重量卻輕很多。取得伊比利的銀礦之後，讓羅馬維持軍隊的能力不可同日而語。羅馬共和國晚期（約公元前一四〇至三七年），一般士兵的軍餉約為每年一百一十二個德納利斯銀幣，這些銀幣可以收在小錢包裡沒問題，換算成重銅，就得想辦法收藏一千多個每個一羅馬磅重的貨幣。羅馬的貨幣系統升級，對於帝國擴張來說是策略上的一大優勢。

一如古代的雅典，當羅馬愈來愈常用錢幣來支付政府的服務，便促成了轉型，邁入貨幣經濟。收取錢幣薪資的士兵，開始習慣用貨幣買東西。有了成為貨幣標準的德納利斯銀幣，以及面額最大的青銅貨幣塞斯特瑞斯幣（價值為德納利斯銀幣的四分之一）之後，羅馬經濟體的運作也更加以金屬貨幣為主。

銀製貨幣刺激了經濟，帶來了流動性，也扶植了貿易、市場發展與製造業專業分工。引進銀製錢幣之前，貨幣供給的限制以及貨幣技術落後（例如笨重的青銅錢幣）造成的阻礙，拖累了整體經濟。伊比利的銀礦消除這些限制，讓羅馬的經濟繁榮昌盛：不僅因為付錢給軍隊更簡單，也因為羅馬貨幣系統本身以及其本質都是重要的技術。[26]

圖13　羅馬的重銅，大約為公元前235年（Image courtesy of Yale University Art Gallery, 2001.87.1293）。

威廉・哈里斯進一步衍生這項主張。他觀察到，由於銀行與投資組織等信貸機構的快速成長，羅馬的貨幣供給也跨入虛擬領域。鑄幣很重要，但是對於一個以海洋為中心而且仰賴有危險性的交通系統的帝國來說，使用金屬貨幣暗藏著貨幣供給可能減少（亦即貨幣減縮）的風險。

能留到現在的羅馬錢幣，多半是因為這些錢掉了。士兵在戰爭爆發前把一袋袋的德納利斯錢幣藏進洞裡，家庭無法背著錢幣跑時就迅速把儲蓄埋起來，或者，沉船時士兵帶著的錢幣也跟著沉入海底。流通太久的錢幣會磨損，重量不足。不管怎樣，還在流通的錢幣最終會被熔化，供下一個政府用來鑄造自己的錢幣。

因此，透過轉帳（前提是帳戶很安全）讓價值「虛擬化」，消除了實體錢幣的某些風險。當羅馬的財富分配不均愈來愈嚴重，大額貨幣交易顯然都是以虛擬的方式進行。

哈里斯指出，羅馬經濟中的銀行與貸方，將貨幣供給的範疇擴大到超越貨幣的實體限制。若沒有貨幣帳戶，沒有促進投資與長程貿易的金融機構，羅馬可能就無法把大批軍隊派上場，也無法維持仰賴海運貿易的廣袤帝國。簡而言之，羅馬之所以成為帝國，靠的是金融技術：鑄幣、投資與信貸機構。金融並不是配角，而是羅馬的血脈。[27]

軍事成就帶來什麼，也可以奪走什麼。羅馬貨幣史學家權威肯尼斯・哈爾（Kenneth Harl）研究羅馬帝國末期的貨幣困境，他追溯到公元二三五年期間羅馬最嚴重的貨幣危機，當時羅馬的國境已經遭人入侵。日耳曼部落切斷帝國取得北歐礦藏的途徑，摩爾人（Moor）則滋擾伊比利的礦務工作。[28]這導致了日後羅馬銀塊產量大幅減少，而且就正好發生在帝國最急需銀子支應軍隊之時。

為了解決貨幣問題，羅馬降低錢幣的成色。新引進的貨幣名為安鐸尼年努斯（antoninianus）銀幣，名目價值為兩個德納利斯銀幣，但其銀含量並未達到兩倍。替代品的品質在之後的幾十年

26 Kay (2014).

27 William V. Harris. 2006. "A Revisionist View of Roman Money," *Journal of Roman Studies* 96: 1-24.

28 Kenneth W. Harl. 1996. *Coinage in the Roman Economy, 300 BC to AD 700*. Baltimore: Johns Hopkins University Press, p. 125 and ff.

持續下降，導致羅馬有兩種相對價值不斷滑動、彼此替代的錢幣。兩種錢幣共存造成的混淆，再加上錢幣中的銀含量不斷變動，迫使市場回到帳戶的抽象單位：用假設的德納利斯密幣（denarius communes）來對應用實體德納利斯幣和安鎟尼年努斯幣表示的價值。[29]羅馬失去了銀礦，也失去了人民對貨幣的信心以及帝國維持經濟力量的能力。

紐約城市學院（City College of New York）的學者莫里斯・席爾維（Morris Silver）支持套用經濟模型以了解古代羅馬經濟體。他提出一套理論，認為羅馬帝國後期貨幣品質下滑也解釋了公元第三世紀中期後存款性質銀行的消失。學者早就注意到這段期間之後的古典文獻裡銀行家減少了，而且稱呼這些人的用詞也有微妙的變化。帝國後期看來是交替使用「貨幣兌換人」與「銀行家」兩個詞，說得就好像當時的銀行家多半就是在處理實體錢幣（亦即現金）而已。席爾維教授將銀行家能見度下降、重要性減少歸因於執行利率上限措施，再加上貨幣成色標準降低。羅馬的官方利率為百分之十二，但顯然有很多人試圖以各種藉口避開上限，比方說把超額收取的利息假託成償付的本金。有趣的是，這類做法風行之時，也恰好是早期羅馬基督教會為了救濟還不出個人貸款而一貧如洗（或賣身為奴）的人導致負擔日漸沉重之時。[30]

席爾維指出，當錢幣成色標準下降，消費者物價就會上漲。埃及各省的小麥年度通膨率（以公元第三世紀後期為例）為百分之四至百分之九。[31]如果銀行家放款的長期利率是百分之十二，但每年拿到的現金償付款價值都少百分之七，這會大大損及放款利潤。同樣的，以上述的通貨膨脹率為例，當存款利率僅有百分之五時，存款人也不願意把錢放在銀行裡。換言之，雖然訂定利率上限以減少高利貸的用意良善，但本政策在帝國將終結時造成的效果，與公元三三年的金融危機時如出一轍。利率上限政策導致投資資金撤出金融系統。席爾維猜測，銀行家並未完全退出銀行（埃及的銀行業運作便有文件紀錄），但可能轉為地下。他甚至在想，帝國末期曾記錄到締約改以商品為標的，很可能正反映出一種針對可預期通膨所做的理性避險。

羅馬與古代環境

羅馬在第二次布匿克戰爭後緊鑼密鼓地在伊比利半島採礦，還造成另一項更奇怪的結果。這讓我們得以比較羅馬經濟和現代工業時代的工業密集度。西班牙力拓河（Rio Tinto）是歐洲汙染程度最嚴重的河流之一。[32]紅棕色的河水源自南伊比利富含礦物質的山上，充滿著各種重金屬。就是這些金屬，讓伊比利成為世界史上最重要的礦區之一。西班牙與葡萄牙的金屬採礦活動至少可以回推到五千年前。塔特索斯人（Tartessian）、腓尼基人（Phoenician）、迦太基人和羅馬人都曾經開採過伊比利蘊藏的銅、鉛、鐵與銀礦。淺層採礦的工作一直持續到中古時代，並在中世紀

29 Harl (1996), p. 130.

30 Jared Rubin. 2009. “Social Insurance, Commitment, and the Origin of Law: Interest Bans in Early Christianity,” *Journal of Law and Economics* 52 (4): 761-86.

31 Morris Silver. 2011. “Finding the Roman Empire’s Disappeared Deposit Bankers,” *Historia* 60 (3): 301-27.

32 R. A. Davis Jr., A. T. Welty, J. Borrego, J. A. Morales, J. G. Pendon and J. G. Ryan. 2000. “Rio Tinto Estuary (Spain): 5000 Years of Pollution,” *Environmental Geology* 39 (10): 1107-116.

末期後再度興起；事實上，至今還在進行中。露天開採與熔煉千年累積下來的殘渣，在南伊比利的土壤中留下了痕跡；實際上，在全世界也留下了痕跡。

一九九七年，一隊環境科學家發現，在格陵蘭的冰河中有從伊比利飄過來的含鉛空氣汙染跡證。[33]他們可以區分出力拓地區與哥倫比亞卡塔赫納區（Cartagena）礦場的鉛殘留物。利用同位素分析，他們認為在北半球的工業鉛汙染中，有百分之七十是在公元前三六六至公元三六年間來自力拓區的礦場。自此之後，卡塔赫納區的各礦場則變成主要的汙染來源。至於其他產區汙染源，如英國，對上古時代的空氣傳播鉛汙染影響極小。

從羅馬興衰的觀點來看，鉛的足跡是很有趣的時間線，可用來追蹤其貨幣史。從公元前六八〇至公元一九三年這段期間，工業鉛汙染（即人為汙染）的部分有增加，戲劇性的高峰約出現在公元前一四三至公元三六年（約為羅馬發生金融危機之時），水準約高了兩倍之多。至於低點，則出現在公元四七三年，數值大約等同於金屬出現前的時代，直至公元一二〇〇年前，人為鉛汙染的程度都不如羅馬時代嚴重。羅馬金融（由於開採及熔煉複合鉛的礦砂以鑄造銀幣）從許多方面來說都在全世界留下了永久的印記，其中包括格陵蘭的冰帽。空氣傳播的鉛汙染實際上也在伊比利人民的骨子裡留下了化學殘留物。

羅馬金融摘要

羅馬採用了許多當時已有的金融工具：錢幣、銀行、海事契約、抵押、房貸、國庫與集中式的銀行經營。然而，這些都在羅馬特有的脈絡下運作。

要晉升統治階級，財富是明定的條件，而羅馬的金融系統不斷演變，以創造、記錄並展示財富。羅馬法律一開始將經營治理與直接的經濟權力分開，創造出一套精密的信用市場系統。元老院議員可以從事放款，但不能直接涉入業務。但金融中介提供了無數種方式，讓他們隱藏投資或是進行切割。

特有產這種法律形式是解決問題的方法之一，但另外還有很多種。現在學者近期證明了羅馬經濟體極其複雜，特別是金融中介方面。事實上，在某些時候，現代人會覺得羅馬金融體系很熟悉。常有人在談銀行等現代制度與羅馬制度到底相似到何種程度，但制度標籤不重要，功能才是重點。羅馬帝國正因為有貨幣、公共債務、國庫紓困與包稅等各式各樣需求殷切的金融工具，才有辦法進行商業活動、減緩國家收入的波動與因應危機。帝國的源遠流長，證明了其金融架構深富彈性。從帝國寬免負債到貨幣調降成色標準，當時已有各種金融手段，以因應金融與經濟的失靈。

在羅馬漫長的歷史脈絡之下，稅官公會的出現非常搶眼。羅馬許多財富都由私人掌握。羅馬四處征戰，讓統治階級富了起來。他們必須找個地方投資財富，而且顯然往下滲入信貸體系。但

---

33 Kevin J. R. Rosman, Warrick Chisholm, Sungmin Hong, Jean-Pierre Candelone and Claude F. Boutron. 1997. "Lead from Carthaginian and Roman Spanish Mines Isotopically Identified in Greenland Ice dated from 600 BC to 300 AD," *Environmental Science & Technology* 31 (12): 3413-416.

信貸並未將借款人與放款人的利益調整到一致，事實上，反而可能導致和違約有關的衝突。在經濟走下坡時，政治人物訴諸債務寬免，藉以維持穩定。

反之，一套企業架構讓股東立於平等的立足點。如果根據持有股份分配利益，所有投資人的財富都會隨著企業利潤等比例成長。當股份可以公開交易，尤其是股東可以匿名持有時，股份就變成原本可能彼此衝突的相關當事人之間的協調溝通工具。在羅馬的政治脈絡下，稅官公會的股份是化解元老院議員、騎士與皇帝之間權力傾軋的工具。因此，當皇帝的權力已穩，稅官公會的用處也隨之減少，就沒什麼好意外的了。我們很容易得出一項結論，認為最早之所以出現企業形式，是為了協商與化解政治與經濟權力之間的衝突。

就古代金融而言，最讓人讚嘆的一點是，早在現代之前，近東與東地中海早期社會大致上已發展出所有基本工具：金融契約、抵押、股權和債務工具、商業法庭、商事法、私人股份公司、銀行和銀行體系。甚至還有概念上更複雜的工具，例如金融規畫，經濟成長模型、計算複利的數學，以及記載並分析長期價格趨勢的實證紀錄。

本書最大的用處，是檢視金融的源頭，藉以了解哪些金融技術的出現是為了因應哪些基本問題，以及哪些必要的工具成了金融技術賴以發展的基底。金融的根基包括記錄數量與驗證承諾的方法、數字化愈來愈普及以及社會有能力處理抽象的時間與空間。

金融技術發展的同時，也影響了人們對於未來和過去的思考。有了計算複利的數學，才有新類型的政治演說。有了長期貸款，才能讓人們以前所未有的方式去感知未來。最重要的，或許要算是金融工具先讓一個複雜的城市經濟體得以運作，最後創造出遼闊的帝國並為其提供支援；在帝國裡，借重聽從遠方統治政府指示行事的銀行家，再加上管理雅典、羅馬重要海外穀類貿易的金融企業家，可以開採出資源並轉化成金錢。金融是雅典民主興起的關鍵，在分配羅馬的權力時又扮演不同的角色。

古代出現金融，是否為歷史的偶然？有可能出現在不同的時空下嗎？答案若是肯定，那麼，金融是否也能以類似的方式發揮作用，催生城市、協助政體擴張並支援長程貿易嗎？金融技術會不會導引出精密的簿記慣例、規畫的能力，以及必要的市場歷史資訊紀錄？金融體系是否是政治體制能興起的必要技術？本書的第二部裡有些答案可以回答這些臆測性的問題。

第二部　中國的金融傳承

在第二部裡，我主張金融在各文明裡的發展不必然會出現同樣的制度與契約。中國的經驗證明，要解決時間與價值的基本問題，可有各式各樣的方案。有些工具全世界都有（例如貸款），有些則不然（例如政府債券）。我認為，這些金融技術上的差異，在中國的漫長歷史中建構了個人與政體之間獨特的關係，也讓歐洲與中國的金融系統在十九世紀相遇，牽引出創新的中國企業治理文化。

一九三九年時毛澤東宣稱：「如果沒有外國資本主義的影響，中國也將緩慢地發展到資本主義社會。」[1]毛澤東說對了嗎？如果獨立發展，沒有十九世紀西方列強的入侵，中國會成為資本主義的強權嗎？中國的金融創新歷史悠久，不僅發明了金屬錢幣、紙幣、匯票、可轉讓權證、複雜的會計與管理系統，還有證券化的放款。在中國歷史上，時時可見富有的創業家、金融機構、私人合夥與商業組織。為何就算有了這些金融創新當後盾，但最早的全球性股份公司仍出現在歐

1 Tse-Tung Mao. 1965. *Selected Works of Mao Tse-Tung*, vol. 2. Oxford: Pergamon Press, p. 309.

洲，而非中國？在本書第二部中，我主張答案基本上出在中國歷史上政府與私人企業間的關係。

中國發展出一套金融技術，解決許多古代地中海和中東遭遇過的問題，包括經濟性締約與跨越時間與空間的規畫。中國曾經是（也仍然是）一個大帝國，有大量且複雜的城市，是一個貿易活絡的經濟體，還有歷史悠久的數學思維與應用。中國的金融發展幫助我

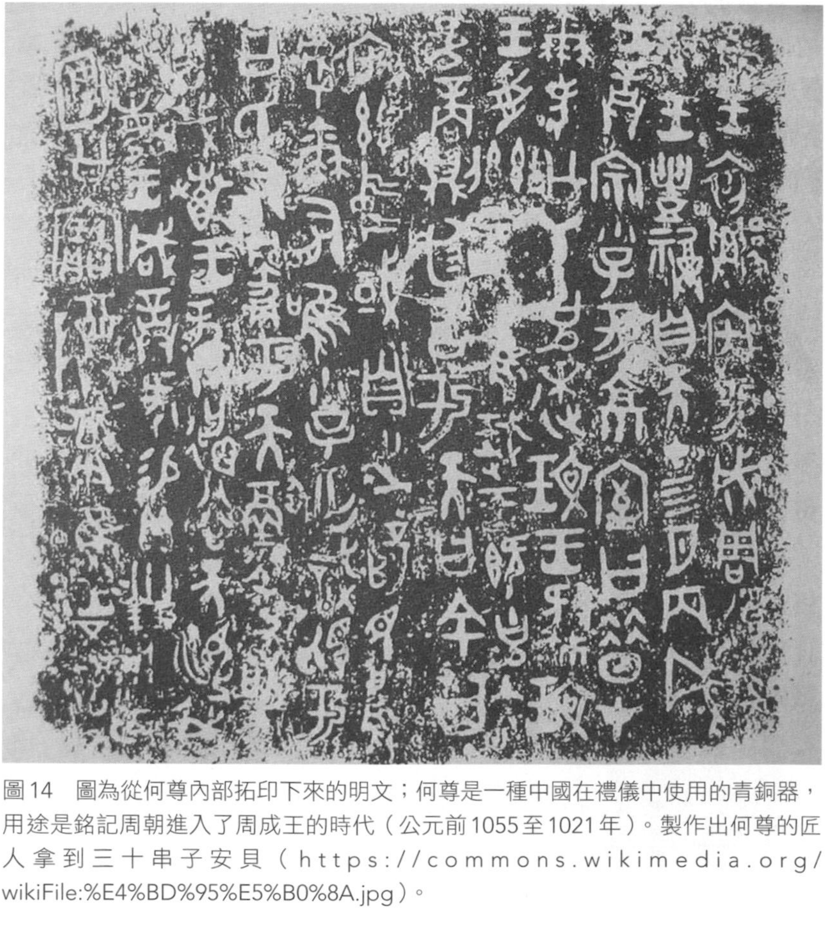

圖14　圖為從何尊內部拓印下來的明文；何尊是一種中國在禮儀中使用的青銅器，用途是銘記周朝進入了周成王的時代（公元前1055至1021年）。製作出何尊的匠人拿到三十串子安貝（https://commons.wikimedia.org/wikiFile:%E4%BD%95%E5%B0%8A.jpg）。

們了解哪些工具是必要的，哪些不是。以本書第二部談到的金融發展相似性為基礎，東西方的差異昭然若揭。中國雖然也發展出債務工具以及計算利息的數學工具，但在三個具體面向上和西方大不相同。

第一項差異是其貨幣發展。中國金融中有一項偉大、統一的主題，那就是貨幣。一如美索不達米亞文明，中國的金融技術同樣發展出抽象的時間、成長與利率概念，中國早期出現的貨幣，演變成複雜度極高而且抽象的技術，幾乎觸及經濟生活的每一個面向。金融工具的存在影響了古代近東與地中海世界的思維模式，同樣的，高度發展的工具與貨幣相關理論也影響了中國的思維和哲學。中國對於金融有一大重要貢獻，那就是發明紙幣，但是在這項創新出現之前，中國已經花了近兩千年做實驗，在構成中國社會的各種政治經濟義務網絡中，蘊含著各式各樣的支付系統形式。

中國金融技術第二項獨到之處，是複雜的官僚制度。中國大帝國第一次統一是公元前二二一年，之後的兩千年有時擴張，有時縮小。偶爾中國會分裂成多個較小的政體，或是遭到亞洲的鄰族征服，但在這段漫長的時間裡，中國整體上來說，最大的挑戰是如何管理一個規模龐大、文化龐雜的政治實體。簡單的問題，比方說，如何收到遙遠省分的稅收，都變得非常嚴峻，需要嚴謹的組織能力才能辦到，但古代世界多數地方都不需要這樣的組織能力，舉例來說，我們看到希臘化時代的埃及就用銀行體系來因應這項挑戰，但是中國帝國規模更加廣大。不管是要把錢從地方各省運到首都還是反向而行，都是一項重大的金融問題。更大的問題，是如何管理、激勵與控制由人組成的龐大官僚體制，以滿足政治體制運作的需要。這需要安排與應付人性的黑暗面：貪汙。

規模還不是中國帝國的唯一問題。這麼大的實體，必定包含許多各式各樣的地區經濟體，任何時候都會有些地方表現良好，有些不好。即便如今，歐盟要因應的其中一項總體經濟挑戰，就是要管理不同區域文化與經濟體下的景氣起起落落。若沒有可用的技術，中國必定變成四分五裂各擁山頭的局面。我們會看到，從最早的時候開始，如何達成經濟平衡這個問題刺激出許多創意思考，也讓人更深入理解經濟原則，並體認到貨幣與金融的關鍵角色。

中國金融發展的第三項特色，是政府在企業中的角色。中國的金融創新通常都是為了政府的利益，而非個人。透過現代資本主義的眼光來看，中國是典型的抓取式政體（grabbing state）範例，然而，若以中國的歷史看，這種剝奪人民利益的做法，卻符合提供式政體（providing state）要求個人主義屈居於集體主義之下的概念。中國這個提供式政體大型、強力而複雜。盤根錯節的官僚體制，長期搶走私人企業家的商業機會，並以國家支持的壟斷事業排擠私人企業，使得中國成為全世界存續時間最長的延續性文明。就連政府試著出資促成私人企業，政府官員也不願對壟斷權放手。這樣的環境成了另一個企業風險來源，可能帶來成功，也可能招致失敗。

除了排擠效應之外，還有另一個原因使得中國無法更早發展出資本主義社會（至少是以現在歐洲觀點來看）：不是因為政府太弱，剛好相反，是因為政府太強大。有一項重要的金融創新出現在西方的時間遠早於中國：政府債券，這一點意義重大。經常互動干戈的歐洲各弱小城邦，學會了如何藉由承諾未來必會償還來向投資人借錢。十二世紀時義大利出現了政府債券，十三世紀時則有了規模完整的債券市場。

此時的中國已經有了紙幣，但無債券，這並非偶然。秦始皇在公元前二二一年一統中國，在這之前，中國幾個小政體偶爾會靠借貸來支應戰爭，中國早就有了可用於簽訂各種金融契約的技術。在上一個千禧年之交，中國已經宣告了商業權利主張與金融財產權。這也就是說，中國具備創造政府債務市場的技術能力，但在十九世紀前並無任何中國政府發行過債券。實際上，在中國歷史上，政府不時提供信貸。說起來，中國的政府是和私人信貸機構競爭，而非利用他們來為公營企業融資。

政府必須借錢有什麼好處？借貸不會替該國人民造成長期問題嗎？政府債券不就只是對未來（而不是過去）的稅收主張權利而已嗎？是沒錯，但沒這麼簡單。金融市場有兩項功能。其一，金融市場交易各種對未來的承諾。這一點讓企業家與政府都可以將未來的預期現金流變成資本。其次，金融市場的機制讓個人可以從事儲蓄與財務規畫。投資人喜歡債券，因為他們可藉由債券將目前的財富移轉到不確定的未來。金融市場技術本身會自我成長。就政府要對私人企業許下未來的承諾而言，歐洲很早就有政府債務市場，一旦制度化，馬上就有現成的機制可用，而且本來也就有要對私人企業許下未來的承諾以換得現金的需求。

由於英國以及其他國家半殖民式的侵略，中國在十九世紀時開放通商口岸，唯有到了這個時候，中國才轉向使用政府債務。中國第一批政府債券是在國際債券市場流通，而非中國國內市場，這一點意義重大，代表中國國內並無政府公債需求。中國十九世紀的金融現代化，好壞參半。中國政府向外借款，不只籌到資金償還國家的國際賠款，也有助於創造出廣大的鐵路運輸系統，之後回過頭來協助中國經濟現代化。

中國在十九世紀被迫與西方相遇，此時也引進了股份資本主義，並促成創業爆發性成長。到了一八七〇年代，已經有幾家中國股份公司以東西混合的模式成立，結合了私人業主以及政府的參與和資助。雖然一九一二年中華民國誕生時出現社會動蕩與革命，但這類企業卻逆勢成長，多達幾百家。一九二〇年代鼎盛時，上海是全球其中一個重要的銀行業中心，也擁有足以和歐洲眾多市場相抗衡的股市。事實上，二十世紀初奠下的基礎成為現代中國重塑其金融未來時的憑據。但在設想未來之前，我們還可以從中國的過去學到很多。

第八章　中國的首個金融世界

一位戰士王后的財富

一九七六年，在中國考古學家鄭振香領軍之下，開挖商朝（公元前一七六六至一〇四五年）最後的首都殷的遺址；商朝是中國青銅時代第一個大朝代。遺址位在現代的河南省安陽縣，位居黃河北方。

在鄭振香之前，已經有人在安陽從事挖掘，成果雖然很誘人，但數量非常稀少。就像埃及的帝王谷（Valley of the Kings）一樣，多數古代的皇室陵寢早被人挖掘掠奪過了。鄭振香與她的團隊先開挖宮殿的夯土地基：這裡很可能是舉行儀式的地點。挖了十五英尺（約四・五公尺）後一無所獲，同事要她停手，但她堅持繼續。又挖了幾呎，中國考古近代史上最驚人的發現便出現在眼前：有一座從未被碰過的皇室陵寢。在一處二十平方公尺大的木造小室內有一副上了漆的棺木，裡面有一具女屍。她身邊圍繞著十六個陪葬者。鄭振香和團隊小心翼翼挖出棺木，他們明白，這驚人的發現將會改變全世界看待中國古文明的眼光。陵寢裡的財物本身就是讓人嘆為觀止的發現：裡面有四百件儀式用的青銅器、五百九十件玉器、五百六十件骨雕以及超過七千個子安貝（cowrie）殼。青銅器是商朝藝術的特色：一座以四足站立的大型長方鼎，每一個面和每一個角都飾有咆哮的獸頭。一尊有蓋的酒器，看起來像幻想中的鳥，但長出了狗的腳。酒器的每一個表面都有一些獸形裝飾，顯得生氣勃勃。

這座驚人青銅陵墓裡的相關擺設上刻有銘文，說明這是婦好的陵墓；婦好是商代的女將軍。婦好是商代皇帝武丁的王后，武丁則是商朝在位時間最長的君主之一。婦好也是一名地主，在首都之外自有城堡。根據武丁在位期間的中國甲骨文記載，婦好主導一次成功的軍事行動，帶領一萬名士兵對抗商朝西邊的敵人——羌。婦好過世之後，武丁賜她「辛」的謚號，[1]是他的三位正式王后之一。這是一次罕見的連結，將現代考古學和中國最早期歷史上的傳奇人物直接相連。鄭振香回憶道：「人生中最讓我難忘的事，就是發現婦好墓。」如果當初她不堅持，商朝的歷史和考古學之間可能永遠也無法掛上這道最後的連結。

發現婦好墓之後，考古學家紛紛研究起墓中所藏的各種物品，在這麼多平凡無奇的陪葬品中，有一項對中國金融史而言大有意思：七千枚的子安貝殼。這位戰士王后帶著王朝財富堆出來的派頭風光大葬：有裝飾著神話中獸類的華麗獸形青銅器，有各式各樣精美的玉器，甚至還有她自己的奴僕隨從，那為什麼要放這些簡單的白色貝殼？很有可能，貝殼代表一種更純粹的財富形式：貝殼本身就是貨幣。有些東西婦好無法帶到死後世界，她可能會打算用買的。

商朝是中國青銅時代第一個重要的朝代，中國歷史上早有許多相關記載，但在十九世紀末期之前，中國文明的地理根源仍是個謎。進入十九世紀之後不久，研究私人收藏篆刻牛骨與龜殼的歷史學家，在文本中辨識出以中國甲骨文撰寫的商朝統治者與諸侯姓名。事實上，在發現婦好墓之前，婦好早已是為人所知的歷史人物了。

一九一〇年，金石學家羅振玉追溯這些甲骨的源頭，來到黃河邊河南省北部的安陽縣（考古學家在這裡發現了一座古代的首都），這裡有超過八十座的夯土平台與無數的皇室陵墓。安陽縣的遺址，讓像鄭振香這樣的挖掘工作者努力了好幾代，尋找古代統治者的蛛絲馬跡，並嘗試了解造就中國青銅時代第一個文明全盛時代的基礎。

圖15　秦朝的青銅半兩錢，年代約為公元前第三世紀。秦始皇將中國的貨幣標準化，外圓內方的錢幣變成整個帝國的通用貨幣（作者提供）。

中國的書寫體系和美索不達米亞大不相同，前者並非從會計紀錄演化而來。中國最早的書寫紀錄是牛骨和龜殼上的占卜內容，有長有短。商朝的占卜，是將獸骨放到火上或加熱的金屬上烤。統治者聘用卜官將他們的疑問傳送到神靈的世界，卜官在獸骨上刻上日期與有關人士，以及未來可能發生的事件。卜官會檢查熱度造成的隨機性裂痕，看看這預示著吉或凶。有些會問特定的日子是否適合開戰，也有些問能不能豐收。其他則記錄著儀式性的事件，甚至也有天象。以和婦好有關的甲骨文來說，有武丁焦急問著她是否懷孕以及她是否能順產，也有他是否應指示她在

1 編注：也稱「母辛」、「妣辛」或「后母辛」。

一場關鍵戰役中和另一位將軍聯合，集結武力。[2]

所以說，中國早期之所以使用書寫，反映出的是不分地域的人們面對未知的未來時基本上都會有的焦慮，同時也指出中國的統治者扮演重要角色，扮演人民與未知之間的橋梁。而除了卜官和統治者之外，還有動物的世界。中國商朝與周朝（周朝是商朝的後繼朝代）的儀式技藝基礎，是動物有靈原則（principle of latent animal spirits）；占卜非常仰賴獸骨，因此甚至可以說仰賴的是動物已經脫離肉身的靈性。中國儀式用的碗具和飲器上的獸類圖樣，便是提醒著人們動物的靈性長存在眼見為憑的世界以外。美索不達米亞的瓦爾卡祭祀瓶（這也是一種祭祀用器具）呈現的是神和人的世界，兩者可說是天差地別！在瓦爾卡祭祀瓶上，描繪的是透過重新分配貨品來榮耀神，統治者負責調和商品交換的系統（請參見第二章）。在商朝，統治者把青銅器用在溝通自然與神靈世界的儀式上，這些器皿上並未描繪人類社會的架構。然而，這兩者都各自以其特有的方式指出政府在因應不確定時所扮演的重要角色。

中國古代的貨幣

婦好墓強力證明了中國人已經認為貨幣是最終的財富儲存形式。早在商朝時代，中國已經在相當獨立的情況下發展出貨幣社會，而中國也和希臘與羅馬文明一樣，貨幣最終也在政府治理與經濟體中發揮重要作用。

第三章談過美索不達米亞使用銀幣作為交換的媒介：他們以銀幣付稅，在締約、甚至記錄商品價格時也以銀的重量為準。銀符合多數的古典貨幣定義：是交換的媒介、價值的儲存，也是衡量價值的標準。但是，婦好墓裡的子安貝殼透露出中國的貨幣系統比美索不達米亞更超前一步：子安貝不是因為本身有價值而成為交換媒介，而是已經邁入象徵性的交換系統。

第六章提過，美索不達米亞第一批已知的錢幣，是公元前六世紀時在呂底亞鑄造的琥珀金錢幣；中國的第一批青銅錢幣可能早了或晚了一世紀，關於到底是誰先誰後，目前顯然尚無定論。怪的是，印度也大概就在此時有了錢幣，這代表當時可能出現一種橫跨各大洲的技術進步。安納托利亞的鑄幣演進成一種驗證貴金屬品質的方法，中國出現錢幣，則是因為貨幣發展到用金屬替代子安貝殼。在婦好下葬當時，子安貝是當時已有幾千年的華中文明中很重要的一環。瑞士地質學家兼考古先驅安特生（J. G. Andersson），就在華中地區的前青銅時代墓地裡找到貝殼形的子安貝，還有仿子安貝的獸骨。

新石器與青銅時代中國的子安貝到底是用來當作貨幣，還是說，這是和印度洋的人進行長程貿易時所得的珍稀之物，僅用作珍貴的裝飾與地位象徵？這是一個仍在爭論中的題目。有大量證據顯示，在整個中國歷史上，曾有幾個不同時期的古代社會都把子安貝當成貨幣使用。中國的歷史提到，秦朝開國皇帝不再把子安貝當成貨幣使用，這代表至少在公元前二二一年前子安貝仍有貨幣的用途。即便官方頒布了公告，但西南方的雲南省仍繼續使用子安貝當成錢幣，直到公元十四世紀；一三〇五年時，雲南政府接受人民以子安貝支付稅金，而且如果有人進口貝殼，可以沒

2 周鴻翔。一九七〇。〈Fu-X ladies of the Shang Dynasty〉，《華裔學志》二九卷，頁三四六—九〇。

收作為處罰。

為何本身沒有價值的東西（除了形狀很奇特之外）會被當成錢幣？錢幣是儲存、衡量與移轉價值的工具。要能儲存，需要一種不會腐壞的錢幣；要能衡量，需要能輕易辨識出大小與品質的標準單位；要能移轉，需要可攜帶的貨幣。子安貝滿足以上所有條件。子安貝可以幾千年不化，大小均一，可以輕易辨識，而且可攜帶。但是，貨幣還需要具備另一種重要特質：必須十分難得。錢幣要能成為財富的儲藏工具，必須具備非常重要特徵：一般人不能輕鬆收集或製造。安陽縣距離印度洋甚遠；商朝墓地裡發現的子安貝，主要就來自印度洋。黃河盆地罕見子安貝，代表這種貨幣的供給量相對固定，這可以保有以子安貝串存下來的財富價值，但是，也限制了早期中國的貨幣系統隨著經濟一同成長的能力。人們可以收集子安貝，但無法自行製造。當經濟體需要更多貨幣時，誰都做不出來，就算貴為王后亦然。

有些證據顯示，青銅時代的中國經濟擴張，天然的子安貝殼已不足以滿足其貨幣需求。在安陽附近挖出的其他商朝墓穴中，找到用來替代子安貝殼的青銅製子安貝，顯然，從公元前第十四世紀至第十一世紀，古代商朝的冶金專家已經在「鑄造」子安貝，以便放入皇室陵墓中。人工鑄成的子安貝沒有孔，無法綁在衣物上，也沒有其他細節指向這些物品是作為裝飾之用。除了貨幣之外，我們很難想像這些仿子安貝青銅有什麼其他用處。因此，這些仿子安貝大可計入全世界第一批金屬鑄造貨幣之列。事實上，這些在古代考古脈絡下出現的人工子安貝，也指向商朝文明的戲劇性興起可能也帶來了經濟擴張。奢華的陵墓訴說著一個強大的封建社會，皇帝的規矩絕不可違逆。說到底，商朝的子安貝僅是一種迷人的暗示，指向中國經濟體系在商朝時便已走向使用貨幣，但是，要看到歷史文獻確認使用貝幣，卻要等到商朝於公元前一〇四五年衰亡之後。

一件青銅器

商朝之後是周朝（公元前一〇四五至七七一年），有一件周朝青銅酒器上的銘文終於把子安貝殼與貨幣之間連起來。這座極具意義的何尊在陝西省出土，內部載明了一段和其製造過程有關的趣味故事：

> 唯王初遷，宅于成周（注：現洛陽）。復稟（武）王禮福自天。在四月丙戌，王誥宗小子于京室，曰：「昔在爾考公氏，克逨文王，肆文王受茲命。唯武王既克大邑商，則廷告于天曰：『余其宅茲中國，自茲乂民。』嗚呼！爾有雖小子無識，視于公氏，有勳於天，徹命。敬享哉！」唯王恭德裕天，訓我不敏。王咸誥。雍州何賜貝卅朋，用作□公寶尊彝。唯王五祀。[3]

3 中文版全文照錄，英文原文為修改後的翻譯版，來源參見David S. Nivison. 1996. "'Virtue' in Bone and Bronze," in *The Ways of Confucianism: Investigations in Chinese Philosophy*, edit. with an intro. by Bryan W. Van Norden. La Salle, IL.: Open Court Press。

製作出何尊的年代大約僅比婦好下葬的時間晚了一、兩個世紀，這尊酒器讓我們不再懷疑子安貝確實是一種貨幣：獻尊的人用子安貝付款託人製作這件青銅器。周朝早期其他重要青銅器也有類似的銘文，指向子安貝不僅可用來支付製作銅器的費用，也可以支付士兵的薪水。

如果願意把周朝早期的青銅銘文當成前朝實務做法的指標，我們甚至可以想見，戰士王后婦好也用子安貝幣付錢給她麾下的士兵。她的子安貝殼陪葬品，或許就成了她的戰爭基金，讓她在身後要面對戰爭時助她一臂之力。

圖16　北京故宮何尊，年代為西周早期（約公元前十一世紀至十世紀）。鼎內有一段銘文，描述將子安貝殼當作貨幣來用（https://commons.wikimedia.org/wiki/File:He_Zun.jpg）。

還有一項更明顯的證據指出子安貝是古代中國最初的貨幣，那就是和財寶有關的中國字都有著貝殼的元素（或者說部首）：一個直立的長方形，裡面有兩條橫線，再加上兩隻腳（也就是

「貝」)。中文字是表意文字，以兩百一十四個稱為「部首」的基本元素構成，很多部首都可以回溯到商朝的意象文字。貝／貨的部首，顯然是商代時貝殼的象形表述。「貝」也是許多和商業有關的中文字字根，比方說財寶的寶、貸款的貸、財富的財、購買的購、賣出的賣、資產的資、贖回的贖等等。因此，「貝」是中國文字裡代表金錢、財富與價值的基本元素之一。由於中國文字的性質特殊，我們可以從中追蹤貨幣的根本概念如何嵌入日常的溝通當中，甚至可能嵌入中國的思維當中。

有一群學者提出理論，認為語言會影響思考，一如思考會影響語言，表達模式無法脫離內容，人類學家班傑明・李伊・沃夫（Benjamin Lee Whorf）是其中一人。語言就像金融一樣，也是一種用於概念性架構的技術。每一種語言都有架構，生活在這些架構裡的人們，觀點就會受到相關影響。我們可能永遠都無法得知婦好王后是否完全了解她墓中陪葬品代表的新經濟媒體有多重要，但從後面幾個世紀的書寫來看，中國的統治者完全了解貨幣和市場的潛力。根據這樣的定義，我們大可說，將子安貝的意象納入中國文字，代表金融已經嵌入了中國未來的思考架構中。

如果各式各樣的貨品都能暢通無阻自由流動……

商朝最後一位君主是紂王；公元前一〇四五年時，西周的武王推翻了紂王。在權力鼎盛時期，周朝的統治範圍從黃河流域的中心地帶向東延伸一千英里，越過了現代的北京所在地。雖然從未經歷過外來的侵略，但這個廣大的帝國最後分崩離析，分裂成幾個不同的小國。一開始，這些獨立的政權保護一個具象徵意義但積弱不振的王朝，但到了公元前七七一年，統一的中國帝國功能盡失。中國分裂成幾個更小的政體，他們都認為自己源出於周朝，但基本上是獨立的，有著相同的文化，但政府不同。哲學家孔子就活在這個稱為春秋（公元前七七一至四八〇年）的時代。孔子之後的時代，則是一段各小國之間激烈交戰的時期，在這段戰國時代（公元前四八一至二二一年），各國統治者競逐主導地位，讓人想起了義大利的文藝復興時期。與義大利文藝復興時期相似的是，這番征戰很可能也意外導引出一場讓人讚嘆的文化盛宴。戰國時代出了許多中國偉大的哲學家，像孟子、墨子、莊子和韓非子，他們尋求庇佑資助，並為中國的各諸侯提供指引。這段時期也是中國大規模城市文化的開始，以及中國文學興起之時。

在戰國時代的中國，臨淄（位在東方的齊國）是最重要的城市之一。商朝亡國不久後，有一位周朝的將軍受封於齊國前來墾殖；齊國位居山東半島，因此可以接觸到海岸線的貿易路徑，也有南來北往的國內商業交流管道。在周朝，齊國以絲織品與其他紡織品、魚貨和鹽而聞名。

太史公司馬遷寫下了第一部周朝與戰國時代的歷史，他說，齊國「其民闊達多匿知，其天性也」，班固的《漢書・地理志下》云：「其中具五民（即士農商工賈）。」[4]請注意，在這五類人中，就有兩類直接從事商業。戰國時代的臨淄充滿商業活力，生氣勃勃，足以讓司馬遷講出一句名言：

天下熙熙，皆為利來；天下攘攘，皆為利往。[5]

周朝晚期與戰國時代的臨淄是重要的商業中心。太史公把齊國第一個重要成長期歸功於齊國的第一位統治者姜尚（即姜太公）；姜尚初到位居東方的齊國時，發現當地：

> 地潟鹵，人民寡，於是太公勸其女功，極技巧，通魚鹽，則人物歸之，繈至而輻湊。故齊冠帶衣履天下，海岱之間斂袂而往朝焉。[6]

一九三〇年代時，相關人員開始在臨淄這個古代名城進行考古作業，一直持續至今。中國考古學家的發現，揭示了一幅相對完整的古代中國城市景象，不僅有皇家陵寢，也有鄰里社區、工業區、道路與市場。臨淄是一座有城牆包圍的城市，還有超過九・五英里（約十五公里）長的寬闊土堤，保護民眾免於遭受軍事攻擊。淄水流經城東側。河畔少不了碼頭港口林立，向東可透過河川從事貿易，向西則可進行海上貿易：臨淄的地理位置即有利於控制渤海灣，以及遠達黃海的貿易。臨淄城的另外三面建有大型的城門，城內則有六英尺（約一・八公尺）寬的通衢大街以及排水供水之用的水道綜橫交錯。這是中國當時同類型城市中規模最大的之一，以全世界來說，可

4 Burton Watson (trans.). 1971. *Records of the Grand Historian of China. Translated from the Shih chi of Ssu-ma Ch'ien*. New York: Columbia University Press, p. 344.
5 Watson (1971), p. 435.
6 Watson (1971), p. 436.

能也是當時規模名列前茅的城市。但是，光是統計數據還不足以說盡當時的臨淄城。司馬遷就描述了臨淄大街的情況：

車轂擊，人肩摩，連衽成帷，舉袂成幕，揮汗成雨，家殷人足，志高氣揚。7

臨淄的成功祕方，是姜尚的經濟發展方案。那麼，在這套方案背後的祕密又是什麼？

今日臨淄

古臨淄城如今是一座大型的捲心菜農場（這裡在現代之前很可能一直都是集體農場），但是你還是可以看到縱橫交錯的城市模式，以河岸邊為起點，有可通往西邊的通路和泥路，並可通往城內以城牆圍起的宮城，以及一處大型的平台土丘。多數前來臨淄的觀光客，都是為了來看比著名的兵馬俑年代更早的壯觀陵墓。在東郊的一處墓丘，有超過六百匹馬陪著主人一起下葬。就算政府的規模龐大如古代的齊國，建造如此大型的陵墓想必也是犧牲了大量的經濟利益，如果這座城市當時正處於交戰時期更是如此。另一座陵墓保留了古代雙輪戰車與鎧甲的遺跡。以夯土（夯土是搗實的土材質，用於建築）築出的臨淄城牆已有兩千五百年歷史，有一部分還留存至今，同樣也留下的還有利用擋板過濾建構而成的古代排水系統，可防止侵略者進入城中。比較不明顯的，則是和臨淄有關的哲學與經濟傳統遺跡。

經濟之戰

在周朝與戰國時代，齊國由兩個不同的家族統治，這兩個家族在臨淄城內各有其慣居的區域。公元前三八六年，在一場實際上定義了戰國時期之始的行動中，田姓家族（他們是一支強大的諸侯氏族）以一場人民起義推翻了皇室的姜姓家族，齊國的五民都參與了這場戰事。一般相信，田姓家族的領域在齊國西南角落、築有城牆的「小城」。小城區周圍厚實的城牆不僅對外，也面對臨淄城其他地方，指出小城不僅可為臨淄人民提供庇護，偶爾也可以成為將他們隔離在外的庇護所。在

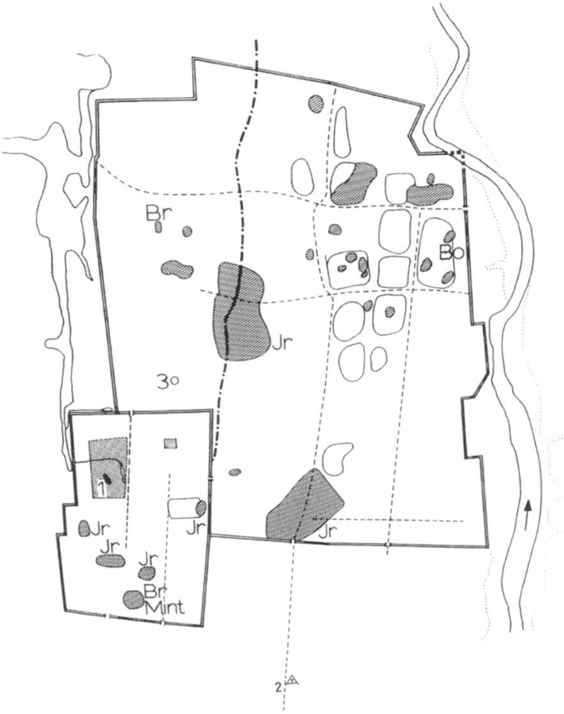

圖17　臨淄平面圖。負責鑄幣的鑄幣所位在左下方，在君主居住的小城內。西城門稱為稷下門，據猜測應該在小城附近（Alfred Schintz. 1996. *The Magic Square: Cities in Ancient China*. Stuttgart: Axel Menges）。

7 Watson (1971), p. 436.

內城牆之內，身為統治者的田家人建築了他們的宮殿，並留有一座鐵器作坊以製造工具和武器、一座青銅作坊用來製作金屬件以及一處鑄幣用的皇家鑄幣所。

就在內城外側、緊接著齊國西城門之下，佇立著一處齊國最知名的地點：稷下學宮。稷下學宮可能是歷史上第一個由政府資助的大規模學術研究機構。稱之為學宮可能是一種誤稱，因為實際上並無證據指出這是一處正式的教育機構；這裡顯然並非一所古代的大學，反之，很可能是一處為了匯聚學者以為政體提供服務的社區。

在齊國君主支持之下，稷下學宮無疑是一處充滿生氣的哲學辯證中心，學者們高談闊論政治與政府。雖然稷下學宮是中國哲學黃金時代的一處重要思想中心，但除了知道這裡的學者人數在公元前三〇〇年前已經達到數百人、甚至數千人之外，今日我們對學宮所知並不多。學宮在公元前第四世紀至第三世紀發光發熱很長一段時間，但這些精采辯證、理論與對話都未遺留下來。然而，如果在遺址四處走走，看看附近壯觀的城牆，心中湧出的感受會和走入孕育出西方哲學的雅典阿歌拉遺跡時的感受互相呼應。有些學者主張稷下學宮是後世歷史學家編造出來的，實際上並不存在。但是，有一部作品指出，無論是否在皇家的資助下才成形，但確實有一種重要且獨特的智性傳統以某種形式出現在古代的臨淄城。

《管子》

唯一或許可以歸功於稷下學宮的書面作品，是《管子》這本文集。《管子》的部分內容，寫的是想像中齊桓公與宰相管仲之間的對話；管仲是齊國早期的人。一般相信，文字是在公元前四世紀時才由稷下學者編纂整理，在兩百年至四百年之後的漢朝時，又有他人繼續撰寫編修。《管子》有七十六篇（譯注：指的是現今版本，原版為八十六篇），從道家的風水之說談到論政，從教育談到音樂專文和醫藥，甚至比希臘的醫學家蓋倫（Galen）更早提出血液循環的分析。雖然內容零碎駁雜，但是管仲的形象躍然於紙上。他算是聰明人而非智者，是解決問題的人而不是品格的典範。他了解人性，偶爾也樂於為了國家的利益利用人性。

書裡有一篇提到他的金融交易，特別有意思。管仲為了籌資強化齊國的國防，對人民徵收緊急附加稅，人民又回過頭去向富裕的貴族借錢因應。戰爭是贏了，但人民的債務並未因此減輕，引發動蕩。齊桓公問是否可以減輕人民的債務重擔。管仲的回答是：「惟繆數為可耳。」意思是只能利用巧妙的手法。

他用政治方法來解決這個問題。他建議君主感謝貴族在國家最需要時出手相助，發給每一位貴族一塊玉璧以資鼓勵，代表君主致贈的特殊榮耀。之後管仲把所有貴族聚在一起，發放玉璧，並要求他們寬免貸款。這套伎倆果然有效。管仲可以看到別人看不到的解決方案：仰賴不同因素力量達成的解決方案，比方說表示帝王恩惠的象徵，以及市場的隱性力量。不論書中的文章真有其事，或者是稷下學者天馬行空的創作，管仲體現了一種完全不同於中國式想像的原型人物：他是一個謀略家，人們記得的是他的發明、狡猾與對人性的理解，而不是把他當成道德行為或體現人生之道的模範。

從金融的角度來看，《管子》裡最重要的作品是幾篇論經濟和貨幣的篇章，其中最著名的是

〈輕重篇〉，這被視為第一篇清楚說明供需經濟法則的論文。輕與重，指的是貨物的相對價格，相對價格會引發交易的誘因，並導引出價格均衡。透過加價或降價就可以達到君主想要的結果，無需下令強要人民服從。

另一篇〈國蓄篇〉則闡述非常複雜的貨幣理論。常有人引用這篇論文，認為這是第一篇貨幣量化理論的文章，但是這樣的歸類方法對於文中所表達的革命性經濟遠見來說，極不公允。仔細閱讀之後，就會了解為何齊國的君主願意資助稷下學者。這篇文章不僅談到貨幣是達成經濟均衡的媒介，也詳細說明政府要如何把貨幣當成工具使用。

中國的哲學家樂於處理矛盾，而貨幣就是一個迷人的難題，可供稷下學者探索討論。《管子》中便說道：

> 三幣，握之則非有補於煖也，食之則非有補於飽也，先王以守財物，以御民事，而平天下也。[8]

《管子》的作者群認為，貨幣才是管理人民、平定天下的祕訣，而非軍隊、法律命令、虔敬或哲學。相較於帝國下達指令，善用貨幣政策來引發樂見的改變是很聰明的方法。在《管子》中，將鑄幣視為重要的治理工具，因此，臨淄的鑄幣所會設在小城區內，由統治者密切監督，也就不讓人意外了。鑄幣所的遺址，位在村子裡一排房子的後面，而這個村子就在當年田家宮城的一角。

齊國的錢幣是精緻的青銅鑄幣，形狀為刀鋒，底部有一個環形，這應該是為了要把刀幣串在一起。這些並非真正的刀，而是一種象徵形式，很像安陽出土的商代真刀。在商朝的婦好王后與臨淄興起之間的這段期間，在某個時點，中國東北方的鑄幣已經正式從實際的金屬物品轉變成僅存意象。臨淄刀幣的把手上通常刻有一句標語：「齊建邦長法化」，這是一種樂觀的敦促，訴說著一種蓬勃、務實的精神，也明確地把貨幣描繪成一種用來帶動發展的工具。臨淄的博物館裡收藏了在臨淄城鑄幣所遺址附近找到的錢幣。

戰國時代有各種互相競爭的貨幣，這符合一般認為戰爭同時體現了經濟與政治衝突的想法。當時的中國基本上分成四個不同的貨幣區，西邊的幾個國家鑄造鏟型錢幣和圓形青銅環，南邊的幾國鑄造應該是從青銅子安貝演化而來的蟻鼻錢，東邊的幾個鄰國則鑄造刀幣，分布地區和鏟幣、圓形幣有所重疊。戰國時代的中國從北到南都有貨幣，雖然使用數種不同的貨幣，但這代表大部分的中國已經是一個以貿易相連的完整貨幣經濟體。春秋時代就有鏟幣，現金的概念也可追溯到商朝，然而，戰國時代的大量使用貨幣，前所未見。經濟史學家彭信威用二十世紀時的春秋時代鏟幣市價與戰國時代鏟幣市價相比，以衡量兩者的相對稀有性，發現後面這個時代的貨幣供給量增加了十倍。

彭信威本人是中國學界很有意思也很重要的人物。他是一位上海的銀行家，經歷過上海歷史上極其動蕩的時期。年輕時，他眼見上海興起，在軍閥割據時期（當時的中國帝制已經結束，分

8 Xinwei Peng and Edward H. Kaplan. 1994. *A Monetary History of China*, vol. 1. Bellingham: Western Washington University, p. 95.

裂為幾個互相交戰的派系）成為全球性的銀行業中心。當上海遭日本政府入侵、成為被占領的城市時，他住在上海。二次大戰之後，上海重返中國金融中心的地位，重建債券就在這裡流通，籌備對抗中國共產黨的戰爭也在這裡募資。當國民政府前往台灣時，彭信威並未離開上海。事實上，在一九四〇年代末期至一九五〇年代這段共產黨取得權力、嚴重饑荒重挫中國的混亂時期，很可能也是他完成某些最重要研究的時期。當時，他寫出了對中國貨幣與經濟思想的完整研究。彭信威在一九六〇年文革期間就無聲無息了，問題可能出在他的商業事業，也可能是他對於金融史的興趣。

他的重要著作《中國貨幣史》分為兩冊，講的不只是貨幣史而已，也是完整的中國經濟思想史。在書中，他處理了中國經濟史上許多尚待討論的問題，尤其是貨幣的出現與早期的實用情況，以及貨幣在中國政治史上持續扮演的角色。我們要感謝彭信威的洞見，指出獨特的「齊建邦長法化」的齊刀幣是田家統治時期所鑄，和撰寫《管子》的貨幣理論家同一個時代。

《管子》不把鑄幣當成經濟政策的目標，而是一種媒介：是一種抽象化。《管子》書中也用一種很有趣的比喻來描寫，作者群就說了「刀幣者，溝瀆也」。《管子》指出，貨幣就像引水入田的溝渠一樣，也像導引血流的血脈一樣，是貫通經濟流動的工具。這也暗指，能夠控制這個管道的統治者，將能控制整個國家的福祉。這番見解的重要性自不在話下；歐洲的哲學家要花上兩千年才完全了解這一點。

在寫作《管子》的時代，中國的政治環境和義大利文藝復興時期各城邦交戰的情況極其相似。中國的哲學家不僅是統治者開明的象徵，也是各敵對國家在戰爭時的競爭「武器」。孫子著名的著作《孫子兵法》也在這段期間寫成。另一個哲學學派墨家，提供設計軍事機械、防禦架構與戰場謀略等服務，稷下學者則很清楚各國之間在市場上也會有所衝突，一如在戰場上。齊國的君主之所以能長期抵抗秦國的霸權，就是因為他們可以導引自然的經濟力量為己所用。齊國的貨物短缺時，便靠著價格（交換率）導引出均衡（可能是自然而然，或是藉由明定的政府政策）。《管子》書中便說道：

> 今穀重於吾國，輕於天下，則諸侯之自泄，如源水之就下，故物重則至，輕則去……[9]

在這段文章中，所謂重指的就是價格

圖18　管仲紀念地。（左）在齊國的君主陵墓群旁附近一個小型的土丘，現今被奉為管仲墓。（右）土丘旁有一座供奉的小廟（作者提供）。

9 Peng and Kaplan (1994), p. 96.

高，那麼，對應來說，便宜就是輕。流水的比喻，讓學者可以適切地說明市場針對價格差異即時調整的概念。但是，如果市場這隻看不見的手功能不彰，稷下學者也只能建議乾脆挑明了打價格戰。錢幣餵不飽老百姓，要取得生活必需品、又不要仰賴強制性的力量掌控，要有方法：「彼諸侯之穀十，使吾國穀二十，則諸侯穀歸吾國矣。」[10]能控制價格的統治者便無需控制貨物的流動，價格比率會刺激交易以達成想要的結果。利潤是刺激人民的動機。

《管子》的作者雖然贊成政府控制商品價格，但也認同自由市場價格系統能帶來極大的社會益處：自由貿易能讓每個人都變得更好。書中說：「萬物通，則萬物銥；萬物銥，則萬物賤。」[11]換言之，有市場，就會有交易。有了自由貿易，價格就低了，各個地區也能共享利益。現代世貿組織的領導人也要對這番話甘拜下風了。

貸款與稅賦

《管子》的哲學強調市場的自發性力量，無怪乎，戰國時期也是一段私人企業蓬勃成長的時期，而且有些企業還以金融業為發展基礎。中國在之前已經積蓄了大量的財富，從商朝的陵墓便可見一斑，但是，在公元前第四世紀初，擁有大量財富的並不限於皇室家族與他們的臣子。在〈貨殖列傳〉中，太史公司馬遷研究了歷史上以平民身分富裕起來的人。戰國時期能創造大量財富的活動包括煉鐵、與蠻族貿易往來、開發房地產、出租自家奴僕、銷售食物與其他貨品、銷售穀物、農耕、盜墓、鑄劍與放款。

在這個時代最著名的放款人是齊國的孟嘗君，他是統治者田家氏族的成員，以謙虛和善聞名。孟嘗君的年代約為公元前三〇〇年。他有許多身分，其中之一是金融家，據說他每年可從放款賺得的收入達十萬串錢。我們手邊有個故事，說到他如何收取與驗證放款，以及他有時候無法回收放款的情形：

> 齊人有馮諼者，貧乏不能自存，使人屬孟嘗君，願寄食門下……後，孟嘗君出記，問門下諸客：「誰習計會能為文收責於薛者乎？」馮諼署曰：「能！」……驅而之薛。使吏召諸民當償者，悉來合券。券遍合，起，矯命，以責賜諸民，因燒其券，民稱萬歲。[12]

這個故事中有個面向很有意思，呼應了第三章談過的美索不達米亞金融，那就是債務這個主題。顯然，古代的中國民眾和美索不達米亞人一樣都有債務問題，而且兩個社會普遍都對債權人很反感。這個故事中某些無趣的細節，揭露了孟嘗君時代的金融技術水準。

故事中，馮諼燒掉的「券」就代表了債務，可能是欠孟嘗君的稅。他顯然是向薛地的富裕貴族收帳，但勾銷了平民的債務。孟嘗君的這段軼事與中國歷史上早期其他放款人的故事很重要，

10 Peng and Kaplan (1994), p. 96.
11 Peng and Kaplan (1994), p. 95.
12 Peng and Kaplan (1994), p. 100. 彭信威引用內容來自《戰國策》之〈齊策〉。

因為這不但證明了中國戰國時代已有企業家而且欣欣向榮，也指向金融扮演了重要角色。我們看到，在公元前四世紀時的中國使用的放款實務操作，就和美索不達米亞整段歷史中出現的方法相同，差別是，中國用的締約技術不是陶土板，而是竹製的「券」。這些「券」的作用和陶泥包一樣，必須讓當事人都能驗證確認，防止債務人和債權人事後用不同的契約取而代之。

這種方法有用，是因為竹子的特性。契約內容可以寫在大塊竹片的光滑表面上，然後順著紋理一分為二。之後，當還清貸款或出現爭議時，唯有這兩片才能彼此相合以進行驗證。不管是陶土板還是竹片，有創新精神的金融家利用手邊的自然資源，獨立發展出用於金融締約的驗證技術。竹片比陶土板易腐，因此古代中國的金融文件大量易失。完好無缺的竹簡大都來自於古代陵墓，因為浸了水，使得易腐的材質得以保存下來。但，對金融史學家來說，很不幸的是，中國古代的放款人多半選擇經典文學陪葬，而不是帶著他們的放款紀錄到另一個世界。

一九五七年，安徽出土一批類似竹簡的青銅節，年代為公元前一〇四六至七七〇年的西周，比孟嘗君的時代還早了好幾百年。對稱的部分刻上金色文字，內容是許可一位商人運送貨物與支付關稅。打造出兩片青銅節的冶金師一定會保留青銅竹簡的竹節，將兩片竹簡的文字分成上半部和下半部，並以此作為專有的驗證機制。

雖然孟嘗君的故事並沒有提到他的貸款收多少利息，但就像美索不達米亞的情況一般，有些數學書在這個議題上透露出端倪。《算數書》是一部數學專論，從湖北一座中國陵墓中出土，年代可追溯至公元前一八六年。這座陵墓裡埋葬的是一位政府官員，先服務於秦朝、之後任職於繼起的漢朝。[13]這比孟嘗君與馮諼的時代晚了一百年以上，但馮諼應該很熟悉《算數書》中的數學知識。數學史學家對於當時中國的數學知識到何種水準當然極感興趣，比方說劍橋大學李約瑟研究院（Needham Institute）的研究員古克禮（Christopher Cullen），他也是《算數書》的譯者。從金融史的觀點來看，我們更想知道金融技術在《算數書》中扮演了什麼角色。這本書寫在一百九十片竹簡上，內容包羅萬象，有各種像馮諼這類官員在管理地方時會遭遇的實際問題與解決方案。常見問題像是計算關稅費率、計算人力產出（如製造出來織品與箭頭數量）、計算動物配額、衡量與計算絲織品價值，甚至還可計算特定的長度與寬度的竹子可以製作出幾片竹簡。《算數書》中提供某些技巧可用於計算粟米等商品的價格率、不同生產營運方式的浪費情況、旅程的距離以及速率，也有些是關於土木營造工事的問題，尤其是建造斜坡、錐體與亭閣等不同類型的建築需要用多少土。書中也包括了可用來計算田地面積的幾何方法。

金融問題極少，但很有趣。其中有一套題目是如何分配投資資本的獲利。推測這些問題背後的動機應該是商業貿易。另一套題目則是計息問題。比方說：「貸錢百，息月三。今貸六十錢，月未盈十六日歸，計息幾何？」翻成白話，這個問題要算的，是當月息為百分之三，借了六十塊錢，在以三十天計的一個月內借了十六天，那要付多少錢的利息？

這道簡單的問題給了我們一些訊息。首先，貸款的金額可以小至六十個銅錢，短至十六天，也指出利息可以高至每個月百分之三。即便不以複利計算，這樣的利率年化之後已經超過巴比倫的百分之三十三．三三。無怪乎，當馮諼燒「券」時人民欣喜若狂。中國的利率就像古代美索不

13 本項資訊與之後的問題都來自 *Suàn shù shū*. C. Cullen (trans.). 2007. *Historia Mathematica* 34 (1): 10-44。

達米亞短期貸款的利率一樣，遠遠超過資本的產能。最後，我們可以確定的是，至少早在秦朝統一中國之時，中國的傳統數學思考已經納入了金錢的時間價值概念，並以貨幣從事放款與償付貸款。

我們幾乎可以確定孟嘗君去過田家的宮城，甚至還爬上過今日仍俯瞰宮城的土丘。雖然宮城今天已經被樹叢雜草所掩蓋，但仍是讓人讚嘆的建築結構。臨淄城兩條古代大道交叉路口有個村子，村裡散布著土製的房子，透露出這座戰國時代城市充滿活力的日常生活。

然而，若從這個制高點來看，中國的城市顯然不但有水平面，也有垂直面，重要的地方會加高，比方說廟宇或陵墓。事實上，現在的臨淄城內也點綴著大型的墳頭墓地，突出於下方交織著

圖19　齊國皇室的陵墓。地平線上的四座土丘是齊國國君的陵墓群，年代可能是公元前第三或第四世紀（？）。齊國君主以《管子》為指南，善用經濟理論作為管理國家的工具，其中包括貨幣政策（作者提供）。

的田野、城牆與房舍。在像臨淄這樣的城市裡，也許這些古代的墳墓裡有幾座就是商人與放款人的長眠之處，而不是政府大官，誰知道呢？城市的背景山勢愈往西邊愈是高聳，越過了淄水。在這些山丘裡有一處迷人的現代遺址，讓人懷想起中國古代的經濟思想。

越過淄水，有一條長達一英里的泥土路，側面有四座大型的土丘，那是戰國時代的皇家陵墓。即便經過兩千五百年的風化侵蝕，但這些中國的古墓仍然十分壯觀：這些圓形的土丘高達七十五英尺（約二十二公尺），建築在方形的地基上，視野開闊，俯瞰淄水沖積平原以及下方的城市。附近的一處小土丘就比較不引人注目。

大約一・五英里（約二・五公里）處，在一處小農村的外緣有一座小土丘，據信是管仲之墓。這座墓僅約二十英尺（約六公尺）高，同樣視野開闊，可以看到下方的臨淄城。無論是否有任何事實根據指向管仲之墓就在此地，此地的民眾顯然都認為確實無誤。土丘後方長出一棵樹，樹枝上掛滿了紙片和塑膠卡，每一張都是人們對管仲的請求或祈願。人們仍在這位發現供需法則的人的墓前膜拜。

在本章中，我們追尋中國的貨幣發展源頭，發現這是一種記帳單位，用於早期某個由富裕菁英階級統治的武力導向城市社會。第一批中國統治者透過稅賦施展控制，並發展出確立納稅義務的技術。貨幣的基本概念已深入中國的文字當中，以其最早的子安貝貝殼形象表示，然而，中國的貨幣演化出多種不同的形式（例如鏟幣和刀幣），可以用金屬鑄造而成，不再需要透過海外貿易收集與交換。我們深入探索了其中一座中國古城：臨淄；在秦始皇一統天下的過程中，這是最後一座投降的首都。由於統治者採取務實的經濟政策，使得臨淄成為一個非常有趣的範例。臨淄之所以能夠發展，是因為一開始即有洞見要以手工藝和貿易為基礎來發展經濟；臨淄也是管仲的故鄉，管仲是中國最偉大的經濟思想家之一。《管子》一書究竟是由一人獨力寫成，還是代表了一個學派的想法，並不重要，重要的是內容顯現出極高度的抽象思維，在經濟體中善用貨幣以發揮作用。《管子》一書認為貨幣是調和貨物供需平衡的基本媒介，認為貨幣是一種有助於達成國家目標的工具。這本書建議採用（甚至也落實了）貨幣主義政策。本書也以極微妙的方式強調逐利動機在社會中扮演的角色。市場這隻看不見的手有用，就是出於追求利潤的動機。《管子》中多數的「繆數」（巧妙手段），都利用了自然的人性欲望。

第九章　統一與官僚體制

公元前二二一年，秦國勝出，成為幾百年來各國敵對情勢中的唯一贏家，戰國時代戛然而止。秦始皇完全了解貨幣主管機關的力量，他不僅折服了所有敵對國家，也消除了所有互為競爭的貨幣，將鑄幣國有化、標準化。每個人都應該很熟悉他引入的貨幣：外圓內方的錢幣。秦朝錢幣的設計，可能是以戰國時期的圓孔圓形幣趨勢為典範，之後樣式一直沒改變，持續到二十世紀初年清朝最後一位皇帝下台。一九〇〇年發生義和團運動，廣東省鑄造內部不打孔的圓形銅幣，這是兩千多年來的第一次改變。

長久以來，中國政府的核心問題都是如何管理一套龐大的官僚組織。隨著戰國時代之後的天下大一統，新皇帝將一組文化相關、但政治分歧且忠誠度可疑的實體整合起來，這個問題愈發嚴重。從某方面來說，中國統一前後的多數哲學辯證都和官僚體系的問題有某種關係；在這套體系中，一個人要根據組織裡另一個人的指示行事。

在這套大規模組織架構之內的核心議題，現代經濟學家稱之為「當事人—代理人問題」（principal-agent problem）：當事人（雇主）必須把任務交付給代理人（員工）。問題在於，交付任務時，當事人無法保證代理人會根據他想要的方式去做事。代理人可能不努力或不誠實。我們可以把代理問題想成激勵的問題，但這同時也是資訊的問題。如果當事人隨時可以查核代理人，根據努力與誠實賞罰，那麼，官僚制度就可以順暢運作。對雇主來說，遺憾的是，持續不斷的監督成本很高，而且不利於生產。系統裡必定要有一些信任的元素，而當有人仰賴信任時，就可能有人濫用信任。代理問題會隨著組織的規模、範疇擴大而加劇，官僚體制裡的每一條連結，都是偷懶懈怠與欺瞞不實的機會。特別是，之前各自獨立的國家統一之後，要求代理人根據當事人的最大利益處事，是極大的挑戰。解決代理問題的最好方法，是讓代理人把心力完全奉獻到他該做的任務上，並端正行事。這基本上是孔子提出的代理問題因應之道；孔子是中國古代最著名的哲學家。

代理問題與人性

孔子的年代約為公元前六世紀後半葉，稍早於戰國時期，這時的中國實際上已分裂成幾個自主的政治實體。他所寫的文章重點都在於什麼是正確的行為。孔子勸戒政府官員要謙遜、仁愛與自制。孔子經常回顧周朝政治統一、君王仁義治國的黃金年代，要人們以古為鑑。在現代，當人們不時公開控訴貪汙腐敗的官僚人員濫用地位謀求私利時，也常與孔子的想法互相呼應。如果每一位政府官員都謹遵孔訓，就不需要這樣大聲疾呼淨化人心了。儒家理想的官員，要正直、慷慨而且寬以待人。這樣的理想導引出的政府，將會是所有官員都抑制個人的渴望、將開明君主的意願視為優先，而君主在治理國家時也以人民整體的利益為考量。儒家思想訴諸人類最高貴的本性，立基於相信每個人都有潛力行正道，而且應該窮畢生之力達成這樣的目標。

但也有人對人性抱持相反的看法，其中一派認為人性本惡，或者說，至少是預設人會根據自己的最佳利益行事，而不是掛念主管或部屬的利益。解決這個問題的方法不是訴諸他們最高貴的本性，而是耐心的解釋違反法律的人會遭到哪些嚴刑峻法，行事正當的人又會得到哪些獎賞。知名學者韓非子是韓國貴族子弟，他接受儒家傳統教育的洗禮，但他的想法和儒家不同，他著重的是外部的行為影響力，而不訴諸人的內心。他主張要創造統一的法典，並針對違法行為制定統一的刑罰。在這套法律架構內，個人可以自由追逐私利，事實上，試著告誡人們別這麼做並無意義。這些想法後來被稱為「法家」，但是，在中國古代其實並沒有這樣區分各個思想派別。

韓非子的想法引起秦國國君、也就是後來的秦始皇注意。雖然韓非子在出使秦國時因為一樁政治被賜死，但在死後獲得君主的表彰與寬恕。秦始皇欣賞韓非子的想法並不奇怪，因為這位皇帝到頭來就是靠著武力陸續征服了敵對的鄰國。預設人民的動機會自動調整到契合他的動機，或者訴諸廣大帝國內人民的內心道德感能產生什麼好的效果，在他看來全無意義。從更微妙的角度來說，在人類史上，大部分時候政治靠的是攀親帶故與家族忠誠度，以此作為義務的基礎。互相競爭的各國統治階級家族彼此聯姻，是一種用來維繫和平休戰狀態的手段，家族的羈絆則是要求軍事援助的根據。秦國的政治控制範圍極廣，新的皇帝不能仰賴親戚故舊作為建立威權的基礎，法律刑罰因而取代家族牽絆或崇高道德感的訴求。韓非子就說了：「夫聖人之治國，不恃人之為吾善也，而用其不得為非也。」[1]

法家哲學某些表面打動了自由放任派的經濟學家，畢竟，法律是財產權與契約的基礎。〈漢摩拉比法典〉與之前的律法為古代美索不達米亞的金融基礎建設建構出制度架構；以事先言明的刑罰制定透明且統一的法典，當然也應該對中國產生類似的效應，但就算確實如此，我們也沒有確切的證據可證明。法家學派的思想家寫出來的東西和《管子》不同，前者不在乎自由市場的效益，他們的重點是將法律當成維繫政治控制力量的工具，他們處理的是代理問題：是治理管理的問題，而不是經濟成長與治國的問題。

分成儒家和法家來描述中國古代這兩種互相對立的中國思想特質，這種歸類方式從當時來看其實是錯誤的，但它們仍是最為人所知的兩個學派。反之，《管子》就比較少有人討論，這可能是因為其中的想法並不能完全歸入特定的人性定義與官僚體系問題解決方案類型。《管子》書中呈現的角色典範，既非以身作則、能同理同情的官員，也不是全能的法規制定者。管仲有點像希臘神話的奧德修斯（Odysseus）；他是一位能設計出機巧解決方案的官員，這位宰相認同利用正確的誘因可創造出市場這隻看不見的手以支持國家，而人民繁榮富裕有利於統治者。

將官僚制度作為金融技術

現代經濟理論提出兩套辦法來解決代理問題：誘因與監督。誘因式解決方案的根基是認為，如果彼此的利益調整到一致，代理人就會根據當事人的最佳利益行事。《管子》裡的這類範例，是透過調整貨幣供給來控制經濟。多鑄錢幣會創造誘因，刺激他國人把穀類銷到齊國。誘因系統不管銷售穀物這件事的動機是出於高度的道德感，還是暗中謀求私利；《管子》不批判市場的道德，而是調整個人的誘因以契合統治者的目標，尋求以市場力量謀取國家的益處。

現代金融與治理議題看起來好像早已排除這些哲學上的爭議，其實不然。運用誘因來克服代理問題的現代範例，是企業高階經理人的薪酬。誘因理論說，如果經理人握有股票選擇權，那他們就會執行讓手上的選擇權更有價值的行動，這些做法也會讓股價漲到最高，從而增進公司股東的財富。這樣一來，執行長的身價也會水漲船高；這一切的前提都是公司表現良好。反之，若以儒家觀點來看執行長的行事，就會質疑為何必須對領導者施恩、要他們努力工作才能符合股東的最大利益？身為高階主管，對股東的信託責任難道不足以激勵他們發揮最大的心力？現代社會大力抨擊企業高階主管的高薪，這樣的批評是否反映了世人內心深處相信，以道德導向的方式來解決代理問題，訴諸人格的高貴面，會比正向誘因方案更好？

一部神祕的典籍

有趣的是，另一份少有人知的中國古代典籍指出可用另一個方法來解決官僚制度的問題：監督。《周禮》是一部很奇特的典籍，這本書的內容不是某位哲學家的訓示或是記錄哪一位明智宰

1 Patricia Buckley Ebrey (ed.). 2009. *Chinese Civilization: A Sourcebook*. New York: Simon and Schuster, p. 36.

相的名言，基本上，這是一份出自無名氏之手的周朝帝國政府詳細組織圖。

《周禮》枯燥乏味地詳述每一個公家單位對國家的必要性，從皇帝、宰相一直講到御廚和廚房打雜工。《周禮中》描述的某些單位實際上非常奇特，比方說，有一位公務員負責把惡鳥的鳥巢射下來，一位研究蠕蟲並制定保育規則，也有人要替政府收集蚵和蛤蠣。《周禮》把政府管理系統分成六大部門，詳列每一個部門要配置多少人員以及他們的職責是什麼。這些公務人員不僅要負責治理，也要執行宗教儀式；《周禮》說得很明白，政府的主要功能，就是維繫人類與超自然世界之間的關係，這應該是反映中國皇帝的統治根基來自於君權神授的想法。《周禮》將皇帝視為國家的具體化身：

惟王建國，辨方正位，體國經野，設官分職，以為民極。2

皇帝設置的六官為天官、地官、春官、夏官、秋官和冬官。宰相為統領各部門之首，這是王朝內權力位階第二高的人。最有意思的是宰相執行權力的方式：他配有一群會計人員和審計員，以監督整個王國的金融系統。

會計部門指派兩名第二階的官員負責，這一階僅居於宰相之下。六十七人負責每月與每年稽查所有政府機關。很重要的是，國家的出納層級排在負責帳目的官員之下。這樣的階級安排是特意的，因為會計部門要負責監督國庫的活動。國庫監督宮廷的庫房、皇家的貴重珠寶金飾珍藏以及國家的貨幣。會計部門要確保定期清點這些財產，國庫的進出也要有紀錄並定期檢視。會計事務一般由宰相根據日曆定期安排。《周禮》中提到，在每年年底時，宰相要帶領手下百位主管級官員排出他們自己的行政活動，他要收取他們的說明、檢驗他們的報告，並對君主建議要辭退還是留下相關人員。每三年，他要進行一次大型的審計查核所有官員，並予以獎懲。

請注意，這套行政流程不僅包含人員的去留，也納入了獎懲，恩威並濟。獎懲的根據，是定期的帳目審計結果；重點是，賞罰的憑據不是評估官員的智慧悟性，而是事實和數字，這是衡量與量化評估。

我們可以把監督想成是會計記帳：以數量化的方式查核官員辦公室裡有哪些工作進來、又產出了哪些成果；正式記錄收到的貨物，並針對交付出去的貨物取得收據；查核所有在官員手下辦事的人都有出勤；查核官員辦公室是否妥善運用收到的稅金和收入。

《周禮》有很多奇特之處，其中之一就是沒有人知道是誰、在何時以及為什麼寫這本書，也沒有人知道本書內容有多少比例是在周朝時編纂完成的（如果有的話）。關於《周禮》的起源，有一種說法認為可能是漢朝（公元前二〇六至公元二二〇年）初期編造而成，篡漢的王莽用這本書來作為推動重大政治改革的憑據。王莽偶爾被視為中國第一位「社會主義者」，因為他解放奴隸、剝奪富有地主的財產並勾銷債務。王莽要替這些改革找到理由，他訴諸於上古的黃金年代：周朝。雖然他統治的期間很短，但是某些做法在整個中國歷史上不斷有人應和。漢朝其中一項最

2 Edouard Biot. 1851. *Le Tcheou-li: ou rites des Tcheou*. Paris: Imprimerie nationale. 中文部分為原文照錄，英譯部分為馬修・藍卓（Matthew Landry）翻譯《周禮》第一部首段的未出版手稿。

重要的經濟事件，就是規定鹽鐵專賣，由政府擁有與控制中國兩大最重要的事業。漢朝時激辯私人企業與國家所有權應扮演的角色，由國家所有權勝出。

《周禮》的重要性，在於這本書成為中國政府管理的範式，而且持續近兩千年。書中的組織架構提供了一套辦法來解決一個基本問題：負責治理的官僚制度應該是什麼模樣，還有，在激勵與監督政府官員時，需要哪些制衡與平衡的手段。《周禮》甚至具體寫到金融應該為了政府發揮積極的作用，書中就規範了一些《管子》中描述的活動，包括平抑物價。本書也是中國描寫政府信貸最古老的典籍。在《周禮》的規範中，政府是貸款人，而不是借款人。掌管國庫的部門獲得授權，可以貸放短期貸款給一般人民以因應急難時的費用，例如喪葬費。《周禮》隱含的意義是，政府應該負責放款，而非民間的放款人。

紙幣，公共財

中國早已了解貨幣是交換的媒介，也是政府的工具，因此，紙幣首先出現在中國，一點都不讓人意外。然而，關於紙幣的出現，最有趣的是這並不是人們最早創造出來轉移價值的紙本證券，更不是唯一。中國不僅發明了紙幣，也發展出用來管理中央政府以及地方各省金融事務的複雜紙本工具。紙本工具在絲路經濟體系裡也很重要（絲路是連接東西的重要商業網絡），也在範圍更廣的契約、契約法與財產權等制度性脈絡下發揮作用，就像我們在近東與東地中海的各古代文明中看到的，紙本工具是金融體系的關鍵要項。這些發展的相關故事，就是本章的主題。

中國的漢朝與羅馬帝國這兩大文明，大約出現在同一時期。羅馬帝國的疆界向東擴張到黎凡特，漢朝時代的中國則沿著中亞絲路往西開疆拓土。刺激出這番壯大局面的是經濟，同時也是因為尋求強化政治控制力。

長安與洛陽是中國唐朝（公元六一八至九〇七年）時代的雙子城；唐朝在漢朝之後，兩者相差約四百年。長安如今名為西安，當時是世界上最偉大的城市之一。長安位在絲路的終點，由短命的隋朝在公元第六世紀末時擘畫建構，為典型的中式城市藍圖：這是一座有長方形城牆的城市，占地三十平方英里（約七十七平方公里），以多條三百英尺（約九十公尺）寬的大道區分開來，並與多條運河互相交錯。長安的京城區在北邊的核心位置，有著合理的行政架構：尚書省掌管吏、戶、禮、兵、刑、工等六部，門下省負責國家的重要詔令，中書省負責政策；還有一位宰相專門負責應對中國愈來愈頻繁的外國事務（譯注：唐朝為三省六部制，外交事務屬於尚書省下的禮部，此處原文用council of state不知何指，暫時按字面譯為宰相）。長安的國際色彩名聲響亮，穆斯林、祆教徒和景教徒在首都長安城裡都有自己的區域。

長安城的商業活動在兩個重要的中心地帶進行：東市和西市；這兩處是以城牆圍起來的商業區，來自全世界的奇珍異貨都進口到此地來銷售。西市是絲路貿易的中心，街邊幾千家店鋪排排站，在這裡，聽得見所有亞洲語言，看得見各種亞洲文化。西市每一邊有六百碼（約五百五十公尺），裡面有超過兩百位持有執照的商人。西市在唐朝時是中國的華爾街。金融家接受物品典當、收取存款、承兌支票、兌換貨幣，也從事短期放款。

中國歷史早期的貸款都是高利高息的短期契約，唐朝西市的錢莊和貿易商的距離很近，指向錢莊必然從事商業貸款，或者，至少提供商業金融服務。政府官員對市場裡的商業活動課稅，並受度量衡機關與磅重站規範。

重新發現絲路

一九〇〇年，一位大膽的學者率領一支來自印度的探險隊，經過阿富汗的荒野來到「韃靼高地」（High Tartary），這裡是古代絲路的不毛之地。這位在匈牙利出生的大無畏冒險家奧里爾・斯坦因（Aurel Stein），是中亞考古史上最多采多姿、也最有爭議性的人物之一。當時中國有起義行動，再加上中亞各國在「大博弈」（The Great Game；譯注：指十九世紀中至二十世紀初大英帝國與俄羅斯帝國爭奪控制中亞地區）的最高潮時改換盟友，引發極高的政治風險，但斯坦因仍決意要踏上連結羅馬帝國與中國的絲路，重新尋找並挖掘傳說中的幾個城市。斯坦因和他的探險隊成員一如兩千年前的企業家，帶領著一支駱駝隊伍，追尋塔克拉瑪干沙漠周圍古代路線中的南徑，經過和田，到達已無人煙的古代城市丹丹烏里克；在這座廢棄的大都市裡，曾有三種偉大的文化同樣為了從事商業而在此相遇：中國文化、印度文化與中亞文化。

雖然如今難以想像，但這座位於中亞中心、棲息在沙漠邊緣的偏遠城市，一度是國際性、多語通行之地。挖掘人員明顯可見城市的輪廓，房舍、廟宇、高塔與城牆歷經千年之後依然存在，但最讓人興奮的發現卻是文件。不管挖掘人員把眼光望向何處，隨地都有書寫文化的證據：以梵文寫成的佛教典籍、中文的書信與便箋，還有後來才知道是以如今已經佚失的中亞吐火羅

（Tocharian）系語文寫成的內容。隔年，斯塔因推進到附近的古城尼雅，在那裡，他發現更豐富而且保存更完整的文件：寫在羊皮紙上的印度卷軸，就靜靜躺在將近兩千年前被丟棄的原地。

斯坦因的探險證明，絲路是一條商業高速公路，同時也是一條資訊高速公路。隨著商人長途跋涉，住進外國城市，接受說寫不同語言、膜拜不同神明的人們下訂單，絲路也成為洲際之間傳輸知識與文化的主要路線，其中也包括書寫系統。曾經用過木頭、羊皮紙、棕櫚葉，最後才寫在紙上的文字，是主要的資訊媒介。

斯坦因最偉大的發現，也是他最有爭議之處。一九〇七年，他以馬可・波羅的紀錄為本，一路走過羅布荒原，進入現在所說的塔里木盆地。過去這是一條可以賺得豐厚獲利的路線。探險隊一路挺進敦煌綠洲，從這裡，斯坦因前往傳說中的敦煌千佛洞，這裡是一處聖地，有眾多切進天然岩石當中的精心繪製壁龕，由唐代的大型佛像守護。公元四世紀之後，就有宗教朝聖者前來此地朝聖。而斯坦因得到的大獎，是一個隱祕且受到嚴密守護的密室，裡面藏有自洞窟開鑿以來就有的檔案。斯坦因在想，這一室的文件很可能是他探險生涯中最難得的大獎：這些是佛教與印度文化的篇章紀錄，順著絲路來到中國。斯坦因透過賄賂拿到其中大量文件，總重達五匹馬的負重量（譯注：一匹成年的馬體重約為四百至一千公斤，而一般的動物負重量約為其體重的百分之二十）。這就是他所渴望的一切：這是一份獨特的宗教典籍檔案文件，最早的年代可上溯至公元五世紀。斯坦因取得的敦煌藏經目前多數都在大英圖書館。後來的文件獵人也透過管道買走敦煌藏品，很多早期的文件如今都收在世界各地的博物館裡。這樣的結果當然是好壞參半，好的一面是，文件交由專業的檔案資料專家處理，也可廣泛供學者參閱，而遺憾的是，文件脫離了原始的脈絡環境，並造成中國歷史文物最嚴重的一次佚失。但以中國現代史早期的混亂來看，不禁會讓人覺得斯坦因拿走文件說不定是件好事。

斯坦因後來再度回到絲路。一九一五年時他前往中國西部探險，鎖定吐魯番地區。這次探險的重點，是要找到阿斯塔那古墓群，這是一座被沙丘覆蓋住的死者之城，古代很多亞洲人埋骨此地，並附帶精緻的陪葬品。同樣的，這一次也是因為氣候乾燥，幾乎什麼都保留了下來，有奇特的覆紙棺材，也有死者帶著一同進入死後世界的小糕點。

其中，某些最精緻的墳墓還有個人圖書館與藝術作品，裝置著華美的小雕像，透露出唐代生活的場景：裡面的人物有音樂家、藝術家和演藝人員。雖然斯坦因挖出大量的阿斯塔那陵墓，但他也留了很多供後世考古學家研究。中國現代的挖掘人員仍在阿斯塔那努力，至今已有幾十年，也很幸運地找到很多保存良好的唐代墳墓。在這當中，他們找到一大批小雕像，部分材質是陶土、布料與紙。雕像的製造地在首都長安，顯然是經由運送才來到這個邊緣地帶；小雕像的身上藏著一個很有趣的祕密。雕像的手臂是以拉長拉細的廢紙製成；長安會收集廢紙，之後由工匠再回收利用。說來有點諷刺，但如今中國最富裕的女性企業家張茵，便是靠著收集與再製美國廢紙累積出幾十億的財富，而阿斯塔那的雕像告訴我們，中國早在千年前就有企業家靠這種方法賺錢了。但阿斯塔那雕像用紙的重點，是這些都是之前有人用過的廢紙。每一張紙都是十七世紀某家中國當鋪裡的一筆交易紀錄。

耶魯大學史學家芮樂偉・韓森（Valerie Hansen）與學生安娜・瑪塔—芬克（Ana Mata-Fink），針對一組讓人驚奇的金融文件做了研究。[3]長安留下來的商業文件，少有這麼早期的紀錄，這是因為紙很容易腐爛，只有在當票被人再利用並運送到沙漠城市的情況下，才能保存下來。實際上，有個尚未有答案的迷人問題是：中國一開始是如何將紙用於商業紀錄和交易？我們知道，早期的契約以竹簡來記錄，發明造紙後，某個時刻紙就變成了記錄金融的媒介。韓森是世界級的絲路商業專家，這位耶魯的教授和家人同住在康乃狄克州的海岸邊，並教授中國史，她的專長是分析古代中國契約。這些當票之所以有意思，是因為它們和金融之間有著緊密的連結。

韓森和瑪塔—芬克追溯當票的源頭，來到首都長安。每一張票都記錄著動產的瑣碎交易；只要有再出售的價值，什麼東西都可以作為抵押，借得短期貸款。最有意思的是，這些當票裡有三個古代長安的地名：延興門、觀音寺和昇道坊，這些地點定位出當鋪就在古代長安東南角的一處街坊，距離東市大約一、兩英里。兩位學者有效以三角定位找出中國古代首都從事貸款活動的地點，並記錄下人民如何使用那家當鋪。來這家當鋪的客人經濟都不太好，他們典當的大部分是破爛衣物：一件黃色的衣衫、一條有紋飾的圍巾、一件紫色的披肩、一件絲質外套、一頂內裡已磨損的官帽，以及一雙破舊的涼鞋。偶爾也會有些貴重物品：一匹絲綢、一面青銅鏡和四串珍珠。借款人多半不識字。他們不在契約上簽名，而是用指關節按壓出線條。有些當票談到利息支付款：

3 Valerie Hansen and Ana Mata-Fink. 2005. “Records from a Seventh Century Pawn Shop,” in William N. Goetzmann and K. Geert Rouwenhorst (eds.). *The Origins of Value: The Financial Innovations that Created Modern Capital Markets*. Oxford: Oxford University Press, pp. 56-64.

崔進（Cui Jin；音譯），陰曆年正月十九日收一百錢，同年六月七日支付四十錢本金與九文錢利息。絲品返還崔某，由其攜回。當年七月十八日付清。崔某居於東頭，年二十。[4]

這位年輕的崔進是誰？又為何需要一百錢？借這筆錢半年的利息為百分之九，值得嗎？簡短的當票中沒有提到這些，但當時首都長安城的年息大約是比百分之二十低一點，崔某借錢隔天後，當鋪放出的另一筆貸款裡就提到這件事。王帥（Wang Shuai；音譯）拿到四十錢，四個月後償付本金十五錢。他也付了兩錢利息，代表年利率約為百分之十五。利息高嗎？算是吧！但還不到高利貸的地步。阿斯塔那出土的這些當票告訴我們，唐朝有一套運作順暢的個人信貸系統，利率尚可接受。在這套系統裡，動產代表了財富，尤其是衣物。必要時，外套、鞋子或是珍珠都可拿來抵押，換成實體錢幣。誰都能很容易隨口來兩句批評消費主義的興起，但代表身分地位的物品有次級市場可供交易（亦即有一套接受這些物品作為抵押的金融體系），揭示了物質主義的另一面：物質也可以是價值的儲存。確實，耐久性財物和現金不同的是，如果保養得宜的話，前者可以當成規避通貨膨脹的工具。當鋪是一種創造流動性的技術，仰賴紙本作為主要的記錄與締約媒介。造紙術發明不久之後，中國金融系統就更普遍使用紙本了。

飛錢

唐朝的運河和高速公路非常有名，促進了商業交流，也聯絡起首都和偏遠城市。為了和中央政府維繫強健的關係，各省都在首都設有駐京辦事處，稱為「進奏院」。這類機構就有點像現代的遊說辦公室，為了各省政府以及人民的利益服務。唐朝時，駐京辦事處開始擔負起類似轉帳銀行的功能。商人（例如四川的茶商）在首都銷售貨物，把利潤存進分省的進奏院，進奏院交給他們一張稱為「飛錢」的收據；這個名稱的由來，是因為這些錢可以「飛」回家鄉，不必帶著跋山涉水。飛錢有兩個部分：一半由商人持有，另一半對應的部分則由進奏院持有。當兩者都回到分省時，商人拿出他持有的那一半，要求政府付清款項。進奏院很喜歡這套系統，因為這樣一來，他們就有足夠的現金支應在首都的花費。商人也喜歡這套系統，因為這麼做替他們降低運送實體錢幣的風險與成本。有了飛錢制度，銅錢就不用回到分省，商業中心的貨幣供給也可增加，而且，最重要的，可能是這對於各分省的駐京機構來說相當於一種無息貸款。進奏院可以使用手上的現金，直到商人回到分省出示憑證；商人偶爾會發現政府不那麼樂意馬上兌現飛錢。其他政府機關，比方說財政單位和軍隊，樂於分一杯羹提供類似服務，也就沒什麼好驚訝的了。

目前沒有留下任何唐朝的飛錢，因此無法得知飛錢是否為可轉讓票據，有沒有標注日期，有沒有標準的面額，也沒有其他特徵可讓我們知道如何使用飛錢，以及飛錢在中國社會扮演哪些經濟與金融角色。雖然我們不知道飛錢能否轉讓，但是很難想像商人不會彼此讓渡與移轉，如果從這個角度來說，飛錢的作用應該就等於錢；唯飛錢不太可能就印成鈔票的樣子。這方面有個有趣的故事。安德魯・麥法蘭・戴維斯（Andrew McFarland Davis）是一位美國的收藏家兼金融史學

4 William N. Goetzmann and K. Geert Rouwenhorst (eds.). 2005. *The Origins of Value*, p. 62.

家，他在二十世紀初購得一些唐代的鈔票，他把照片發布在他著作《論中國的某些鈔票，收藏於波士頓美術館》（*On Certain Chinese Notes, Deposited in the Boston Museum of Fine Art*）裡。今天戴維斯的收藏已無覓處，他找到的東西很可能是近代贗品。這些錢不太符合飛錢的相關描述，看起來比較像後代印的紙鈔。

紙本社會

唐朝的國運延續至公元九〇七年為止，在此時的中國歷史上，又一個積弱不振的中央政府向分省的力量低頭。皇室某些成員以及隨從逃往西南方的四川省，這是一個山色蒼翠的地方，位居長江上游。唐朝之後的四川，成為一個名為蜀國的獨立王國，直至十世紀末時，隨著宋朝一統中國，蜀國才被迫就範，納入中國版圖。

宋朝（公元九六〇至一二七九年）是中國史上備受歆羨的時代之一，有時候也被稱為中國的文藝復興時期。宋代各種高階藝術活動蓬勃發展：包括詩歌、戲劇、繪畫、書法、園藝、音樂與建築。宋朝的城市裡有很多雜耍人、雜技表演者、說書人、偶戲表演人、歌舞團和餐飲業者。當時宋朝的科學在全世界首屈一指，冶金、植物學、天文學、考古學、農學與化學等方面都很先進。學者種類繁多，有百科全書編纂人、歷史學家與哲學家，有些人在學術單位教書，有些則替政府效力：官僚人員要明智，同樣也要有文化素養。政府官員的升遷依據是功績長處，以及在國家考試中的表現，而不是靠庇蔭與關係。宋朝的商業和藝術一樣，也生氣勃勃。商人是受人尊重的階級，他們的活動範圍不再像唐朝時一樣僅限於市場，在城市各處皆可從事貿易。北宋的首都在開封，鼎盛時人口可能達五十萬人。

宋朝最重要的發展之一，是造紙和印刷方面的技術發展。國家考試成為選任與拔擢政府官員的基礎，是讀書識字率大增的部分理由；宋朝已有書籍出版，並在書店裡銷售，即便相對貧窮的學生也可以讀到中國的文學與數學經典。宋代來自中國各處的學子都身處所謂的「考試牢籠」，他們要面對嚴酷的考試，考驗他們對經典的熟稔度；史學家班傑明・艾爾曼（Benjamin Elman）教授估計，每天記兩百個字的話，需要六年的時間才能上陣考試。[5]

現在我們講社會要轉向無紙化，以電子媒體來儲存與傳播資訊。宋朝引進廣用紙本的這場革命，以發展來說，激進程度也不在話下。紙本文化顯然扎根於唐朝：韓森與瑪塔—芬克研究的當鋪當票以及飛錢憑證的使用便可證明這一點。然而，講到是否有可能把紙當成媒介、用來儲藏與廉價傳播資訊，要到宋朝才以非凡的發明畫上了肯定的句點。

紙本被用來作為國家財政的主要工具。宋朝的紙幣是首先用四色銅版印製出來的紙製品；直到今天，還是使用同樣的技術來印製彩色書籍。宋朝的桑皮紙（桑皮紙是四川先開發出來並逐步精製；四川多桑樹，供應絲產業使用）成為第一種具備耐久性的鈔票媒介，讓使用者可以不斷轉手，而且流通多年。金融創新仰賴文件、紀錄與締約的技術。就像美索不達米亞發明的陶土板，

5 Benjamin A. Elman. 2013. *Civil Examinations and Meritocracy in Late Imperial China*. Cambridge, MA.: Harvard University Press, p. 176.

和顯然在同時出現於歐亞各地的金屬鑄幣技術，中國發展出來用金屬印刷版印製在紙上的技術，也是金融創新中一項最歷久不衰的傳奇。

沉重的錢

宋朝雖是中國文化的黃金年代，但中國在此時也必須不斷與敵對國征戰，最後還輸了戰爭；最難應付的敵人，是西方和北方的蒙古人以及相關草原民族。以紙幣的發展來說，這樣的政治背景環境重要性不下於印刷技術。即便文化上欣欣向榮，但宋朝整片國土都是軍事緩衝區，軍隊保持警戒，部隊時時駐防各地，並由各地方經濟體供養與支援。雖然宋朝的軍事統一，整合了過去唐朝時各自為政的地方各省，但最大的挑戰並不是如何維繫新的聯邦，而是如何抵抗外來的侵略武力。宋朝也分為北宋和南宋兩個時代，這是因為在一一二六年時半個中國（包括美麗的首都城市開封）都落入入侵者之手，導致帝國首都南遷。

宋朝時，四川是中國最重要的緩衝省之一，這是因為四川遠在極西邊，三面都會面對入侵者，是中國主要的軍事前線。四川的經濟有個奇怪的特色，而且年代可以回溯到四川納入宋朝版圖開始：四川使用鐵製的錢幣。四川的鐵錢引發很多問題：鐵錢沉重又難用。商人偏愛銅錢，但這裡禁用銅錢。規定使用鐵錢並不是懲罰四川，而是宋朝政府試著防止貴重的銅錢流出中國，進入西邊偶爾會和中國交戰的金國和西藏。宋朝金融管理單位的主管很可能嘗試著應用《管子》的輕重論，想讓市場看不見的手將外國的錢吸進來，因此他們試著用較重的金屬鑄造錢幣。鐵錢有個問題，那就是雖然鐵本身也有價值，但不夠貴重。隨隨便便買個東西，就要帶好幾公斤的錢幣出門。在四川從事交易的商人必須在邊境處把銅錢留下，換成鐵錢。

鐵錢價值低，有部分原因是鐵本身的價值低，但也很可能是因為政府發行太多鐵錢。在這個時代，中國帝國發行的貨幣基本上是法定貨幣：政府發行的錢幣具有法償效力是因為法律之故，而不是因為錢幣中含有特定成色的基本金屬。也就是說，政府買鐵回來鑄幣的成本，會低於錢幣明定的面值。看不見的手會調整價格和數量：以那個時代的四川來說，付錢買一磅重的鹽，需要用到一・五磅重的四川鐵錢。鐵錢的問題引發了世界史上最重要的金融創新之一：紙本票據。

公元九九三年，叛軍攻占四川的首府成都，並關閉鑄幣局，導致錢幣短缺，這顯然有部分的抵銷作用，扭轉了流通中錢幣的貶值趨勢。為了因應這次地方性的貨幣危機，成都的商人開始發行紙本票據。一流的中國貨幣史學家萬志英（Richard Von Glahn）指出，關於這次貨幣危機，少有證據留存。然而，我們大可推論就是這樣的經濟動力導致紙幣取代了鐵幣。鑄幣局關閉之後，未來金屬錢幣供給的不確定性，必然引發商業上對改變與創新解決方案的需求，比方說發行紙本票據。貨幣短缺，可能也讓發行單位有動機不要為了紙本票據背書保有百分之百的準備金。萬志英觀察到，這些嘗試性的做法導致「各式各樣的私人紙本票據到處盛行，許多發行人是不擇手段的企業家，這麼一來，引發普遍的濫用，法律訴訟也大增」。[6]

6 Richard Von Glahn, "The Origins of Paper Money in China," in William N. Goetzmann and K. Geert Rouwenhorst (eds.). *The Origins of Value*, pp. 65-90.

平息叛亂之後，宋朝政府再度介入。一〇〇五年，成都知府張詠採取行動，規範紙本票據的發行，僅限獲得授權的商人才可以發行紙本票據，並重新鑄造鐵錢。僅有十六家商家獲得獨占許可權，可印製名為交子的本票。消費者可以存入鐵錢串，拿到交子作為收據，參與以交子進行交易的商人會接受以交子取代現金付款。存款機構稱為櫃坊。最初的收據只會印製部分內容，就像現代的支票一樣，上面有空白的欄位可以填入存款金額。當客戶想要取回笨重的鐵錢現金（比方說，用來支付稅金），可以去找原發行商贖回，也可以去找任何參與交易的企業，因為他們之前已經針對收據的規範達成協議。贖回要收取一些手續費，發行商會用印花或設計來標示哪些交子是由哪一家所發行，這可讓負責贖回的機構要求發行機構把錢幣運送過來。交子票據的設計是統一的，以木刻章紋蘸上紅黑兩色墨水印製，而且，萬志英指出，交子上還有人物或建築的圖樣。宋朝私人印製的紙本票據無一流傳至今，但是，精巧設計的用意很明顯：政府必須比製造偽幣者更高明。在一個印刷技術普遍的社會中，精巧的印刷機就可以把桑樹皮變成財富。

一場貨幣危機

有一段時間，私人的櫃坊運作順暢。有了紙本票據之後，人民很少需要換回金屬錢幣，金屬錢幣就閒置不用，存放在成都商人的庫房裡。可能真的也閒置太久了，因為，很遺憾的，顯然有人開始搞鬼了。某些商人竟然拖慢贖回的時間，我們不知道是因為他們受不了誘惑將錢幣據為己有，還是因為有製造偽紙幣的人拿著假交子要求提領鐵錢，但無論引發延遲兌領的理由是什麼，這套民間體系顯然崩盤瓦解，需要政府出手紓困。一〇一六年，宋朝政府收回四川的民間紙本票據壟斷權，把印製貨幣的工作國有化。一〇二三年，宋朝成立了主管交易媒介的機構交子務，並開始發行票據，錢幣現金的準備金約為百分之三十。

如果發行流通票據有任何利潤，全都歸於政府。新發行的票據根據不同的面額標準化，並在首都郊區的一處政府特設印刷機關印製。前一代發生的叛變可能教會宋朝政府一件事，那就是把製造貨幣的地點和人口稠密地區分開來是很重要的事。政府自一〇一六年起壟斷紙幣的發行。幾十年後（公元一一一一年）發行的新交子票據，很可能代表紙鈔設計與印製的最高點。基本的文本與面額用了四種銅版印製，之後再用兩種色板（藍色和紅色）印製裝飾用的設計細節。一一六一年發行的版本印有「至富國財並」這句話，和齊國刀幣上的銘文形成有趣的呼應。一隻金雞捧著以藍色墨水印成的刻文，並用紅色色板印出橢圓形的紫藤圖樣，象徵長壽。載有圖樣與文字的龍與龜則以黑色墨水印製，在最大面額（五百文）紙幣的背後印有詩文：「王祥孝感躍鯉飛雀」。

印刷紙幣的實務方法從四川慢慢流傳到中國其他地方。有一陣子，紙幣的使用僅限於南方各省，北方禁用，這可能是因為中國的國際貿易多半都透過南方各省。宋朝的票據並未留到後世，但我們可以看到之後的元朝紙幣。

我們應該了解格局更大的宋朝紙文化脈絡，這一點和紙幣本身一樣重要。交子和之後的票據絕對不是僅有的紙本票據、票券或貨幣形式。尤其是，鹽專賣權在中國政府的新金融形態中已經成為核心營運業務，政府以票券的形式授予購買和再銷售鹽的權利。鹽權票券就像現代的棒球票一樣，也可以「轉手」，這也就是說，當時已經發展出鹽券的次級市場，人民也把鹽券當成貨幣來用。如果要用現代標的來比擬的話，最恰當的可能不是棒球票，而是政府發行的汙染權憑證。一九九三年美國環保署開始推動一套方案，拍賣排放二氧化硫的許可權，並可以進行交易。現代汙染權的概念，是政府有壟斷權可決定電廠能合法排放多少汙染量，電廠取得排放權的憑證，他們可以自用，也可以出售。汙染權對於哪些電廠來說經濟價值最高，這些電廠就會購買最多排放憑證，因此，市場可以用最有效率的方式配置排放權。無論誰使用排放權，空氣中的淨汙染量都是固定的，但在發行汙染權的國家內每單位汙染的發電量可以達到最大。其間，汙染權憑證可以轉手多次。無意經營電廠的投機客也來插上一腳購買憑證，他們期待的是將來價格上漲後可以出售。最終購買並使用憑證的會是有需要的電廠，但這要直到每多一單位的汙染在市場上再無邊際經濟價值為止。

同樣的原理也可以套用到鹽專賣憑證上，差別在於標的不是汙染權而是鹽的銷售權。只要供給的鹽仍有人買賣，憑證就有價值。預期鹽價會上漲時，精明的投機客可以集結大量的票券並持有。然而，一旦洪水毀了鹽田，銷售不存在的鹽的權利根本沒有什麼價值。即便有這類風險，但是鹽業大致上穩定可預測，利潤也有所管制，因此票券具備可靠的經濟價值。因此，在宋朝，有很長一段時間鹽券的功能就像是紙幣一樣。從某種程度上來說，可以將鹽券視為複雜的商品期貨，是一種交換媒介。

飄洋過海的錢

史蒂芬・羅斯（Stephen Ross）是麻省理工學院的金融學教授，也是現代金融理論的創始者之一。他有諸多成就，其中之一是發展出當事人—代理人問題的基本理論架構。他也是我的好友，和我一樣對中國極感興趣。有一天我去他的辦公室探望他，隨意看看之際，瞥見他牆上掛了一張加了框的憑證。出乎我意料之外的是，我竟然發現我可以讀懂其中某些中文。我看出當中的「錢」字，還有兩個字寫著「大宋」（指宋朝之意），標題中則有「鈔」的字樣。「鈔」、「宋」，

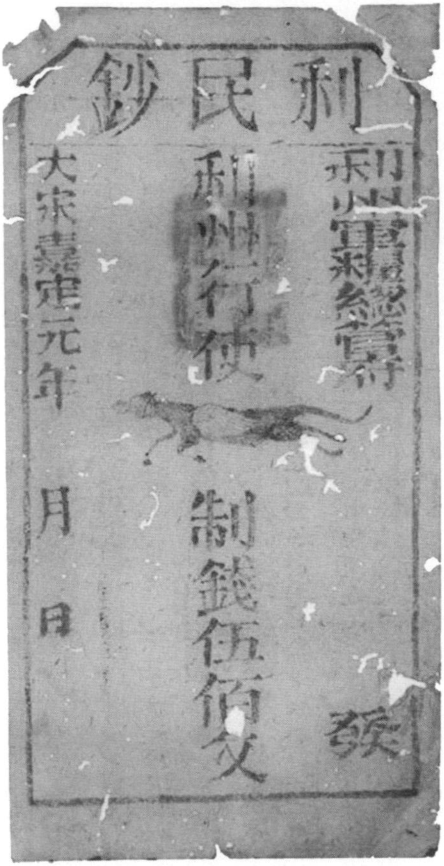

圖20　這是一張宋朝的紙本憑證，其功能是用來支付軍備品（Collection of Stephen A. Ross）。

兩者相加就是「宋朝的鈔票」……圖20就是我多年前在羅斯牆上看到的文件，但之前我從未關注，當我開始研究中國金融史之後，才仔細閱讀這份憑證。我對於早期金融契約做了這麼多研究，之前從未有人找到的中國宋代紙幣有可能就在我眼前嗎？這讓我展開一趟旅程，盡我所能學習這份古代的資料。

我和研究中國史的教授柯麗莎（Elisabeth Köll）密切合作，分析這張憑證。我們發現，這張憑證是另一種類型的票券，是宋朝時政府官員使用的徵用申請表。就像早期的紙幣一樣，上面不僅沒有明定面值，連日期和要花錢的官員姓名都留白。這張憑證印在很薄的紙上，不是當時紙幣慣用的耐久性桑皮紙媒介。憑證上沒有錢串的圖示，也沒有金雞、龍、龜等基本圖案，紙上只有一匹飛馬。標題為「利民鈔」，年代為公元一二〇八年，這張票據可有現金五百文（「文」是現代之前中國的標準貨幣單位，一文相當於一個銅幣）的價值。發行這張利民鈔的政府機構，是駐守四川的軍事機關。

這張讓人好奇的憑證，清楚說明了十三世紀初宋朝的軍事危機已在眼前，才另行發展出一套票券系統，以利供應邊境的軍隊。負責採購的官員使用像這樣的票券，在軍事前線支付徵用來的貨品。憑證寫著這張紙可值五百文，並沒有背書給特定人士，因此，這可以說是不記名證券：任何持有者都可以提示票券，要求支付。憑證印在薄薄的紙上，這一點指向票券的原始目的是要快速兌現，而不是像紙幣一樣重複轉手。這張作為金融工具的票據最別出心裁的特色，是官員與日期都空白。這一點應該是讓政府的主計人員能審查與加總負責徵用官員所有的支出，並要求這些官員就他們花費的公帑負起責任。因此，這張票券之所以重要，不僅因為這是中國歷史上留下來的金融文件，也因為這代表了另類的金融工具，替代了自由流動的貨幣或是像鹽券這類以商品為標的的工具。我和柯麗莎教授主張，這張票券代表了一種另類支付系統，取代了廣泛流通的紙幣，仰賴的是政府掌控的經濟體而非自由市場經濟體。這張票據代表的貨幣價值，可以追回到發行的官員身上。宋朝政府或許要求官員必須通過耗費心力的考試，並要他們遵循最高的儒家道德標準，但是，要求他們切實簽署利民鈔並標上日期，代表中國的官僚體制行事時同樣很講究驗證，不是光在乎信任而已。

王安石與政府徵用

王安石是中國歷史上最精采的人物之一。他出身於強調博學與為官能力的中國教育系統，如今在世人的記憶中，則是宋朝的一位大詩人以及當時最有爭議的政治人物之一。他是一位人在公部門的創業家，設法將民間企業的利潤重新導引到對國家有利的地方。王安石在宋朝擔任官職，他注意到有些投機的商人因為國家前線長期征戰而謀取暴利：由於商品的波動，再加上騎兵隊長期需要馬匹等資源，宋朝政府發現，國家必須仰賴民間伸出援手。王安石於一〇六九年成為宋神宗的丞相，他頒布一系列重大經濟改革政策，基本上是把中國經濟體的大部分資源用在國家上。王安石明確提到古代的宰相管仲，他也想穩穩掌控價格系統、亦即民間的交換率（輕重論），以確保整個帝國的資源能順暢流動。

王安石的想法也一如前人管仲，認為政府掌控價格系統是一種能讓國家獲得經濟益處的方法。在王安石治國期間，專管茶葉和馬匹貿易的機關茶馬司大權在握，運用人民對茶葉的強大需求進行融資，支應西藏前線長期的購置馬匹需求，以對抗蠻族軍隊入侵北方。[7]

在王安石變法之前，影響力大的商人靠得到國家授予的茶業和馬匹貿易專有權和特許權獲利，但在王安石上台之後，國家取消了這些中介者，在政府中自行創業，為國家賺取利潤。難怪王安石的變法有時也被認為是社會主義的早期形式。王安石也設置各種機構低利貸款給農夫（利率為百分之二十），此舉也使得政府和民間的金融業直接競爭。國家的需求，尤其是前線戰場的需求，偶爾會強力排擠民間商業活動。在這段期間，中國經常和西邊的西夏國征戰。不管國家財政狀況如何，中國的士兵都需要吃住，也要購置馬匹並從事運輸。

王安石在打一場打擊民間企業的聖戰，靠的並不是消除追逐利益，而是用公營取代民營，仍保有企業，但透過中央政府傳導利益，國家變成「單一源頭」。租金由政府收歸國有，作為平衡與管理貿易流量的絕佳工具。私人企業大可存在，但前提是要由政府控制、規範與驗證。在這段期間，宋朝極大部分的政府收入來自國家的茶、鹽與酒專賣業務。王安石最後在一〇七四年遭罷黜（諷刺的是，這是因為他過度熱心緊追向國家借錢的破產人不放），之後雖然曾短暫回歸權位，但終在一〇七六年時辭官。他某些深富遠見的規畫在之後的十年被棄之如敝屣。然而，由於他聰明地訴諸中國歷史與古代前例（從訴諸《管子》到採行《周禮》）以確立正當性，「政府徵收經濟資源」這個基調成為中國政府統治新招數的一部分。王安石或許不是第一個靠著打造設計金融體系以利中央政府的人，但少有政治人物像他這樣，善用歷久不衰且通俗易明的民粹主義論調，不斷在金融技術上精益求精。

西方眼光中的中國創新

現代人很難想像一個沒有紙幣的世界會怎樣，但我們少有機會從那個時代的外國觀察者眼光來看這項金融創新有多神奇。有些人懷疑，十三世紀時威尼斯貿易商馬可・波羅是否真的曾經到過黑海以東。馬可・波羅的迷人故事，由他在熱那亞被監禁時講給同為獄友的魯斯帝謙（Rusticello）聽，並由後面這位中世紀的小說家執筆寫成。這本書提到馬可・波羅前往中國，並為忽必烈皇帝效命。他的故事有可能是他根據從其他絲路貿易商那裡聽來的故事再行編造，是一部混合了許多趣聞軼事的組曲，他還把自己放進故事裡，變身成中國皇帝的大顧問，獲得中國整座首都城裡統治階級的信賴。這本書的其中一個部分（也就是他講到中國如何用樹皮做出貨幣時），直接或間接傳達出歐洲人第一次知道法定貨幣這件事時的訝異。我整段引用如下：

> 〈大汗用樹皮所造之紙幣通行全國〉
>
> 此汗城之莊大森嚴，既已備述於前，茲請言大汗鑄造貨幣之所，用以證明大汗之所為，誠有逾我之所言，及此書之所記者。蓋我言之無論如何誠實，皆不足取信於人也。

7　關於政府企業在宋朝扮演的角色，有一份極出色的參考資料，請參見 Paul J. Smith. 1991. *Taxing Heaven's Storehouse: Horses, Bureaucrats, and the Destruction of the Sichuan Tea Industry, 1074-1224*. Harvard-Yenching Institute Monograph Series, vol. 32. Cambridge, MA.: Council on East Asian Studies and Harvard University Press。

在此汗八里城中，有大汗之造幣局，觀其制設，得謂大汗專有方士之點金術，緣其製造如下所言之一種貨幣也。此幣用樹皮作之，即蠶食其葉作絲之桑樹。此樹甚眾，諸地皆滿。人取樹幹及外面粗皮間之白細皮，旋以此薄如紙之皮製成黑色，紙既造成，裁為下式。

此種紙幣製造之法極為嚴重，儼同純金純銀，蓋每張紙幣之上，有不少專任此事之官吏署名蓋章。此種程序完畢以後，諸官之長復蓋用朱色帝璽，至是紙幣始取得一種正式價值，偽造者處極刑。此種紙幣之上，鈐蓋君主印信，由是每年製造此種可能給付世界一切帑藏之紙幣無數，而不費一錢。

既用上述之法製造此種紙幣以後，用之以作一切給付。凡州郡國土及君主所轄之地莫不通行。臣民位置雖高，不敢拒絕使用，蓋拒用者罪至死也。茲敢為君等言者，各人皆樂用此帑，蓋大汗國中商人所至之處，用此紙幣以給費用，以購商物，以取其售物之售價，竟與純金無別。其量甚輕，致使值十金錢者，其重不逾金錢一枚。

尚應知者，凡商人之攜金銀、寶石、皮革來自印度或他國而蒞此城者，不敢售之他人，只能售之君主。有賢明能識寶貨價值之男爵十二人專任此事。君主使之用此紙幣償其貨價，商人皆樂受之，蓋償價甚優，可立時得價，且得用此紙幣在所至之地易取所欲之物，加之此種紙幣最輕便可以攜帶也。

由是君主每年購取貴重物品頗多，而其帑藏不竭，蓋其用此不費一錢之紙幣給付也。復次每年數命使者宣告城中，凡藏有金銀、寶石、珍珠、皮革者，須送至造幣局，將獲善價，其臣民亦樂售之。蓋他人給價不能有如是之優，售之者眾，竟至不可思議。大汗用此法據有所屬諸國之一切寶藏。

此種貨幣雖可持久，然亦有敝壞者，持有者可以倒換新幣，僅納費用百分之三。諸臣民有需金銀、寶石、皮革用以製造首飾、器皿、衣服或其他貴重物品者，可赴造幣局購買，惟意所欲，即以此種紙幣給價。

大汗獲有超過全世界一切寶藏的財貨之方法，業已備述於前，君等聞之，必解其理。[8]

馬可・波羅講解的內容不僅是紙幣的製作報告，也描述了一套在中央政府謹慎規範之下作為經濟政策工具之用的貨幣系統。藉由強迫人們將珍寶換成紙幣，皇帝有效地干擾了民間商業。紙幣不僅是流通的交易媒介，也證明了外國商人在中國確實有營運的資本並擔保其資本的合法性。顯然，這也是繳納商業稅金的工具。描述向人民購買珍寶貴金屬的過程，也很有意義。請注意，政府為了刺激買回，設定的買回價格高於普遍市價，這招顯然是直接師法千年前的《管子》。

在馬可・波羅之前，光彩奪目、文明開化且美學豐富的宋朝，已經屈服於入侵的蠻族。新的蒙古統治者帶來他們自有的治理系統，有時候會將外來統治者的位階拉到高於中國本土官員，而忽必烈看到了繼續留用法定貨幣的益處。他持續用之前宋朝建構出雛形的紙幣，並延續以國家支

---

8 Marco Polo. 1920. *Marco Polo; Notes and Addenda to Sir Henry Yule's Edition, Containing the Results of Recent Research and Discovery, by Henri Cordier*. London: John Murray. Project Gutenberg. Chapter 24. Available at: http://www.guten-berg.org/ebooks/10636.

出推動通貨膨脹的做法。十四世紀末元朝雖敗於明朝之手，但紙幣的使用（與濫用）仍然延續下去。

第十章　分歧的金融發展

李約瑟（Joseph Needham）把大半人生都奉獻在出版一系列詳述中國非凡科學成就的著作，他的《中國科學技術史》（*Science and Civilization in China*）無疑是二十世紀最重要的出版品之一，這套書的企圖在於有系統地記錄古代中國的數學、科學與工程成就。李約瑟於一九五六年出版第一冊，至今已經出到第十七冊，涵蓋了數學、物理、工程、印刷、化學、軍事技術、紡織製造技法、採礦、植物學與生物科學、農業科學、醫學與邏輯。《中國科學技術史》能持續出版，得力於英國劍橋的李約瑟研究所。問世半個多世紀以來，這個系列幾乎是獨力吹皺一池春水，讓世界重新審視西方導向的文明史。在中國和歐洲直接接觸之前的好幾個世紀，中國就已經擁有數量龐大且詳細的科技知識，叫人很難主張西方社會是這個世界唯一的光明與真相來源。要寫出《中國科學技術史》至少需要雙重文化的觀點，而且，這套系列還暗示，無論是什麼因素使得歐洲文化在第二個千禧年如此特別，但歐洲在科學技術的知識上並沒有比較優越。

其實，隨著這套系列一冊又一冊出版，證據指出中國的科學知識仍不斷在成長，李約瑟本人也開始思考，為何工業革命發生在歐洲而不是中國？如果宋朝的科學家如此聰慧，生產技術的效率又高，那麼，為何沒有如十九世紀歐美一般出現技術起飛？在當時，歐美的技術創新彷彿是忽然之間不斷自行複製繁殖。有一段時期（一八二〇年代至第一次世界大戰）裡，歐洲的運輸系統從馬拉的馬車快速演變成運河、鐵道、汽車，再到開啟航空運輸。在同一段時間裡，歐美的照明從煤油燈演變成瓦斯燈，然後再到電力。快速通訊系統一開始是郵政，後來發展成跨大西洋兩岸的電報系統，之後迅速變化到無線電和電話系統。以上的每一項都是驚人的技術進展，李約瑟與《中國科學技術史》其他作者都指出，中國科學裡的某些特色本來也應該能有類似的發展途徑，比方說，中國的水利工程師創造出全世界最密集的運河系統，他們是開採鐵礦和冶金的世界領導者，也很懂蒸汽。為何發展出第一套蒸汽動力鐵路系統的不是中國？為何改良蒸汽機的瓦特（James Watt）、發明蒸汽輪船的富爾頓（Robert Fulton）以及發明電話的貝爾（Alexander Graham Bell）不是中國人？中國在技術上傲視全球（關於這一點，我們會在本章中看到；在官僚制度上也是），為什麼在世界史中最重大的科技轉型（亦即工業革命）

圖21　科學史學家李約瑟。他提出了中國和西方世界在十八與十九世紀發展為何出現分歧的這個大哉問（Courtesy Needham Research Institute）。

發生之前卻跌了一跤？

有個簡單的答案是機緣問題。瓦特、富爾頓和貝爾都是不世之才，工業革命可能是天才在歷史上某個時間點因緣際會造成影響的結果，這是一場基因上的「比賽」。中國的經濟學家林毅夫則提出另一種說法反對機緣論。[1]林毅夫指出，遺傳變異最遵循機率法則，人口規模愈大，生出超凡卓越天才的機會就愈大，宋朝時，全世界沒有一個國家的人口多過中國。若接受這個想法並繼續推論，有人認為是因為天才需要培育，並要接觸到有趣的問題，但中國的教育系統除了齊頭式的平等，就再無其他了；就有人質疑，如果愛迪生花了六年的生命背誦中國經典的話，不知道還有沒有時間和電攬和在一起。宋朝時中國都市的密度應該可以產生創意性知識擴散效應，當然可以刺激出創新。因此，林毅夫證明，光是因緣際會並不足以解釋差異。

有些出色的學者試著解決現在稱為「李約瑟難題」（Needham Puzzle）的問題。林毅夫的解釋認為答案在於西方的科學實驗法，這套方法實際上可以有系統地加速、整理並盡量善用隨機的發明過程。他認為，發展出科學方法正是造成差異的關鍵。

另一個理由是中國文明的代代相傳。本書第二部提過的金融解決方案說得很清楚，中國成功地解決了眾多涉及規畫、資源配置與緩解風險的複雜問題，在貨幣化與市場發展等面向上走出了自己的路。史學家伊懋可（Mark Elvin）主張，宋朝成為「高度均衡陷阱」（high equilibrium

---

1 Justin Yifu Lin. 1995. "The Needham Puzzle: Why the Industrial Revolution Did Not Originate in China," *Economic Development and Cultural Change* 43 (2): 269-92.

trap）的受害者。中國在第一個千禧年間的農業發展極為成功，並無明顯的進一步創新需求。反之，歐洲則從低度發展開始起步，更需要大幅的技術變革。

加州大學教授彭慕蘭（Kenneth Pomeranz）提出另一個更激進的想法：地理區決定論。他說，中國天然資源的配置並不利於高效率利用。中國規模最大的鐵礦，並不在河運航道上。地形地貌阻礙中國大規模工業化。

這些解釋都忽略了金融在技術發展上的支援角色。技術需要天才，但也需要資本。要發展鐵路，需要融資才能鋪設鐵軌與購買車輛；如果發展成功，投資本身就會帶來豐厚報酬。當同儕都穩守本業時，企業家需要有動機才會繼續做實驗：他們要能從創新當中獲利的專利與法律保障。如果企業家會遭遇國家徵收他的創新，投入必要的人力資本就沒有太大意義。資本市場與智慧財產權的保證，可以成為維繫創業動機與資本投資的輔助因素。雖然中國的中央政府有能力獎勵個人創造新技術，但通常不容許市場為新構想提供融資。

當然也有例外。哥倫比亞大學教授曾小萍（Madeleine Zelin）指出，十八世紀末、十九世紀初四川省就有開採鹽礦事業股份的資本市場，形式呼應現代的股份資本主義。[2]彭慕蘭研究一家同一時間出現在中國歷史上的農業公司，該公司匯聚了多位投資人的資本。[3]所以說，中國的企業家有時候也會找到方法，運用類似企業的架構與證券交易來為企業募資。因此，以金融發展的差異來說，問題可能比較在於規模和應用的普遍性，而不是基本限制。在設法解決李約瑟難題時，應該認真看待金融這個輔助因素。

在研究工業革命的一流史學家中，至少有一位主張十九世紀歐洲的金融體系是必要的輔助因素。工業革命導致歐洲所得不均的問題愈發嚴重，更多所得轉向流入資本投資人的口袋。羅伯・艾倫（Robert Allen）是一流的科技經濟史學家，他於二〇〇五年針對英國工業革命時代日益嚴重的貧富不均問題做了研究，並寫道：「所得轉向流入資本家之手是必要的改變，如此才能有足夠的儲蓄擔負建置新的工廠生產方式……資本家得到的利潤收入占比提高，累積出了儲蓄，才能滿足資本的需求並擴張產出。」[4]簡而言之，一套能用利潤獎勵投資人的金融系統，雖然要付出貧富不均加劇的代價，但也帶來了更多的投資與長久性的技術發展。我們在第三部當中將會討論到，要發展出一套獎勵投資的系統是漫長且複雜的過程，而這主要發生在歐洲。

最具說服力的證據，是中國和西方的金融發展出現差異之前兩地的技術進步差距。歐洲的金融市場，並不是有了發明蒸汽引擎與製造流程機械化後才忽然出現的。至少在工業革命之前兩百年，歐洲就已經有了商業銀行以及有組織的證券交易所。十九世紀時，如果鐵路公司想要增資以鋪設鐵軌並購置火車，他們必須去聯繫之前早就普遍存在的投資人階級，這些人已經很習慣付出大筆投資以換得業主承諾的未來現金流；西方社會有投資的需要，也有架構完整的知識可以創造

---

2 Madeleine Zelin. 2005. *The Merchants of Zigong: Industrial Entrepreneurship in Early Modern China*. New York: Columbia University Press.

3 Kenneth Pomeranz. 1997. "'Traditional' Chinese Business Forms Revisited: Family, Firm, and Financing in the History of the Yutang Company of Jining, 1779-1956," *Late Imperial China* 18 (1): 1-38.

4 Robert C. Allen. 2005. "Capital Accumulation, Technological Change, and the Distribution of Income during the British Industrial Revolution," Discussion Paper. Department of Economics, University of Oxford.

出滿足這股需求的投資產品。反之，中國絕少可以將懷有資本的民間企業家與擁有技術優勢的企業結合在一起的系統性工具。簡單來說，雖然中國有大型、有秩序的貨物商品市場，但資本市場的發展程度相對不足。

如果東、西方十九世紀時在工業發展上出現重大歧異之前先有金融發展上的歧異，而且後來的差異有一部分也可以歸因於前面的差異，那麼，金融發展的歧異是如何發生、何時發生、又為何會發生？歐洲如何能發展出一個勝過中國的紙本基礎經濟體？就像我們之前看過的，宋朝擁有非常先進的製紙技術，可用於記錄與移轉所有權，而且當時也已經有了極抽象的價值概念。中國人了解一張紙事實上可以代表財富並當成不記名證券來用，而且也善加利用這樣的概念。看起來，距離發展出企業資本主義在概念上只差了短短一步；在企業資本主義當中，企業實體（很可能是鹽的專賣商）可以找到投資人，由投資人投入資本，然後收取代表所有權股份的憑證。

事實上，中國也有發展程度極高的資訊管理系統，使用會計和文件紀錄作為處理道德風險（moral hazard）問題的基本工具。當然，這些工具本來應該自然而然讓私人企業便於從事管理：找到方法監督企業的經理人與代理人。

中國金融技術裡唯一缺少的要素，是時間這個面向。在中世紀末期與文藝復興時代，各個疲弱的歐洲政府不斷仰賴赤字融資與借貸，中國則否。

我們會在第十二章看到一個具體範例。一一七四年，威尼斯被困在和君士坦丁堡的戰事裡，這個城邦需要成立一支艦隊。威尼斯對人民發行債券，承諾日後贖回。供這些債券交易的市場，就在里奧多橋（Rialto Bridge）下發展起來，距離馬可・波羅的家僅短短幾步路。反之，宋朝朝廷面對軍事危機時不會發行債券，而是印製更多紙幣。中國解決金融危機的辦法是製造通膨，而不是把成本轉移到未來。事實上，在王安石時代，宋朝政府根本不向人民借錢，還把錢貸放出去。這一點對於時間的概念與政府的成長有很微妙的意義。

從某方面來說，國家借錢是一種全國性的多層次傳銷。國家之所以借錢，盤算的就是把今天借來的錢投資到有利於增進國家未來經濟力量的活動。簡單來說，國家借錢，是為了投資可以提高未來稅收的活動。人民要相信國家的投資會帶來經濟報酬，才能相信未來的稅收長期能為他們的投資帶來正值的報酬率。自《管子》以來，中國政府反而被視為是提供策略性、經濟性儲備資源的角色，眼下的金融能力是強大的工具，當國家出現天災或敵人入侵的問題時，金融是用來供養人民生存的方法，國家財政金融相關首長的職責，是節用這個儲藏資源庫。個人的存款與投資，在效果上是將個人利益與國家利益分開來。東西方的金融體系之所以出現分化（至少從中國的觀點來看是分化），是因為宋朝時的中國並未發展出讓政府借錢的機制，而在同一個時間點，歐洲各國發現他們亟需可做出承諾保證未來會付款的紙本憑證。

彭慕蘭教授並未忽略金融體系是東西大分歧的根本，但他主張，事實上，中國確實有過私人資本市場。中國留有國內利率的歷史紀錄，歷史上也有持續運作順暢的私人貸款市場。就像之前提到的，甚至有紀錄指出中國在十八世紀時組成了私人企業，而這類組織顯然是以中國自有的財產權、法律與會計實務為根基。雖然中國向來都有私人企業與資本主義，但在一九四九年以前很少脫離政府官員的干預與監督。政府的資助與控制對中國企業來說是規則而非例外。

對中國的反思

中國歷史上的金融與金融思維範疇之廣，根本無法摘要，但我們在第二部中探索了幾個關鍵主題：在近東，書寫和會計、金融與都市化有密切關係，但中國卻不然，中國出現書寫，是出於對未來的不確定。

若將中國早期的金融發展拿來和近東與美索不達米亞文明相比，顯然證明即便根基不同，同樣都可以發展出極具複雜性的金融體系。確實，在歐亞大陸上，鑄幣的概念由西方傳遍東方，但中國錢幣的形式和歐亞大不相同，再加上其明顯自子安貝演變而來，指出這是一種獨立的發明。這代表，金融技術不僅穩健，也是世界各地都會自行發展出來的方案，被聰明的創業家或政府官員一而再、再而三用來解決基本問題，而且，某些制度與技術或許出自不同的根源傳統，但這些都可視為穩定均衡狀態下才會出現的結果，比方說錢幣、貸款、會計系統、契約、證券，甚至是紙幣。

對於中國文明發展來說極具重要性的工具和金融概念，不同於西方認為最有用的那些。由於中國規模大、範疇廣，因此很早就根據對經濟誘因與監督的了解發展出管理理論，一方面以利潤為動機，另一方面則是靠著監督、年度稽核與報告來控制貪汙。第八章提到的中國早期數學典籍，談到的許多問題都是關於如何衡量與計算人力產出，以及如何計算營造與製造過程中產生的浪費。這些問題在官僚制度中很重要，因為每一位行政人員都要負責向主管提報自己的數據帳目。現在不會認為這種會計系統有什麼了不起，但是政府官員的當責問題絕對是永遠的難題。

貨幣在東西方文明中都很重要，但在中國的地位卻更加突出。實際上，中國在公元前二二一年統一時便引進了新的貨幣系統，藉此象徵大一統。一個帝國統一使用同一種貨幣，這項大膽的策略必定導引出一些貿易上的效率，如同一九九〇年代引進歐元時人們享受到的益處。但是，這也必然引發了地區性的經濟問題，因為中央會統一控制貨幣政策與流通貨幣數量的相關決策。

四川省出現紙幣，肇因於特殊的貨幣問題：為了防止青銅錢流出邊境，因此引進鐵錢，紙幣（其基礎是歷史悠久的飛錢以及可轉讓票據）則是合情合理的突破性進展。紙幣一旦出現，這種紙製的法定貨幣就變成政府的強力工具，但這當然要仰賴強力的君主專政。沒有完全的法律命令，就無法創造出法定貨幣。正因如此，貨幣的價值也隨著政府時而高漲，到最後完全崩盤。歐洲要等到很久之後才會學到這一課。

第三部　歐洲大熔爐

這一部，我們要追尋歐洲早期的金融創新史，一直回溯到現代全球化開端之時。我們之前先談過中國，研究過金融技術在維繫一個廣大、一統帝國時扮演的角色，現在我們要轉向西方，這裡有一套大不相同的金融體系，由各個城邦與政體（其中僅有極少數整備成一個統一政府）拼湊出一套零碎且互相競爭的架構。公元一〇〇〇年之後的歐洲變成金融體系的大熔爐，完全重新建構社會與時間、貨幣之間的關係。有無數的理論談到如何與為何會出現這種現象。

第三部中，我主張歐洲分裂成多個政體正是一股刺激力量，導引出各種有創意、但某種程度上各自獨立的金融實驗。歐洲分裂的政治經濟體促進了投資市場的發展，重新塑造了股份公司，有了不屬於政府的銀行制度，也有複雜的人壽、財產保險契約與交易場所，更在金融數學、推理與分析方面孕育出周密思慮。這些創新又回過頭來改變了人的行為；我認為，它們改變了人面對風險與機會的態度，一方面導引出機率論的思維，另一方面則刺激出不受拘束的投機，引發全世界第一場股市泡沫。歐洲人最後把自己以及全世界其他人民都變成了投資人。

以歐洲發展的關鍵階段來說，第一階段是金融機構的興起，第二是證券市場的發展，第三是公司的出現，第四是股市突然出現爆發性成長，第五是風險的量化，最後則是這套系統向外擴散到世界其他地方。公元一〇〇〇年之後歐洲金融架構大幅改弦易轍，以極創新的手法解決許多經濟問題，但這些辦法也帶來微妙的挑戰，偶爾甚至顛覆了社會，也因此帶來更多的創新與變革。在第二個千禧年期間，歐洲成為大型的金融實驗室。之後我們會看到，現代金融技術絕對不是以線性的軌跡發展。有些新概念很好用，有些則大大失敗。

圖22　荷蘭文著作《以愚蠢為鏡》（*The Great Mirror of Folly*）中一幅畫的細部；本書印製於1720年，用意在於警告後代子孫股市投機的危險性。圖中將金融市場的狂熱描繪成魔鬼的傑作（Courtesy Lewis Walpole Library, Yale University）。

第十一章　聖殿與金融

以金融史研究來說，聖殿騎士團（Knights Templar）顯然是很奇特的主題。他們是在十字軍東征期間發展出來的教團，也是一個社會性機構重新自我定位、轉化成為金融機構的重要案例。在十四世紀前，聖殿騎士團已經成為政府之外的大型實體，掌控大部分的歐洲經濟，以及某些歐洲大型王國的財政金融。雖然他們發誓守貧並誓言全心奉獻給宗教使命，實際上卻成為重要的金融中介機制。騎士團如何重新定位、轉為滿足歐洲的金融需求而非性靈需求，是一個深具啟發性的故事。他們的倒台與遭受的迫害，證明現代認為金融機構「大到不能倒」的論調其實是畫地自限。

倫敦的第一家銀行

走進倫敦的聖殿教堂（Temple Church），永遠讓人覺得這是一趟神聖之旅，有一條路貫通幾處如迷宮一般的庭院，還有一條通道可以讓人遠離喧鬧的艦隊街（Fleet Street），一步步深入倫敦的歷史直到內殿（Inns of Court）靜謐的內部。內殿有一根石柱，上方有兩名聖殿騎士，跨在一匹馬上。對面的紀念堂則是低調的哥德式中殿，連著一棟不常見的圓形教堂：這是聖殿騎士團的教堂，也是丹・布朗（Dan Brown）《達文西密碼》（*Da Vinci Code*）中充滿戲劇性的場景。圓形教堂是由聖殿騎士團建於一一八五年，呼應耶路撒冷的聖殿山（Temple Mount）；聖殿山是騎士團的源頭，也是他們誓死保衛的地方。聖殿教堂與兩座內殿曾是聖殿騎士團倫敦支部的修道院，這支由武裝騎士組成的苦修教團就在這裡過日子，遠離倫敦俗世。雖然聽起來有點匪夷所思，但此地後來成為一家國際金融機構的倫敦分支，這家機構從他們的聖地跨足不

圖23　倫敦聖殿教堂（作者提供）。

列顛群島，在十三世紀大部分的時間裡，負責管理歐洲各國王與貴族的金錢與金融事務。聖殿騎士團最後的結局讓人震驚，一三一四年，當時的團長賈克・德・莫雷（Jacques de Molay）在巴黎的新橋（Pont Neuf）壯烈犧牲，騎士團在歐洲各地的廣大資產被各國的皇室債務人與敵對的托缽化緣教團竊占，金融史上最讓人好奇的實驗之一便結束了：這場實驗中有一家非營利性的銀行，其代理人發誓個人守貧，卻聚積了大量的土地與寶藏財富。

第一次十字軍東征於一〇九九年占領了耶路薩冷，重新對歐洲朝聖者開放這座城市，歐洲人川流不息，到此處探訪宗教遺址。二十年後成立騎士團，以保護來聖地朝聖的旅人。騎士團在黎凡特各地有多處堡壘，他們可以利用堡壘捍衛朝聖之路。每當有僧侶加入騎士團，必須發誓守貧守貞，發誓自己並無債務，而且承諾待在騎士團修道院之外的時間絕不會超過一個晚上。加入者必須奉獻生命以保衛基督教朝聖者。

這項使命後來演變成確保錢能安全地從歐洲轉移到東方。腰纏萬貫、足以支應幾個月旅程昂貴花費的外國人，一定是很容易被盯上的目標。聖殿騎士團建立了一套系統，讓朝聖者可以把錢存在歐洲的教團，然後在聖地提領。這也成為我們在第九章討論過的中國飛錢歐洲版。這項基本經濟功能（長程轉帳）催生出了一個金融機構。

歷史上找不到朝聖者使用的騎士團信用狀。我在研究生涯中看過各式各樣金融工具，我很希望能看到一份這類憑證。就像唐朝的匯款與更早期的其他金融工具，騎士團使用的文件一定也有一些可以防盜防偽的特質。旅人可能帶著特殊的密碼或鑰匙，在和騎士團的帳戶紀錄互相比對之下驗證自己的身分。歷史學家推測，朝聖者攜帶著加密的文件，唯有一路上的騎士團駐站才有密碼；但更有可能的是，就像上古時代一樣，旅人事先把錢交出去，由一位銀行家出具信函給另一位說明要移轉金額或是要延展的貸款額度，信函中可能會包括一些和旅人相關的私人資訊，隨時可進行驗證，有點像現代在自動提款機提領現金時使用的個人密碼。到達遠方的目的地時，旅人應該會提示一份有封印的書面文件（由一開始接受存款的騎士團出具），並提供一些身分證明，然後就可以從帳戶中扣款了。很可惜，這些文件無一留存。騎士團如何驗證旅人的身分？他們的信函是否經過加密，因此不知道密碼的盜賊偷了根本無用武之地？騎士團留下很多謎團，這也是其中之一。

騎士團不僅是存款機構與金融中介機構，他們也累積自己的財富。一開始，騎士團的財富是來自慈善捐贈，捐助者包括改變宗教信仰、接受騎士團的人以及原有的虔誠信徒。對於想要捐錢資助十字軍東征的人而言，騎士團是其中一個可選擇的主要捐贈對象。教團得到的贈禮是地產。舉例來說，騎士團的第一筆捐贈來自耶路撒冷的國王鮑德溫（Baldwin），他賜給他們聖殿山的土地以及阿克薩清真寺（Al-Aqsa Mosque）。其他的捐贈，則包括國王與諸侯將封建特權與稅收讓給騎士團。騎士團出手幫忙征服土地後甚至可分到「持份」。亞拉岡（Aragon）王國（譯注：亞拉岡王國位在今西班牙東北部，後文另有說明）的幾位國王便承諾，要把與摩爾人交戰時得到的所有戰利品和地產分五分之一給騎士團。亞拉岡也有幾位國王聘用騎士團為宗教性質的傭兵，十二世紀時將他們部署在西班牙前線，厚待他們，賜予城堡、皇家租地以及掌控大片亞拉岡王國的實質政治控制力。

從轉帳系統、帳戶紀錄、存款功能，再到地產所有權的契約安排，以及分配土地戰利品，騎士團的金融架構安排非常複雜，是歐洲發展第一批資本市場的重要序曲。騎士團的組織，是以技術性的方式來因應歐洲社會的需求；當時的歐洲社會和同時代的中國宋朝社會一樣，必須長距離移動資產，越過海洋以及充滿戰火與不確定性的危險疆域。但與中國明顯的對比是，騎士團組織在非常不同的政治環境中運作。騎士團面對的並非某個政治上統一的歐洲帝國，他們反而必須應付諸多歐洲統治者的需求，這些歐洲王侯財力薄弱，長期仰賴貸款以支應軍事與政治需求，在此同時，他們還需要不帶政治性質的中立實體，讓他們可以把財政事務委託出去。騎士團以同樣的忠誠度服務英國、法國與伊比利半島各王國的教宗與君主，並不管這些君主偶爾會彼此交戰。歐洲君主的需求成就了騎士團，但最後也導致他們的垮台。

銀行服務

除了長程轉帳匯款業務之外，騎士團提供的最主要金融服務就是各式各樣的中介活動，我們在現代稱之為銀行服務。倫敦與巴黎的騎士團修道院都充當皇家庫房的角色，國王和貴族把珍寶都存在這裡；英國皇冠上的珠寶有一度就放在聖殿教堂而不是倫敦塔裡。從多方面來說，這麼做其實很有道理。有高牆圍住、再加上有發誓守貧的受過訓練戰士保護，而且他們還有一套會計系統可以監督個人的存提，還有比這更安全的地方嗎？

騎士團也有其他多種金融仲介功能。十三世紀時，就由他們負責替英國皇室收取稅金並監督納稅，也在英法兩國維護皇家負債的帳戶與應付款。英格蘭自有財政單位以管理政府財政並善加利用騎士團的服務，法國則仰賴教團作為實質的皇家庫房與會計辦公室。

英國國王向騎士團借款，以珍寶作為抵押，比方說，一二一三年時，英王約翰（King John）便商借一千金幣以支應軍費，他的繼任者亨利三世（Henry III）同樣也伸手借錢。[1]騎士團也是歐洲各君主之間的付款中介機構，舉例來說，亨利三世同意向馬區伯爵（Count of March）買下奧勒隆島（island of Oleron）的同時，國王也同意在五年期間內支付兩百英鎊給倫敦的聖殿，之後由騎士團付錢給伯爵。[2]一位國王要支付另外一位國王的賠款或皇家債務，也可透過騎士團處理。

然而，當騎士團在管理跨期的價值交換時，他們在金融上扮演的角色更微妙。他們擔任信託人的角色，負責照看遺產，保證公平處置房地產，甚至還銷售終身年金。比方說，英王約翰便在一二一四年設置年金，提撥一筆資金，確保在拉羅歇爾（La Rochelle）的騎士團每年均有錢領。他也為安古蘭的愛麗絲（Alice of Angoulême）女伯爵設立一筆五百英鎊的嫁妝，事先撥付兩千五百英鎊給騎士團；這樣的安排（不知騎士團是便宜行事還是故意）完全忽略了金錢的時間價值。[3]法國國王同樣也利用騎士團安排類似債券的工具，而且很有趣的是，這些工具可以交易。比方說，一二五九年時，艾蒂安・德・蒙聖讓（Etienne de Mont-Saint-Jean）收到聖路易（Saint Louis）、也就是法國國王路易九世（Louis IX）一筆三百里拉（livre）的永久性租金，透過巴黎的聖殿付款，換取他放棄阿雷堡（Ferte-Alais）。一二七〇年他出售一半的年度現金，賣給尚・薩拉辛（Jean Sarrasin）。[4]這些債務也可以重整，把永久性的現金流變成終身年金。[5]騎士團創造出眾多我們如今所稱的「金融產品」並提供相關服務。雖然騎士團的銀行服務交易文件多半都是和貴族往來的紀錄，但他們的金融服務對象也擴及商人和貿易商。有些帳戶顯示，甚至低階的廚師也透過聖殿約定付款。

聖殿騎士團算是真正的銀行家嗎？若是，這家銀行如何運作？首先，我們應該要知道，他們的使命並非經營銀行，而是要保護朝聖者並重新奪回聖地；我們應該從這樣的脈絡來看他們的金融服務。應該說，他們累積出來的資產、開發出來的工具以及他們尋求的皇家特權，都是為達目的之手段。這不代表他們沒有偏離本來的使命，但是，若從個人面向來說，騎士團並未從自己從事的金融活動當中獲利。當一名騎士加入教團時，就必須放棄所有個人財產。

銀行會收取存款、放出貸款並提供各式各樣的金融服務，但也會做其他事。每一家銀行營運的法規環境不同，有些可以從事股權投資、包銷發行的證券與參與公司治理。根據這些標準來看，聖殿騎士團大致是一家銀行。說到底，「擁有」這家銀行的所有權人是天主教會，教宗有權將騎士團的資產移轉給其他教團，最終也可以下令解算騎士團。但唯有騎士團走到盡頭時，前述的所有權才有意義。多半時候，治理騎士團的是某種合夥關係，有定義嚴謹的規則規範如何加入教團，以及治理架構的繼位問題。只有騎士團的成員才能管理資產，保有資產是為了推動整體組

---

1 M. Leopold Delisle. 1888. "Mémoires sur les Operations Financieres des Templiers," *Mémoires de l'Institute National de France. Academie des Inscriptions Belles-Lettres*, Paris 33: 11.

2 Delisle (1888), p. 47.

3 Delisle (1888), p. 48.

4 A. J. Forey. 1973. *The Templars in the Corona de Aragon*. Oxford: Oxford University Press, p. 22.

5 Delisle (1888), p. 87.

織的使命。騎士團成立時獲得教宗「特許」，這賦予他們合法地位，可在單一機構的架構下運作，舉例來說，基本上，這代表巴黎聖殿產生的債務也可以視為倫敦支部的債務。無論是公營、私有或非營利，銀行主要靠的是兩項重要優勢：一是金融專業，二是資本。金融專業包括評估借款人的違約風險並加以控制、保護資產與評估、量化、記載與記錄存入、提取、收入和支出。騎士團一開始為朝聖者處理金融事務從中培養出相關技能，隨著他們成為英法等國君主實務上的財務大臣，在各方面都更日益精進。而且他們也有資本。雖然總帳帳戶紀錄證明騎士團的資產有多少，但據說他們在西歐擁有大量的房地產。他們如何取得這些資產？有些財富是贈與：虔誠的信徒會捐贈金錢、土地和財寶給騎士團。有些則來自於新加入教團的僧侶，他們會帶著自己的個人資產一起過來。也有一些是豐厚的遺產。比方說，西班牙國王艾方索一世（Alfonso I）便在遺囑中指示，要將一大部分的國土送給騎士團；一一四三年，經歷了漫長的談判之後，騎士團才放棄了這項贈與所賦予的任何權利，以交換蒙宗（Monzon）、蒙蓋（Mongay）、巴貝拉（Barbera）、查拉梅拉（Chalamera）、貝爾其特（Belchite）和瑞莫林斯（Remolins）等地的城堡，再加上薩拉戈薩（Zaragoza）與偉斯卡（Huesca）兩地每年的收益，並可分得占來的摩爾人土地的五分之一。[6]

騎士團得到的某些珍寶，很可能是因為他們提供金融服務而收取的捐贈。多數銀行都靠著收取利息獲利，但少有直接證據指出騎士團也是利用這種方法累積財富。反高利貸的法律使得教團很難明目張膽收取利息費用，但不見得就做不到。利息可以隱藏起來，變成延遲支付的費用。但不管怎樣，就算明文禁止高利貸，也並未禁止騎士團收取贈禮作為提供服務的報酬。此外，騎士團在為皇室提供金融服務時會得到其他權利，而且就像利息一樣有價值，包括免稅、特許經營權或銷售鹽酒時可以獲得關稅減免。[7]

騎士團的寶藏

基於我們所了解的騎士團銀行家角色，很難去質疑確實有所謂的騎士團寶藏。雖然教團的財富都用於建造與維護城堡、修道院與教堂，以及支應十字軍東征的費用，但是他們在歐洲持有的地產可是一筆極大的財富。檢視這些資產的運作很有意思。有一個地方留下了很多騎士團資產相關的紀錄，就在西班牙東北方的亞拉岡王國。這些紀錄替我們開了一扇窗，讓我們看到騎士團財產的相關性質。

基督教世界和伊斯蘭教全面開戰時，東方的前線是耶路薩冷，西方的前線則是伊比利半島。前述那位極為慷慨的捐贈人西班牙國王艾方索一世，在一一〇〇年代初期徵召騎士團提供軍事支援，贈與土地給教團當作酬謝。一一二二年時他把格拉涅納（Granena）的城堡當成禮物送出去，期待騎士團保衛這處邊境城堡。一一六四年時騎士團又得到一份禮物，當時加泰隆尼亞王國向聖殿騎士團借了一千個馬拉貝亭幣（morabetin），騎士團則用收取巴塞隆納兩座磨坊的租金作

6 Forey (1973), p. 113.

7 Forey (1973), p. 115.

為交換。

這些贈與騎士團的禮物，基本上是把和地產有關的經濟權利讓渡給他們，包括以貨幣、生產量與人力計算的租金，收取費用與關稅的權利，從事漁業與狩獵的權利，掌握天然資源的控制權，以及可監管「重量、度量衡、鍋爐、磨坊（以及）公證處」等等。[8]騎士團也接受他人讓渡「條款與保有物」，這指的是業主目前和地產租用人之間的租賃契約，以及舉辦商業市集與市場的權利。若贈與來自於國王或封建領主，他們也會順勢取得管轄權，偶爾會導致當地出現雙軌法庭體系。[9]

行政管轄權成為一種金融上的權利

國王和其他諸侯有權利讓渡在他們保護之下的租金、收益和財產控制權，同樣的，騎士團也有權再把這些權利讓渡出去。舉例來說，他們可以把某個城市的統治權贈與某人，以換得贈禮或權利。這類讓渡對於騎士團來說稀鬆平常，這種以封建財產權為基礎的契約是標準的合約形式。

加州大學柏克萊分校的湯瑪斯・畢森（Thomas Bisson）是專攻中世紀契約與社會的專家，他研究了一批從一一五一至一二一三年間加泰隆尼亞王公貴族的財政紀錄；這段期間剛好是騎士團進入西班牙東北部不久之後。畢森研究的檔案文件，大量記載了王公貴族使用的手段。這些人把各種皇家特權當成大富翁遊戲裡的紙牌，拿來借錢、尋求好處與爭取讓步。[10]

許多王公貴族拿著行政管轄權（bailiwick）要求貸款；這是指管理一個市鎮或地區的權利，

隨附收取費用與稅金的權利。亞拉岡王國的行政管轄權可以拍賣，期間達一年或以上，債權人免除皇室人員的債務，交換後者本來可以擁有的稅收和權利。

來看看以下這個範例；這是畢森找到的一份契約並由他翻譯，日期為一二〇五年五月二十七日：

> 國王的總管拉蒙・巴塔拉（Ramon Batala）與巴塞隆納的行政官裴菲特（Perfet），將莫亞（Moià）的行政管轄權賣給拉蒙・德・帕薩瑞（Ramon de Passarell）和格勞・德・巫伊拉・讓安（Guerau de Uilar Jouam），自一二〇五年五月三日起為期一年。國王的「五條款」另外保留。價格為一千巴塞隆納蘇幣（sous of Barcelona）（注：巴塞隆納蘇幣為加泰隆尼亞的貨幣），分三期付款。如果因暴風而損害收益，將由當地的「好人」重估價值。買方在付款保證書上署名後，即代表他們保證會忠實公正行事。[11]

莫亞城距巴塞隆納北方三十英里（約五十公里），位在庇里牛斯山山腳下，如今是一個小村

8 Thomas Bisson. 1984. *Fiscal Accounts of Catalonia under the Early Count Kings*. Berkeley: University of California Press, p. 82.
9 Bisson (1984), vol. 2, p. 211.
10 Bisson (1984), vol. 2, p. 222.
11 Bisson (1984), vol. 2, p. 222.

落與旅遊地，當地有三千八百位居民。一二〇五年時，這裡是一個設防城，歸珊莎皇后（Queen Sancha）所有，並由她的丈夫艾方索二世（Alfonso II）管理，因此，他的總管拉蒙·巴拉塔才能出售行政管轄權。莫亞的行政官有權在這裡籌組市場與市集，相關的營運工作顯然由埃斯塔尼（l'Estany）地區的僧侶負責，他們可以分享利潤。所有權人可以向城裡的家庭，以及皇家糧倉收取款項（形式可能是農產品）。顯然，收取這些收入的權利價值超過一千巴塞隆納蘇幣（價值相當於三千兩百四十公克的銀）。當契約義務結束，就會剪掉羊皮紙並加蓋撤銷標誌，代表這份合約已經失效。

請注意契約的作用。這類契約將特定期間某項財產產生的封建權利變成錢。想成為行政官的人付出一千巴塞隆納蘇幣以交換不特定的現金流，這筆現金流明顯和行政管轄權下的農產成果有關（因為契約上提到暴風雨這種特例情況）。這有點像是貸款給國王，然後國王以資產的收益償付。

行政管轄權不只是國王籌資的辦法，也是投資人利用現金創造未來收益的辦法。投資人出價標下這些契約成為行政官，目的不是為了做一年的官管理一個城；畢竟，這類契約的期限都很短。重點不是權，而是錢。行政管轄權是一種金融工具。

中世紀的歐洲常見這種契約形式，也稱為「名冊」（census）或「年金」（rente），是用錢來交換特定期間內某項財產的收益。雖然莫亞城的契約並未規定利率，但某些名冊契約則有。比方說，一二〇九年，西班牙國王兼巴塞隆納伯爵佩德羅一世（Pere I）承認欠戈柏茂·德·瑞貝爾（Gobmau de Ribells）一筆錢，金額為七千五百瑪茲穆丁幣（mazmudin），同意支付百分之二十的利息，直到債務清償為止。[12]

十三世紀的國際金融

這套可轉讓的封建權利架構，為歐洲之後的金融架構立下基礎。十二世紀初期的市政與主權機構融資，主要的方法是將土地的封建權利收益變成金錢，包括租約、農產品收成、費用、稅金、海上關稅、採礦權以及傳統的勞役人力。這套金融體系讓貴族和地主可以憑藉封建義務體系借錢，投資人則可以收取與讓渡從中產生的利益。雖然這套系統早在騎士團成立之前便已存在，但行政管轄權與名冊契約讓騎士團（以及其他有積極創新精神的放款人）得以運用手上的資本。

一個很嚴重的問題是，這類契約會侵犯讓渡權利的主權所有者或貴族之權力，這很危險。急需用錢的伯爵、侯爵、城市與共和國從事這類融資，其後果不僅是主權控制力量被削弱，還要面對違約與財產被沒收的威脅。大約經過了一世紀，騎士團便擁有了幾千筆的土地財產以及複雜的契約網絡，讓他們成為歐洲一股重大的經濟勢力，也變成需要資金的君主想要對付的目標。

---

12 請參見 John H. Munro. 2003. "The Medieval Origins of the Financial Revolution: Usury, Rentes and Negotiability," *International History Review* 25 (3): 505-62。

垮台

塔爾圖斯（Tartus）陽光明媚，是敘利亞海邊的一處度假勝地，有寬闊的沙灘，城市沿著山丘綠蔭下的海灘發展；在十字軍東征的時代，連綿山丘四周想必處處都是葡萄園和果園。魯阿德（Ruad）是距離岸邊僅約一英里的小島，從城裡可以清楚望見。島上主要的景點，是騎士團最後的前哨基地遺留下來的地基。當騎士團逐漸滲透到歐洲的金融體系時，他們最根本的使命卻失敗了。在整個十三世紀，屬於十字軍的各國慢慢失去對聖地的控制權。一二四四年，穆斯林掌握了耶路撒冷。騎士團一步步退守，一座一座城堡往後移，到了一三〇二年，他們在敘利亞海岸邊的最後一個據點也失守了。

變成金融組織的騎士團，苟延殘喘的時間也只比身為宗教教團的騎士團稍長一點而已。諷刺的是，他們敗於法國國王的劍下，而不是伊斯蘭。騎士團在歐洲的崩解，始於一三〇七年法國國王腓力四世（Philip IV）在巴黎聖殿發動的一次意外攻擊。騎士團的所在地就在古城牆外，也就是現在巴黎地鐵的聖殿教堂站。騎士被捕之後，被監禁在他們自己的城堡地牢中，被指為異教徒，屈打成招。這番迫害的用意，無非是為了他們豐厚的財富。騎士團之前犯了一個錯，不肯寬免腓力國王的債務。他們早該了解這個人。幾年前，腓力國王把借他錢的猶太與義大利債權人驅逐出法國，罪名同樣也是對國家不利。即便騎士與法國皇室之間唇齒相依已經好幾代，但在這次逮捕行動之前，腓力國王已經開始將法國的財政體系和騎士團的資金切開，皇室選擇在羅浮宮之外收付款項，不再與聖殿打交道。

騎士團遭受的審判，是天主教會史上最著名的宗教審判之一。幾百名教團成員遭到刑求，被迫承認崇拜假偶像、進行祕密儀式或者有同性戀的關係。現代的教會觀察家懷疑這些屈打成招供詞的真實性，但是這類故事無疑讓社會氛圍開始反對騎士團。

倫敦與西班牙的騎士團所受的罪比法國的騎士團少一點。英王愛德華一世（Edward I）一開始不願逮捕他們，但在腓力國王提出指控之後，也只好遵從教宗的命令。亞拉岡的騎士團以自己的城堡為據點負嵎頑抗，但後來還是被捕。審判結果出爐後，他們遭到釋放，還得到養老年金。騎士團的資產（包括城堡、教堂與土地財產）都移轉給另一個聖約翰的教團：聖護騎士團（Knights Hospitaller），其餘的騎士團僧侶也加入聖護騎士團。

聖殿騎士團打造的國際存款付款系統崩解，對於整個歐洲來說必定是一大損失，但他們分割資產與放棄金融上的權利，比方說扣押或重新轉讓他們的土地財產、名冊契約、皇家債務與其他債務，對於急需現金的歐洲君主來說可能是一帖暫時性的救急藥。聖殿騎士團垮台留下的機構空位，後來由義大利的銀行家補位。

聖殿騎士團瓦解之後，聖護騎士團仍保有倫敦的聖殿教堂，但是把位在市中心的生活起居區、飯廳、訓練場地、庫房和花園租給兩個律師學院，成為英國普通法培訓、研究與演練的中心，這項功能一直維持到今天。騎士們一度在這裡發誓要捍衛耶路撒冷，現在，年輕的律師則誓言忠於法律。聖殿教堂仍保留了神聖的任務。

其他制度

第三部的簡介中曾提過，歐洲的金融是因為政治的衰弱與歐洲大陸分裂成多個城邦才應運而生，剛好和中國的統一治理架構形成對比。政治上的衰弱導致歐洲諸王持續不斷透過轉讓土地財產與租地來籌資，一旦他們把能當的都當完了，就開始擴充王國的軍事武力，以創造其他收入來源。為了滿足這股需求，又催生出金融機構。

簡單來說，需求是發明之母。騎士團成立之始，並未預見會在社會上擔任起銀行家的角色，這是根據需求與機會演變而成的結果。若是歷史軌跡不同，很可能就會由民間的銀行家承擔接受存款與中介的任務，比方說，借錢給英王愛德華一世的義大利盧卡地區（Lucchese）商人。也可能由某個更強大的中央政府擔任這個角色，比方說神聖羅馬帝國；在不同的時空背景下，這樣的中央政府很可能握有對歐洲的控制權，亦如中國的皇帝握有集中的權威與財政管理權。

金融技術會變得多餘，也會適應環境，有時候甚至會變形。我們認為神聖不可侵犯、不可缺少且不可取代的機構，可能並非如此。由於歷史事件的結果具有隨機性，因此，本來也可能出現另一組機構制度來解決同樣的金融問題。也就是說，金融創新是一系列的歷史意外：是時間、地點與機會組成的隨想曲。

聖殿騎士團的金融帝國很有趣，因為證據證明不同的制度技術也可以發揮相同的功能。另一項重要的特色是，他們的財富以封建制度為基礎。騎士團的寶藏不是存在庫房裡的金銀，而是他們擁有的幾百筆土地財產，本質上以封邑、行政管轄權，以及年金等封建制度權利為基礎。中世紀時，土地是移轉跨時價值的主要媒介。農地、葡萄園、果園和家畜家禽都可拿來抵押，在王公貴族和諸侯與債權人設定終身養老金、契約和封邑金（money fief，譯注：以金錢作為受封的封邑標的）時，可作為背書之用。封建權利，是君主將土地或土地上的生產成果讓渡出去，以交換對方的支持。傳統上以這種做法交換軍事支持，但所有權人顯然也可以把封邑讓渡出去以交換其他支持，比方說取得現金或貸款。聖殿騎士團與聖護騎士團等宗教組織之所以變得重要，是因為他們成為封邑的受益人，而歐洲也發展出一套法律系統，以裁決封邑以及其他可讓渡權利相關的爭議。封邑法的基礎雖然是土地與土地產出的讓渡原則，但後來這套法律架構用於純貨幣性義務的系統，也是歐洲金融架構特有的概念基礎。

本書的中心要旨，是點出金融創新是為了解決時間與地理區的經濟問題才應運而生，但它們也必會帶來新的問題。騎士團組織提供了一套穩定、長存的制度，使得針對未來要支付的款項締約變成一件可信的事。組織選擇發誓守貧的高道德從業人員，降低了詐欺的可能。騎士團涵蓋諸多地理區的廣大網絡，則可用在不同的時間與空間移轉金錢。然而，這些讓騎士團組織符合理想標準的特色，也導致了它的垮台。坐擁廣大財富使得聖殿騎士團變成政治目標，棄守原始使命則讓他們在十四世紀初成為天主教會的邊緣組織。失去聖地後，也就不需要保護者了。事實上，騎士團的財富威脅了教會本身的財富規模。

聖殿騎士團的故事很重要，因為這代表出現了一套另類的制度性金融架構，而且穩定維持了一段時間。不同於現代中央銀行的是，聖殿騎士團不用對國家負責，而這一點最終也導致他們垮台，而拿騎士團與歐洲央行相比擬也因此變得很有意思。

第十二章　威尼斯

這一章將追蹤現代金融證券與市場的誕生，上溯到文藝復興時期的威尼斯。我會提到中世紀慣用的名冊契約做法如何替這些金融創新奠下基礎，並重返歷史性的一刻，說明一場政治危機如何觸動新發明的誕生。十二世紀威尼斯出現的金融證券市場，代表歐洲歷史上的分水嶺；國家開始使用赤字支出（deficit spending）的實務操作，以發行流動負債的方式籌得資金。威尼斯崛起成為商業帝國之時，財政金融便是其重要的權力工具之一；這座城市金融架構裡的每個組成，和實體建築裡的一磚一瓦同樣重要。威尼斯發明債券，在歐洲引發一場哲學危機。天主教會禁止高利貸，使得借錢給國家的威尼斯投資人道德地位曖昧不明，這個問題又轉而帶動更深入的資本用途分析，並改變歐洲對於時間的概念與量化方式。

約翰．羅斯金

讀者現在將開始明白，研究這座城市的宏偉建築有多重要，這座城市方圓七、八英里（約

十一、二公里），內有世界三大重要建築彼此競爭：每一種建築都在表達一種宗教環境，但每一種表現方式都錯了，然而，這又是必要的，以利其他建築的自我修正，以及透過這些建築物進行修正。1

——約翰・羅斯金（John Ruskin），《威尼斯之石》（*The Stones of Venice*）

在現代搭著貢多拉船沿著大運河航行，正好見識知名評論家羅斯金眼中的重大文明衝突（東方遇見西方），以威尼斯城中裝飾華美的古老宮殿為背景上演。羅斯金眼中的威尼斯既是遺跡也是謎題，但最重要的，這裡神奇地將古代的文化性機構蹤跡保留了下來，嵌入由石頭和水構成的難得一見的矩陣組合當中。揣上一本《威尼斯之石》，觀光客就可以看到羅斯金掛在嘴上的建築演變史，從表現在城市各棟建築物的古典風、哥德風與中東風的裝飾主題，可以看出從羅馬式、倫巴底式（Lombard）演進到阿拉伯式；大多數都保存完好，匯聚在聖馬可廣場（Piazza di San Marco）上總督府（Doge's Palace）的正面。

極有趣的是，威尼斯之石也留下了世界金融架構中一階段接著一階段的遺跡；當然，基本上，這也是因為這套架構始於威尼斯因為海上貿易而興起、繁榮，然後沒落。威尼斯的商業探險將身家性命賭在大海上，在整個地中海世界與更遠處從事貨物買賣。在威尼斯城區裡，處處蘊藏著重要金融機構的蛛絲馬跡，就是這些機構創造出現代資本市場。

且讓我們以哈利酒吧（Harry's Bar）為起點展開旅程；在這裡，富有的觀光客會擠進一個小房間（偶爾也有一些名人），花下高到不可思議的價格品嘗料理（當然很美味）。哈利酒吧後面，是耶穌升天街（Calle dell'Ascensione）上的巴格里歐露納飯店（Baglioni Hotel Luna）。巴格里歐露納飯店是威尼斯最古老的飯店，據稱是一一一八年留存至今的歷史古蹟；那一年，聖殿騎士團占領了聖馬可廣場外的「露納小棧」（Locanda della Luna）。也因此，若要問騎士團在威尼斯的修道院在何處，最有可能的地點就是露納巴格里歐飯店，而這裡的地基原本屬於早已廢棄的聖殿教堂巴洛羅聖母教堂（Santa Maria in Brolo），也稱為耶穌升天聖母教堂（Santa Maria dell'Ascensione）的地基。在這個世界上，你要找到曾經是聖殿騎士團據點、甚至可能是騎士團

圖24 威尼斯的里奧多市場（Rialto Market）。這是歐洲最早的債券市場兼金融中心（作者提供）。

1 John Ruskin. 1867. *The Stones of Venice*. New York: J. Wiley & Son, vol. 1, p. 17.

銀行的地方好好睡一覺，那就是這裡了。

跨過聖馬可廣場，沿著大運河的東岸走，接下來你會看到柏拉高拉聖喬凡尼教堂（San Giovanni in Bragora），過去名為聖喬凡尼聖殿（San Giovanni del Tempio），這是聖殿騎士團一一八七年取得的教堂與區域醫院，教團解散後轉給聖護騎士團。

雖然沒有科學證據證明，但騎士團在威尼斯城裡擁有的最恢弘雄偉建築想必是卡納雷吉歐區（Cannaregio）的抹大拉的瑪利亞教堂（Church of the Magdalene）：這是一棟圓形教堂，重建於十八世紀，風格簡樸、古典。在教堂入口處有一項設計是雙連環與三角形，中心則是全知之眼（all-seeing eye）；這是共濟會的符號，一元美鈔的背面也看得到。

建造原始教堂的是巴爾伯（Balbo）氏族。族裡的埃澤利諾一世（Ezzelino I）是威尼斯最英勇的十字軍之一，他在第二次東征時對抗羅馬皇帝腓特烈一世巴巴羅薩（Frederick I, Barbarossa）。他的兒子埃澤利諾二世也為帝國英勇出戰，但到了晚年放棄所有俗世的榮華富貴，加入聖殿騎士團。威尼斯卡納雷吉歐區的抹大拉的瑪利亞教堂，很可能反映出這個家族和騎士團的古老淵源。十八世紀的建築物選擇建成圓形，是因為依循某種古代的傳統，還是順應更早期的圓形地基？當中的關聯性不太有說服力，但是對於《達文西密碼》的書迷影迷來說，這些巧合讓人很難不發揮想像力。

無論十四世紀初期騎士團瓦解之後教團本身或其傳統是否有留下來，威尼斯少數幾棟可以追溯到騎士團的建築物已經足以讓我們知道，「威尼斯共和國」（Serenissima）是騎士團教團廣大金融網絡中不可或缺的一環。確實，威尼斯是前往聖地朝聖的離岸港，從這個關鍵地位來說，這裡一定是歐陸最重要的聯絡點。

如果繼續參觀教堂，或多或少會看到騎士團住過的地方。但是，威尼斯支部如何運作？他們用來記錄旅人存款的大量會計紀錄，如今安在？當朝聖者在聖地提領現金，由其家屬在巴黎、倫敦、巴塞隆納與威尼斯用存款支付費用，不同的修道院之間必有文件傳遞，以注記借方與貸方，這些信函又去了哪裡？當朝聖者的船繫在聖馬可廣場附近的港區，或者就在現代露納飯店的碼頭時，他們又帶來與提示了哪些設計巧妙的憑單與祕密訊號？這些都再無覓處；至少在威尼斯政府的官方紀錄中全不見蹤影。也許，有可能哪天在某個教堂的檔案文件中或沉沒的十字軍大帆船裡會有所發現，幫助我們拼湊出聖殿騎士團金融技術的細節。也有可能，我們需要在哈利酒吧正門外到水面下做點金融考古。

圖25 威尼斯巴格里歐露納飯店；此地原是騎士團在威尼斯的修道院（作者提供）。

如果說威尼斯之石留下了世界首家國際銀行的中世紀初期教會機構遺跡，這些石頭也講述了另一個大不相同的金融機構故事：威尼斯另有一套世俗的政府網絡，和教會的騎士團網絡共存，最終前者超越了後者。要把這個故事說得好，最好是從最有名的威尼斯人的觀點來看，我們之前在研究中國的金融創新時已經會過此人，他就是馬可・波羅。他在威尼斯的生活給了我們另外一個元素，讓我們更能透析這座城市古代的金融架構。

馬可・波羅的時代約為十三世紀，當時的威尼斯是一個海上殖民帝國，勢力範圍南至克羅埃西亞的達爾馬提亞（Dalmatian）海岸到克里特，貫穿整個愛琴海地區。第四次東征時，威尼斯的軍隊在一二〇四年打敗了拜占庭，把這座古老的城市納為己有。威尼斯貿易商的足跡更遠，跨越了君士坦丁堡與聖地。就像古代的希臘人，他們建立的貿易路線穿過博斯普魯斯，直入黑海，這個前哨站讓他們可以進入古代的絲路，與北方的人們貿易。

馬可・波羅於十三世紀中生於威尼斯，並與叔伯至中國遊歷，他的叔伯雖然也是威尼斯人，但大部分的時光都以商人的身分往來於基督教東方的前線地區，先在黑海的貿易港口，後來則轉往中亞。當馬可・波羅被監禁在熱那亞時，記下了他們一家的探險（他們前往中國後再返國的大冒險歷時幾十年）。在作家魯斯帝謙的協助下，他寫下了《世界紀行奇蹟之書》（*Livre des Merveilles du Monde*），義大利文的書名則名為《世間萬象》（*Il Milione*）。事實上，這本名著並非以拉丁文或義大利文寫成，而是典雅的法文。一本以法文寫成的書，由一名義大利人講述他在亞洲的遊歷經驗，光是這一點就足以證明義大利在馬可・波羅生活的年代和廣大的世界往來頻繁。

威尼斯在第四次十字軍東征前、後和拜占庭關係密切，和東地中海地區的貿易交流熱絡。但是，比薩與熱那亞這兩個敵對城邦的競爭日益激烈，想盡辦法要進入東方的市場。十字軍東征不僅代表了挑戰阿拉伯對地中海與黎凡特的控制權，也變成義大利諸城邦與貿易商競奪的主要路線，最後更加速拜占庭帝國的滅亡。在第一次東征與聖殿騎士團教團組成之前，熱那亞與比薩一〇一五年時即已聯合派兵攻擊被穆斯林占領的薩丁尼亞（Sardinia）。一〇九六年時熱那亞在安提阿（Antioch）為第一次東征的軍隊提供軍需品，藉此在傳統上由威尼斯主導的東方貿易中占到了一個前哨站。一一〇〇年時，威尼斯在希臘羅德島（Rhodes）附近攻擊熱那亞艦隊，兩個城邦的敵對因此白熱化，雙方的海上競爭態勢延續了好幾個世紀。

中世紀時歐洲的崛起不是另一個統一的帝國從羅馬帝國的灰燼中浴火重生，而是變成多個規模小、侵略性強、貿易導向的商業城邦。公元一千年之後的經濟復興向來是歷史研究的主題，而想了解金融在西歐再度覺醒中扮演的角色，最好鎖定早期的城市金融如何運作。

里奧多市場

馬可・波羅於一二九八年時終於付出贖金重獲自由，回到家鄉威尼斯。如今威尼斯仍有兩處廣場以他的名著為名：第一萬象之家（Corte Prima del Milion）與第二萬象之家（Seconda del Milion）（譯注：萬象〔Milion〕是威尼斯人替馬可・波羅取的綽號，一來呼應他的義大利文版著作書名，二來指稱他所說的旅遊故事包羅萬象，亦暗諷他天花亂墜）。如果標注為馬可・波羅故居的地點正確，那麼，這裡正是適合商人居住之地：就像當時許多富裕人家一樣，這是一處多樓層的建築，周圍有彼此相連的庭院，並以一條小運河連到里奧多橋北邊的大運河。描繪里奧多附近景物的繪畫顯示，在馬可・波羅時代，這是一座中間拱起、有柵欄的木橋，橫跨在運河上。中間是開放空間，商人可以把各式各樣的貨物放下來，在下方的長廊交易。除了橋本身之外，里奧多區也很重要。

馬可・波羅時代的里奧多區，讓船運鉅子、企業家、金融家、投資人、投機人、銀行家、借錢的人、保險經紀人、經紀商、貨幣兌換商、稅務機關、政府稽核員甚至是說長道短的人、賭徒、觀眾路人與觀光客齊聚一堂，見識歐洲最重要的商業中心裡的金融核心。各類金融服務匯聚在同一個空間，中介起來就容易了。

當馬可・波羅走過里奧多橋，他可以看到船隻停泊、載貨，以及檢查貨物的海關辦公室。橋尾端處很早就蓋起一座供商人休憩的涼亭：這是一處拱型的開放空間，可以作為商業集會中心，供大家交換知識和資訊；如果莎士比亞筆下的威尼斯商人確有其人，那麼，我們可以想像他每天都來這裡打聽失蹤的大帆船。從橋上走幾步路就可以到達一處小廣場：里奧多聖賈科莫廣場（Campo San Giacomo di Rialto）。這處廣場讓人有一股熟悉感，因為這裡的實體空間安排基本上已經變成後世歐洲金融建築的典範：柱廊庭院，周圍還配有各種金融專家與擔負相關功能的機構。今天，這座廣場的周圍則是商店、柱廊以及加了外罩的小攤子，裡面還有威尼斯鮮蔬市場。[2]

七世紀前，里奧多區的面貌可能和今日大致相同。但當時沒有蔬菜批發商，你會看到的反而是拿著小型木製板（名為「板戟」〔banci〕）的銀行家和貨幣兌換商，忙著計數、秤重和檢驗。

這些銀行家接受存款與從事放款（抵押和無抵押貸款均有）。他們的部分業務是典當仲介，但無疑也從事貿易商業貸款、替家族管理帳戶與負責經紀業務。在廣場北邊，商人可以替自己的海上冒險協商海事保險，他們身後則有碼頭和市場：一處毛皮與生皮市場、一處魚貨市場。里奧多廣場多數地方是各種商業活動，但有一邊專屬於上帝。古老的聖賈科莫教堂（church of Saint Giacomo）俯瞰威尼斯中世紀時的金融中心，這座教堂可能是威尼斯島上最古老的一個角落，教堂磚造正面最顯眼之處是小鐘塔上的超大時鐘，凸顯了時間的流逝。教堂周邊有一石碑，訓誡商人在度量時要公平。再穿過廣場，石碑前有一座小噴泉，刻畫的人物有點像是希臘的大力士亞特拉斯（Atlas），肩上負有重物，據說是要警告世人負債的危險。

政府也在里奧多區占有一席之地。橋南邊的大運河前有穀務辦事處、酒稅辦事處與鹽務辦事處。一如中國，鹽也是威尼斯政府收入的來源。這裡也有欠稅辦事處與經紀稅務辦事處。威尼斯有個非常重要的政府機關並不在廣場前面，也未直接面對大運河，而在廣場西邊一排建築物裡，隱身在商店大街後，那個地方叫「Camera degli Imprestiti」，這是威尼斯貸款辦事處。威尼斯的貸款辦事處相當於美國財政部，負責處理政府債務。透過貸款來為國家預算籌資這項任務，決策部分雖然仍由城市政治中心聖馬可廣場的總督府負責，但到了馬可・波羅的年代，執行的工作已經轉到里奧多區。

威尼斯官方初期曾有一次嘗試公開募資，一一六四年時，與十二位威尼斯顯貴達成相關協

2 請參見John Julius Norwich. 1982. *A History of Venice*. New York: Alfred A. Knopf, pp. 104-106.

議，其中包括未來的總督賽巴斯廷諾・錫阿尼（Sebastiano Ziani）。與投資人簽訂的合約中，講明他們可以取得里奧多區十一年的租金，以交換他們拿出一千一百五十銀幣給政府。就像我們之前看過的，這樣的抵押類似地中海其他城邦與放款人之間所做的安排，包括和聖殿騎士團訂定的契約。里奧多的貸款，事實上非常像是加泰隆尼亞諸王使用的名冊契約，將行政管轄權以及領地的收入讓渡給債權人。

第一次公共融資

而八年之後，威尼斯以另一種嶄新的手法進行融資：政府發行公債。政府實施強制性的「prestiti」（prestiti即為義大利語的「貸款」之義），根據威尼斯居民的財富設定購買量。這次的貸款是為了解決兩件事：一

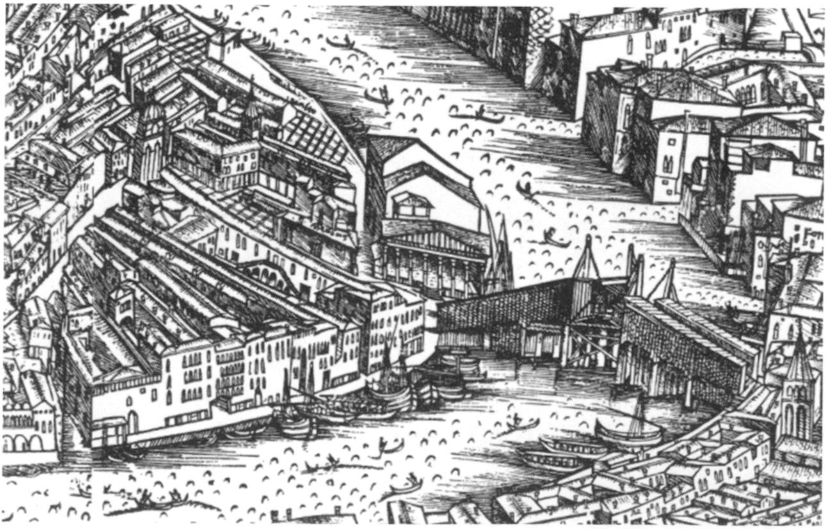

圖26　1500年時里奧多市場的景象；出自畫家雅各布・德・巴巴利（Jacopo de' Barbari）的畫〈威尼斯一景〉（*View of Venice*）（British Museum, London）。

場大規模的人質危機，以及為了爭奪亞得里亞海（Adriatic Sea）控制權和拜占庭之間的苦戰。執行這項貸款之前幾年，拜占庭打敗匈牙利王國，取得亞得里亞海的幾個港口，拜占庭王國也因此和威尼斯正面交鋒。一一七一年，伊曼紐皇帝（Emperor Emmanuel）羅織罪名，假託威尼斯人燒毀君士坦丁堡內的熱那亞區，藉機抓住首都城裡的威尼斯商人，把他們關進牢裡並沒收他們的貨物。[3]

這次事件是重大的政治危機，也是財政危機。倘若當時總督瓦塔伊爾・米希爾二世（Vitale II Michiel）順利將政府未來的收入拿去抵押，就像之前里奧多貸款的操作方式，可能就沒有以後的政府公債。但他設計出一套借款方案，由所有威尼斯人分攤財政重擔。因應這樁強制性貸款，威尼斯分成六個區，分區方式一直流傳到今天：城堡區（Castello）、卡納雷吉歐區、多爾索杜羅區（Dorsoduro）、聖十字區（Santa Croce）、聖保羅區（San Polo）與聖馬可區。每個區都要利用一套「估算」（estimo）系統來估計居民的財富，收齊該繳交的數額後送至大議會（Grand Council）。這項安排的重要特色是，雖為強制，但貸款和稅賦不同，威尼斯政府承諾支付百分之五的利息，直到債務到期。

一一六四和一一七二年這兩次融資有一項有趣的差別，那就是對一般人民來說，雖然貸款也很痛苦，但在城邦與廣大居民之間建立起一種債權人和債務人的關係，而不是讓債權控制權集中

3 Reinhold C. Mueller and Frederic Chapin Lane. 1997. *The Venetian Money Market: Banks, Panics, and the Public Debt, 1200-1500*. Baltimore: Johns Hopkins University Press, vol. 2, p. 461.

在一小撮投資人手上。我們很難弄清楚這是意外還是經過特意設計，但立即的效果是讓所有威尼斯人同時變成城邦的債務人兼債權人。一一七二年的貸款還有另一項特色，那就是若要重組任何債務，都要透過新成立的六個分區實施政治控制手段。這項貸款以廣泛分散為基礎，間接成為達成平衡政府財政決策的政治機制。[4]

有了這筆貸款，威尼斯總督就可以籌組大型艦隊來對抗拜占庭帝國，一百二十艘船揚帆而去，拯救了人質也搶回了威尼斯人的財產。艦隊就在小亞細亞海岸邊下錨。伊曼紐皇帝偃旗息鼓了一陣子，承諾要商討出一個解決之道。隨著協商行動不斷延遲，等著發動攻擊的威尼斯艦隊卻忽然染上瘟疫。拜占庭根本不用出手，疾病就打垮了威尼斯海軍。總督瓦塔伊爾•米希爾隨著殘破的艦隊回到威尼斯，帶回來的是壞消息以及疫病。一名憤怒的暴民隨即殺了他。這場悲劇引發了許多重擔，一一七二年的貸款只是其中之一。衰弱的威尼斯共和國從未清償本金。雖然政府穩定地支付每一期的利息，但這筆債變成了永遠的負擔。

這麼說來，史上發行的第一批公債反而導致政府面臨財政困境，而不是帶來優勢；發行這批公債的理由出於絕望，永遠留存的原因則是城邦無力償還本金。但無論如何，這是很重要的金融創新，這讓政府可以在有需要時快速匯聚金融資源並且轉換成軍事資產。這筆債之所以永存不朽，是因為遠征行動失敗，而不是將貸款變成政府長期負債這個概念失敗。

一二六二年，威尼斯的負債正式入法，以〈債務法〉（Ligato Pecuniae）規範，把之前所有負債整合成單一基金，利率訂為貸款面值的百分之五，每年分兩期付息。這就是後來大家所謂的老山基金（Monte Vecchio）。老山基金有兩大特色：債券義務可以在不同的投資人之間移轉，以及政府不能償還本金勾銷債務。可移轉，代表被迫購買貸款的人可以回過頭賣給別人，相關的支付款也就付給下一個債券持有者。不准政府償還面值以勾銷貸款的決定，代表債券永遠都是投資者的金融資產，或者，威尼斯官方也可以在公開市場中買回。一開始延遲贖回本金是權宜之計，後來變成政府公債的長期性特色，而且顯然很受青睞。到了馬可・波羅的時代（事實上，大約是馬可・波羅在中國歆羨大汗豪華宮廷之時），威尼斯的貸款已經正式成為可在活絡、競爭的次級市場（也就是里奧多市場）買賣的貸款。

在接下來幾個世紀，當軍事上有需要時，威尼斯不斷利用老山基金：比方說，一三一〇至一三五四年和費拉拉城（Ferrara）的戰事、一三五〇至一三五四年第三次對熱那亞開戰、一三七八至一三八一年在基奧賈城（Chioggia）與熱那亞交戰（這一場戰爭需要的貸款動用了百分之四十一的威尼斯民間資本，並強迫人民大量變現不動產[5]），最後則是一四〇〇年代初與米蘭的幾場戰事。一四五四年，官方關閉老山基金，改採直接徵稅，想要在君士坦丁堡衰敗之後對土耳其人開戰。但一四八二年時，威尼斯又啟動了新山基金（Monte Nuovo），募資準備與費拉拉城交戰，也因此，里奧多有兩種不同的債券並行交易。

不同時間點的貸款價格，代表投資人對於威尼斯政府未來持續支付債務能力的看法。從一二

4　Mueller and Lane (1997), vol. 2, p. 466.

5　萊茵侯・穆勒（Reinhold Mueller）指出，慈善機構被禁止以不動產資產做永久性的捐贈基金，因為這樣一來會有太多財產落入「沒有效果」的用途。金融資產因此成為理想的替代品。

六二年整合貸款到一三七六年，這段時期威尼斯的貸款通常的價格是面值的百分之八十至百分之百，但從一三七六至一四四一年間，平均價格落到百分之四十至百分之六十：這段期間威尼斯共和國經常拖欠利息。確實，自此之後，賣方很幸運賺到面值的百分之二十。應付給貸款投資人的款項，有時候用抽籤決定：幸運的投資人可以拿到逾期的利息，運氣不好的就要等一等。雖然這是第一次發展出政府信用市場，但其價格模式已經能反映出威尼斯政府的可信度，並指出約於一三四〇年時來到高點。威尼斯負債的最後微光，是一七九七年拿破崙（Napoleon）征服共和國前發行的債券。這項威尼斯共和國終結時的偉大金融創新，如今還找得到遺跡。我曾經在一場拍賣會上買過一張名為「識別卡」（cedula）的息票，一七九七年由威尼斯吉羅銀行（Venetian Giro Bank）發行，流通性顯然就像紙幣一般，也代表著歐洲最長壽獨立共和國最後的承諾。

十三世紀威尼斯貨幣市場最顯著的特色，是這裡沒有無所不在的銀行；古代的地中海可是早就有銀行了。透過〈債務法〉把政府的貸款制度化，是貨真價實的創新，因為，有了這項機制後，威尼斯共和國有意無意間創造出一種全新的所得替代機制。上古時代或世界其他地方都沒類似的制度。雖然威尼斯的負債追根究柢可以溯及中世紀的名冊契約，但是其廣為分散到全體居民身上這一點絕對是創舉。威尼斯人民可以先利用勞務或貿易利得存下經濟價值，之後轉換成未來的現金流，透過這種方式，在經濟上可以預作避險，免除身心衰老失去賺錢能力時的窘境；可以創造出永世不絕的收益流，捐贈給慈善事業；而且，這也可以在無需管理的前提下把財產傳下去。威尼斯的貸款極具吸引力，因為是一種被動投資工具，價值僅取決於城邦的繁榮與誠實，而不是資產所有人的能力。

高利貸與思維的革命

威尼斯將政府貸款制度化，這樣的做法看來直接牴觸了一般人熟悉的教會訓示：反高利貸。天主教會於十三世紀初創立了商人教團：一二〇六年的聖方濟會（Franciscan）和一二一六年的道明會（Dominican）。他們的中心教義是憎惡高利貸。事實上，我們大可認為，這些宗教教團（他們主動放棄財富，個人也不累積資本）的興起，是在制度上回應公元一〇〇〇年後幾百年的金融與商業活動熱絡所產生的反動。在威尼斯及其敵對城邦這類城市裡，商業資本主義會營造出有助於流動的社會環境，可能讓社會失序。出現宗教性的反動應該也不讓人意外。

十三世紀特別強調反對高利貸，有其法律與哲學上的根基，也有宗教的源頭。哲學根基是亞里斯多德主義。亞里斯多德的作品重新喚起學者對於中世紀末的興趣，他說：

> 最受人痛恨、而且也最有理由被痛恨的（賺錢之道），就是高利貸，高利貸是用錢賺錢，而不是透過金錢的自然用途賺錢。金錢應該用於交換，而不是因為利息而增值。至於高利貸（意義為用錢滾錢）一詞也可以指繁殖錢，因為後面衍生的錢就和前面的一模一樣。在所有賺錢的方法當中，這種最不自然。[6]

---

6 多倫多大學歷史學家約翰．穆羅（John H. Munro）鎖定中世紀金融創新的理性基礎，以及公、私貸款契約的哲學架構，這段話便是摘自他的論文，原始出處為 Benjamin Jowett (trans. and ed.). 1885. *The Politics of Aristotle: Translated into*

在這段話中，金融最可惡之處不是對於債務人造成的痛苦，而是暗示金融家居然傲慢到敢挑戰創造生命。他們的錢可以生錢：錢這種無生命的事物居然可以有後代，這是一種自動繁衍；人類創造出來的怪物侵犯了神的權利。金錢是「死」的，不可以自行繁殖。經院學派（Scholastics）的哲學家也認同金融是不自然的現象，他們還在金融之惡的清單上另加一樁罪：金融是時間的竊賊。[7] 一二二〇年法國經院學派神學家奧克斯雷的威廉（William of Auxerre）便寫道：「放高利的人其行為恰好與自然法則相反，因為他販賣時間，但時間為所有生物所共有。」[8] 透過收取定期的利息，金融契約替時間標上價格，把人的存在濃縮成一連串現金流。確實，威尼斯的永久性貸款便跨越了上帝擁有的時間：無限期。投資人必會以支付款（義大利語稱之為「薪津」〔paghe〕）相隔的期間來衡量時間的流逝。

在現代學者眼中，這種金錢與時間之間的關聯性是思維的一大革新，和伴隨而來的商業實務革新同樣重要。法國歷史學家兼中世紀研究泰斗賈克・勒高夫（Jacques Le Goff）主張，經院學派對於高利貸的態度，正是人們對於時間的想像出現重大轉變的證據。勒高夫認為，商人的時間和教會的時間有衝突，而貸款契約，或者從更一般的角度來說，在時間面向上分配資本，改變了人類體驗世界的方式。[9] 自然的時間，是「流逝」的概念，衡量的標準是額頭的汗水、根據四時循環衡量的農作成果以及聖人紀念日。當農民開始借貸，他會把勞力和從放款者手上拿到的錢畫上等號：付出勞力的收成將要用來償付貸款。勒高夫和其他學者認為，教會與商業世界的衝突（金融尤其凸顯了這一點）啟動一連串社會動態，讓歐洲人擺脫中世紀農奴制度，走向資本主義。勒高夫雖然認同這項革新的益處，但他對這是否代表進步抱持保留態度。他主張，金融是失去上帝恩寵的墮落。勒高夫的態度很明顯：這場始於中世紀的革命，可能在二十世紀之前已經走得太遠了，文化撇開世俗、實證的價值體系往回走的時刻或許很快就會來臨，這就是，正、反、合！

在回應他召喚中世紀以作為現代社會的救贖模式時，我們必須問：市場與商業出現之前的時間觀是否「更好」？想一想農奴制度：這種在中世紀城市主義壯大與貿易再起之前盛行的制度，替人貼上永久的標籤。在封建架構下，擁有時間的是莊園領主；同樣的道理，領主對於皇室的義務，則是以從軍的時間計算。用貨幣義務取代勞役義務，可說是人道主義的一大進步。我們可以一路回溯到美索不達米亞之前的社會，真的可以說還沒有金融之前的歲月是黃金時代嗎？別管學術界對於商業和金融在現代社會如何瀆神有哪些巧妙的辯證了。現代人熱中於這個問題，只代表中世紀和文藝復興時代的哲學家與神學家辯證的議題，仍流傳至今。

English, Volume I: Introduction and Translation. Oxford: Oxford University Press, p. 19: *Politics*, Book I. 10, 1258, p. 5。

7 William N. Goetzmann, and K. Geert Rouwenhorst (eds.). 2005. *The Origins of Value*, p. 5.

8 引自John H. Munro. 2003. "The Medieval Origins of the Financial Revolution: Usury, Rentes and Negotiability," *International History Review* 25 (3): 505-62。

9 Jacques Le Goff. 2004. *From Heaven to Earth: The Shift in Values between the12th and the13th Century in the Christian West*. A. H. Heinecken Prize for History Lecture Series. Amsterdam: Royal Netherlands Academy of Arts and Sciences.

定義條件

中世紀對於金融的辯證，並不限於詮釋教會教條，也有以法律為基礎。十二世紀義大利北部在發展金融工具時，法律學者正在努力復興羅馬法律：他們重新研究〈查士丁尼法典〉。之前我們討論過〈查士丁尼法典〉代表的是羅馬帝國結束時的法律思維，而不是正要興起之時，烏莉克・瑪曼迪因此主張，這部法典並未規範早期的金融機構，例如稅官公會（請參見第七章）。這套中世紀法典的主要價值，是成為全歐洲各種規範法律的制度面協調機制，其缺點是在新興的金融系統上強加武斷、古老且限制重重的架構。

對於債券和貸款融資而言，〈查士丁尼法典〉的重要之處在於這套法典納入反高利貸的規定。羅馬法律定義貸款是一種契約，用拉丁文來說叫「mutuum」，現金在法律上稱之為「消費借貸」，意為一筆給予借款者的錢，之後以同樣的金額把錢償還給把錢借出去的人。這裡的重點是移轉了資本的所有權：資本一旦借出去之後，把錢借出去的人就不再享有資本的所有權。償還金額若高於原借金額，是違法的。在這套法典復興之後，商業契約要拿來和消費借貸模式相比，以判定是否為高利貸、是否違法。因此，自十一世紀起，羅馬法律和經院學派、宗教教義一樣，都在批評金融。

貸款契約裡多多少少約定一些利息到底合不合法？關於這點，一般人傾向於包容各種不同的意見。利息被視為將資本挪作他用的補償。「可得利益損失」（Lucrum cessans）一詞，指稱某一筆被拿去投資其他資產的資本原本可以賺得的報酬，這個概念便替容許收取公平的利息找到理由，因為這是一種對貸款的補償。

中世紀的名冊契約是一種針對貸放出去的資本收取公平利息的明確模式。名冊契約將土地的使用權轉移給「借款人」，借款人要支付租金，直到將土地返還給本來的所有人為止。某些經院學派的學者可能不認同「可得利益損失」的論點，然而，這是拿不同的未來現金流進行比較的明確模式，也是新興的理性金融架構中的一部分。

經院學派的辯證還催生出另一個重要概念，那就是公平補償風險的概念。一二三四年，教宗額我略九世（Gregory IX）提出不確定是否會償付時能否收取高利的問題。雖然承認有風險，但他宣稱，貸款給風險性商業探險時若收取利息也是高利貸。試想一下這項聲明對於航海貿易會造成什麼影響。

經院學派的學者認為，股權投資若有風險溢價是有道理的，債務則否。舉例來說，道明會的多明戈・索托（Domingo Soto, 1495-1560）強烈主張，失去投資（而不僅是失去股權投資而已）的風險需要合理的補償。索托提議用保險溢價來獎勵承擔因結果不確定而出現的風險（這稱為「風險保障」〔periculi susceptio〕）。缺乏這項保障，就沒人有動機投資高風險的貿易探險。索托也指出，透過保險分擔風險可帶來社會利益，因為這可鼓勵商業冒險，因此有助於增加共同的利益。繼續推論下去，這表示不管資產的所有權人是誰，投資人拿到風險溢價是合理的補償。

備受爭議的貸款

威尼斯的貸款成為神學針對高利貸辯證時的焦點。第一種主張是正方，認為要維持城邦，就必須要有這類貸款，十四世紀末的學者尼可拉斯・德・安吉利亞（Nicholas de Anglia）便抱持這種看法。支持威尼斯貸款的另一個理由，是這是強迫性的貸款，因此債券持有人收取補償跟他想不想收無關。順著這番邏輯，只要債券持有人不要在次級市場購買貸款，利息就不是罪。當然，里奧多市場提供的流動性，是貸款最重要的吸引力之一。德・安吉利亞認為次級市場銷售有其益處：賣方承受了損失，這就相當於送給城邦的禮物，而買方則是出手協助需要現金的人。另一種認同貸款正當性的論點，就是每個人都有份。逝於一四一五年的皮特羅・德安卡拉諾（Pietro d'Ancarano）指出，持有這些貸款的都是教廷的教徒，那麼，貸款怎麼可能瀆神？德安卡拉諾還有一個論點：這些貸款其實並非貸款，因為不會有人償付本金，消費性貸款契約則隱含了可以回收資本，如果不用還錢，那就不是貸款。只要貸款沒有到期日，就不是高利貸。貸款無到期日這個特性居然變成有利的支持論點，真是非常奇特。

雖然並非所有人都接受德安卡拉諾和其他學者所提出偏袒貸款的觀點，但在實務上影響微乎甚微。公共財政這個精靈已經從神燈裡跑出來、不再受制了。反高利貸的言論雖然大大影響整個中世紀和文藝復興時代的私人融資形式（但可能並未影響普及性），卻無礙歐洲城邦與政體經常性地使用這項金融創新，歐洲人民也不太可能因此就消除對於存款工具的需求。然而，在這番辯證中還是得出了幾個重要概念。其一是金融資本的概念。消費貸款的定義是要將特定的資本變成可移轉的資產。其二是風險溢價的概念。直到如今，這個概念仍是所有現代風險資產估價模型的基礎。第三是將資本的其他用途當作衡量報酬基準指標的概念；這也是日後重要的資本估價工具。

新資本，新觀點

不論是對政府或對國家而言，威尼斯的債務以及里奧多區的次級市場都代表著一項重要的新興金融技術。對政府來說，這是將資源從未來挪移到現在的工具，可匯聚資本並用於軍事用途。可挪移，代表政府可以因應策略性的威脅與機會。這套機制也促使威尼斯的債券持有人設法確定政府未來也有能力履行債務，這是副產品。威尼斯是一個自治共和國，在創造與履行負債時人民有發言權，這一點代表這樣的貸款形式上是一種合資企業，業務是把錢挪用到不同的時間點，最重要的是靠大家分攤責任，才能保有並增進政府資源。

這種新資本也帶來新觀點，以新的思維來看待世界：重新定義時間，從世俗的眼光來看待時間。威尼斯里奧多的金融架構擴及義大利其他地方，最後也影響了歐洲各地的金融中心。隨著制度的普及，帶來的是人們更敏銳地理解到時間有價，亦即，隨著不同形式的財富與不同類型的投資機會出現，錢可以發揮作用。里奧多區聖賈科莫教堂的時鐘大到十分誇張，這可能不是偶然。這指向時間對於義大利早期的金融家來說是一個重要面向。在下一章中，我們要看到義大利的新金融架構與商業冒險如何在時間與金錢的數學上導引出創新，以及最後如何催生出一套截然的不同的教育方法，把重點放在量化與經濟決策。

第十三章　斐波那契與金融

比薩的李奧納多（Leonardo of Pisa）便是如今名聲響亮的斐波那契（Fibonacci）（譯注：他原名為比薩的李奧納多，其父外號「Bonacci」，意為「好」，「Fibonacci」意為「Bonacci之子」），這位數學家最有名的是發現一列幾何級數，可以用來解釋多種結構，包括向日葵的花瓣排列、鸚鵡螺貝殼的排列、黃金的切割，還有人說，可以解釋股票市場價格的漲跌模式。斐波那契是比薩人，比薩是威尼斯在地中海貿易事務上的死對頭之一。比薩距離佛羅倫斯不遠，這裡也和威尼斯類似，十二世紀時是一個貿易力量強大的城市，著名的比薩斜塔便在城市財富增加之下愈建愈高，比薩恢弘的大教堂與洗禮堂，就算藝術的豐富性比不上，規模之大必可與威尼斯，甚至佛羅倫斯相提並論。斐波那契生於十二世紀，在比薩位於北非的殖民地布吉亞（Bugia）度過年少時光；他的父親是在當地任職的政府官員。這位年輕人在非洲接受和義大利截然不同的教育，由家庭教師教導他阿拉伯數學。他那個年紀的義大利男孩，可能要使用繁複的羅馬數字來學習算術，或者使用計算板跟算盤來加減乘除，但李奧納多接觸到了驚人的書寫演算法，直接使用數字符號。

在《計算書》（*Liber Abaci*）這本書的前言中有他簡短的自傳，他提到他四處旅行，就像商人一樣，每到一個地方，都會尋找數學方面的知識。等回到比薩，他就把這些知識整合成一本出色的著作。這本書的原文書名叫「*Liber Abaci*」，意思是「談計算的書」，為讀者介紹如何使用阿拉伯數字以及所有用到阿拉伯數字的基本演算法：加減乘除。雖然這本書並非第一本將這些工具介紹到歐洲的書籍，但無疑是最重要的一本。《計算書》並非專為數學家寫的抽象數學論文，而是供商業用的手冊。本書簡述數字與演算法之後，就進入如何估算商品價值、以物易物、如何計算一家公司的利潤，以及，雖然教會法反對高利貸，但書中也講到如何計算利息。只有到了最後才附加一個章節談數學理論：有一篇專文談線性逼近、找平方根和立方根的方法以及解二項式的技巧。

《計算書》用舉例的方式來說明如何應用方法。範例本身就很有意思，因為那就是一扇窗，讓我們看透十一世紀之交地中海貿易的驚人活力。以下就是中世紀的「新數學」要解決的問題範例：

> 有一個人在西西里附近有一艘船，裝滿十一英擔（hundredweight）又四十七捲（roll）的棉花，此人希望把這些棉花換成以「捆」（pack）來計算；一又三分之一英擔的棉花……等於一捆，所以四英擔的棉花就等於三捆，而四捲棉花等於三捆捲（roll of a pack；譯注：每一「捆」中可再分成一百捆捲）棉花；你把這個問題寫成十一英擔又四十七捲，把一千一百四十七捲（譯注：一英擔等於一百捲）放在四下面，你把這一千一百四十七乘以三，之後再除以四；

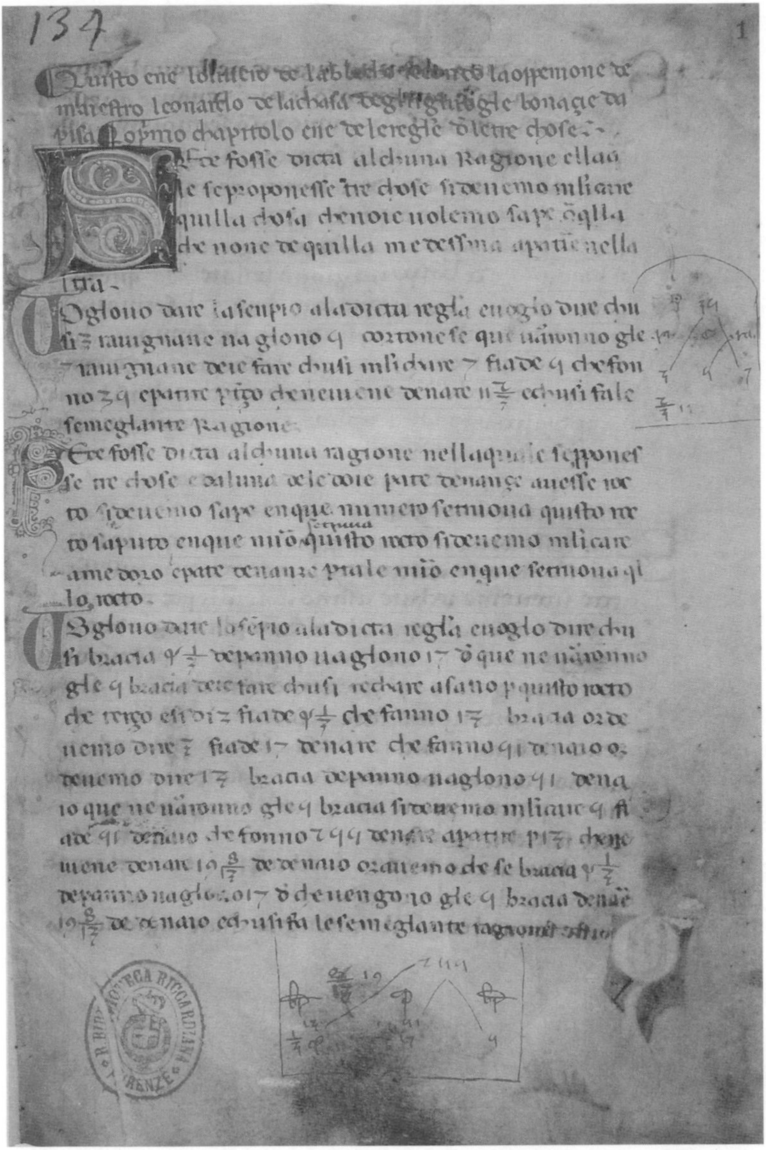

圖27　斐波那契所著《計算書》中的一頁，該頁說明如何計算商品定價（Bibliotheca Ricchardiana）。

得出的商數是八百六十又四分之一捆捲。1

讀到這一頁時，你可以想像有一位義大利的商人在十二世紀西西里岸邊的貿易帆船上，船上載了棉花，他正在計畫如何銷售，並設法把價值轉換成對於西西里貿易上有意義的數量。這種心智上的挑戰，不是船要在哪裡靠岸、要聯絡誰好把商品賣出去，而是要快速且確定地將捲轉成捆。轉換錯誤將意味著損失利潤。由於要和受過訓練可以快速轉換商品單位量的阿拉伯商人往來，迫使比薩人採用阿拉伯數學，這項因素的影響力絕對大過任何學術論文。

上述範例的實際計算過程用的是「三法則」（the Rule of Three），這是一種交叉乘法，在兩個比值關係相等的前提下，用來解出未知數。三法則可以回溯到更早期的阿拉伯數學文獻，從這裡又可以再向東探源頭，一直追蹤到印度，最後來到中國。斐波那契並未發明這項技巧，而是向他的阿拉伯家庭教師學來的，要不然，至少也是他年輕時以數學家之姿到處遊歷時學到的。當他學習到這項技巧時，就讓歐洲再度和亞洲的實用數學知識連在一起。最重要的是，他引進了我們稱之為阿拉伯數字的數字。阿拉伯數字事實上是伊斯蘭學者所用，取自印度數字，而，無疑的，許多技巧都用這種阿拉伯數字來求解。三法則中隱含的交叉相乘當然也是最簡單的代數（algebra）之一；「algebra」一詞來自阿拉伯語。

比薩的李奧納多在他的書裡提到阿拉伯的數學家阿爾花拉子密（al-Khwārizmi），他是八世紀時發明代數的人。雖然李奧納多的《計算書》使用代數技巧並意在傳揚阿爾花拉子密的著作《代數》（*Algebra*），但差別在於前者聚焦在貿易與商業問題。阿爾花拉子密把他的數學工具用來解決法律議題，尤其是繼承問題，比方說，如何把資產和負債分給在世的家人。《計算書》中也有和劃分資產相關的問題，但那些是商業資產，而不是家族資產。

在李奧納多的年代，貿易探險的融資方式是透過名為「康曼達」（commenda）的契約。上一輩的耶魯教授羅伯・羅培茲（Robert Lopez）針對這個主題做了大量的研究與分析，他在這些契約當中看到了現代商業的起源，甚至是現代股份公司的起源。康曼達契約實際上比較像是合夥事業，但合夥人的義務不同。「委託人」（commendator）投資資本（委託人可以是單獨一人或一群人），「在外經營人」（tractator）則投入勞力。在標準契約中，委託人會投資商業探險，收取四分之三的利潤作為報酬。比薩一一五六年的「Constitutum Usus」是至今流傳下來最早期的定義康曼達契約文件。斐波那契提出一個問題，說明這類契約如何成為將委託人利潤分配給公司（或者稱為公會）內部各個投資人的工具：

> 每當……公會的利潤要分配給各成員時，我們必須說清楚如何根據前述的協調方法去做。我們假設，這家公司的資本額有一百五十二鎊，賺到的利潤是五十六鎊，這家公司要計算每一位成員應該分得多少利潤（以鎊計算）。首先，根據比薩慣例，我們必須先從上述利潤中撥出四分之一（顯然是要留給在外經營人），之後我們要處理的是剩下的四十二鎊。[2]

1 William N. Goetzmann and K. Geert Rouwenhorst (eds.). 2005. *The Origins of Value*, p. 131.
2 Goetzmann and Rouwenhorst (2005), p. 134.

把三法則用來決定每投資一鎊錢可以分得的利潤，然後說明如何決定投資不同資本額的投資人該分得多少錢。這和公元前第二個千禧年時伊亞—納希爾在巴比倫烏爾城組成的合夥事業並無不同；我們在第三章中有相關的討論。

處理過根據出資額來分配公司利潤的各種問題之後，斐波那契隨後轉向銀行以及利率問題。有鑑於十三世紀的高利貸辯證，可能會讓人有點意外的是，《計算書》中居然有大量的利率相關問題，比方說：

一人將一百鎊存入某家（銀行）機構，每鎊每個月的利息是四個德納利斯銀幣，而他每年都要提領三十鎊。我們必須計入每年原來的本金都會少三十鎊以及這三十鎊原本可以孳生的利息。我們要解決的問題是他可以把錢放在機構幾年、幾個月、幾天與幾小時。[3]

請注意這個問題的必要條件。等式裡的未知數是時間，難題是投資人每年要從存款中提領固定金額，一直到提完全部資本。簡單來說，這是假設如果你要靠利息過日子，你的存款多久會耗盡？

斐波那契用蠻力解決這個極富挑戰性的問題，洋洋灑灑寫了三頁計算：答案是六年八天又五個小時。不論銀行家是否會把時間和利息切分到最後一小時，這個問題都是以世俗觀點來看待時間的完美範例：透過金融技術將專屬於神的時間商品化；奧克斯雷的威廉便強力抨擊這一點。從這個問題來看，威尼斯里奧多區出現的銀行相關服務創新，或許並不如想像中出奇。銀行家提供貸款想必十分常見，而且也有收取相當的利息，才會讓早在一二〇二年就出版的《計算書》能收入大量問題。唉，如果能知道他在這個問題中所說的「機構」是哪一家就好了，這是很有用的資訊：不知道是聖殿騎士團（存疑）、來自盧卡或佛羅倫斯放款人（有可能），還是威尼斯銀行家（同樣的，也有可能）。

雖然在數學上很複雜，但是計算貸款利息甚至貸款契約條件的能力，並非造成東西兩方出現差異的因素。我們在第八章中討論過的中國古代數學典籍《算數書》，事實上也有一個問題和這一題非常相似。顯然，在十二世紀之交的中世紀，東西方的商用數學知識中都包含了複雜的銀行業務問題。

現值

《計算書》中有一個代表金融史分水嶺的問題，題目是「論一名士兵因為受封每年可以得到三百比山特金幣」。在這一題裡，有一名士兵每年可以得到國王賜予的三百比山特金幣（bezants，是拜占庭的金幣），分期每季支付一次。斐波那契問的問題是，如果國王決定不要每季支付，而是延到年底支付一次，那麼，這筆錢的價值會減損多少。你可以把這個問題想成類似威尼斯大議會在計算延遲支付債務利息效果時的問題。最重要的是，這個問題顯示，在十三世紀初，封邑金

3 Goetzmann and Rouwenhorst (2005), p. 135.

是常見的獎酬士兵方式。同樣有趣的是，這種封邑金是一種退休福利，顯然士兵有生之年都可以請領。這個問題還有另一個重點，那就是求解時要有金錢的其他用途這個概念；高利貸的辯證中就出現過這個重要觀念。這個問題也講到士兵每個月的投資可以賺到百分之二的報酬，應該是因為把錢存在銀行家處的緣故。

從數學的觀點來看，這個問題也是金融思維上的分水嶺。斐波那契在解這個問題時，用的方法是估計無法做其他投資而損失的收益價值。如果士兵每一季都可以把現金放進銀行裡生利息，那他可以賺到多少錢？損失這個部分，會大幅降低封邑金的價值。答案是三百比山特金幣的封邑金價值會減為兩百五十九比山特金幣再加上一些零頭。

這個問題和其他複雜的銀行相關問題不同之處，在於這是比較兩種現金流現值（present value）的最早已知範例。我在流傳下來的數學文獻當中搜尋過更早期的紀錄，但在數學史上找不到任何直接相關的前例。「淨現值」（net present value）法是現代金融最重要的工具。

我們可以把淨現值當成得出各式金融決策的指標；當政府想要刪減支出時可以用這套方法，銀行家在考慮要貸放哪一筆款項時也可以這麼做：如果是每一季拿到錢、而不是每一年，價值會提高多少？直到如今，這套計算方法仍能愚弄許多買房子的人。房貸利率報價的基準可以是每天、每月或年化。前述的士兵問題證明，每季和每年的複利效果有很大差別。斐波那契的《計算書》發展出一套架構，可以回答這些及其他眾多與時間和金錢相關的問題。

由於書的焦點放在商業問題、銀行貸款與現值，我們可以問《計算書》是否為東、西方在數學方面出現「重大分歧」的主要因素。可能是，也可能不是。除了計算現值之外，書中多數技巧都可以在中國的數學典籍中找到可相比擬的對象，可能稍早一點或晚一點。當時的中國數學家或許有能力解出《計算書》中的每個問題，甚至士兵和封邑金的問題也難不倒他們。

然而，比《計算書》時代更早的中國古典數學典籍相對少有商業問題，因此，李奧納多大致上代表了十三世紀時東、西方在數學上強調重點的差異。本書中商業問題之多、範疇之廣，顯然證明商業對於數學工具有需求，在數學上從想像轉移到商業實務問題。比薩的李奧納多讓這種世俗化的取向有了正當的立足點，到了日後的文藝復興時期，這樣的趨勢又變得更加重要。

商業教育

奇特的是，儘管《計算書》是中世紀歐洲最重要的數學作品之一，讓西方人民普遍熟悉阿拉伯數字，因為無所不在的幾何級數而出了名，還蘊藏了大量與十三世紀地中海商業相關知識，但一直要等到二〇〇二年，這本書才第一次以義大利文以外的現代語言出版，與成書的時間相距了八百年。雖然之前也有人翻譯過書裡的部分內容和範例，但是多數學者都難以駕馭書中廣博的範疇與設計。就我而言，閱讀賴瑞・西格勒（Larry Sigler）的二〇〇二年翻譯版《計算書》，是一次非凡的經驗。當我讀著一章又一章，斐波那契的解說風格讓我感到十分親切。在許多章節裡，他一開始會介紹一個簡單問題，說明如何用前一章節發展出來的技巧解題，然後再慢慢進入比較複雜的範例。這種方法最適合教學；《計算書》無疑是一本教科書，由一系列針對教育目的發展出來的範例組成。

如果僅把這本書認定為一本教科書，對於書中寓教於樂的部分並不完全公平。書裡有一整個章節完全用來講稀奇古怪的數學謎題；其中著名的幾何級數等式，實際上是在講當一對兔子不受控制繁衍後代時會怎麼樣，這呼應了卓罕陶土板的內容（請參見第二章）。本書也納入了娛樂性的問題，這代表當時的數學家和今日一樣，樂於在日常生活中尋找看來瑣碎的小事，轉化成智力上的挑戰。《計算書》有些部分純粹是找樂子；「樂趣」是日後的經院學派哲學付之闕如的元素。可能正因如此，這本書很適合用來教導年輕學子。這是一種和讀者互動的工具。比薩的李奧納多曾說自己早年是一名學習數學的學生，他必定也是一位老師。

除了《計算書》一開始的簡短自傳之外，世人對斐波那契的一生所知甚少，但有一項公開紀錄提到斐波那契。比薩的市政檔案文件記載，一二四一年時發給斐波那契終身年金（和士兵的封邑金極相似！）以表彰他在教育（原文的寫法是「doctrinum」），以及會計、估價和計算（原文的寫法是「abbacandus estimationibus et rationibus」）的貢獻。這段聲明雖然很短，但暗指斐波那契在教育與諮商方面對公眾貢獻卓著。

他教的學生是比薩的商人之子嗎？他的知識技術是否讓學生們在地中海從事冒險事業時更有優勢？我的解讀是，這當然可能是一項優勢。拉丁文「doctrinum」有學習、知識或學識之意。比薩的所有公開學校紀錄都並未證明十三世紀初時李奧納多或任何人曾教授商用數學，但話說回來，一般來說，早期的紀錄本來就很稀有。

華倫・馮・艾格蒙（Warren Van Egmond）教授是數學史學家兼早期數學典籍專家，他研究中世紀義大利最早已知的數學學校。[4]這些「算術學校」（reckoning school）有一大特色，那就是它們都是俗世辦學，而非宗教辦學。商業教育很世俗，商業學校和鑽研人文的學校會區分開來。他相信，有組織的算術學校比斐波那契的時代晚了一個世紀。他找不到任何證據可證明一三一六年之前義大利的城邦有過這類學校，但到了那個時候已經有大量的數學教師，多到可以成立自己的同業公會。無論之前有沒有更古老的商業學校，到了一三三八年時，佛羅倫斯已經有多至一千名年輕人就讀珠算學校。這類學校的某些知名校友讓佛羅倫斯很自豪，其中包括尼可洛・馬基維利（Niccolo Machiavelli）和李奧納多・達文西（Leonardo da Vinci）。但丁・阿利吉耶里（Dante Alighieri）也送兒子去上算術學校。

數量化

馮・艾格蒙的研究指出，佛羅倫斯之所以成為文藝復興時期的數學培訓與知識中心，大致上就是因為這些算術學校。文藝復興時代的算術學校必定是推動相關成就的一大推手。事實上，歷史學家主張，文藝復興時代早期真正的革命不是經濟，甚至也不是金融，而是量化。如果說，中世紀晚期的神學家與經院學派學者（如奧克斯雷的威廉）擔心，由於金融工具量化時間而讓人脫

4 Warren Van Egmond. 1980. *Practical Mathematics in the Italian Renaissance: A Catalog of Italian Abbacus Manuscripts and Printed Books to 1600*. Monografia n 4, Annali dell’Istituto e Museo di Storia della Scienza di Firenze Firenze 1 (1980). Florence: Istituto e museo di storia della scienza.

離宗教、偏向俗世，他們的顧慮可能還滿有道理的。幾個重要的義大利銀行家族的檔案裡，有大量且詳細的數字資料，佛羅倫斯的家庭與企業也使用嚴謹的紀錄來追蹤自身的金融財富。

盧卡・帕西奧利（Lucca Pacioli）是一名義大利僧侶、是達文西的朋友，既是數學家，也是會計「之父」，一四九四年時他出版了他最著名的數學作品。雖然這本書大部分都在談幾何，但用了一個章節描述「義大利式」的複式簿記（double-entry bookkeeping）技巧，與論文中的其他主題相較，這一章顯然俗氣又平凡。但就是這個章節讓帕西奧利永留青史。

帕西奧利的簿記方法以日誌為基礎，日誌是一種記實紀錄，記下各個時間點企業金錢的流進與流出。每一筆交易都記成兩筆分錄：某個帳目要記貸方，搭配另一個帳目記借方。因此，貸方與借方可用於追蹤企業長期進展，定期結算帳戶時，借方與貸方必須達成平衡；若兩邊不相等，則代表出錯了。複式簿記的優點是可以消除紀錄中的錯誤，但有另一個微妙的效果：當你開始使用複式簿記，就會開始以帳目來思考這個世界。家戶不再只是一個家庭，而是一系列的支出與定期的收入。你甚至可以把一個人想成一個帳目，在你過帳之前，要先把犯下的罪孽和所做的補償加總。總帳便代表了數量化之後的組織本質：以數字來衡量組織的生命。

早就被中國機關當作行政基礎的簿記系統，是以重複的方式記錄企業的商業交易，這套系統後來在文藝復興時期的歐洲成為革命性的工具。中國的會計革命出自於中央政府需要控制龐大、複雜的官僚體制，在歐洲，同樣的量化與記錄技巧則演變成計算企業長期進展的方法。從陶泥包、陶土板、紙莎草紙、竹簡、羊皮紙到紙，商業與金融的根本基礎，是計算、記錄並驗證某個時間點經濟價值的能力。經院學派發現這樣的過程定義了人們對世界的看法，他們是對的；科技形塑現實，一如現實形塑科技。

斐波那契創造的未來

不管是從歷史、數學還是金融的理由來說，斐波那契的《計算書》確實重要。歷史學家認為，這本書提供了一幅罕見、詳細的圖像，描繪了十三世紀初期地中海當時的常見商業問題，記錄了各種義大利商人經手的貿易商品以及他們到過的各個港口，也顯示了各種商業發展工具，包括切分資產、分享利潤以及拿錢去貸放。雖然斐波那契因為替政府效力而獲得表彰，但這本書的架構卻是從民間企業的觀點出發，而這個觀點也讓之後的西方大不相同。

從數學的觀點來說，《計算書》永遠改變了數學家工作與推理的方式。引進阿拉伯數字、比率與分數，讓數學家可以脫離計算板和算盤，以紙（或羊皮紙）和筆作為工具。斐波那契的金融方法反映出一套論理過程：以前一個解答為基礎再進入下一個，從基本見解再深入到更複雜的解決方法。這套探究法引領他以非常精準的方式來衡量金錢的時間價值。

最重要的是，《計算書》拓展了人在智力上的分析能力。「rationatabus」一詞用來指稱「計算」，這個詞的意義是「論理」。《計算書》中的商用演算法基本上拓展了論理的能力。人很難弄清楚多個數量與價格的相對價值，如果發生在不同的時間點，那更是難上加難。《計算書》則提供了解決這個問題的技術。試算表和網際網路拉近了專業的華爾街和一般市井大街的差距，中世紀的新金融工具也讓市場環境變得更公平。無怪乎，《計算書》之後成為義大利算術學校的基本教科書，延續好幾個世代。斐波那契創造出的教育傳統，基礎是量化方法，而非追求博學或服侍宗教。在這最後的分析當中，他改變了歐洲人的學習、思考與計算方式。

但歐洲人並未積極擁抱這股新的精神，他們一方面需要具備金融的技能與知識，但在道德上卻持反對態度。口頭上贊成反高利貸的法律並譴責貸款，但同時又教孩子如何計算金錢的時間價值，這一定會出問題。雖然某些經院學派人士用隱性的虛偽來替自己找理由，但金融的發展搭配宗教界以譴責的態度來回應相關的發展，必定會在歐洲引發各種問題，而且比較偏重心理層面以及人類存在面向的問題，不單單是經濟面。

第十四章　不朽的債券

勒克萊克波維丹水利局

二〇〇三年七月一日，一位教授穿過好幾道門，走進荷蘭烏特勒支（Utrecht）水利公司總部極現代化的大樓；這家公司負責維護這座城市的堤防和運河。水利公司大樓光鮮亮麗，正面全鑲上了玻璃帷幕，正是那種重塑歐洲建築景觀、代表從「老世代」進入「高科技」的建築物。

這家水利公司有許多積年累月的挑戰要面對，其中一項就是調節勒克河（river Lek）的水流；烏特勒支的地理位置，就在這條河的天然河道要轉進人工運河的轉折處。荷蘭的運河系統是人類工程最偉大的成就之一；荷蘭有很多地方都是水文工程創新與相關技術下的產物，這些技術的發展始於中世紀，一直延續至今。荷蘭的運河與堤防系統不僅是技術上的奇蹟，在政治與金融上亦是。荷蘭有一大部分的國土都在海平面以下，這個國家（附帶一提，荷蘭並非一直都是一個獨立國家）如何因應洪水或潰堤等天災？如何取得資本投資大型基礎建設專案？這類建設的成本遠大於任何當地機構的能力範圍，但利益也澤被四方擴及一個複雜的地理網絡，當中的各個自治市的共同之處是都要面對潰堤風險程度不一的威脅。

在荷蘭的歷史上，水利公司，比方說像烏特勒支市這一家，稱為「Hoogheemraadschappen」，他們在環境安全上扮演吃重角色，幾乎擁有超越政府的權力。無論主政的是西班牙人、法國人還是荷蘭人，水利公司都保有收稅的權力，而且必要時可以養自己的軍隊：這些是對抗洪水的軍隊。如果把低地諸國（Low Countries；譯注：指歐洲西北海岸幾個地勢較低的地區，狹義指荷比盧三地，廣義則可包括法國北部和德國西部）的政治體想成人體，這些水利公司就好比半獨立的淋巴系統。如果國家自身不具備治水能力，人民要面對的最大威脅將不是來自於鄰國，而是無時不在的滅頂風險。在荷蘭歷史上，政治爭端的重要性一定次於水文。一三二三年時，荷蘭省（Holland；譯注：荷蘭的正式國名為低地國〔the Netherlands〕，荷蘭省是其中一省，唯荷蘭省在航海與經濟上握有強權而揚名國際，因此世人常以荷蘭稱呼該國）與烏特勒支締約成立水利單位，這就是烏特勒支水利公司的前身。之前，烏特勒支的主教任憑勒克河堤防年久失修崩塌，水患不僅淹沒本地，還禍及鄰近荷蘭威廉公爵（Count William of Holland）的領地，公爵侵略烏特勒支作為報復，強迫主教簽下協議書，永遠維護勒克河堤防完好無虞。

這位教授當天到訪並非為了討論政治或水文議題，甚至也不是要談這家公司的珍貴歷史。他禮貌地問要去會計部門該怎麼走；他要去那裡領錢。格特・羅文霍斯特（Geert Rouwenhorst）是我在耶魯管理學院任職時的同事，他是國際資本市場專家，也精通股票與大宗商品交易的獲利技巧，同時還是金融史專家。他身上帶著一份棕色的古代羊皮紙，在烏特勒支水利公司大吃一驚的會計人員面前拿了出來，他說，他們過去欠他二十六年的利息錢。

圖28　1648年5月15日由勒克萊克波維丹（Lecdijk Bovendams）水利局發行的永久性債券原稿，利息為5%，價格為1,000荷蘭盾（guilder）。債券的用處是籌資以維修烏特勒支附近的勒克河堤防。這是一種永久性證券，會持續付息（Beinecke Rare Book and Manuscript Library, Yale University）。

這張褪了色的文件上記載，一六四八年五月十五日，勒克萊克波維丹水利局（Water Board of Lecdijk Bovendams）局長約翰・馮・宏佛胡克（Johan van Hogenhouck）收到尼可拉斯・德・梅約爾（Niclaes de Meijer）一千荷蘭盾（guilder），宏佛胡克要提供的回報，是每年支付利息五十荷蘭盾，分兩次付款：分別為十一月十五日及五月十五日。這份文件曾是、現在也還是一張價值一千荷蘭盾的債券，一六四八年時由水利局發行；這是荷蘭歷史上很重要的一年，因為這一年簽署了明斯特和約（treaty of Münster，這是西發利亞條約〔treaty of Westphalia〕中的一部分），終結了西班牙和神聖羅馬帝國間的八十年戰事。這是一個分水嶺，標記了天主教會承認了荷蘭共和國可合法存在。

羅文霍斯特教授出示的羊皮紙文件中並未提到這件大事，焦點只放在顯然非常單純的協議上。債券的發行機構是勒克萊克波維丹水利局（這是現代烏特勒支水利公司的前身），負責維護烏特勒支水壩上綿延二十一英里（約三十四公里）的勒克河堤防。債券載明這一千荷蘭盾的用途：在維斯普（Honswijck）鎮附近的河流轉折處裝設木垛。木垛（這是從河流轉折處的外岸一直延伸出去的長堤）可以調節勒克河的水流，減低河流在此氾濫的風險。在同一個轉折處，如今你可以看到現代的建築工法取代了木垛。在這份一六四八年的文件上，明確寫出了水利局、維斯普鎮以及木垛，而這些標的如今也都還在。

當勒克萊克波維丹水利局併入烏特勒支的水利委員會，同時也帶來了水利局的所有責任和義務，包括持續支付貸款利息的義務。這份文件之所以重要，不是因為這是荷蘭黃金時代的「化石」，而是這乃是一份仍有效力的金融文件，這張三百五十年前發行的永久性債券，仍持續生利息。

不朽

美國流行文化對於吸血鬼十分著迷，很多電影、影片與通俗小說都以這種像人類的怪物為主角。這種迷戀很可能反映了世人對鮮血的好奇，但也可能是因為受到吸血鬼永生不死這個概念吸引。在安・萊絲（Anne Rice）的小說裡，吸血鬼見證時間的流逝。一個吸血鬼很可能見過金字塔的起造、羅馬的衰亡、拿破崙戰爭、飛機問世。《珍愛無盡》（*Tuck Everlasting*）這本書及二○○二年根據小說拍成的電影，呈現的是比較美好的永生版本，講的是某一家人意外得到永生。其中的主角安格斯・塔克（Angus Tuck）說：「你很難說我們塔克一家人擁有的是生活。我們就……這樣了。我們好比是岩石，卡在河流邊上。」[1]

勒克萊克波維丹水利局的債券就像塔克家的人一樣，是一塊岩石，卡在荷蘭歷史的洪流裡。三百五十年來，債券持有人（但話說回來，在這整件事裡，到底是誰擁有誰？）不斷向水利委員會提示文件要求付款。一開始可能是跑去約翰・宏佛胡克他家；當他履約一年付款兩次，就在文件背面註記，到最後，債券背面的空白處寫滿了，便由勒克萊克波維丹水利局的主祕附加一份稱為「爪子」（talon）的文件並公證，繼續記錄利息支付情形。附上「爪子」是一九四四年一月的事，當時是二次大戰砲火正猛烈，著名的安妮・法蘭克（Anne Frank）和家人還躲在阿姆斯特丹

---

1 Jeffrey Lieber and James V. Hart. "Tuck Everlasting," a screenplay adapted from a book by Natalie Babbit. Quote identified from the Internet site http://www. whysanity.net/monos/tuck.html.

住家後面的房間裡。支付利息的貨幣最早是卡洛斯荷蘭盾（Carolus guilder），接著是佛蘭芒鎊（Flemish pound），再來則是現代的荷蘭盾，到最後，當羅文霍斯特教授現身水利公司時，則是以歐元付款。在這整段期間，錢都在流動，木垛也維護得很好，古代留下來的債務也還有人提供相關服務。

這種古代債券是否就像是注定永生的吸血鬼，吸乾未來水利局的金融血脈，看著一代一代的建築樓起樓塌，國家一次一次轉變，不變的是念茲在茲都要維持基本的水利設施？或者，這種債券就像安格斯・塔克一樣，是一種奇特的產物，在時間的洪流裡屹立不搖？事實是，票面上五十荷蘭盾的利息換算價值為十一・三四歐元，不算太高，水利局債券（從十七世紀算起，目前確定的總共有四種）並不能算是一種金融毒品。對於一位金融教授來說，這種債券還有另一項價值。每當我們教導學生替永恆估價時，總是會有人問是不是真的有永恆這回事？如果是真的，永恆又在哪裡？我們終於可以讓他們看到，永恆並不是一種便宜行事的數學想像而已！在里奧多市場交易的那些威尼斯債券，如今何在？其他與威尼斯對立的義大利城邦最早發行過的其他永久性證券，又在哪裡？後來十八世紀發行的著名永久性證券英國統一公債（British consol）呢？毫無疑問，有些違約了，有些重組了，有些則由發行者買回了。資源充分時，公開市場裡沒有任何人能阻止威尼斯以市價買回債務。即便是勒克萊克波維丹債券，二〇〇三年拿出來拍賣、被耶魯大學的教授買下之時，烏特勒支水利局本來也大可買回去。但，若以耶魯大學支付的價格來說，買回在經濟上不是這麼明智的事。

這張債券二〇〇三年後的歷程很有趣。一開始先由耶魯大學的拜內克古籍善本圖書館

（Beinecke Rare Book Library）買下；這座圖書館是世界上最棒的典籍檔案資料庫之一。這張債券由專人帶上飛機運到美國，送至圖書館，在這裡卻出問題了。顯然，拜內克古籍善本圖書館僅收藏已經成為檔案的文件，這是指，他們的館藏都不再具備任何實質功能。但這張債券還是有效的工具，是金融技術歷史中的一部分，但仍然有效力。圖書館歷經了各種麻煩，找到它、在拍賣會中買下來、進行鑑定驗證並去收取利息，但到頭來卻不能收藏。怎麼辦？我們最後想出折衷之道。債券本體收為館藏，但把一九四四年後的「爪子」分開來，至少要等到寫滿。因此，耶魯大學定期會派人前往烏特勒支收取十一歐元的利息；圖書館不能接受不朽的文件。

終身年金

不管是威尼斯的貸款或勒克萊克波維丹債券，這類永久性債券的本質，是人永遠都可預測其支付款項。永久性債券永垂不朽，超越單一個人的存活時間，見證了歷史的遞嬗。確實，這類證券之所以讓人感到興奮激動，是因為它們是遙遠、幾乎難以想像的未來的一部分。但我們可以想像另一種金融工具：生命有終點的債券，和人的生命綁在一起的債券。

當義大利各城市紛紛發行永久性證券的同時，另一種融資形式也大行其道，後面這種工具和所有人的生存期間直接相關。這些工具是出自於中世紀名冊契約的產物，就像是斐波那契舉例用來估算價值的終身封邑金，差別在於現代稱為年金（annuity）。只要受益人仍然存活，終身封邑金就會每年支付一筆固定金額。這有點像永久性債券，但不能變成遺贈；債券也承襲了購買人的死亡。由於年金有個特定期限，因此購買年金的價格會比永久性證券低，但是，要正確估算價值同樣也是一大挑戰，因為沒人知道自己能活多久。

終身年金解決了一個非常重要的問題：這種制度保障一個人不會在死亡之前就耗盡所有存款。將支付款的金流和人的生命綁在一起，是確保人不會在年老體衰時身無分文的極高效率做法。你事先購入供未來使用的收入不會過多，也不會過少。但，終身年金也引發了另一個問題。發行者如何在無法知道購買者會活多久的條件下計算價值？

你可能很幸運，買方買了終身年金之後就染上疫病過世了。你也有可能要一直付錢一直付錢，等到對方都活到了一百歲甚至更老。存活的時間超過可用的資源，這樣的風險可以移轉給不同的人，但不會消失。這種風險可以移轉給政府。請想像自己是斐波那契範例中發給士兵封邑金的國王。假設他發給一千名士兵，每位士兵都是為了他在戰場上奮勇抗敵的勇士。這些年金以現值來算的成本是多少？

希臘羅馬世界很早就有了年金；確實，年金是托勒密埃及（Ptolemaic Egypt）時代結婚契約中必要的部分。雖然年金的前身很可能出自民間，但在十三世紀時已經有許多北歐城市都已在發放年金。法國的杜埃（Douai）和加萊（Calais）在一二六〇年前已經有年金制，[2]比利時的根特（Ghent）在一二九〇年前也開始運用年金。研究人員發現年金在實務上極為常見：荷蘭多德雷赫特（Dordrecht）、比利時布魯日（Bruges）和于伊（Huy），還有阿姆斯特丹等城市，是幾個可見其蹤跡的範例。到了十六世紀，年金已經成為低地諸國主要的公共財政形式：一項研究顯示，到了一五三五年阿姆斯特丹每年的預算有六成都用在償付債務與支付年金。就算過去沒有，到了這個時候，年金再加上政府公債，已經成為歐洲大眾普遍使用的金融工具了，而且不僅富裕人士會用，也擴及一般平頭百姓。在這個時代，基本上，人們可以替自己及兒女購買社會安全契約。年老時政府會供養他們，但當然只有他們之前所做投資的某個比例。

沒錯，這也正是美國社會安全制度的特色。當一個人退休或到了某個年齡時，有資格領取年金的人會得到政府的承諾，只要他們活著，政府就會固定支付一筆錢；實際上，如果是已婚夫婦，領取年金年限則可延長至等同於存活配偶的生存期。美國的社會安全制度還有另一個特色，那就是以薪資指數連動，退休人士也因此可跟得上穩定提高的生活品質與通膨水準。社會安全概念的根源是歐洲的年金契約，而且這個根還扎得愈來愈深。現代的社會安全問題（如何估算政府為了多年後的未來要支付的款項必須要承擔的經濟義務長期價值），便觸發出一個全新的數學領域。

死不逢時

終身年金對於荷蘭的經濟到底有多重要？最明確的指標，是十七世紀中期之前一般人將荷蘭

2 有些人鏗鏘有力地說了一些關於風險的故事，尤其是著名的華爾街投資人、期刊編輯兼作家彼得・伯恩斯坦（Peter Bernstein）。伯恩斯坦的著作清楚說明就因為數學家想要了解賽局，才發展出一套獨特的數學工具，請參見 Peter Bernstein. 1998. *Against the Gods: The Remarkable Story of Risk*. New York: John Wiley & Sons。

各省的最高行政長官主管稱為「領年金的老大」（grand pensionary）。在這些老大之中，最知名的人是約翰・德・維特（Johan De Witt），他在一六五三年時坐上這個位置，那是勒克萊克波維丹水利局開始付息的第三年。以多數指標來看，德・維特都是很成功的最高行政長官，一六五四年時談判成功，替第一次英荷戰爭（first Anglo-Dutch War）畫下句點，還打造出強大的荷蘭海軍，並帶動共和政體超越以奧蘭治的威廉（William of Orange）家族代表的君王體制。即便有這些成就，但一六七二年時他因為荷蘭遭到英法攻擊而備受責難。當年，奧蘭治王室的支持者密謀一項計畫，衝著他和他的兄弟而來。哥尼留・德・維特（Cornelius De Witt）被監禁，遭控合謀刺殺荷蘭國王奧蘭治的威廉三世。約翰・德・維特則因一封顯然是偽造的信函被騙招認與哥尼留犯下相同的罪。兩兄弟從監獄被拖往大街，遭到刺死並分屍，身體一部分還被一名憤怒的暴民啃食。奧蘭治的威廉三世讚許那些策畫陰謀的人，並嘉獎慰勉。

德・維特的故事和金融有什麼關係？在他主政時，荷蘭大部分的債務都是終身年金，不管買方是年輕人還是老人，賣價都相同。約翰・德・維特非常清楚，這全無道理。同樣都是未來要支付的金流，付給預期壽命很長的孩子，成本應該遠高於付給餘命有限的老人。根據個人的年齡訂出不同的價格，是很合理的做法。但問題仍在：正確的價格是多少？

德・維特以數學來解決這個問題，一六七一年時（也就是他被賜死的前一年）寫出一份小冊子，找出答案該具備的基本要素。他這份作品《終身年金與可收回年金價值之比例》（*Value of Life Annuities in Proportion to Redeemable Annuities*）是出了名的難找，可能是因為他和他兄弟的圖書館在他們死後一片雜亂，分崩離析。這本小冊子彙整了和金錢的時間價值有關的數學（很多都是從斐波那契的時代開始發展出來的）與機率相關的數學；在寫作這本小冊子時，機率是初萌芽的科學，但十分重要。這本小書處理了當代歐洲各政府最重要的財政問題：如何讓發行年金的收入和未來付款義務的價值互相平衡。

德・維特領悟到，計算終身年金價值的最核心挑戰是和預期壽命有關的機率：需要針對不同年紀的年金領取人去計算未來平均要支付年金的期間。這個問題的重點是，如何確定一個本質上非常不確定的數值。德・維特設法將年金買方要規避的風險量化。為了解決這個問題，他基本上根據年紀估算生存的機率，然後提出一份與年齡相關的定價表。這是很粗略的簡化，但朝著得出解決方案邁出了一大步。要能更精準回答年金估價問題，要從非常奇特的領域去找：博弈與玩樂。

第十五章　發現機率

年金契約是歐洲對人類社會最大的貢獻之一。以一個人的生命或一群人的生命為基準購買年金產品，人就可以把長壽或早夭的風險從家庭轉到國家，國家則可以匯聚很多家庭的風險加以分散，讓每個人都得到好處。但這項創新也帶來了新問題。國家很難知道自己承擔了多高的風險。長期來說，政府若要讓所有人都能領到年金，未來要負擔多高的成本？未來要履行這種複雜的年金契約，需要制定哪些條款？回答以上問題的方法，就在統計與機率這門新科學裡。金融在分攤風險方面有所創新，為了了解這種金融創新則帶動了方法上的創新，兩者相輔相成，而這一點也是中國與西方的重大差異。

我們可以把機率數學想成以條理分明的方法來了解未知。金融因應未知的未來，針對金融工具所做的數學分析找到一條路，直接通向發現機率法則。歐洲文化中出現機率數學的基本技巧之後，就釋放了風險這個精靈。在本章中，我們要追蹤機率的相關發展，以及機率最後創造出的世界。機率最初當然出自於博弈。博弈一向是投資的邪惡孿生手足：博弈積極涉足不確定性，而不是避開。即便到了今日，這種原型的二分法仍然大有影響力。投資人受人尊敬，投機客被人唾棄。

吉羅拉莫・卡爾達諾（Girolamo Cardano, 1501-1576）是一位極出色的義大利醫師兼占星家，也是文藝復興時代知識分子中的名人。他的自傳是一部真正博學之士的作品，多采多姿，個人色彩濃厚，不斷深入探問且極具啟發性；最後一項特質體現在一系列超過一百五十本的著作上，主題廣泛，數學、物理、天文、哲學、飲食、占卜和醫學，無所不包。他在書中坦承自己有一大悔恨：

> 多年來（差不多四十年）我一直在賭博。我的私生活受到的嚴重影響難以啟齒，而且我毫無成績可言……我帶著羞愧把這件事說出來；每天，當我失去理性思考時，也隨之損失財物與時間。[1]

卡爾達諾學習力極強，也是一位策略家。他最大的貢獻，是算出丟一個或多個骰子時某些數字組合出現的頻率。他的方法是一開始先列出所有可能結果，接下來，他假設每一次丟擲時每一個骰子的每一邊都同樣可能出現，計算各種結果可能出現的比率。[2]這些頻率幫助卡爾達諾極精準地判斷出現特定結果的機會大不大，他有沒有贏面。

在卡爾達諾之前，賭徒可能早就知道丟出兩個六的機率很低，但是他們並不是數學算出六分之一乘以六分之一等於三十六分之一（也就是說，每三十六次才有一次）。卡爾達諾睿智的洞見來自於骰子的單純。利用僅有六面的骰子，就有可能算出丟擲時所有不同的組合，然後全部加總起來。

從骰子到人

在骰子之後，數學家試著把手伸進更複雜的機率賽局中，例如賭運動事件，像是預測網球賽中途的結果。處理後面這問題的是瑞士數學家雅各布・白努利（Jacob Bernoulli），他在一封寫給朋友的信中談到網球賽（法文的說法是「jeu de paume」）中各盤的結果。一開始，他認為在技能性的賽局及牽涉到人、而不是無意識物件的

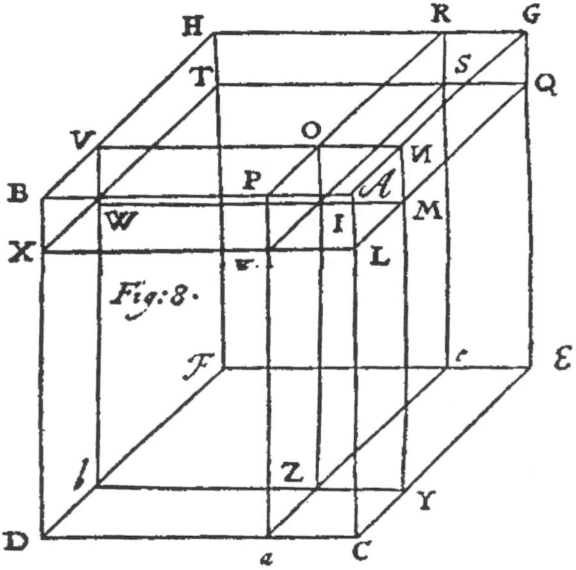

圖29　艾德蒙・哈雷（Edmond Halley）以圖示法說明如何針對有三名請領人的聯合年金（tontine）計算死亡機率（From Halley's *An Estimate of the Degrees of Mortality of Mankind* [1693]. Philosophical Transactions of the Royal Society of London 17 [1693], 596-610 and 654-656. Reprinted, edited with an introduction by L. J. Reid, Baltimore, MD.: The Johns Hopkins Press, 1942）。

1 Girolamo Cardano. 2002. *The Book of My Life*, Jean Stoner (trans.). New York: New York Review of Books, p. 50.

2 耶魯大學教授湯瑪斯・卡瓦納（Thomas Kavanagh）堅信，博弈深深影響了歐洲知識文化的演進。Thomas Kavanagh. 2005. *Dice, Cards, Wheels: A Different History of French Culture*. University Park: University of Pennsylvania Press.

競賽中，不可能列出所有可能的結果並據此簡化，但是，他另有簡潔單純的看法。如果過去有足夠的歷史紀錄可供研究，就可能分析涉及未知機率的複雜技能性競賽。白努利的想法如下：就算不知道出現某種結果的真實機率，但如果觀察到夠多的結果，某種程度上就可以相當確定勝率了。舉例來說，如果你知道手上這個硬幣不平均，你需要做的就是丟擲很多次，這樣才能更準確知道到底正面出現的次數和反面差多少。

白努利主張，人類可利用機率數學便宜行事，藉此獲得更深入的知識。棒球賽打到九局平手時，我們無法藉由探查壘包上的全壘打強棒心裡想什麼而算出這場球賽的輸贏，但是如果我們去研究強打者每次面對這種處境時的反應，就可計算出再見全壘打的勝率，投下合理的賭注。白努利認為，這幾乎等於人類可以全知了。

在所有與機率發展相關的思想家中，白努利可以說是最重要的一人。他把機率賽局和真實世界裡的問題連了起來。你真的必須知道強打者腦子裡想的一切，才能確定他能不能打出再見全壘打嗎？百分之九十五確定算是相當確定嗎？百分之九十九確定呢？白努利用一種很傻的遊戲來做類比，藉此解決「相當確定」這個問題。這個遊戲和甕缸有關。

假設有一個甕缸裝了一些白球和一些黑球。你是否需要算出甕缸裡到底每種球有幾顆，才能相當確定黑球與白球的比例，比方說，是二比一？白努利說不必。如果做到百分之九十九確定這個比例介於二〇一比一〇〇至一九九比一〇〇之間，你就能滿意的話，那他可以告訴你要達到這個確定水準要檢查多少個球。

你聽懂了嗎？如果你要花一點工夫想一下，並不是只有你這樣。在一封一七〇四年的信函中，白努利必須重複解釋這個概念兩次，而且，他面對的還是傑出的數學家哥特佛萊德・萊布尼茲（Gottfried Leibnitz）。萊布尼茲以發明微積分聞名，但是他對於數學是否有能力解決人類面對的基本問題感到非常存疑。正因如此，他才和白努利開始書信往來。萊布尼茲對於用統計分析數據以了解自然法則的潛力甚感興趣。

白努利的理論稱為「大數法則」（law of large numbers）。簡單來說，大數法則說的是，當你研究的案例數目增加，你估計甕缸中黑球對白球的比例數值會逐漸收斂，愈來愈接近甕缸中的真實比例。所以說，就算甕缸裡有一千五百萬顆球，你不用全部算清楚（也不需要成為創造出甕缸的全知創作者），也有方法可以百分之九十九・九的確定說出黑球對白球的比例很接近二比一。同樣的，這聽起來是很傻的遊戲，對真正的問題來說顯然不太有用。但是，白努利對萊布尼茲這麼說：

> 如果把要放進去的東西改成老人與年輕人的屍體（這些屍體裡有各式各樣的病菌），就像放進不同顏色的球一樣，那麼，利用同樣的觀察方式，你可以判斷出前者與死亡的距離比後者近了多少。[3]

在當年稍後的另一封信裡是這麼說的：

---

3 Bernoulli, letter to Liebnitz, April 20, 1704, in Jacob Bernoulli and Edith Dudley Sylla. 2006. *The Art of Conjecturing, Together with Letter to a Friend on Sets in Court Tennis*. Baltimore: Johns Hopkins University Press, p. 40.

就算數目無限大，我們還是可以用一個有限的觀察數值來判斷不同族群的死亡率，不精準，但是實務上已經夠接近了，我們可以一點一點更逼近，直到無從辨識出錯誤。[4]

對白努利來說，從甕缸裡抽樣只是一種用來了解年輕人與老人死亡機率的模型。有了大數法則（源自於機率賽局的數學分析，讓人能以相當程度的確定來預測死亡機率），就有了年輕人與老人的預期壽命。這可以用來解決終身年金價格的問題；約翰・德・維特在遭遇恐怖的死刑之前，便在處理這個兼具政治面與經濟面的問題（請參見第十四章）。

在白努利和萊布尼茲的書信往返中，兩人都對彼此有所保留。白努利並未讓萊布尼茲看到他如何證明自己非凡的理論；他可能是擔心萊布尼茲搶先一步發表。萊布尼茲則手握一本白努利四處商借的書：德・維特的年金小冊子。萊布尼茲殘忍地作弄白努利，說他把書丟在書桌上，結果找不到了；他答應一定會把書送過去。這就是文人相輕！白努利（錯誤地）以為德・維特使用取自於死亡統計表的真實數據，根據年紀來估算荷蘭的年金價值，因此他希望能把這些數據拿到手，好套用自己的理論。

巴塞爾

白努利是巴塞爾大學（University of Basel）的教授；這所大學至今仍是生氣勃勃的知識分子重鎮，數學系很強大。大學位在可以俯瞰萊茵河的山坡上，白努利家族則住在城的另一頭，靠近主市場廣場，在巴塞爾市政廳對面，白努利則住在一處小廣場上一棟低調的窄房子裡。為了上班，他每天都要穿過市場，親身面對各種有趣的商業問題，就像涉獵讓人頭痛的道德哲學問題一樣頻繁。

在他們的通信當中，最奇特的一點是萊布尼茲並未和白努利分享寶貴的預期壽命實證數據；那是他從另一位和他通信的學者處得到的資訊。嘉士伯・紐曼（Caspar Naumann）慎重研究了一六九〇年代弗羅茲瓦夫（Breslaw）市的紀錄，蒐羅了這座波蘭西利西亞省（Silesia）海港城市從一六八七至一六九一年的出生與死亡資訊，資料大量且詳細，足以可靠地估算出不同年齡族群的預期壽命。萊布尼茲並未和白努利分享這些訊息，反而轉交給倫敦皇家學會，引起學會中一位天文學家艾德蒙・哈雷（Edmund Halley）的興趣。哈雷使用弗羅瓦茲夫的數據做出死亡率表，顯示不同年齡群體的死亡率。一六九三年他在《皇家學會會報》（*Transactions of the Royal Academy*）上發表自己的研究結果。[5]哈雷利用統計分析證明政府出售的終身年金價格太過低廉，這可能是最重要的重點。

在哈雷的時代，不論是年輕人還是老年人，英國終身年金的價格都一樣。哈雷利用死亡率表

---

4 Bernoulli and Sylla (2006), p. 44.

5 Edmund Halley. 1693. "An Estimate of the Degrees of Mortality of Mankind, Drawn from Curious Tables of the Births and Funerals at the City of Breslaw, with an Attempt to Ascertain the Price of Annuities upon Lives," *Philosophical Transactions London* 17: 596-610. Available at: http://www.pierre-marteau.com/editions/1693-mortality/halley-text.html.

證明，政府如果將年金賣給任何十三歲以下的人就會虧本。雖然當時年輕人的死亡率也很高，但孩子能活得比較久的機率仍比較高，當他們老去，政府必須不斷地支付年金。健康狀況良好的十三歲兒童，還可以再活七十年！英國政府當然不管哈雷的分析，繼續以過低的價格銷售年金。

哈雷的計算暗示了銷售年金無助於政府的財政，政府投入的是一場會輸給人民的賽局。如果賭徒在賭桌上一直輸，那麼，此人一定不是聰明的數學家，才無能算出局面對自己不利。十七、十八世紀英法兩國定價錯誤的年金造成了長期的財政問題，雪上加霜的是，時間會掩飾當中的巨大虧損；發生損失的時間點在遙遠的未來。當有資格請領年金的年輕人存活的時間持續超過預期，政府付出去的金額就會超過收進來的。對於聽過現代社會安全辯論的美國人來說，這番論調很熟悉：這顆財政上的定時炸彈，一定會變成政治上的定時炸彈。

諷刺的是，今日的巴塞爾最響亮的名聲，是成為全球銀行體系的風險管理神經中樞。巴塞爾協議（Basel Accords）是一套用來規範銀行業的標準。巴塞爾銀行監理委員會（Basel Committee on Banking Supervision）由二十七國中央銀行代表組成，他們以詳盡的數學來決定銀行應如何衡量風險，並決定銀行需要多少資本以防範破產。委員會提出一項重要算式，用來計算一家銀行特定年度預期發生的損失。這道預期損失算式中用來讓監理單位安心的基本工具，就是白努利的大數法則。當全世界試著協調規範以防範再度發生全球性的銀行危機，用到的工具（實際上應該說是把這個問題概念化的方式）要大大歸功於白努利的機率算式，以及那個時代的許多機率學家，是他們找到方法，把機率賽局變成了分析風險的架構。

年金與革命

十七世紀之交，常可見到憔悴的亞伯拉罕・棣美弗（Abraham de Moivre）坐在倫敦聖馬丁巷（St. Martin's Lane）的屠夫咖啡屋（Slaughter's Coffeehouse）的弓形玻璃窗前。棣美弗總是一副很飢餓的樣子，實際上他也經常挨餓。他不時口袋空空，但這無法阻擋他把時間花在飽覽群書：他閱讀關於賭博的書籍和小說，也讀數學與物理專論。他的口袋裡放著一本牛頓的《原理》（*Principia*），有空就拿起來翻一翻。他的收入來自於他教數學課以及寫書賺得的微薄權利金。他最知名的書《機率原理，或一種用於計算賭博事件機率的方法》（*A Doctrine of Chances, or a Method for Calculating the Probabilities of Events in Play*）於一七一八年付梓，他在有生之年也不時修訂。本書以英文寫成，是他一七〇九年提出的一篇拉丁文論文的翻譯與衍生版。不同於白努利在論機率時上談天文、下談地理，棣美弗這本書非常白話，讓一般人普遍都能看懂。他在《機率原理》的序言說到這本書的用意：

> 這本《機率原理》可能有助於解決迷信的問題，迷信在世界上存在已久，以賭博來說，就會有所謂的運氣這種事，無論好壞。[6]

6 Abraham De Moivre. 1756. *The Doctrine of Chances: Or, a Method of Calculating the Probabilities of Events in a Play*, third edition. London: Millar, p. viii. Reprinted in 1967, New York: Chelsea Publishing.

本書系統性地分析了當時娛樂倫敦人的各種機率性賽局：擲骰子、彩票、抽獎和紙牌遊戲。棣美弗此人在分析上精通各種最流行的機率性賽局，但他卻一生貧困，真是天大的諷刺。他很可能因為自身的喀爾文教派（Calvinist）信仰而排斥賭博。棣美弗隨時隨地都樂意在數學、機率法則與金融方面指點他人，經常流連賭桌的倫敦紈袴子弟無疑認為他提供的諮商服務很寶貴。很有可能，從事彩票交易的金融業者也有同感，終身年金的發行人與購買人可能也一樣，對他們來說，金錢的時間價值非常重要。

棣美弗最重要的貢獻之一，是提出一道公式計算未來某個特定年數內要支付固定金額的成本。一七二四年，他在《終身年金專論》（*A Treatise of Annuities on Lives*）一書中，使用了他的估值方法。他將功能歸於好友哈雷之前的計算，但也指出他可以繼續改進。棣美弗提到，金錢的時間價值使得正確估算終身年金價值的相關計算更複雜。年金契約持有者的年紀，重要性超過哈雷的估算。他證明，多數年齡層的年金購買人在為自己的人生購買金融保障時，實際上是得到了價格補貼。

以美國社會安全體系為例。當你來到退休年齡，社會安全系統就會開始支付終身年金給你。社會安全體系遭受最大的批評，就是美國勞工付給系統金額的現值，並不足以支應未來他們退休時可收取款項的成本。十七與十八世紀銷售年金的政府，也面對同樣問題，這些政府收取的費用顯然不足以支應他們提供的社會安全。以美國社會安全體系來說，只要人口持續成長，稅收就可以支應年金支付款，但是，當人口比例改變，這套系統將會吸乾政府的資源。哈雷與棣美弗的計算暗指，政府並未因出售年金而獲得財政上的好處。但是，即便在德・維特、哈雷及棣美弗發表他們的研究之後，各國政府也沒有調整年金的價格，好讓自己有贏面。

怎麼會這樣？當時的年金系統是否被當成像美國的社會安全系統，是一種提供普遍社會保險的機制？定價過低的問題，是不是因為決定年金價格的立法人員本身就是大宗買家？很有可能，重點在於這是一個太難以處理的問題。又或是，政府擔心，如果年金的價格定在接近真實價值的水準，就沒人會買了。

法國年金

在整個十八世紀，愈來愈常看到法國透過年金契約及聯合年金（tontine）契約（這種年金給付給一群存活者，而不是單一個人）來籌募資金。我們之前已經提過，年金的重點在於了解死亡率表並據此訂出價格。聯合年金是極複雜的工具，有點像現代的不動產抵押證券，差別在於前者的現金流基礎是政府支付的款項，而且要分給剩下來有繼承權的存活者。

這個時代留下的一項聯合年金紀錄，讓我們了解其運作。這是一份四頁的印刷文件，還插入了一張羊皮紙，這應該是因為羊皮紙的壽命比紙更長。這份文件的發行地是巴黎，對象是步兵上尉皮耶・列昂・德・沙托納夫（Pierre L'hermite de Chateauneuf）以及他的妻子伊莉莎白・德拉蘭德（Elisabeth Delalande）。他們以五歲女兒蘇珊娜・伊莉莎白・列昂・德・沙托納夫（Suzanne Elisabeth L'hermitte de Chateauneuf）的名義買下一份契約，買價為三百里拉，只要蘇珊娜還活著，政府每年就要支付二十四里拉。等到她過世那天，四分之一的收入歸統治者，四分之三歸於與她相同年齡層的存活者；蘇珊娜屬於全國性聯合年金第一級裡的第二分部。只要這些孩子當中有人過世，存活下來的人就能從聯合年金中領到更高比例的現金。聯合年金契約從一開始就承諾，政府保證會用鹽以及其他大宗商品的稅收來支應，並且這些年金不會因為任何目的而被沒收、廢止或重整，包括國王的需求。

就為人父母者看來，這是很好的交易。只要孩子還活著，你的投資就可以拿回百分之八的利息，如果她長命百歲，能夠拿到的收益占比還更高。舉例來說，如果她活得比九成法國同年齡層的孩子更久，除了收到自己的二十四里拉之外，她每年還可以分到同組中逝世者四分之三的款項：總共是一百八十六里拉。算起來，投資三百賺回一百八十六，收益率是百分之六十二！

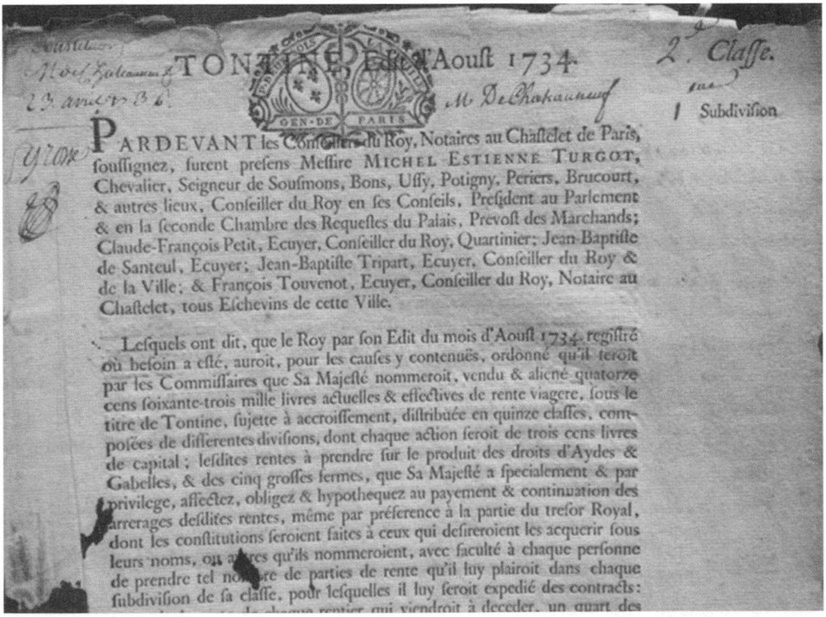
TONTINE. Edit d'Aoust 1734.

2. Classe.

1 Subdivision

PARDEVANT les Conseillers du Roy, Notaires au Chastelet de Paris, soussignez, furent presens Messire MICHEL ESTIENNE TURGOT, Chevalier, Seigneur de Sousmons, Bons, Ussy, Potigny, Periers, Brucourt, & autres lieux, Conseiller du Roy en ses Conseils, President au Parlement & en la seconde Chambre des Requestes du Palais, Prevost des Marchands; Claude-François Petit, Ecuyer, Conseiller du Roy, Quartinier; Jean-Baptiste de Santeul, Ecuyer; Jean-Baptiste Tripart, Ecuyer, Conseiller du Roy & de la Ville; & François Touvenot, Ecuyer, Conseiller du Roy, Notaire au Chastelet, tous Eschevins de cette Ville.

Lesquels ont dit, que le Roy par son Edit du mois d'Aoust 1734. registré où besoin a esté, auroit, pour les causes y contenuës, ordonné qu'il seroit par les Commissaires que Sa Majesté nommeroit, vendu & aliené quatorze cens soixante-trois mille livres actuelles & effectives de rente viagere, sous le titre de Tontine, sujette à accroissement, distribuée en quinze classes, composées de differentes divisions, dont chaque action seroit de trois cens livres de capital; lesdites rentes à prendre sur le produit des droits d'Aydes & Gabelles, & des cinq grosses fermes, que Sa Majesté a specialement & par privilege, affectez, obligez & hypothequez au payement & continuation des arrerages desdites rentes, même par préference à la partie du tresor Royal, dont les constitutions seroient faites à ceux qui desireroient les acquerir sous leurs noms, ou autres qu'ils nommeroient, avec faculté à chaque personne de prendre tel nombre de parties de rente qu'il luy plairoit dans chaque subdivision de sa classe, pour lesquelles il luy seroit expedié des contracts:

圖30　1734年的法國聯合年金（作者提供）。

從政府的觀點來看，每有一位聯合年金持有者過世，就可以撤銷每一份合約的四分之一，支付給生存者的年金會從每年百分之八降至百分之六。但各種聯合年金的存活者仍是政府沉重的負擔，到了一七七〇年，即便契約中許了很多承諾，但法國的主計長阿貝・泰雷（Abbe Terray）還是重整聯合年金債務。他用終身年金取代所有聯合年金，付息百分之十，而且對於年老與年輕持有者都一視同仁。

如果蘇珊娜・伊莉莎白到了一七七〇年四十歲時仍在世，這代表她被迫放棄的聯合年金價值很高；她永遠也沒有機會領到原本承諾的收益一百八十六里拉。歷史學家大衛・維爾（David Weir）計算出來，泰雷的統一支付率替政府省下很多聯合年金的支出，但是終身年金成本也很高。[7]當政府要以百分之十的利息支付終身年金、而且不分年齡的消息一出，就出現一波金融的淘金熱。投機客看到了絕佳機會。

若說有什麼比用錯誤的價格銷售年金更糟糕，那就是把錯價的年金賣給清楚知道如何善用錯誤來謀求自身利益的聰明人。到了一七七〇年，就算政府官員還沒跟上潮流，歐洲的金融家早就讀過所有關於機率和終身年金估價的最新研究。法國政府每發行一項新的終身年金，荷蘭和瑞士的金融工程專家就一網打盡，然後發行以年金現金流作為抵押的債券。

這些由日內瓦銀行家聯合發行的證券，一次買下三十位年輕女子的法國終身年金（這種產品

---

7 François Velde and David Weir. 1992. "The Financial Market and Government Debt Policy in France, 1746-1793," *Journal of Economic History* 52 (1): 1-39.

被稱為「三十小淑女」(trente demoiselle))。年金主人都來自富裕家庭(有些還是聯合組織中的銀行家之女),通常都可以撐過天花的攻擊。當時已經出版的終身年金表指出,這個年齡群可能是年金價格錯價最嚴重的一塊。以這些終身年金組合為標的發行債券,會把每年法國政府發給的年金轉給債券持有人。

維爾和他的共同作者法蘭索瓦・范德(François Velde)深入鑽研法國和聯合年金有關的數據,發現了一件很有趣的事。一七八一年,「四分之三的統一利率(年金)都是賣給小孩。」[8]在這當中,有百分之四十至五十是由日內瓦的銀行家一手安排。這代表銀行家使得未來的預期損失更為嚴重。如果終身年金銷售的對象同時有年輕人和老年人,至少可以緩解一部分錯價的效應。

但歷史學家的解讀則稍有不同。他們指出,接近法國大革命時,法國必須為了借錢支付高額利率,不光是年金而已。不只這樣;隨著一七七〇年的重整,整個市場都很清楚政府可以而且也會打破承諾。大革命前夕,法國的信用風險和其他事物一樣,糟糕透頂。透過聯合年金、終身年金以及其他工具,政府借貸的金額已經到了能收到的稅金與能創造的收入上限。調降終身年金的價格,拋售給日內瓦的銀行家由他們進行證券化的改造並重新出售,是發生無可避免的違約之前的短期金融補救措施。

對於十八世紀的法國政府財政,有一派的解讀認為聯合年金和終身年金一次解決兩大重要問題(前提是要能發揮作用):讓個人可以退休,並滿足政府財政。如果每個法國人都有年金或聯合年金,就可以達到老有所終的境界。終身年金可以提供完美的保障,讓你不至於活到老時沒有能力供養自己。因為大數法則的緣故,政府比個人更能因應這種風險,也可以收取個人願意支付的保險溢價。只要以公平市價發行，終身年金與聯合年金應該是比較便宜的支應政府財政措施，也是照顧老年人的絕佳方法。當政治妨礙公平定價，當人們不相信政府會付錢，就出問題了。維爾和范德主張，信任的瓦解和政府財政困窘一樣，都是促成法國大革命的重要因素。終身年金是法國政府與人民之間的基本社會契約，當這些契約失效，政府也跟著垮台。

加總機率

值得一提的是，在大約一世紀的時間裡，歐洲數學家做了一些出色的研究，他們的成就也影響了真實世界的政治。首先，他們看來對於機率性賽局極為狂熱，並把它變成一門科學。這項轉變中很重要的一步是把賽局當成真實人生情境的控制模型，但到了某個點，當實際情境的複雜度超過數學家的分析能力，可能就無法再以數學觀點來透視真實情境。白努利發展出一套方法，透過使用統計數據，以機率工具來處理最複雜的情境；我們可以使用歷史數據來估計機率，不用把所有可能結果列出來。如果生命中的每一刻是同時投擲無數個骰子所得出的結果，卡爾達諾一定會放棄，不再想要預測淨結果。但德・維特、哈雷、白努利以及其他十八世紀之交的統計學家找到新方法面對未知。在「相當確定」的基礎下，統計可以讓你大有收穫。

在他們的發現當中，蘊藏著無法預見但極為重要的金融意義，並造成了各種後果。德・維特

8 Velde and Weir (1992).

的貢獻讓荷蘭的年金發行機構開始控制年齡差異，哈雷、棣美弗和白努利提出無可否認的證據，指出英法政府的融資方法未來將會引發財政危機。實際上，他們發表研究成果這項舉動，就觸動了危機，並讓情況雪上加霜。有些國家可以調整自身的融資方式，以符合數學上的公平價格，有些卻沒有辦法。法國因借貸與定價錯誤滾出來的債務，在十八世紀時愈來愈大，到了一七〇年代，日內瓦的套利投資者使得問題更加惡化，違約因此無法避免。在赤字處境下運作的政府與仰賴年金的人民本來可能在財務金融上達成美好的互利共生局面，但這些都隨著法國大革命變成泡影了。

機率在中國

十七、十八世紀時，中國是否在機率理論與統計分析方面有類似的發展？李約瑟在《中國科學技術史》中對中國數學做了相關研究，提出一些有趣的可能性。他找到宋代文獻中有一張圖，很像今日所知的「巴斯卡三角形」（Pascal's Triangle）：在這張圖中，列出了抛硬幣的所有可能結果。[9]有趣的是，李約瑟提到中國的這張圖不是為了計算機率，而是用於代數。這張圖畫出在更高次方兩個數字加總的延伸表中的係數，根據李約瑟的翻譯，這稱為「解出二項式係數的表格系統」（tabulation system for unlocking binomial coefficient）。

十七、十八世紀的中國數學家最感興趣的領域是代數、幾何、三角和天體力學，機率理論顯然不在排行榜內。雖然中國也有機率性賽局，中國的數學家也研究組合數學，但是，十七、十八世紀歐洲在機率數學上的大發現，看來對中國數學思維的影響微乎其微。基本上，從一七二三至一八三九年這約一世紀間，中國對於西方的數學關上了大門。這是一段接觸的空窗期，代表中國不僅無法吸收機率領域的進步，也沒有學到微積分。

伊懋可是研究中國與西方出現重大分歧的佼佼者之一，他對於中國少了數學機率及中國並未採用西方的機率工具，深感困惑。他指出，賭博在中國就像在歐洲一樣非常流行，中國也和古代印度與中東一樣，都有骰子和圖牌遊戲。[10]

最重要的，或許是中國有根據隨機事件進行預測的古老傳統，始於商代的甲骨占卜，以《易經》延續到周朝，自此之後，一直流傳至今。要進行《易經》占卜時，用的方法是隨機丟擲錢幣或蓍草梗。事實上，萊布尼茲對於《易經》裡各種卦的卦圖很感興趣，因為這些實際上代表丟六次公平硬幣所有可能出現的組合。

伊懋可記錄中國歷史上許多機率論的想法與推理，有些是以占卜為根據，有些則是以博弈和賽局為根據。實際上，伊懋可找到李清照（一〇八四至約一一五一年）留下的驚人數學遺跡；李清照是一位宋朝女詞人，她的作品備受讚揚，充滿感情，很有印象派的風味。就像卡爾達諾一樣，李清照也博學多聞，她是藏書家、古玩家，也是沉迷的賭徒。

---

9 J. Needham and L. Wang. 1959. *Science and Civilisation in China*, vol. 3. Cambridge: Cambridge University Press, p. 133 and ff.

10 Mark Elvin. 2005. "Why Premodern China-Probably-Did Not Develop Probabilistic Thinking," Working paper, Australian National University.

李清照發明一種名為「打馬圖經」的遊戲，一次擲三個骰子。她列出賽局中會導引出每一種結果的各種不同組合。但，她並沒有再往下踏出重要的一步：從結果的頻率中得出機率。伊懋可主張，李清照與其他中國思想家顯然持續地跳過了這微小但關鍵的一步。或者，他們真的有走到這一步，但是歷史上並未見到紀錄。

中國的職業賭徒可能知道如何計算勝率，但他們的知識從來沒有在數學或知識上轉化成更高階的論述。為何如此？理由不可能是因為中國缺乏有用的統計應用；經濟統計是中國政府會計系統的根本。中國一定也用大數法則來估算幾個省分的淨農作產量、估計駐防軍隊所需的食物、計算購自蒙古馬匹的折損率，或是其他種種需要預估與確定資源配置的情況。

有可能是因為歷史的偶然，中國沒有發明（或採行）機率數學。另一方面，歐洲早期機率學家與資本市場發展之間有著密切關係，這可能是其中一股動力，讓他們更願意深入機率，以及採納來自博弈賽局的技巧等領域。

十七世紀之交的多數機率學家都提到年金估值問題。他們的方法顯然對於十八世紀的金融創新大有影響，但因果關係也有可能相反。數學家不僅有興趣解決丟骰子的問題，也有興趣解決諸如複利與政府年金正確定價等問題，金融市場與金融思維，這兩種技術會一起演進。

海峽兩岸的衝突

一七九四年，法國的恐怖統治（Reign of Terror）如火如荼之時，孔多塞侯爵（Marquis de

Condorcet）寫下十八世紀最光明的典籍之一。他躲起來快速地撰寫，避居友人韋爾南夫人（Madame Vernet）位於塞凡多尼街（Rue Servandoni）十四號寓所後面的小房間，靠近今天的巴黎盧森堡花園（Luxembourg Gardens），為的是逃避一定會判他死罪的逮捕令。孔多塞是一位出色的數學家，對於微積分的發展貢獻良多。他因為受命擔任巴黎鑄幣局的總督察，因而開始對政治與經濟產生了興趣。他是啟蒙時代啟蒙得最徹底的人之一：他是廢奴主義者、女權支持者、民主倡議者，也深信理性思考的力量是解決人類問題的工具。雖然他懷抱這些自由派的觀點，但因為他支持監禁路易十六（Louis XVI）就好、無需處死而陷入麻煩。寫完書之後，孔多塞逃離巴黎，但遭到逮捕。《人類精神進步史表綱要》（*A Sketch for a Historical Picture of the Progress of the Human Spirit*）在他死後於一七九五年出版，成為啟蒙時代的代表作之一。本書盛讚科學的進步，認為這是獲得知識的方法，並勾畫出一個未來的社會，此時諸多社會問題應該都已獲得解決。在這番願景中，法國和機率都是要角。儘管法國政府故意不履行聯合年金，但孔多塞相信，可用同一套金融架構來提供普遍的老年年金：

> 然而，不平等的問題可以大幅減緩，方法是利用機會去對抗機會，確保人到老年時能夠得到生活支援，來自於自己過去的存款，而由於有其他人同樣也加入共同股份、卻在有機會請領之前先過世，能領的金額又提高了……還不到請領年紀便早逝的人的犧牲，提高了別人能請領的金額。能把數學應用到存活的機率與金錢的利益上，我們不是該感謝這些工具蘊藏的意義嗎？雖然工具的發展還沒到前述的程度，也沒有這麼多不同的形式，但這些方式已經落

> 實，也有一定程度的成果，我們可以認定這類制度確實有益，不僅嘉惠某些家庭，更有利於社會大眾，因此可以鬆一口氣，不會時不時看到許多家庭分崩離析，以及經常性的墮落與沉淪。[11]

孔多塞提議「利用機會去對抗機會」，用一個人早逝的機會，來保障另一個人生存年限超過有生產力期間的機會。他設想，透過這種方式，利用數學和機率邁向一個美好的未來，每一個家庭都不會分崩離析。他預測，未來會有更多人活在更美好的世界。實際上，他在傳播的是進步的基本概念。

一七九八年，在劍橋大學耶穌學院（Jesus College）研究數學的瑟瑞

圖31　(a)孔多塞侯爵（Marquis de Condorcet）（https://commons.wikimedia.org/wiki/File:Nicolas_de_Condorcet.PNG）
(b)馬爾薩斯（Thomas Robert Malthus）（https://commons.wikimedia.org/wiki/File:Thomas_Robert_Malthus_Wellcome_L0069037_-crop.jpg）

鎮（Surrey）牧師湯瑪斯・羅伯・馬爾薩斯（Thomas Robert Malthus）公開反對孔多塞勾畫的美好未來。他的書名為《論人口原理和它對於社會將來的影響，附關於戈德溫、孔多塞及其他作者的臆測之評論》（*An Essay on the Principle of Population, as It Affects the Future Improvement of Society, with Remarks on the Speculations of Mr. Godwin, M. Condorcet, and Other Writers*），指出他認為孔多塞推論中的基本錯誤：

> 利用把數學應用到存活的機率與金錢的利益上，他（孔多塞）建議應設立基金，確保老年人能獲得援助，有一部分來自於他們過去的儲蓄，有一部分來自於同樣做了儲蓄、但尚未得益便早逝者的犧牲……這樣的制度與計算從紙上談兵看來可能前景一片美好，但套用到真實生活中時，很可能根本無效……如果每個人都確定自己可以養得起一個家，幾乎每個人都會建立家庭，而且，如果後世不會再因「致命霜害」而受苦，人口一定會急速增加。[12]

馬爾薩斯認為，人類的進步本來就有限，這是單純的生物機制。風調雨順時，人口會增加，

---

11 出自M. de Condorcet and Marie-Jean-Antoine-Nicolas Caritat. 1796. *Condorcet's Outlines of an Historical View of the Progress of the Human Mind, Being a Posthumous Work of the Late M. de Condorcet*（Philadelphia: M. Carey）的最後一章（譯自法文版）。

12 T. R. Malthus, Donald Winch and Patricia James. 1992. *Malthus: An Essay on the Principle of Population*. Cambridge: Cambridge University Press, p. 47.

到頭來必須爭奪有限的資源；利用社會保險系統來消除人類必須面臨的自然損害，多半的結果是（一）降低死亡率，從而導致人口出現破壞性的成長，與（二）消除了工作的動機，導致相對於人口成長之下，食物產量減少，經濟成長走緩。他主張，從以終身年金計畫為基礎的社會安全網來說，計算出來的結果是注定會失敗。即便以十八世紀已經納入機率和金錢時間價值的現代數學模型為基礎，社會安全系統仍是妄想空想：由於人口繁殖的自然法則會發揮作用，替未來做的任何計畫都注定失敗。

出了孔多塞和馬爾薩斯這兩位，機率和複利相關的數學變成道德哲學家探討人類發展的機會與限制時的論理工具。前一位夢想的是由國家操作的社會安全基金，後一位則主張這會毀了經濟動機。若沒有發展出機率數學、沒有歐洲的年金與聯合年金傳統，他們兩人就不會針對不同的觀點進行對話，就算會，分析的架構在根本上也會大不相同。雖然孔多塞和馬爾薩斯從來不曾面對面，但在幾個世紀之後，他們的辯證呈現出現代社會面臨的最重大挑戰之一：針對不確定的未來提供統一的資源供給。

創造出終身年金，想像未來終身年金可以協助社會中的每一個人（而不只是買得起年金的人），讓人明白之前沒有想過的後果：人有可能成為自己成就的犧牲品。金融閃耀著的希望，但頭上卻罩著馬爾薩斯所講的那一片烏雲。

第十六章　效率市場

在啟蒙時代，數學領域提出的疑問都源出於金融市場與市場上交易的各種奇特證券，反之也亦然。在本章中，我們要快轉，稍微脫離歷史的時間線，跟著機率這隻兔子跳入兔子洞。十九世紀與二十世紀初，人們持續在機率數學領域提出疑問並認為機率的相關訓練是教育中必要的一環（這種情況以法國為主），衍生出某些用以描述物理世界的最重要科學模型，也讓人們有了基本概念，了解打敗市場是件難事。

在本章中，我們要超前一下，順著這個脈絡跳進現代。我們要介紹幾個很有趣的人物，首先是一位巴黎的經紀人兼金融經濟學家朱利・荷紐（Jules Regnault），他發展出效率市場理論。第二位是昂希・列斐伏爾（Henri Lefèvre），這位巴黎羅斯柴爾德銀行（Rothschild bank）的會計師設計出一種方法，可同時計算複雜的股票與債券部位。第三位是路易・巴舍利耶（Louis Bachelier），他是一位法國數學家，對於在巴黎證券交易所（Paris Bourse）交易的選擇權定價深感著迷，從而找到布朗運動（Brownian motion）：這是一個抽象模型，說明系統如何隨著時間演變。

綜合起來，他們三人的見解基本上導引出現代金融工程的所有工具。這些工具本身自有限制，最終還是有可能失效，即便是最複雜的模型也無法幸免。特別要提的是，這些想法推動了衍生性金融商品的發展；知名投資人華倫・巴菲特（Warren Buffett）說，衍生性金融商品是「造成重大毀滅的武器」（weapons of mass destruction），[1]但一般人普遍認為這些同時是保險與緩解風險的基本工具。我們應該檢視羅伯・莫頓（Robert Merton）、費雪・布萊克（Fischer Black）與麥隆・斯科爾斯（Myron Scholes）這三位現代金融大師的心血，他們的研究直接立基於法國數學傳統的洞見與技術，同時保有優點但也留下了缺點。最後一點要先保留起來，等到我們提及一位法國現代數學家兼我在耶魯大學的前任同事本華・曼德博（Benoit Mandelbrot）時再來談。

圖32　十九世紀時巴黎證交所的景象（http://www.antique-prints.de/shop/catalog.php?list=KAT32&seg=2）。

隨機漫步

法國股票經紀人朱利・荷紐（一八三四—一八九四）的生平幾乎無人知曉，我們所知的一切，都來自於英國萊斯特大學（Leicester University）金融系講師法蘭克・約萬諾維奇（Franck Jovanovic）的努力。過去十年，約萬諾維奇研究數學金融在智性上的發展，追蹤出現代數量方法的關鍵理性根基是朱利・荷紐，他是十九世紀中期巴黎證交所一位非常成功的股票經紀人。[2]

一八六三年，荷紐寫了一本非常創新的書《機率之計算與證券交易所之哲學》（*Calcul des Chances et Philosophie de la Bourse*），他主張，投資人不可能靠著在市場上投機而獲利。表達這番意見的居然是一個靠著交易股票和債券維生的人！荷紐把他的見解歸功於白努利「美麗」的公理：如果針對近乎無限多的隨機事件求平均值，會收斂到非常接近趨勢真值。荷紐認為股市正是白努利知名的球池：裡面裝滿了千百萬種個人的意見，決定市價的方法，是從中抽起幾個球，每次的交易就代表抽取一次。收取幾百次之後，價格的中心趨勢便會浮現。人們在交易時，各種意見（包括樂觀的與悲觀的）就會混在一起平均，推動市場走向「平均」的想法。

荷紐主張，正因如此，要賺到利潤很難。當你要進去交易時，市價已經反映在你之前所有投

---

1 Annual Report of Berkshire Hathaway, Inc., 2002, Chairman's Letter, p.15.

2 Franck Jovanovic. 2001. "Does God Practice a Random Walk? The 'Financial Physics' of a 19th-century Forerunner, Jules Regnault (avec Philippe Le Gall)," *European Journal of the History of Economic Thought* 8 (3): 323-62.

機客的集體想法與情報了。除非你確定你握有別人沒有的資訊，不然的話，你的交易賺錢與賠錢的機率都不會高於一半。如果不是這樣，投機的動力會快速把價格壓低或拉高，讓市場達成均衡局面。簡言之，由於許多、許多積極參與者追求利潤，市場變成一場有著公平勝率的公平賽局。荷紐主張，無論一個人設計出多精密的交易計畫來預測未來的價格波動，價格的變化實際上是遵循隨機模式。

荷紐也指出，證券未來的價格不確定，交易成本則不然。券商要收費用。投資人唯一確定的是，每一次交易都要支付佣金，長期下來，這會讓你破產。這本書有一部分專門提出一套縝密的計算，說明投機客多久會把錢輸光光。

荷紐把自己的市場「公平賽局」理論發展成一項數學假說。他提到，如果他的隨機理論正確，那麼，一檔股票的價格範圍，會依循一種特定的模式擴大。荷紐計算出一檔股票從某個日期到另一個日期的預期差價應等於兩個時間差平方根的特定比例。

他相信自己發現了放諸四海皆準的市場法則。如果市場是「公平賽局」，那麼，市場中一檔證券的價格變異會根據一條簡單的規則擴大。為了測試自己的理論，荷紐收集長期的債券價格，並進行統計分析，結果非常吻合！看起來雖然很抽象，但是荷紐的規則很有用，因為這樣一來，投資人就可以算出在特定期間持有股票投資組合要承擔多少風險。確實，國際監理單位都應用這條原則的核心理論來判斷銀行得承擔多少風險。

荷紐稱巴黎證交所為「現代神廟」，適切地描述他工作的那棟大樓。巴黎證交所是一棟大型的新古典建築，設計於一八〇八年，接下來花了二十年在交易所廣場（Place de Bourse）起造建築，大樓至今仍屹立不搖。這棟大樓很像被科林斯柱廊包裹起來的巴黎大皇宮，然而，一旦走進去，迎面而來的交易大廳就位在裝飾著寓言神話華麗壁畫、高達四層樓的穹頂之下。巴黎證交所如今已經被歐洲交易所（Euronext）收購，後者是一套電子交易系統，已經不再需要交易大廳經紀人，也不需要面對面互動以決定市場價格。還好，即便市場技術已經向前邁進，巴黎仍留下了這棟代表實體金融架構輝煌一面的建築。

選擇權圖解

昂希・列斐伏爾（一八二七—一八八五）是股市數學模型發展領域的另一位先驅；法蘭克・約萬諾維奇也深入研究他的相關作為。[3]列斐伏爾鎖定理解選擇權價格的複雜動向。我們要知道，股票選擇權開始交易的時間，幾乎和股票本身一樣早。選擇權是一種契約，讓你在未來有權利以今天訂下的價格買進某一檔股票。用來買進的選擇權稱為「買」權（"call" option）；買權的所有權人有權利要求交易對手以約定的價格交割股票，就算到那時股價早已一飛沖天也一樣。買權是賭某一檔股票會漲、卻又沒有真正去買。

賣權（put option）則相反；賣權賦予你權利，你可以用事先約定的價格賣給某個人，就算他

3 Franck Jovanovic. 2006. "Economic Instruments and Theory in the Construction of Henri Lefèvre's Science of the Stock Market," *Pioneers of Financial Economics* 1: 169-90.

們不想買也不行。就算是股價已經跌到谷底，你還是可以把股票「賣」給交易對手，拿到你要的價格。在朱利・荷紐的世界裡，買權和賣權都應公平定價，理由就如前述：投機行為會把它們的價值拉到公平價格的水準。買權和賣權都可以用來賭股價的變動，但也可以用來降低風險。舉例來說，握有賣權，你就可以規避某檔

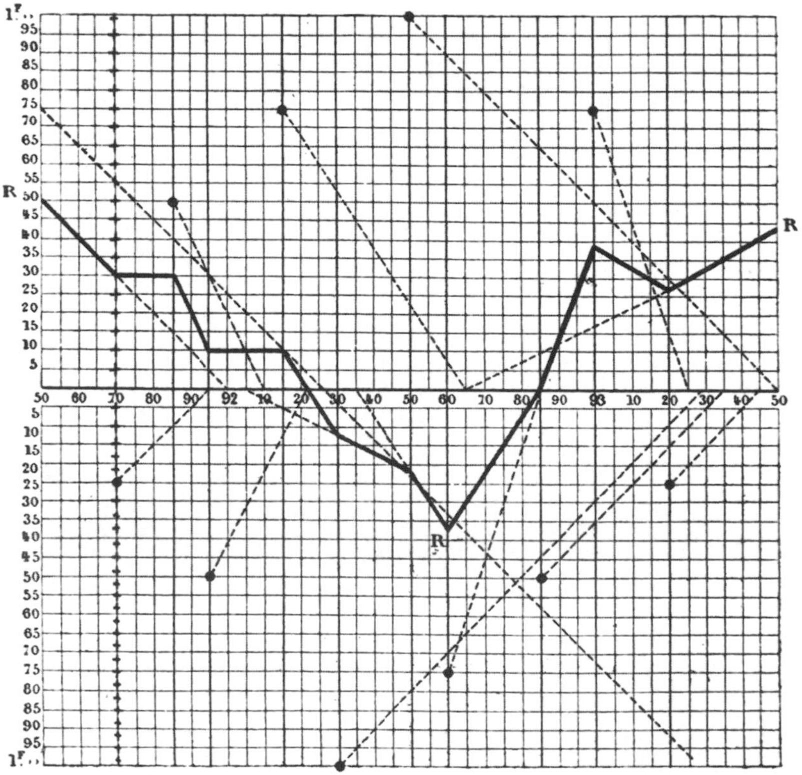

圖33　昂希・列斐伏爾使用的複雜選擇權報酬圖示；他以這張圖來說明他用來呈現選擇權的圖示法具備了彈性（Franck Jovanovic. 2006. “Economic instruments and theory in the construction of Henri Lefèvre’s science of the stock market,” *Pioneers of Financial Economics* 1: 169-90）。

股票價格大跌的風險。選擇權具備雙重用途，因此常成為公共批評的對象，但同時也是有用的風險管理工具。

列斐伏爾和荷紐一樣，有興趣的是市場背後的哲學；他認為當中蘊藏了極大的社會價值，也是帶動效率的引擎。他的貢獻是創造一種很簡單的方法來圖解選擇權的報酬。舉例來說，如果你手上握有一項買權與一項賣權，不管市價上漲或下跌，你都可以獲利。當然，市場的公平賽局規則暗指買進這兩項選擇權的價格等於你預期可以從中獲得的利潤。

列斐伏爾證明，前述的買權加賣權部位可以在圖紙（使用直角座標網格系統〔Cartesian grid〕）以「V」字形呈現，一邊代表賣權，一邊代表買權。當股價沿著X軸變動時，投資組合的價值便沿著Y軸變動。

之後他說明，只要以幾何法把每一項選擇權分別的報酬加總起來，便可以針對特定股票（或是債券，或是大宗商品）最複雜的選擇權投資組合畫出圖解。他給了這個世界一套理性圖解，可以分解某些人們設計出來最複雜的證券：衍生性商品。對於他的東家羅斯柴爾德家族來說，他的發現無疑極具價值！

這項創新非常重要，原因很多，其中之一是因為這讓選擇權交易員可以快速且精準地計算出自己在任何證券中的價格變動風險，如果有必要的話，就透過買進或賣出更多衍生性契約來調整風險。時至今日，這樣的風險操作規模極大。仰賴原物料與大宗商品作為生產流程投入要素的公司，利用衍生性商品來保障自己，免受原料突然短缺或價格驟變的風險影響。舉例來說，航空公司可以利用燃油價格的買權來規避油價上漲的風險。雀巢公司（Nestle）可以妥善利用可可豆期貨的買權，即便價格上漲也可以保障供給。而選擇權之所以對於投機極具吸引力，一如用於避險，是因為這可以讓人用很便宜的代價賭價格的波動：你可以花僅有實際證券一小部分的成本來購買選擇權，只有當價格變動方向符合你期待時才履約。如果心想事成，選擇權可以讓價值增值好幾倍，兩倍、三倍，甚至四倍。這真的會激發出一個人的賭性。

確實，股價出現大波動的機會愈高，選擇權就愈昂貴。想一想之前討論過的買權加賣權圖解。如果股價大幅變動，你很可能因為買權或賣權而賺大錢。價格大跌時，賣權比較有價值，價格大漲時，買權則比較有價值。唯有當價格波瀾不興時，你才會落入收穫不大的局面。如果標的個股的波動性極高，很可能大起大落，賣權加買權的價格應該極高，萬年牛皮股的選擇權價格則很低。同樣的道理，期間較長（比方說，履約期為兩年，而不是一個月）的選擇權價格應該較高，因為這時朱利・荷紐的規則就發揮效果了：預期價格變動（可能是漲，可能是跌）幅度會隨著時間而擴大。

布朗運動

關於哪些因素會讓選擇權貴一點或便宜一點，利用一般性的直覺只能判斷到前述的程度。十九世紀即將告終之時，一位法國數學家路易・巴舍利耶（一八七〇—一九四六）發展出一套數學技巧，可以用來準確計算選擇權價格。一如預期，這裡需要找一個變數來代表股票風險，這就是荷紐之前稱之為股票「擺動」（vibration）的數據。模型裡也需要選擇權的期間（稱之為選擇期的「到期日」（maturity」）。

巴舍利耶一九〇〇年時提出他的著作《投機理論》（*Théorie de la Spéculation*），當成他在索邦大學的博士論文。在努力解決選擇權定價問題時，巴舍利耶必須先設計出精準的定義，說明股價長期如何隨時間變動。我們現在將這稱之為布朗運動。有趣的是，亞伯特・愛因斯坦（Albert Einstein）一九〇五年時發展出一套布朗運動模型，顯然時間上比巴舍利耶晚，而且兩者互相獨立。

巴舍利耶回答選擇權定價問題的答案，是一條當時市場參與者無法理解的公式，這也凸顯出一個很有意思的哲學問題。如果選擇權的價格遵循一套複雜、非線性的多變數函數，而且，這項函數要到一九〇〇年以後才有人發現，那麼，市場這隻看不見的手（意指投機的過程）如何帶動選擇權的價格達到有效率的水準？

巴舍利耶的論文並未大獲好評。其中一位口試委員呂西安・列維（Lucien Lévy）認為巴舍利耶的分析有誤，這次的失意，讓他只拿到外省的職位，遠離當時頂尖數學家的核心圈子。諷刺的是，列維之子保羅（Paul）成為二十世紀機率理論的泰斗之一。

從接受論文口試進行答辯算起，巴舍利耶的書要在超過一百一十五年之後才獲得認可，成為數學金融的經典。這本書幾乎（但實際上並沒有）解決了選擇權估價的問題，而且，因為有列斐伏爾的研究，這代表巴舍利耶也幾乎可以估算複雜的選擇權、避險與投機組合的價值了。

直至二十世紀很後期時，才真正解決了選擇權定價問題。竟功的學者麥隆・斯科爾斯、費雪・布萊克和羅伯・莫頓，都認可了巴舍利耶的貢獻。一九九七年時斯科爾斯和費雪因為在這項重要問題上的研究成績卓著而獲得諾貝爾經濟學獎。布萊克則因為當時已經過世，所以無法分享這項榮譽。

模型與現代市場

一九七〇年時斯科爾斯和莫頓都是麻省理工學院的金融經濟學教授，他們也在這裡遇見了經濟學家費雪・布萊克。他們顯然都不知道巴舍利耶其人其事，因此，一九六〇年代末期當他們開始處理選擇權定價問題時，必須先探究公平價格與隨機漫步的數學邏輯。就像巴舍利耶一樣，他們仰賴價格變異的模型（布朗運動），但與巴舍利耶不同之處是，他們選擇了一個不容許價格為負值的模型，這也是巴舍利耶研究的限制。

他們得出的公式現代稱為布萊克—斯科爾斯公式（Black-Scholes formula），是數學上非常精密的公式，但其核心蘊藏著的卻是新穎的經濟洞見，而非數學見解。他們發現，由看不見的手設定的選擇權價格，具備風險中立（risk-neutral）的特質。人們可以在無風險的條件下複製選擇權的報酬，但前提是要能在一個理想、無摩擦的市場裡交易，而且市場中的股票動向必須依循布朗運動。之後的研究人員[4]發展出名為「二項式模型」（binomial model）的簡單架構，可以透過長期交易股票與債券的組合得到與買權或賣權相當的報酬。這些解決選擇權定價問題的方案，讓金融與物理今後永遠相連。事實上，到頭來，布萊克—斯科爾斯選擇權定價公式和熱力學中要解決的都是相同的問題；差別在於，在「熱」傳導方程式中，會隨機運動的是分子，而不是股價。

熱力學的根基是熵（entropy），這指的是一種朝向混亂發展的趨勢。時間只有單一方向，隨著時間，宇宙的運作在組織架構上多半比較鬆散，不甚嚴謹。選擇定價模型的基礎，是預測股價未來可能出現結果的範疇，並假設股價會遵循隨機漫步模式，並且就像荷紐所說的，會與時間差平方根成特定比例。但是，布萊克—斯科爾斯公式利用數學把時間往前倒轉，解決現今的選擇權定價問題。這是一種反向的熵。也因此，這道公式呼應了金融最根本的特質：利用數學超越時間。

熱力學

布萊克—斯科爾斯公式發表於一九七三年，剛好也是芝加哥選擇權交易所（Chicago Board Option Exchange）開始交易標準化選擇權契約之時。這篇開創性的研究報告命運一如巴舍利耶的論文，一開始也不為人所接受。《政治經濟期刊》（*Journal of Political Economy*）還是因為芝加哥大學教授莫頓・米勒（Merton Miller）大力敦促，才信服本文確有貢獻，最終才刊出。然而，該文不僅創造出一個全新的金融研究領域，還為華爾街的交易員提供一些威力強大無比的工具，供他們逐利。布萊克、斯科爾斯、莫頓以及諸多根據獲利計算公式發展出衍生性金融商品定價模型的金融經濟學家，在華爾街掀起了一場革命。此外，他們還為物理學家與數學家開啟了新的職

4 William Sharpe, John Cox, Stephen Ross and Mark Rubenstein.

涯；後面這兩類專家突然發現，由於他們非常熟悉熱力方程式，因此很容易就在投資銀行找到高薪工作。這一群新一代的「量化專家」就像是十八世紀的機率學家，把數學用在投機交易上，等到市場崩盤時便成為攻擊箭靶。

舉例來說，以二項式選擇權定價模型揚名的馬克‧魯賓斯坦（Mark Rubenstein），一九八〇年代應用自己的模型替投資基金設定了避險方法，以防範市場崩盤。就算市面上沒有賣權，靠著持續交易股票和債券的流程，這套二項式模型仍可以人工方式自行合成。但一九八七年美國股市的大崩盤暴露出這套模型的一大缺點。比方說，布朗運動過程的基本假設是價格不會跳空。當市場出現自由落體式的暴跌，短短兩天跌幅超過百分之二十二，這條本來看起來沒什麼大不了的連續性假設就不成立了。簡單來說，這毀了避險。自以為買了「投資組合保險」的投資人赫然發現，原來他們只保了一部分。

市場名嘴很快指稱魯賓斯坦以及他的同僚是觸發一九八七年股市大崩盤的始作俑者，宣稱正是他們以「程式設定」的自動交易（"programmed" trade）啟動一連串的反應。然而，這次的崩盤是全球性的，美國以外的市場卻並未廣泛使用相關做法來保護投資組合。這番批評引發了一個很有趣的哲學問題：市場模型能否影響市場？若市場裡有人使用二項式技巧從事交易，套用技巧這件事會不會正是讓模型出錯的理由？我的意見比較偏向否定。逐利的精明投機客隨時蓄勢待發，永遠做好準備等著程式設定的自動交易造成價格扭曲，並且加以利用。

投資銀行業者與金融工程師一直背負著引發二〇〇八年金融危機的罪名，其論據是這些邪惡的量化專家發展出注定會失敗的複雜金融證券，然後交給貪婪的銀行業者銷售。有人暗示這些工程師還有另一個更深層的問題，那就是傲慢，指他們太過信任自己的模型。這類論述說，一套以數學公式為基礎的系統不斷堆疊，讓金融體系持續膨脹，直到當中的結構缺陷暴露出來，整套體系崩壞，害得全世界的納稅人得善後。

二〇〇八年時，存心挑釁的基金經理人納西姆・塔雷伯（Nassim Taleb）更進一步，提議監禁使用標準風險模型的量化專家。「我們希望社會能在量化風險經理人引發損害之前先把他們關起來。」[5]有四個人在他的部落格上留言，言詞更加激烈。當然，塔雷伯意在推銷他的書《黑天鵝效應》（*The Black Swan*）；這本書主張，由於標準機率模型均以白努利的公式為基礎，因此根本沒算到極端事件經常會發生。股市在幾天內下跌百分之二十二並不在魯賓斯坦的設想之中；標準模型假設，要能有效訂定選擇權價格，股價取對數之後必須為「常態」分配，這是指，這些數據會呈標準鐘形分配（bell-curve distribution）。

事實上，在二〇〇八年之前，幾十年來，大家早已知道，證券價格並非常態分配這一點很可能引發極端事件；在這方面，其實在一九八七年股市崩盤就已見端倪。在塔雷伯之前，就有一位主張股價非為常態分配的「大祭司」開始針對極端事件從事交易或撰寫文章，他就是本華・曼德博；曼德博創立了分形幾何學（fractal geometry），也是一位數學家，他繼承了法國數學金融的衣缽，但同時也認為自己找到了當中致命的缺陷。

---

5 This is Money. 2008. "Nassim Taleb and the Secret of the Black Swan," *Daily Mail*, November 3. Available at: http://www.thisismoney.co.uk/markets/article.html?in_article_id=456175&in_page_id=3#ixzz161dvBHe7.

曼德博是保羅・列維的學生；保羅的父親，就是一九〇〇年巴舍利耶在巴黎綜合理工學院（École Polytechnique）接受口試時，給他打了低分的口試委員。保羅・列維的研究聚焦於「隨機過程」（stochastic processes）：這是描述某些變數長期動向的數學模型。舉例來說，在第十五章中，我們看到朱利・荷紐提出並驗證一套隨機變動的隨機過程，後來成為一條「風險會隨著時間差平方根增加」的規則。同樣的，路易・巴舍利耶也用更正式的方式發展出一套隨機漫步的過程。保羅・列維把之前的幾個隨機漫步模式公式化，變成隨機過程中一組通用的族群，名為列維過程（Lévy processes）。布朗運動是列維過程家族中的其中一套，可能也是當中表現最佳的一套。其他隨機過程會發生不連續跳空或不尋常重大衝擊等問題（這或許可以解釋一九八七年的股市崩盤；當時美國股市的市值在一天內就跌掉了百分之二十二・六）。

一九六〇年代，曼德博開始研究列維過程是否能描述棉花價格或股價等經濟性數據的時間序列。他發現，會出現跳空與極端事件的隨機過程，更能適切描述金融市場。他以不尋常的列維過程為核心發展出一個數學領域，名為「分形幾何學」。他主張，不尋常事件（亦即塔雷伯所稱的黑天鵝）實際上是尋常現象，出現頻率遠高於布朗運動所指。

一九八七年股市崩盤就他來看一點也不意外，他把這當成是驗證理論的證據。他在金融文獻中的重大貢獻之一（一九六六年發表），是證明效率市場隱含的意義是股價不見得遵循隨機漫步，但必然不可預測。這大大改進了荷紐在將近一百年前所闡述的假說。

雖然曼德博最終和兩名學生一起發展出以分形為根據的選擇權定價模式，容許出現極端事件與更具通則的隨機流程，但因為種種原因，曼德博始終沒有看到實務界廣泛採用自己的模型。我想，這是因為雖然這套解決方案很可能極有用處，但非常複雜，而且與量化金融使用的多數其他工具互相衝突。你必須大步躍進，超越布朗運動的世界，並拋下如白努利的大數法則等老東西，才會去用。對多數實務界的量化專家（以及研究市場的教授）而言，這一步的步幅太大，但以理解市場來說，可以得到的收穫或許又沒這麼高。畢竟，曼德博從未保證模型可以預測出嚴重崩盤的時間點，只講到可能發生崩盤。

本華・曼德博相信，他發現的是一套深入的結構，整體而言可以套用到這個世界，特別適用於金融市場。而他的見解可以直接回溯到根植於啟蒙時代的特殊數學探問傳統。我認為，以他的研究來說，最讓他興奮的莫過於這一點：從歷史的脈絡來思考的話，這是將機率應用到市場的極致。雖然並非所有量化專家都明白其中的道理，但是，當他們利用隨機過程（比方說布朗運動）來替證券定價或找出避險方式時，就是在取用一口極深的數學知識之井；若不是因為歐洲出現金融市場，就不會出現這口井。是的，現代量化學家套用到市場上的模型有可能出錯，模型是粗略地嘗試著從複雜且持續演變的現實找出特性。雖然會發生崩盤（或者說，正因為會出現崩盤）這種事，金融市場仍有各種必然能在智性上與金錢上帶來獎賞的難題，持續挑戰著最出色、最聰明的心智。促成歐洲出現一門極新穎的數學領域，用以理解未來的不確定性並找出底線的動力，很可能正是金錢上的報酬。

現代量化金融與複雜金融工程的數學根源，可以具體追溯到大膽嘗試用機率工具模擬投資流程與市場價格的法國思維傳統。從荷紐、列斐伏爾、巴舍利耶、列維、布萊克與斯科爾斯，最後再到曼德博，我們看到他們如何建構與重新建構隨機的概念，以了解看不見的手在不自知之下會怎麼做。

在第十七章，我們要先離開數學的世界，回到地理政治的世界。金融對於現代數學思維與風險管理微觀架構（microstructure）的發展來說很重要，現代金融架構則圍繞著另一個獨特的重要經濟單位演變：股份公司。

第十七章　歐洲的股份公司

歐洲對於金融最大的貢獻之一，就是股份公司：由股東提供資金的商業企業。股份公司的源頭是什麼？這是法律與經濟學研究中最古老的問題之一。即便經過百年的研究之後，股份公司的起源仍有諸多爭議，但是其在現代世界史上的重要性則無庸置疑。在本章中，我主張股份公司在歐洲之內（與之外）有多個源頭。過去在羅馬共和時代出現過的持股公司（share company），只是股份公司這種機制的其中一種範例而已。我認為，股份公司這種形態是在多種不同條件與制度環境下浮現出的均衡結果。之前我們看過，銀行出自於希臘的貨幣中介商與中世紀的宗教社會等截然不同的制度，我在本章會指出股份公司也有多種不同的根源，分別是封建的土地控制權與皇室賦予的商業航海特許權。重點是，這兩條發展路徑各自演變出解決方案，以因應籌募資本、管理企業以及為投資人提供流動性等問題。歐洲最早的股份公司（至少是自羅馬時代以後算起），於十四世紀時出現在西地中海地區。就像最早期的可協商債務工具與最早的債券市場一樣，股份公司的出現，大致上是出於封建法律制度傳統中的可轉讓權利。

一四〇七年，熱那亞用一種極新穎的方法來籌募公共資金。城邦的主要債權人創設了一個獨立的金融機構，名為聖喬治之家（Casa di San Giorgio），承擔起熱那亞市所有未清償的負債，並掌控城市主要的收入來源。聖喬治之家則發行股份（稱為「投資單」〔luoghi〕），這就像威尼斯的貸款憑證一樣（請參見第十二章），可以在次級市場交易。簡單來說，熱那亞把自己的債務負擔轉移到一家私人企業，也把主要的收入交出去：海外貿易的關稅收入。聖喬治之家被當成一家公司管理；確實，這就是一家公司。它有治理架構，並設定目標要讓收入超越費用，並制定分配股利（稱為「薪津」）的政策（股利取決於公司的營運狀況）。聖喬治之家的公司總部位在熱那亞港（Genoese harbor）附近（從哥倫布故居走短短幾步路就到了），這裡保管企業的資產、負債、收入與費用的紀錄；這些都是指向商業公司的重要指標，唯一的差別是這家機構的存在目的僅是為了要把錢借給熱那亞市。

為什麼會創造出這麼新穎的機構？一如比薩和威尼斯，熱那亞第一次嘗試運用負債時，也是以政府的稅收作為擔保向民間借貸。實際上，熱那亞政府把稅收權租出去一段時間，交給放款人。這些租賃的根源是中世紀的名冊契約相關法律：使用產業的權利可以暫時出租。舉例來說，有一項類似的安排，便是以城邦的鹽稅作為擔保。這樣的交換並不違反高利貸法，因為，就像土地租約的放款人資本報酬來自於農作一樣，差別在於這類安排的標的是包稅。這類契約（稱為compere）分成多張投資單，指向這類契約的發行對象是一群人，這些人持有的目的是為了投資。契約通常的收益率為每年百分之八，但是會隨著各種稅收金流的風險和報酬而變動。印第安納大學的金融史學家兼經濟學教授米歇爾・佛拉帝亞尼（Michele Fratianni）花了很多時間研究聖喬治之家的創新特質，他提到早在十二世紀中葉時，各契約中的「薪津」在熱那亞經濟體中已經被視為流動金融資產，可以買賣。[1]

聖喬治之家提出要約收購，買進所有未清償的契約，整合成單一的投資組合。各包稅業務的「薪津」持有人可用自己的「薪津」交換投資組合中其他業務的「薪津」，但收益率較低：初始收益率為百分之七。這樣的安排目的是補償初始投資人。對多數投資人而言，小幅損失收益率微不足道，分散投資降低風險帶來的利益更高，更何況，他們本來要面對手上的契約在任何情況下會出現的損失。有了聖喬治之家

圖34 土魯斯（Toulouse）一景；取自《紐倫堡編年史》（*Nuremberg Chronicle*, 1493）。在繪製這幅畫時，左方拱形的建築是一家公司，營運超過百年。

1 Michele Fratianni. 2006. "Government Debt, Reputation and Creditors' Protections: The Tale of San Giorgio," *Review of Finance* 10 (4): 487-506.

後，也吸引了其他城邦的投資人。一四二〇年，容許原本固定百分之七的股利可以變動，公共債務變成私人股權的轉變到此也完成了。

聖喬治之家的精妙之處，在於它把熱那亞的債務持有人變成股權持有人，當熱那亞市的收入增加時，他們就可以獲利。比威尼斯的貸款更進一步的是，熱那亞的「薪津」制明確地將人民的利益調整到和城邦的利益一致。發行整合股份，進一步擴大了投資人群，他們基本上認同熱那亞的財政管理，而且，管理效率愈高，他們的經濟利益也愈高。

創新會帶動更多創新。聖喬治之家定期宣布分配股利，但是由於稅收時間點的問題，宣布和實際支付之間會有落差，也因此出現了一個「股利期貨」投機市場。願意接受折價的股東，可以在熱那亞的貨幣市場出售他們未來可收到的「薪津」，折價的額度則反映了當時金錢的短期時間價值，與現代的商業票據或國庫券很相似。這個以「薪津」為標的的市場很活躍，如果交易雙方都是股東，那就很簡單，聖喬治之家下一次支付股利義務時可以方便行事，只要從一名股東的聖喬治帳戶中記貸方，然後從另一名股東的帳戶中記借方。如果是股東，投資單與「薪津」的金融交易可以透過帳戶處理，不用實際移轉。聖喬治之家基本上是創造出了銀行帳戶。

聖喬治之家是半官方機構，因為它在熱那亞共和國的財務上扮演中心要角，但它也具備許多現代股份公司的特質：這是一個明確的法律實體，股份所有權可轉讓（唯轉讓有限制），而且有治理實體宣布發放股利（股利會因公司的營收狀況而有不同）。從某種意義上來說，聖喬治之家的重要性相當於城邦。很多熱那亞人都是投資人，股份的股利代表了金融資產，聖喬治這家銀行機構創造出一種便利的架構，讓人民可以持有與移轉財富。將政府負債轉換成股權是一種非常不同的公共財政模型，但顯然和威尼斯發展出來的長期債券同樣成功。確實，雖然這兩個城邦彼此激烈對立（或者，很可能正因為兩邊彼此對立），但兩種金融機構都欣欣向榮好幾百年。儘管現代美國也有國債，卻沒有像聖喬治之家這樣的機構。這類機構在現代世界裡能順利運作嗎？要因應下一次國際債務危機，解決方案可能包括把國家財政民營化嗎？

熱那亞的輝煌歲月，是這座城市控制了和東地中海貿易的很大一部分的那段期間。這段高峰期發生在十四和十五世紀，但聖喬治之家在這之後還存在很久，而且，在西班牙將觸角伸入航海貿易時，熱那亞人以商人和金融家的角色發揮了重要作用。不僅哥倫布是熱那亞人，而且，當西班牙企業進入加那利群島（Canary Islands）、再推向美洲新世界時，某些幕後最重要的推手便是住在塞維亞市（Seville）的熱那亞人。雖然熱那亞艦隊十六世紀時已經不再擔任貿易的先鋒部隊，但在西班牙的航海擴張行動中，這個城市的金融家扮演重要角色；這一切幾乎都可以歸功於他們在金融方面的知識以及累積出來的雄厚資本。但是，聖喬治之家卻非西地中海世界最早的公司形態範例。

土魯斯的磨坊

位在法國西南部的城市土魯斯（Toulouse），歷史悠久。由於此地到大西洋和地中海的距離大約相等，因此成為凱爾特人（Celtic）安身立命之地，成為羅馬帝國的城市後也不斷繁榮發展，最終，在帝國垮台之後被西哥德人（Visigoth）納入囊中：當西哥德人這群蠻族穿過義大利繼續西行，就得到了土魯斯這份大禮。身為西哥德王國首都的土魯斯，在整個中世紀早期在政治上與文化上都非常重要。

十一、十二世紀的土魯斯由土魯斯的伯爵統治，這是一處可繼承的獨立封地，包括半個南法與部分的西班牙。透過承諾由人民提供軍事支援以換取自治的契約，這些伯爵逐步將當地的政治控制權交到市議會手上。因此，在公元一〇〇〇年後歐洲文明再度復興之時，土魯斯也享有許多貿易導向地中海城邦的優勢，包括擁有穩健的商人階級、順應公民治理的趨勢以及對於宗教自由抱持開放的態度。

土魯斯有個與眾不同的重要面向：法律。雖然羅馬法在西羅馬帝國亡國後幾乎在西歐消失無蹤，但在土魯斯卻因為阿拉利克二世（Alaric II）國王而留了下來；這位國王在公元五〇六年時命人按照羅馬法律傳統編纂一套法典，適用於整個西哥德王國，範圍從直布羅陀（Gibraltar）到羅亞爾（Loire）。他們以此為基礎發展出一套獨特的法律，雖然根基和古代羅馬法律以及西哥德傳統有點關聯，但後來演變成一套具彈性的契約與財產權體系，特別適合商業與企業。土魯斯的法律容許人民擁有廣泛的自由，可針對各類型的金融義務締約。土魯斯的契約包括金錢貸款、實物貸款、穀物貸款、將付款義務轉讓給他人的貸款、房貸、租賃、轉租賃、封地、市政轄區，以及合夥事業持有的所有資產。締約當事人涵蓋土魯斯社會中的各種階級，從伯爵、教會、修道院、聖殿騎士的當地支部、由市議會代表土魯斯市組成的公司實體、商人、銀行家、貿易商、勞工、農民，甚至也包含未成年人。契約不限於基督徒，也納入猶太社群。土魯斯使用的語言是歐西坦語（Occitan language），是一種吟遊詩人使用的古老語言，和現代法語同樣以拉丁語為主，但兩者關係遙遠，土魯斯版本的羅馬法律和〈查士丁尼法典〉的關係也是這樣。

土魯斯法律系統接受銀行、貸放與收取利息，即便對於高利貸的攻擊在歐洲其他地方火力全開，但此地的法律系統仍捍衛債權人的權利與主張。當十二世紀巴黎大學的學者深入鑽研〈查士丁尼法典〉以推敲「可得利益損失」一詞的精準定義時，土魯斯卻無大學或是法律領域的學術傳統，他們擁有的是以明確、不複雜的語言作為特色的實用性、功能性法律技術。

土魯斯的經濟和社會便在這樣新穎的法律基礎上蓬勃發展，成為歐洲邁向資本主義之路的重要停駐點。一如威尼斯和義大利諸城邦，十二、十三世紀土魯斯的政治史也和其金融史互相交纏，但土魯斯的金融發展和義大利北方的各共和國有一個迥異的轉折。土魯斯的演變與航海貿易無關，而是繫於另一種大不相同的事業：穀物磨坊。如果說熱那亞和威尼斯在出入海洋有比較利益，那麼，土魯斯的優勢就在於鄰近嘉倫河（Garonne River）。

探訪巴薩可

土魯斯社會科學學院（Toulouse School of Social Sciences）校園就矗立在古城牆之外，面對著如詩如畫的運河。這所學院在歐洲名聲響亮，是研究公司財務金融與資本市場的中心。學校後面的嘉倫河上有個地方叫巴薩可（Bazacle），那裡有一棟古老的磚造建築，現在是土魯斯的發電廠。但七百多年前，這座電廠是巴薩可之光（Honor del Bazacle）的所在地，是歐洲最古老的股份公司。巴薩可之光於一三七二年合併了十二座較小的磨坊公司，正式成立為股份公司，這些公司至少在十二世紀就開始共用巴薩可附近的土地。巴薩可之光公開發行公司的地位存續至一九四六年，那年被收歸國有，成為法國電力公司（EDF）旗下的一個單位。水利是巴薩可之光的基礎，法律同樣也是：它立基於嘉倫河的水利和土魯斯的中世紀財產權。

至少從六世紀開始，歐洲的城市鄉鎮便用水力來帶動磨坊。最早期的磨坊是漂浮式駁船，定錨在河中，利用可起可落的垂直槳輪善用水流。早至十一世紀時的土魯斯歷史紀錄都還提到漂浮式磨坊，直至一一三八年才移至岸上。

資本主義的檔案資料

值得一提的是，土魯斯還留有可回溯至中世紀的檔案紀錄，描述這裡的磨

圖35　現代嘉倫河（Garonne River）上的巴薩可（Bazacle）磨坊景象（作者提供）。

坊如何融資。磨坊主人集結資本，把相關權利分成合夥股份，稱為「於紹」（uchaux），每一份代表一處磨坊八分之一的股份。磨坊的獲利來源是研磨穀物與附屬權利，包括捕魚。任何人都可以買賣「於紹」，不限於磨坊主人。磨坊主人在收穫季時以穀物數量支付報酬，「於紹」的持有人可以按持股比例收取報酬。

這些磨坊企業都有著真正的資本主義精神，激烈爭取河流中最好的下錨地點。由於有些地點會多達六十座磨坊貼在一起，偶爾的水患和河流相關的災難會引發麻煩，磨坊會鬆開，彼此碰撞，重創航行的船隊。把磨坊建在岸上可以解決某些問題，選中的地點就是巴薩可和上游另一個具優勢之處。水壩系統（至今在巴薩可仍可見到）也有助於更有效地運用水流。這兩種創新都需要大量資本投資，並涉及相關的市政當局。在岸上建磨坊需要擁有或租賃土地產業，並獲得必要的市府核可執照。

在十二世紀末、十三世紀初，土魯斯（包括巴薩可）的土地開發許可權，屬於土魯斯伯爵、伯爵的任一名封建權利持有人或是天主教會（天主教會持有自己的土地，不受伯爵的權利限制）可授予的封建權利。市議會會中介這些封建權利。比方說，若要建造磨坊水車使用的引水槽，就需要「某些好人」（指那些應該代表全市共同利益的人）的核可。土魯斯和十二世紀義大利許多城邦一樣，以準民主的方式運作。在十一世紀和十二世紀這段期間，伯爵的權利以及某種程度上教會的權利受到市民自治實體愈來愈猛烈的挑戰，這裡面包括享有封建地位的騎士，以及其他名為「自治市民」（burgher）階級的人士。一一五二年時，土魯斯市議會正式成為法律實體，擁有獨立的權力，次於伯爵之下。[2]市議會監督法律爭議與商業實務，管理警力，並組織全市的軍事防衛力量。一一八八年，一場反抗雷蒙・V（Raymond V）伯爵的起義行動，讓市議會進一步鞏固了市政權力。

一一三八年，有四人合夥（其中一人是附近一處名為多拉德〔Daurade〕聖母聖殿的院長）取得權力，在巴薩可開發三處磨坊。這是一家商業公司：一群投資人集資，取得開發權利，建造磨坊，經營磨坊賺取利潤，最後根據個別持股股份分配穀物。他們利用老方法取得開發權，將土魯斯伯爵的封地移轉過來。

這可能並非當時歐洲第一家這類公司。在中世紀稍早時，我們已經看到合夥架構出現，在義大利的各城邦尤其盛行，因為這些地方的貿易探險活動需要大規模的投資資本。巴薩可的公司之所以重要，是因為這是自羅馬共和國以來第一家發展出許多現代合股公司（joint-stock）特質的實體。

一三七二年，十二家在巴薩可營運的磨坊公司合併成為一家大公司：巴薩可之光。小公司的股東們拿出自己的「於紹」，交換大公司的所有權，他們也起草了詳細的文件規範公司的運作。這家公司每年都要召開股東會議，並保留詳細的營運帳目，以便在股東會議上提出。巴薩可之光的股份，是可完全移轉的責任有限股份。這家公司有負責治理的董事會、專業經理人、員工、定期績效帳目、根據利潤核發的股息，甚至還孕育出組織的榮譽感與使命。法庭將這家公司視為法人，獨立於股東與經理人之外。公司可用自己的名字持有財產與簽訂契約。

最讓人驚訝的是，中世紀鼎盛時期向來和農奴制度、身穿鎧甲的騎士，以及皇室特權聯想在一起，但此時出現的巴薩可磨坊公司股份卻成為大量中產階級投資者穩定的收入來源。持有股份的不僅是當地的仕紳階級，還有更多是土魯斯的小康市民：律師、市政府人員、銀行家，甚至磨坊主人（但很少見）。宗教機構也持有股份，作為財產。股份代代相傳，也可買賣，並可用來作為貸款抵押品。

巴薩可之光有三重巧妙之處。這是一種融資工具，匯集了建立大規模企業必要的資本。這是一種投資工具，讓一群新的經濟階級有了力量，這群人可以靠投資的股利過活，無需仰賴血汗勞動或皇家特權恩典；這群人後來被稱為「布爾喬亞」（bourgeoisie）。這家公司一開始便設計成持續經營的企業，和靠著合夥融資的貿易探險事業大不相同。這樣的組織形式非常適合永存性的機構。

一九五三年，土魯斯大學（University of Toulouse）傑出的法國中世紀史學家兼教授日爾曼・席卡德（Germain Sicard）寫了一份關於磨坊的出色研究報告。這份嚴謹的研究確實跨越了各個學科。報告從水利談到中世紀政治，再談到這家公司的法律基礎、營運、管理與企業治理，之後又詳細評估土魯斯這家公司在社會中扮演的角色。席卡德對於土魯斯的巴薩可之光和現代股份公司之間的關係特別有興趣，在研究中，他追溯巴薩可之光股份的價格，以及該公司主要競爭對手的股價：上游一家名為城堡（Chateau）的公司。席卡德畫出這兩家公司股價自一三五〇至一四七一年間的波動情況。土魯斯的檔案文件中不僅留有磨坊的歷史，甚至還有公司股份的實際支付

2 John Mundy. 1954. *Liberty and Political Power in Toulouse 1050-1230*. New York: Columbia University Press, p. 60.

價格！

我對於巴薩可之光這家公司以及席卡德的研究早就心嚮往之，因此和波爾多（Bordeaux）的金融教授大衛・勒・布里（David Le Bris）、土魯斯經濟學院（Toulouse School of Economics）的經濟學家賽巴斯欽・普久（Sébastien Pouget）組成了一個團隊。我們在想，不知道一四七一年之後的磨坊相關紀錄是否仍然存在。還真的是！勒・布里在土魯斯的檔案資料中找到大部分的帳戶帳冊、股東帳冊以及公司的年報，利用兩年的時間，他基本上重建了這家公司的股價與股利歷史。這次研究最讓人興奮的一刻，可能是我們開啟公司一三七二年成立時長達八英尺的章程之時。就是這個：這是目前已知最古老公司成立時的文件，詳細記錄超過六世紀之前發生的一次企業合併。當然，我們無力讀懂文件。這份文件混合了拉丁文與歐西坦語，以哥德花體字（Gothic script）寫成，需要受過特殊訓練才能理解。還好，檔案處的圖書館員正好就是專家。她替我們指出文件中的某些重要段落。

這份公司章程文件中有一項重要特色，亦即這是一份私人契約，而非皇家許可令。文件裡沒有任何文字提到國王授予公司運作權利云云，封建法律顯然已經將相關的權利賦予聯合所有權的企業。公司所有的特性，都根據各方當事人之間的合意詳細說明。

這份文件為何這麼長？從以楔形文字表示的貸款交易、埃及的房貸到荷蘭早期的永久性債券，以本書討論的早期金融文獻來說，多數都是非常簡潔的紀錄，為何創立一家公司需要花八英尺長的版面寫下小小的文字？公司和債券的差異，在於債券是付款的承諾，但公司是一種要設計成能自主運作的組織，存續時間很可能長達幾百年。這份文件是一部神奇機器的藍圖，利用藍圖先把投資人的資本轉化成實體工廠，之後詳細制定規則，根據規則決定資本的用途與受益人。藍圖可能不是正確的比喻，巴薩可之光的公司章程比較像是一套完整的遊戲規則。需要這些規則，是為了確保任何人都不能毀了整個遊戲或欺騙別人，不管是無心或故意。規則也必須確認大家是自願參與遊戲；簽署合併文件並非出於壓迫。小公司的股東放棄自己的權利，換取財產物業的擁有權與經營權；在某些情況下，這些財產物業成為生存期間長達幾百年的自治公司。訂出一個公平的交換率、以便用各公司的股份來交換合併後公司的股份，非常必要。因此，文件中有很長的篇幅專門用來講如何估算要合併在一起的個別磨坊公司股份價值。聯合擁有與經營公司基本上是一套民主流程，必須詳細規範，才能讓每個人都滿意。這件事一定要做對，不僅因為做對才能讓股東滿意、確認自己的共享權與控制權獲得保障，更因為這樣的滿意還必須擴及未來所有世代的股東。每一次有人出售「於紹」時，買方支付的價格反映的是他對於穀物研磨業務的信心，以及對於自己能繼續從一家根據股東最佳利益行事的公司分到應得利益的信心。具體來說，這表示這家公司並非以盡量降低研磨成本為管理方針（雖然這可能是土魯斯人民的希望），也並非以替每天經營企業的磨坊主人創造高薪資為管理方針（雖然這可能是磨坊主人的希望）；價格反映的信念是遊戲規則（亦即公司創立的章程和相關衍生文件）會保護他們的資本，並確保合理的資本報酬。

章程也許可以、也許不能預見嚴重災難。舉例來說，這家公司一四二七年時面臨嚴重挫折，當時磨坊著了火，一七〇九年時則有洪水毀了磨坊水壩。這些時候，公司會要求股東再拿出資本以進行重建。有時候，股東沒有錢，這時合股公司有兩大特性就非常有用。公司無法強迫股東一直拿出錢來填補無底洞，股東可以選擇把股票還給公司然後走人。這稱為「有限責任」，這也是現代股份公司最獨特的特質。有限責任替投資人要面對的下跌風險訂出下限，也因此，讓人們願意拿自己的資本去賭不確定的事業。

一七〇九年這場天災是個很有意思的案例。磨坊嚴重受損，根本無法運作，需要重新打造，所費不貲。某些股東就放棄了「於紹」，不願再出資。有一名積極進取的工程師來找這家公司談一筆交易。他承諾會重建磨坊，但他希望能得到公司的股份作為報酬。之後，他去日內瓦找願意先付資金的投資人，同樣也以股份作為交換。這項交易大為成功，也發行了新的「於紹」來籌募重建的資金。這位企業家既是水利工程師也是金融工程師，建構出一套讓老公司起死回生的交易。

即便面對各種不同的挫折，巴薩可之光的存續時間超過二十世紀之前法國的各類政府。這家公司撐過了英法百年戰爭與法國大革命；對照來看，公司撐過了中國的宋朝、元朝和明朝。巴薩可之光之所以能生存下來，除了建物穩固之外，還有別的理由；說起來，磨坊的建築物和水壩不只一次被沖走，留在歲月的是股份公司的形式，即它的基本組成架構：這是一種金融技術，通過了時間的考驗，證明可以穩穩撐過好幾百年。

即便到了今天，你還是可以看到這家公司的股份。我在網路上向一名庫存股的法國轉銷商買了三股，這是可以上溯至十九世紀末期、由巴薩可土魯斯公司（Société Toulousain du Bazacle）發行的「活化石」。隨著法國的股份公司資本主義日益成熟、股市逐漸發展，這家公司的股票最終也進到巴黎證交所交易（這家公司以股份有限公司〔société anonyme〕的形式成立公司），成為公開上市公司。雖然這家巴薩可公司的合股所有權歷史悠久，但最終在二十世紀時由法國政府收歸國有。這家國營企業名為土魯斯電力公司（Toulouse Electric Company），依然佇立在幾百年來為巴薩可磨坊公司帶來獨特天然優勢的嘉倫河河灣上。

巴薩可之光現為公開上市公司、而非私有股權企業的公司非常重要，是資本主義史上的里程碑。但如此不起眼的企業為何能存在八百年之久？它如何度過戰爭與政治傾軋？更重要的是，它如何躲過政府的徵收（至少一直到二十世紀之前）？我們看到，在中國歷史上，政府不斷試著掌控私人企業，站在道德的立場上掌控企業家應賺得的利益。在土魯斯，一直要到二十世紀才有這種情形。席卡德教授認為巴薩可之光能生存這麼久，主因是明定的契約財產權廣為人所接受。即便是把河岸使用權讓渡給一般投資人的有權有勢伯爵，也受歐陸法系的契約限制。這究竟是因為遵循封建契約長久以來的傳統，還是近代泛歐普遍認同羅馬法，則尚待討論。

與歐洲相比的標的

以現代人的觀點來看，建立一家私人股權企業根本算不上什麼大革新。畢竟，像美國阿徹丹尼爾斯米德蘭公司（Archer Daniels Midland）與嘉吉（Cargill）公司（前一家為公開上市，後一家為私人股權）等民間企業供應的穀物，就在全球總量中占極高比例。但我們可以拿巴薩可的公司和中國的鹽專賣事業來比較，後者在同一時間也蓬勃發展。在歐亞大陸的兩端，發展出兩種截然不同的機構形式，目的都是為了籌募資金以利生產重要的食物。在中國，政府擁有並掌控產鹽，發行配額憑證有效控制商人的利潤。就像我們在第九章看過的，這些憑證本身變成另一種形式的貨幣到處流通。政府壟斷鹽業有兩層道理。第一，這代表以政治命令將基本民生物資掌控在政治威權手中，決策者可以根據不斷變動的需求決定何時該增減產量。第二，政府可以賺到本來應該由私人投資者賺到的利潤。

如果中國宋朝的官員前來土魯斯，他應該會對這裡的景象感到萬分驚奇。此地擁有天然的特殊優勢：河流裡有一處淺灘，正適合發展穀物研磨業。政府為何不自行收取這種優勢創造出來的利益？為何容許一般人民獲利？政府為何不針對領地或王國內所有類似的上選地點主張權利，規範研磨的費用與研磨的穀物數量？這樣不是也能讓政府更有效地即時回應需求嗎？

這個政府所有權相對於私人所有權（國有化相對於民營化）的基本問題，是我們這個時代的中心議題。美國政府應不應該持有前十大銀行與前三大車廠的股份，導引他們的經營以公益為依歸？印度的銀行系統究竟應該民營化，還是應該直接對公眾的利益負責？空中巴士（Airbus）身為國有企業是否自然擁有優勢（或劣勢）？由民間投資人經營美國的各大港口，會比交到外國政府手上更安全、效率更好嗎？美西的水權應該由私人持有並且可轉讓嗎？俄羅斯的石油公司應由全球的股東持股並由擁有高額資本的寡占企業控制，還是應該收歸國有、由俄羅斯政府收取利潤？為什麼會有人認為私人所有權與管理不只是嘉惠同時也賺得利潤的特定投資人，對公益來說同樣比較好？

除了私人擁有權相對於國家擁有權之外，另一個問題是一家磨坊公司的業主能否完全將管理企業的責任交付出去。現代企業將所有權與控制權分開來，這是妙處，也是問題。什麼因素可防止經理人拿走大部分的磨坊利潤、對股東提報不實財報？中國思想家（以及中國的會計人員）處理的典型代理問題，在公有公司的脈絡下又再度出現。土魯斯這家公司能存續，靠的是成功解決這些委任、管理與監督的問題。

今天並沒有太多人記得這家巴薩可之光是現代股份公司的先驅。沒錯，它有可能不是，但我們很難理解為什麼不是。中世紀末期的歐洲，磨坊無所不在。善用水力是那個時期最重要的技術進步之一，當時的人更穩穩打造出需要高額資本投資的磨坊。南法的其他企業必然也借用了土魯斯的股份資本主義、有限責任與可交易性的概念（如果實際上的情況不是反其道而行的話）。我們對於土魯斯所知的一切，僅是透過偶爾記錄下的歷史與一位專心致志的學者的努力來分析證據，事實上，如果你更貼近檢視中世紀時歐洲的企業，會開始看到類似實體的蛛絲馬跡，它們很可能也是現代股份公司的先聲。在德國，有發行「庫森」（Kuxen）股份的開礦公司。在瑞典，歷史悠久的斯道拉恩索（Stora-Enso）公司，追本溯源，也可以上溯到第十三世紀，而其皇家許可令（直到今天仍完整保留下來）年代為一三四七年。德國的開礦公司有可能一開始是合作開礦，之後劃分股份，就好比土魯斯最早的磨坊公司。我們也看到聖喬治之家具備許多現代股份公司的特質。顯然，中世紀末的歐洲是熱中於針對各種融資與企業類型做實驗的時期。

歐洲中世紀零零星星出現以股份投資提供資本的磨坊與開礦公司，從追蹤它們的足跡當中得出的必然結論是，資本主義是在歷史紀錄中不斷出現的經濟性解決方案。資本主義的族譜既非線性一脈相承，也並不獨特，而是經濟生態系統中自然且常見的「突變」。事實上，就像我們之前看到的，羅馬共和國也有資本主義，但後來成為滋養帝國系統的犧牲品。股份資本主義戰戰兢兢地存在，在過程中出現後又消失，而不是一出現之後就成為經濟體中勢不可擋的主導部分，在在指向股份資本主義可能很脆弱，要靠適當的環境與政治條件才能欣欣向榮。即便毛澤東認為中國逃不了資本主義，但資本主義並無特定目的，可以開始也可以終止，這只是諸多均衡當中的一種。

第十八章　股份公司與探險

比較常見的歐洲現代股份公司歷史起源，通常可以追溯到十六、十七世紀英國與荷蘭發動的航海探險。歐洲北部有兩家貿易企業，分別是成立於一六〇〇年的英國東印度公司（English East India company）和成立於一六〇二年荷蘭東印度公司（Dutch East India company），它們在接下來的兩百年主導了歐洲與亞洲的貿易。這兩家東印度公司同樣都既是股份公司又是殖民機構，其從民營企業變成政府工具的過程，也是歐洲金融史上最重要的主題之一。

我們看過，在中國，民間企業能得到的利潤獎勵會受到國家控制，有時候甚至是被徵用；但在西方，情況則相反，我們或許可以主張，到最後，英荷兩國的政府都在圖利兩國從事全球貿易的商人。英國和荷蘭的納稅人最後要付錢供養海軍，對抗最初從貿易公司起家的殖民帝國。

本章以及後續幾章要追溯的，是股份公司形式（更精準來說，應該說是從歐洲北部早期貿易公司中興起的股份公司形式）用哪些方法工具把自己烙印在歐洲社會經濟裡、最終嵌入歐洲文化的夢想與抱負中。而全球性貿易企業的金融架構又為現代經濟奠下了基礎。

關於早期的航海貿易股份公司歷史，最讓人驚訝的一點是，其起源竟是一般人想像中風險最高的探險活動：繞著非洲好望角（Horn of Africa）航行然後穿越麥哲倫海峽（Straits of Magellan）；這趟行程要花上多年時間，而且常發生沉船與人員死亡的事件。上級長官不會每個月都去監督探險者航行狀況，更別說每天：基本上，在返航之前，沒人知道關於航行是成是敗。我們在第十五章中看過，歐洲的數學發展是因為要回應投資市場的量化、管理與規避風險需求。但有些不確定性要如何規避？比方說，會不會撞上未知的大陸？是否會遇見完全不同的文化？或是否能發現你之前連聽也沒聽過的貿易香料和品項？

我們來看看這些公司與巴薩可之光有何差異；巴薩可之光的投資人每天都可以去巡視自家公司的資產。土魯斯的股東當然知道有洪患和失火風險，但至少有機會可以評估，但是，航向天涯海角（幾乎就如同字面定義）的貿易探險面對的卻是未知。而我們之後會看到，合股公司的形式，有可交易的股份並將所有權和控制權分開，可以因應上述兩種情境的需求。本章接著要探討的問題是，究竟是股份公司形式促成了探險，還是外在的探險活動導致獨立發展出股份公司形式？換句話說，究竟是金融創新帶動了大發現時代（Great Age of Discovery），還是大發現時代帶動了金融創新？

是發現還是金融？

以英國的發現探險之旅為例，早期的航海探險多半是出於皇家有財務需求而出現的冒險契機。英國女王伊莉莎白一世的時代，是世人對英國權力的印象：她打敗西班牙艦隊、建立維吉尼亞殖民地（Virginia plantation）、在蘇格蘭女王瑪麗一世（Mary Queen of Scots）倒台帶來的問題之後鞏固王權。但是，伊莉莎白一世統治下的英國財政非常窘困。由於英國國內並無資本市場，伊莉莎白女王被迫不斷地在國際貨幣市場上借錢：派遣使節去比利時安特衛普（Antwerp）找銀行家爭取信用貸款，抵押政府的稅收以及皇家資產，延展短期貸款，靠著一次又一次的再融資過日子，後來利息愈來愈高，反映了英國實際上非常可能不履行債務責任。英國的信用糟到不能再糟，在商定新貸款時被收取極高的利息：百分之十四；在當時，好的信用債，例如熱那亞聖喬治之家的股份收益率，低至百分之三或四。英國的城市和歐陸的城邦不同，前者並無發行債券的傳統，也沒有廣大的國內投資人願意購買與交易證券。英國在金融發展上的落後，讓這個國家出現策略面上的劣勢。

英國政府沒有太多選擇。它可以徵稅，可以借貸，可以出售特許權與其他權利，唯多數可以出售的特許權和權利早就賣出去了。比方說，長久以來，多數國外貿易都由商人冒險家公司（Company of Merchant Adventurers）獨力把持，這個公司以協會的形式運作，而不是持股公司，是由協調各方以爭取壟斷貿易特許權的商人所組成的團體，其成員控制英國和低地諸國之間的紡織貿易，並和日耳曼的漢薩聯盟（Hanseatic League）競爭歐洲北方其他港口的貿易。如果伊莉莎白一世重組和商人冒險家公司之間的貿易特許權，後續將會影響到英國的國際競爭力。

英國古時候在安特衛普以商人和借款人的角色出現，今日仍然可見蛛絲馬跡。安特衛普大學（University of Antwerp）部分校舍的所在地，過去就是商人冒險家公司安特衛普分部的倉庫，十六世紀的美麗木材搭起頂樓的拱形結構。在安特衛普身為金融中心的鼎盛之時，英國一位總督湯瑪斯・格萊欣（Thomas Gresham, 1519-1579）曾在此工作。從商人冒險家公司的倉庫走出來，短短幾步路就可以走到一處露天小庭院，三邊建了有頂的涼廊。上方有一座可以開窗眺望景色的塔。涼廊的地板用大理石拼成棋盤，柱子則是細長的哥德式風格。這座中庭曾是安特衛普的穀物交易中心，成立於一四六〇年。據說這座塔是等待船隻入港的斥候所使用的觀察哨：他們可以搶先看，然後對著交易所裡的交易員大聲報告消息。格萊欣一定親眼見過交易員在中庭各處接收情報，針對一般商品與大宗商品提出報價與進行交易，甚至還可能包括早期的債券。格萊欣有幾項出色的計畫，其中之一是在倫敦成立皇家交易所（Royal Exchange）：這棟恢弘建築的原型便是安特衛普交易所。能明確追溯一項金融工具是從何處借來甚為難得；皇家交易所到最後變成英國發展股票市場的舞台。

外求、發現與找尋

商人冒險家公司的貿易壟斷事業中有一處很有意思的漏洞。伊莉莎白一世可以授權給另一家公司到新的地方、和新的對象從事貿易往來，去開拓當時英國商人到訪頻率還不高的港口。如果女王想要的話，她可以針對未知之地的貿易授予壟斷權。如果有一名英國人發現一個未知的地方，或是一條通往某個港口、且目前尚未由商人冒險家公司控制的路徑，就可以拿到新的壟斷權。首次運用這個漏洞的人，是女王的祖父亨利七世（Henry VII）。一四九六年，他頒發專屬權函給威尼斯居民約翰・柯柏特（John Cabot），授權柯柏特「外求、發現與找尋任何異教徒或無神論者的小島、國家、地區或省分，不管原本居住的是什麼人，不管位在世界上哪個角落，只要是在發現當時所有的基督教徒都還不知道的地方即可」。[1]國王承諾約翰可分得五分之一的利潤，以交換這項獨家權利。探險的費用由柯柏特自行承擔。在第一趟航行中，這位義大利航海家將英國國旗插上了紐芬蘭（Newfoundland），他推測此地是歐亞大陸的一部分。他的第二趟旅程往西走，原本打算在日本建立貿易殖民地，著眼於從東方直接進口香料到英國。柯柏特和他的船隻在海上失去蹤跡，所有英國皇室為了挑戰西班牙與葡萄牙在亞洲貿易的地位所做的重大努力，也隨之成為泡影。

一五五三年，伊莉莎白一世接受重啟夢想的提案，選擇另一條路通往印度群島（Indies）。提案的公司，是「發現未知地區、領地、島嶼與地方之商人探險家密社公司」（The Mysterie and Companie of the Merchants Adventurers for the Discoverie of Regions, Dominions, Islands and Places Unknown），一般稱為穆斯科維公司（Muscovy Company），成立的目的是為了探索一條東北方的路線，繞著西伯利亞到中國，但基本上對於北方所有未知之地都擁有獨家權利。約翰・柯柏特之子賽巴斯欽・柯柏特（Sebastian Cabot）是穆斯科維公司的創辦人之一。

穆斯科維公司於一五五五年獲得官方許可，廣被認為是現代第一家合股公司；長久以來，多數研究公司的歷史學家都忘了土魯斯的磨坊公司。穆斯科維公司在架構上是一個由富裕投資人組

1 William Robert Scott. 1995. *Joint Stock Companies to 1720*. Bristol: Theomes Press, p. 19. Original edition 1910-1912.

成的自行永續團體，「一個實體，永恆的夥伴與共同體」，[2]這些人集結資本，交換企業的股份。有些人推測，這樣的股份所有權架構來自賽巴斯欽・柯柏特對於義大利企業的相關知識，甚至很可能呼應了聖喬治之家；大發現時代的熱那亞金融家非常活躍。[3]

股份的問題

公司投資人持有的股份代表一部分的所有權，但和現代股份不同的是，當公司有需要時，股份也要求投資人承擔投入更多資本的義務。有些人有能力在必要時注資，有些人則否。要追繳資本時，會有人出脫持股。沒有能力留在賽局裡的投資人，就把股份全數賣給有錢可以因應公司追繳資本要求的既有或新任投資人。雖然股份並未正式在交易所裡交易，但是顯然發展出供公司交易股份的次級市場。到了今天，現代公司不可要求股權投資人注入更多資金以保有股權。反之，公司必須發行新股並出售，以籌措新的營運資本。因此，穆斯科維公司具備現代公司的某些特質，但也少了某些，比方說有限責任。

穆斯科維公司和巴薩可之光在公司架構上的相似性極為明顯，但差異也很重要。穆斯科維公司的融資方式是創投資本，而且風險很大。時至今日，創投業者還是大量投資，但僅期待當中只有少數能帶來回報。投資穆斯科維公司比較像買彩券，而不是餐券。巴薩可之光已經證明自己在經濟上來說沒有問題，幾個世代都可以仰賴有利可圖的穀物研磨業務生存，但穆斯科維公司不同，這家公司完全是投機性的，因為人們寄望未來的發現和貿易才誕生的。這家公司的本質上充滿抱負：訴諸的是未來夢想的可能性，而不是用已知的價值作為利基點。

對投資人而言，這些英國的探險公司代表了全新的風險與報酬形式。他們從事的是算計過的賭博。多數探險很可能以失敗收場，但是成功的旅程很可能重畫世界地圖，用大量的財富裝滿自己與政府的庫房，甚至創造一個全球性的海外帝國（得費盡千辛萬苦），由一個位在北方文明邊陲之地的歐洲小島掌控。

穆斯科維公司並未找到從北方通往中國的路，但打開了和俄羅斯之間獲利豐厚的貿易，為英國的紡織業開拓了市場，並在西伯利亞森林裡找到了製造桅杆的重要木材來源。前往莫斯科的觀光客仍可見這個公司的總部，從克里姆林宮的圍牆走幾步路就到了：這是一棟堅固的磚造建築，俯瞰著古老的碼頭。公司早年獲利甚豐。然而，有些成員仍繼續做著北方貿易路徑的大夢，麥克・洛克（Michael Lok）便是其中一人。

洛克與法貝瑟：金融家與私掠船船長

麥克・洛克（約一五三二—一六一五）是一位有遠見的商業人士，他的父親也是一位人面很廣的英國商人洛克打一開始就在全世界幾處最繁榮的金融中心發展事業，他年輕時先在低地諸國

2 Scott (1995), p. 18.

3 Peter Tyson. 2006. "Future of the Passage," Available at: http://www.pbs.org/wgbh/nova/arctic/passage.html.

擔任學徒，並曾到西班牙和葡萄牙旅行，也住過威尼斯，在這裡時持續與東地中海地區從事絲品與奢侈品貿易。但洛克最重要的職務，是成為穆斯科維公司的倫敦代理商。

馬丁・法貝瑟（Martin Frobisher）船長過去盡力服務麥克・洛克，除此之外，他還從事多項工作，其中之一是成為船員參與一五六二年的非洲探險，那次運氣不好，法貝瑟在葡萄牙的監獄裡受苦好一陣子。但實際上法貝瑟的主業是海盜，有時候是合法的私掠船船長（privateer；譯注：私掠是指由國家頒發私掠許可證，授權個人攻擊或劫掠他國船隻的行為），有時是受雇，以神鬼船長傑克・史派羅（Jack Sparrow）的模式劫掠。他的冒險事蹟包括因為侵占載滿酒的英國船而成為英國監獄的階下囚，但他很可能就是因為坐了牢而發展出更大的計畫。獲釋後的法貝瑟帶著一份大膽的計畫去找洛克和穆斯科維公司，要打開從西北方通往中國的路線。獲得穆斯科維公司的許可非常重要，因為這家公司仍握有皇家授予的北方探險特許權。公司最後願意把北方的探險權利轉給由麥克・洛克成立的新合夥事業中國公司（Company of Cathay）。新公司的主要投資人包括英國財務大臣史蒂芬・布勞（Stephen Burough），以及皇家交易所的創辦人兼以「劣幣驅逐良幣」的格萊欣法則聞名的湯瑪斯・格萊欣爵士。雖然洛克的人面很廣，但是仍無法籌足法貝瑟第一趟旅程所需的資金，因此以個人擔保來支應大量的費用。

法貝瑟預定於一五七六年六月出航，前往北方高緯度之地，出航後一個多月來到了格陵蘭。越過格陵蘭往東方，他遇到了另一處海峽，他大聲歡呼，認為這是進入眾人長久尋覓的西北通道入口。船長與船員在極為狹窄的航道中向北航行一百五十英里（約兩百四十公里）；現在我們已經知道，這是一道沒有出口的長峽灣。沿途中，有一群好奇的本地愛斯基摩人跟著他的船，他從中綁架了一人，和對方談判，要他們釋放他的五名船員；這五人私下進行貿易時失了蹤。

這些探險家帶著俘虜再度回頭往南行，又一次來到通道入口。他把這片土地命名為洛克斯地（Loksland），獻給他的贊助人。探索洛克斯地到頭來幾乎一無所獲，只有找到一種易碎的黑色石頭，這是一種帶有微量雲母的礦物，在光線下閃閃發光。他們在八月底時返航歸鄉，被抓來的當地俘虜活著通過了這條通道，但沒多久之後就過世了。

法貝瑟針對西北方可能的通道提出報告，再加上一篇指稱洛克斯地的黑色石頭是金礦的可疑冶金檢驗書，足以替法貝瑟和洛克爭取到成立新公司的皇家許可權，形態仿效穆斯科維公司，取名為「中國公司」。洛克擔任總督，法貝瑟則被任命為「海軍大臣」。這一次，伊莉莎白一世本人也注資一千英鎊，申購該公司的股份。洛克以投資資金管理者的身分，從總共募得的四千兩百七十五英鎊中拿走百分之二十。他們的目標是帶著更多船和更多人重返新世界，建立殖民地並尋找黃金，同時繼續找到西北邊的貿易之路。

很難想像為何有人會認為法貝瑟找到的礦砂很有價值。這是一種有光面的黃鐵礦石，根本沒有金的成分。伊莉莎白一世的三位試金師傅中有兩位都得出前述結論，只有第三位宣稱其中含金。中國公司的創辦人中有沒有人想辦法捏造出第三份冶金報告？假報告可幫助他們募得大量資本以繼續探險，但另一方面，欺君大罪必定會使得任何想欺瞞女王的人停一停。史派羅船長會怎麼做？

一五七七年法貝瑟的第二趟旅程與一五七八年的第三趟旅程著重於採集更多黑色礦砂，並在女王暱稱為「梅塔因科格尼塔」（Meta Incognita）的地方建立殖民地。法貝瑟在靠近洛克斯地一處名為柯德魯納恩島（Kodlunarn Island）的小地方建立殖民地，那裡黑礦砂特別豐富。一如以往，他遭遇當地人民的反抗，並與他們有小規模的衝突。藝術家約翰・懷特（John White）描繪出其中一次衝突，在他的畫裡前景有一名駕著獨木舟的因努特（Inuit）男人，後方則是英國的火槍手和拉弓的當地人彼此對峙。這幅畫適切畫出了今天的柯德魯納恩島和附近的地區：前方有著被冰河磨蝕的連綿山脈，長著淡綠色的北極夏季植被，冰流堵住了峽灣口，柯德魯納恩島對岸的大陸有當地人的營地，島嶼陡峭的邊坡直直從海中升起。

暴風雨與柯德魯納恩島

法貝瑟居然並未對礦砂的檢驗報告起疑，這很奇怪，同樣的，我們也很難相信有人會想重返這片不毛之地，除非他們真的相信自己挖到了寶。柯德魯納恩島是一座矗立在冰冷海水中的小島，呈橢圓形，地形平坦如桌面，其最大的特色，是伊莉莎白一世時代的礦工順著礦砂層從中間挖出的壕溝。即便歷經幾世紀，依然可以輕易看出礦工住過的房子的地基。不遠處有一條很粗糙的滑道，想必是用來倒入鐵礦然後裝運上船；事實上，他們載走了好幾百噸。越過海峽，大陸上住的是愛斯基摩人，基於過往的交流經驗，他們對於這些英國人的活動倍感好奇，而且極不友善。會有人認為這個地方反映出英國探險活動最偉大的抱負，能讓英國以富比西班牙、找到通往中國的西北通道並且找到全新的世界交由英國皇室控制，是很奇怪的事。這裡有的，只不過是莎士比亞的仲夏夜之夢，探險家和投資人最後必得醒來。

確實，法貝瑟灣（Frobisher Bay）的一場暴風雨，為法貝瑟的黃金與西北方通道之夢畫下句點。第三趟航程那年夏天的尾聲，他的船員準備離開柯德魯納恩島，忽然間颳起一陣暴風雨，他們的船「被帶向岩石與冰之島嶼」。他們失去了一艘船和很多人，有些人被遺留在島上度過冬天，聯絡不上其他好運可以通過冰天雪地往南走的同伴。返鄉之路並無足夠的補給品，可想而知帶來更多的痛苦。當然，當他們回到英國時，就換投資人受罪了。這趟探險賠上公司大部分的資產，柯德魯納恩島的礦砂毫無價值，也沒找到通往中國的通道。礦砂被拿來「修補快速道路」。麥克・洛克把接下來的人生都花在應付公司這次失敗引發的金融風暴。

法貝瑟找到的礦砂是什麼？第一趟航行之後得到的試金報告就只是一場騙局，目的僅為了籌募新資本以進行第二趟、第三趟探險嗎？他們的黃金之夢太過魯莽嗎？法貝瑟灣現在是努納福特地區（Nunavut）的一部分，一九九九年成為與本土分離的加拿大領土，由因努特人治理。首都伊魁特（Iqaluit）位在巴芬蘭（Baffinland）法貝瑟灣的上方。礦脈探勘是努納福特地區的重要商業活動，當地將探勘礦脈的權利授予幾家採礦公司，其中規模最大的是巴芬蘭鐵礦公司（Baffinland Iron），這家公開上市公司在法貝瑟灣北邊約僅兩百英里（約三百二十公里）處開發了一處大型、優質的鐵礦場。這家小型的加拿大公司估計，礦藏量約有六・五億公噸，其中百分之六十五是純鐵砂，利潤已足以在這個偏遠的地方建立露天營運礦場，並處理熔煉或是靠海運載運笨重鐵砂的後勤問題。想像一下，假設有一位二十一世紀的礦場業主隨著法貝瑟勇敢隊員的腳步，來到伊魁特；再想像一下麥克・洛克，他的鬼魂應該會大發雷霆，因為他的探險隊員沒能找到這處罕見的豐富鐵礦脈。唯新的礦場主人比較有可能是因努特人。在北極東方從事開發，其中的一個吸引力就是有可能為努納福特地區帶來產業就業機會。

遙遠北地的淘金熱

伊莉莎白一世指示馬丁・法貝瑟從梅塔因科格尼塔帶回黃金，但巴芬蘭真的有黃金嗎？有些投資人認為有。指揮官資源公司（Commander Resources）是一家市值很小的公司，由幾位加拿大的地質學家和企業家共同創辦管理。該公司的股價大約為每股二十美分，總市值約為一千四百萬美元。指揮官資源公司的官網貼出一張二〇〇四年在馬洛克（Malrok）採得的礦核樣本，核心裡面是金箔。這些試金報告是否說服投資人提高投資金額，以支持探險活動繼續進行？

寶石又如何呢？真北寶公司（True North Gems）在巴芬蘭基米魯特（Kimmirut）鎮附近找到藍寶石礦藏，並進行開採，他們將這種寶石命名為白鯨藍寶石（Beluga Sapphire）。但是，即便找到寶石礦，這家公司公開的損益表上也並未看到豐厚的獲利；公司的價值仍要看未來的潛力而定。有人在巴芬蘭發現了優質的鑽石，指向這片土地在地質學上很有可能蘊藏著各種最珍貴的寶石。加拿大戴比爾斯公司（DeBeers Canada）已經租下島的北部，進行大規模探勘。

你可以投資馬丁・法貝瑟的願景，去買這些在巴芬蘭探勘的小公司股票就好。法貝瑟找到的這片土地蘊藏著金礦、鑽石、藍寶石和豐富的鐵礦。以加拿大東北方的猛烈暴風雨、大片浮冰以及偏僻遙遠等等條件來說，這些礦藏是否具備商業價值？全球暖化可能是在評估獲利能力時必要的考量因素。最少，我們可以說北極藏富的美夢仍然鼓舞著投資人。

雖然中國公司在商業冒險上是一場失敗，但其他致力於探險的英國公司卻活了下來，而且還活得很好。公司這種組織形態是一套靈活的架構，將資本導入商業活動。即便中國公司的成績讓人失望，但英國持續授予企業探險與海外貿易的特許權：維吉尼亞公司（Virginia Company）最知名的成就，是在美國大西洋岸中部建立殖民地，至今仍興盛繁榮的哈德遜灣公司（Hudson's Bay Company）於一六〇〇年獲得特許權，之後在如今的加拿大創辦，並經營出最成功的東印度公司（East India Company），為英國取得南亞貿易的灘頭堡，也將英國的殖民帝國拓展到印度。

這所有公司一開始都是高風險的冒險，有些成功，有些失敗。投資人注資時面對的是極大的不確定性：品質未知的金礦、在新世界裡活下來的機率、西班牙在太平洋地區的挑釁，和葡萄牙與荷蘭的競爭。

股份公司的近親

荷蘭東印度公司，荷蘭文的名稱為「Vereenigde Oost-Indische Compagnie」，簡稱「VOC」，一六〇二年成立，創立的過程和巴薩可之光有點相似：都是把幾家公司合併在一起，唯構成荷蘭東印度公司的是幾個荷蘭城市裡由商人資助的各種貿易企業。荷蘭人仿效一六〇〇年創辦的英國東印度公司，把相關活動統一在一家公司之下。這兩家東印度公司想的都是要和葡萄牙人競爭，以涉入獲利豐厚的亞洲香料貿易，而且也都成功了。在接下來的三百年，荷蘭東印度公司在印尼貿易中占得極高比重，英國東印度公司則主導和印度與中國的貿易。西班牙和葡萄牙是發現美洲新世界與航向亞洲的先發者，荷蘭和英國則急起直追，後來居上取得優勢地位。

歐洲有一支集結法律、經濟與歷史學教授的研究團隊，慎重研究荷蘭東印度公司的過往。他們主張，荷蘭與英國最後能在亞洲貿易上搶占重要地位，是因為發展出股份公司形態，替這些企業建構了融資與治理架構。朱塞佩・達利—馬丁尼（Giuseppe Dari-Martini）、奧斯卡・基爾德布倫（Oscar Gelderblom）、約斯特・雍克（Joost Jonker）和恩銳可・佩羅提（Enrico Perroti）針對這個問題提出多種觀點。雍克和基爾德布倫是研究荷蘭資本市場史的一流學者，達利—馬丁尼和佩羅提則是法律與經濟學的專家，[4]他們齊心一致，鑽研荷蘭東印度公司的檔案文件，目標是要了解這家公司如何發展成擁有長期資本、交易股份，以及將所有權和控制權分開等制度的企業。

與巴薩可之光不同的是，荷蘭東印度公司的特許權僅有十年。期間的限制，是因為公司的起源是海外貿易探險。這讓我們想起目前已知最早的股權契約，是美索不達米亞人為了與迪穆進行貿易而組合的合夥事業（請參見第三章）。投資人提供資本，在探險之旅結束時，如果出航的人順利返航，出資者就可以分配利潤。這並非長期性的資本；事實上，這種公司也並無有限責任與完全可轉讓的股份。達利—馬丁尼與同事追蹤荷蘭東印度公司的起源，找到的是一六〇〇年之前由荷蘭共和國數個省分資助的一次性、可獲利亞洲探險活動事業，開先河的就是阿姆斯特丹。一六〇二年的許可權讓六個省成立了貿易獨占公司，要求投資人的資本要閉鎖十年，而且唯有當獲利超過投資資本時才發放股利。為了交換投入長期資本的承諾，便允許股份可以自由交易。這些學者主張，流動性顯然是一種為了補償資本閉鎖而做的金融創新。荷蘭東印度公司股份的可交易性質，並非從過去的巴薩可之光或聖喬治之家借來的概念，而是用來作為因地制宜的解決方案，藉此吸引資本投入長達多年才能有所成的冒險活動。

荷蘭東印度公司和聖喬治之家類似，是由許可權創造出來的半官方機構，但有別於巴薩可之光，荷蘭的三級會議（Estates General）授予荷蘭東印度公司壟斷權，並擴大其政府機構相關的權力，包括執法權、締約權以及在海外發動戰爭。公司的股份被投資人全數申購，之後也開始熱絡交易。

光以阿姆斯特丹的發行股份來說，就有超過一千名投資人申購。[5]阿姆斯特丹交易所（Amsterdam Exchange）一般被認定為史上第一個股票市場。事實上，在十七世紀這段期間，阿姆斯特丹是發展出最精密金融投機技巧的搖籃。約瑟夫・德・拉・維加（Joseph De la Vega）的著作《困惑之惑》（*Confusion de Confusiones*）於一六八八年付梓，以編年史的方式記錄相關交易，記下投資人如何賭荷蘭東印度公司股價的漲跌波動、賣出買權與賣權、做空股票，以及如何用聰明的方法讓更小額的投資人也可用零股方式投資。投資人利用發出移轉憑證彼此交易，日後用憑證來變更公司帳冊上的所有權。由於交易和紀錄移轉之間有時間差，中間就可能、也確實出現了各式各樣的投機。

4 Guiseppi Dari-Martini, Oscar Gelderblom, Joost Jonker and Enrico Perroti. 2013. "The Emergence of the Corporate Form," Amsterdam Law School Legal Studies Research Paper 2013-2011.

5 請參見Larry Neal. 2005. "Venture Shares in the Dutch East India Company," in William N. Goetzmann and K. Geert Rouwenhorst (eds.). *The Origins of Value*, p. 167。

因此，就算這家公司從未發展出任何現代股份公司的特色，阿姆斯特丹出現可以交易股票的股市也是非常重要的金融創新。

交易荷蘭東印度公司的公開市場有很多功能。第一，這向投資人具體證明，如果他們買了股份，也可以售出。流動性很有價值，因為這樣一來，股票權利就好像是自威尼斯貸款以來歐洲就有的債券權利一樣，也可順利流通。其次，這開啟了人性中的賭博與投機傾向。德・拉・維加認為，進行交易的人有些天生悲觀，某些則天生樂觀，他看到這些人之間會因為公司運途的好壞而出現交易流動；畢竟，公司可能好幾年都不發股利。荷蘭東印度公司公開發行股票，把阿姆斯特丹交易所變成反映社會對於香料貿易前景看法的感應器。十五世紀時巴薩可之光的股份已經完全可交易，我們在第十七章看過的土魯斯穀物市場也的確是充滿投機交易之地，但是，過去從未真正出現一個因多頭與空頭行情而為之瘋狂的股市。這或許是因為荷蘭東印度公司探險活動的不確定性與風險極高、卻又蘊含著讓人大富大貴的可能性，再加上可能遭受重災大難的威脅，才引燃投機客的激情。

荷蘭東印度公司（以及其近親英國東印度公司）花了幾年時間才轉型成現代股份公司。達利—馬丁尼和他的同事認為，走向有限責任是因為公司需要靠著發行債券來從事期中籌資。荷蘭東印度公司發行債券也發行股票，但是發行債券是公司取得合夥人承擔有限責任許可權之後的事。其中一張債券（殖利率為百分之六・二五）目前屬於耶魯大學拜內克古籍善本圖書館的金融史館藏的一部分，這是羅文霍斯特教授努力替大學追蹤並取得的另一項寶物。

一六一二年時政府大幅修改許可權，荷蘭東印度公司才得以轉型或長期資本。政府出手，不顧希望能收取資本報酬利潤的股東意願，將許可權的期限延長到永久。達利—馬丁尼與他的同事指出，到了那時，這家公司延續下去對荷蘭政府大有好處，因為這家公司既是政府利益的代表，也捍衛了政府利益，再者，從實務上來說，要評估這家公司海外資產的價值並進行結算，並非易事。故而以巴薩可之光來說，因為有名為「pariage」的永久性封建權利，因此長期資本自然成為其特色，但對於荷蘭東印度公司的股東而言，這卻是被迫接受的結果。英國東印度公司稍後在十八世紀時也跟上了荷蘭東印度公司的腳步。

如果目標是海外貿易、而且終極是要拓展殖民地，股份公司形式是否比較優越？這一點有待討論。然而，將英國與荷蘭的相對成就歸功於這兩國擁有較高的金融技術，這樣的論點聽來合理。就像聖喬治之家一樣，由商人組成的治理群體所做的策略性決策，或許創造出更確定的經濟成長模式，勝過懷著各種不同目標（而且沒有資金可以達成目標）的皇家控制。然而，一個人願意踏上探險之路前往巴芬蘭尋找黃金，或是願意花大錢投資一家公司，等著公司的船出海、繞行非洲後再帶著奇特風味種子返航，讓富有的布爾喬亞階級餐桌與荷包變得更豐富，應該都是樂觀到無可救藥的人。股份公司與股市的再度興起，看來一點都不冷靜理性。

第十九章　專案計畫的時代

英國和荷蘭國土規模小，但他們航海活動所及之處以及在海上累積出的力量非常驚人。我們在第十八章看到，這兩國的擴張和商業航海緊密相連，最後變成開啟與維繫亞洲貿易路徑的大型壟斷貿易公司。兩大帝國的興起，始於有人甘冒極大的人身與財務風險。歐洲北方的貿易型股份公司後來發展成一種機構制度，用於籌募資金、分擔風險，以及針對需要耐心等待才能成功的專案為投資者提供流動性。

就算個別的航行失敗了、戰役打輸了、市場關閉了，股份公司的形式仍是穩健的範式，是不變的遊戲規則，維繫了投資人的利益並延續資本，長達幾年、幾代、幾世紀。兩百多年來，股份公司的重要性可比政府，兩者的利益也互相交纏。

在本章中，我們要探索股份公司與資本市場在英國與荷蘭出現百年後的世界。我們要深入聚焦的時刻，是當貿易型公司帶來新式金融工具讓整個社會量頭轉向之時。如果股份公司適合用於探險、發現和殖民，何不也在別的領域試用看看？

論專案計畫

一六八七年十一月，在荷蘭共和國權力鼎盛之時，奧蘭治的威廉王朝集結規模超過西班牙艦隊四倍的荷蘭海軍，跨過英吉利海峽，登陸德文（Devon）。支應這支艦隊的資金，是由阿姆斯特丹幾家一流的商人銀行家安排的貸款。進攻的軍隊裡有自德國、蘇格蘭、瑞士和斯堪地那維亞的傭兵，他們幾乎沒遭受任何抵抗；事實上，很多人還很歡迎他們到來。信奉天主教的英國詹姆士二世（James II）不受子民愛戴，背棄本國海軍與陸軍、投向荷蘭陣營的英國人大有人在。好幾個城鎮都出現反天主教的暴動，基本上，在當年年底幾乎已經沒有人支持英國王室。就連身為地主的上流階級都認為，抵抗入侵並無太大益處。詹姆士二世不願威廉國王染指代表英國合法權利最終的信物，於是把王室的印信丟入泰晤士河中後飛往法國，讓威廉國王與其妻瑪麗皇后（William and Mary）共治英國。多數身為新教徒的英國子民很歡迎這場幾乎沒流血的入侵行動，政治上的過渡期也異常平順，但一六八八年荷蘭侵略英國的行動對於兩國皆造成深遠且長久的影響。政治歷史學家認為這是很重要的一步，削減了英國王室的勢力，並激發英國完全過渡到由國會治理。

對金融史學家而言，一六八八年是分水嶺，標記了大不列顛全球金融力量的消退。跟著荷蘭王室來到英國的，是帶著荷蘭金融「基因密碼」的銀行家與金融家：他們以開放資本市場為導向，了解如何利用債券替政府債務融資，會操弄難以算計的事來刺激投機，為靠租金利息生活的人提供終身租金與年金，最後還創立中央銀行，成為財政政策的工具。英國人在使用這些工具時

圖36　倫敦皇家交易所版畫，取自1720年荷蘭文著作《以愚蠢為鏡》。中間是一張由在荷蘭稱為「輕風商人」的經紀商從事交易的證券清單，得此名是因為他們以輕薄的紙張從事交易（Courtesy of The Lewis Walpole Library, Yale University）。

又加入了充滿活力的創意，各種應用方式是一六八八年之前的社會根本難以想像的。這場光榮革命（Glorious Revolution）解放了英國在金融上的想像力，英國從此進入了新的金融時代，作家兼創業家丹尼爾・迪福（Daniel Defoe）稱之為「專案計畫的時代」（Projecting Age）。

少有作家能像迪福這麼巧妙地掌握住英國的金融革命精神，這很可能是因為他是個夢想家，樂於擁抱新的政治秩序與金融帶來的諸多可能，以及很多可以善加運用這兩者的方法。年輕時候的迪福和倫敦群眾一樣，一六八九年時歡迎新的新教徒國王以勝利的姿態踏入倫敦。[1]他自己甚至在某些方面為新的國王與皇后提供個人服務。在接下來的十年裡，迪福試著涉足多種不同的創業冒險活動。他曾投入海上保險業務，當法國海盜擄走他承保的船隻時，就變成了一場災難。他為了支持姻親的沉船打撈事業所做的新型潛水鐘投資，以失敗收場。他想靠著英國上流社會對於香水的需求賺錢，於是借錢開了一處麝香貓養殖場。迪福無能償付債務，於是把貓賣給岳母，但他的岳母後來發現他根本無權轉讓這些貓。這類失誤讓他在光榮革命後經常得上法院，無法收拾的負債更壓得他喘不過氣。他曾在倫敦南華克（Southwark）債務人監獄裡待過一陣子，之後才想辦法履行債務。他利用人脈偶爾打零工，擔任過私人彩券的推銷員與收稅員。他最後創立夢想中的事業，也賺了錢：製造荷蘭風格的陶屋瓦供倫敦建築業使用。

但是，迪福在歷史上並非以企業家的身分留名，而是散文家、記者與小說家。他寫了《魯賓遜漂流記》（*Robinson Crusoe*），發表過自己的政治評論，也針對政治、產業、金融、股票買賣以及國家債務寫過幾本小冊子。他的第一本書是一系列探討新時代潛力的提案，名為《論專案計畫》（*An Essay upon Projects*），一六九七年出版。

這本小書探討十七世紀末英國新資本市場帶來的特殊社會變動，作者的簡介部分很值得詳細引用。他勾畫出非常迷人的新金融秩序狀態：

> 需要，是發明之母，熱烈點燃了現代人的智慧，為做區別，將現代稱為專案計畫的時代似無不當……有太多偽裝出來的好發現、新創新、引擎機具，還有些我不知道的東西等等（這些是概念上的進步，說著拿出大筆金錢、製作出這樣的引擎時可以完成哪些偉大工作），讓輕信他人的人極度欣喜著迷，興奮到光憑內心的期待就組成公司，選定委員會，派任主管、發行股份與開始做帳，募得大量資本，推銷空洞的概念，鼓動人們拿錢出來認股投入新的泡影；發明家繼續說著玩笑空話，等到他們把所有的東西都推銷出去賺飽自己的荷包，便等著人群自動消失；運氣不好的買方互相爭吵，為了交割、移轉等問題頻上法庭，公司創辦人更巧妙置入各種阻礙和障礙，讓投資人責備自己的失誤。股票開始逐步下跌，及時出脫的人就很開心；但是，這些錢最後還是會什麼都不剩。因此我看到針對合股、專利、引擎與企業發行的股份，因為天花亂墜以及某些有信用的人而大漲，漲到一百英鎊只能買到五百分之一的股份（或多一點），但最後逐步下跌，買賣時跌到一股十二英鎊、十英鎊、九英鎊、八英鎊，到最後沒有買家（簡而言之，就是沒有價值的新說法），許多家庭都因為買股而毀了。如果是我會選擇亞麻製造業、硝石場、銅礦、潛水引擎、沉浸機器，諸如此類的，我相信，

---

1 John J. Richetti. 2005. *The Life of Daniel Defoe: A Critical Biography*. Oxford: Blackwell, p. 11.

這樣我不會做錯，也不會讓某些人明顯有錯。2

雖然迪福譴責空洞的創業伎倆與購買股票的行為，但他之後在書中提出一系列高遠的金融計畫。《論專案計畫》中的第一項合股專案計畫，就是大刀闊斧拓展英國的銀行體系。他建議，何不籌募一大筆資本，創辦大型的全國性銀行？這家銀行可以從事商業放款、發出匯票、從事大額轉帳，並且以百分之四的利率提供抵押貸款。國家需要資本！拓展銀行。增加董事的人數，在所有不列顛各島嶼開辦分行，把資本帶到各地的貿易中心：坎特伯里、薩斯伯里（Salisbury）、愛塞斯特（Exeter）、布里斯托（Bristol）、伍斯特（Worcester）、舒茲伯利（Shrewsbury）、曼徹斯特（Manchester）、泰恩河畔新堡（Newcastle-upon-Tyne）、里茲（Leeds）、哈利法克斯（Halifax）、約克（York）、渥維克（Warwick）、伯明罕（Birmingham）、牛津、雷丁（Reading）、貝德福（Bedford）、諾里奇（Norwich）和柯徹斯特（Colchester）。這些地方都能因為一家願意從事商業貸款的銀行而受益。這樣的銀行可以直接為所有新事業提供融資，可以成為將儲蓄導入投資的管道，可以突破當地的地理限制，透過從一個人手上收取存款並把錢貸放給一個人而促進各城鎮間的貿易。

迪福循著全國性銀行體系的規畫，以另一套計畫打造出全國性的高速公路系統，資金由國會以稅收支應，執行上則和專案承包商締約，由他們使用國家徵收來的土地負責建造收費道路，並以法律規範他們提供本項服務可得到的補償。迪福接著提出的計畫是要成立共同保險公司，以因應海上風險、火災風險以及財產風險，但有趣的是，這裡沒有講到壽險或是取決於生存與否的年金。他甚至提議開辦全國性的年金基金，和目前美國的社會安全制度極其相似，資金來源由受益人提撥，組成一個大型的投資資金池，然後利用投資彩券和房地產創造利潤。用迪福的話來說，這套計畫可以「將乞討與貧窮趕出王國」。如果可以透過新的資本市場籌募資金，或是有意進一步扭轉金融系統的開明且大膽的國會願意撥款，在這樣的時代中，上述的一切都有可能。

迪福的《論專案計畫》還勾畫出其他改進社會的方法：制定讓債務人免於牢獄之災的破產法，提出井然有序的資產清算方式並分配給債務人。他繼續設想出為女性提供的學術教育機構，仿效法蘭西學院（French Academy）的學術機構，專門處理商業爭議的商業法庭，最後則是用於支援商業航海活動船員的基金。這一切的一切，使得這本書十分扣人心弦，大膽提出各種構想，扭轉了人類生存條件與商業活動。這本書讓迪福成為他那個時代可見度最高的社論寫手與名嘴。迪福實際上發明了一種名為「真知灼見報導人」（visionary journalist）的角色，唯在這個充滿新提案、新計畫的時代裡，他的聲音終究只是其中一種說法。

是技術，不是技巧

迪福所說的「專案計畫的時代」，是以新制度和技術為基礎建立新的社會秩序。本書算是最早

2 Daniel Defoe. 1697. “Author’s Introduction,” in *An Essay upon Projects*. London: Printed by R. R. for Tho. Cockerill. Available at: http://etext.library.adelaide.edu.au/d/defoe/daniel/d31es/part3.html.

的清晰論述之一，闡明新的金融秩序如何累積大量資本，之後再回過頭來重塑整個社會。歷史學家白馥蘭（Francesca Bray）提出了很有用的定義，區別技巧（technique）與技術（technology）。她說：

> 技術是在社會脈絡下使用技巧，正因為有社會脈絡才有意義，對於創造出來的成果而言如此，對於負責創造成果的人來說亦如此……這有時候能化解衝突，有時候則挑起衝突。技術……負責發揮意識形態的作用……可以穩定社會秩序，也可以扭轉或發展出新的社會秩序。[3]

倫敦在接近十八世紀時新興起的股票市場不僅是籌募資本的新技巧，從白馥蘭的定義來看，也是一種新技術。這項技術有能力引進新的社會秩序，讓人對於社會的可能性懷抱著美好憧憬。但就像白馥蘭指出的，比較麻煩的，可能是新技術會因為各種不同的文化解讀而挑起衝突。

迪福本人在一篇文章中同時提出兩種互相衝突的解讀，一開始先譴責市場，後來卻利用市場來重新設想社會的樣貌。迪福針對新金融時代會有的危險提出警示：會出現不實的中介機構，市場可能遭人操弄，可能被「開口閉口就是幾百萬」的專案提議人愚弄、設計、欺瞞、詐騙並害到破產。

這並非因為這些金融技巧太過新穎；畢竟，在《論專案計畫》問世之前，早就有公司、股市以及投機客了。真正的新穎之處，是以創意想像將這些技巧集結起來；金融工具開始在投資人與創新者之間啟動回饋圈。迪福的《論專案計畫》已經把邁向金融革命之路切分成兩個階段。他親眼見證了金融創新的能耐，於是提議繼續推動。迪福時代的金融創新，方式是不斷強化技巧、一直到技巧變成技術為止；技術會和新文化密切相連。在新文化中，把公司當作企業的核心單位，讓更多樂於投資的大眾參與，並發展出帶動公司、買賣股份、議定選擇權與創造市場的中介機構。法律規範系統要花很多年才能趕上新的文化：才有能力判定公司能做、不能做哪些事，釐清經理人、業主與董事的角色，了解公司股份代表哪些資產，並判斷政府需要施展控制權還是任由公司自由發展。迪福的《論專案計畫》出版後幾年是金融史上最讓人興奮的期間之一。

投入資金

在專案計畫的時代，創辦公司的方式之一是由投資人申購股份，但適用延遲付款方案。股份的帳面價值可能是一百英鎊，但申購人僅需要支付一小部分（少至百分之一）就可取得擁有權。在某段期間，新公司會要求股東追繳資本，直到所有股份都完全「付清」為止。在此同時，所有權人可以交易申購權利。換言之，公司一開始幾乎是全額「借」錢給申購人來買公司的股票，如果股東後來無力追繳資本，就必須把他們的股權還回來。

---

3 Francesca Bray. 1999. “Towards a Critical History of Non-Western Technology,” in Timothy Brook and Gregory Blue (eds.). *China and Historical Capitalism*. Cambridge: Cambridge University Press, p. 167.

申購人用一英鎊申購一股，等到股價上漲時賣出。如果公司要求支付股份價款時股價還很低，那申購人可以把股份還給公司，申購人損失一英鎊；但如果這家企業真的一飛沖天，付點小錢就有機會賺到大錢。如果說，以保證金來買公司的股票這個概念聽起來像在賭博，可能還真的是。報紙上的每日股價波動會告訴你是賺是賠；這抽離了公司業務的基本面，變成一個單一、不斷變動的數值。這和等著看你手上的彩票有沒有中獎沒有什麼太大的差異。投資變成一種數字遊戲，讓投資人不再關注資本報酬的長期願景，轉為每天監督市場檢視自己的賺賠。無怪乎忽然之間有這麼多人受到吸引。這就好像是十七世紀的保證金交易帳戶。

第一張針對新型公司股價所做的列表出現在一六九一年約翰・休斯頓（John Houghton）的《改進管理與交易論文集》（*Collections for Improvement of Husbandry and Trade*）。[4]在一六九四年之前，休斯頓已經固定列出五十二家股票可交易的公司股價。他免費提供每週的報價給大公司，有意訂閱的人必須付錢，才能獲得小型公司的報價。約翰・佛瑞克（John Freke）的《佛瑞克股價及其他》（*Freke's Prices of Stocks &c.*）是另一種市場消息來源，約翰・卡斯塔因（John Castaing）編寫的《交易過程》（*Course of the Exchange*）則是第三種。

在休斯頓列出的清單中，有英國的銅礦公司、有以金屬模具鑄造與製作槍枝大砲的公司、製造仿俄羅斯毛皮的公司、製造潛水機械的公司（不是迪福的公司！）、製造排水幫浦的公司（這個時代會設法排乾東英格蘭沼澤地的水）、商人約翰・羅夫丁（John Lofting）先生的吸蟲引擎（Sucking-Worm Engine）公司（製造消防引擎幫浦）、白紙製造商（White Paper Makers）、藍紙公司（Blue Paper Company）、身為玻璃公司的改善本地製造業防溼之協會（Society for Improving

Native Manufactures so as to Keep out the Wet）、製造「德式球」（German Ball）以保護皮革免受潮的公司、使用礦坑及海運煤熔煉鉛之總督與公司（Governor and Company for Smelting Down Lead with Pit and Sea Coal）、英格蘭銀行（Bank of England）、百萬銀行（Million Bank）、孤兒銀行（Orphans' Bank）、在格陵蘭從事捕鯨業的公司、前往紐芬蘭捕撈鱈魚的公司、從事潛水採集珍珠的公司、在賓州、紐澤西與托巴哥島（Tobago）從事移民墾殖的公司、南華克、城市管道與漢普斯戴水務公司（Southwark, City Conduits and Hampstead waterworks companies）、約克建築協會（York Building Society）、國王與皇后之愛爾蘭亞麻製造公司（King's and Queen's Corporation for Linen Manufacturing in Ireland）、科維斯照明公司（Convex Lights Company）、新堡水利公司（Newcastle Water Company）以及其他等等。休斯頓的清單讓人毫不懷疑當時技術革命正如火如荼。這些都是可投資的概念，只需要投入一點點資金就可賺錢，這讓我們想起一九九〇年代科技泡沫時的極度樂觀，兩者相差接近三百年；科學家和工程師忙著設計製造各式各樣可以改變世界的新玩意，一般人也可以參股。

如果以產業細分，這些新型的英國企業涵蓋了採礦、打撈沉船、漁業、林業、農業、紡織，以及機器製造、海外貿易、基礎建設、房地產、租賃與金融。一六二三年時英國實施〈壟斷條例〉（Statute of Monopolies），自此之後，發明人便享有從新發明中獲利的獨家權利。一六八八

4 William Robert Scott. 1995. *Joint Stock Companies to 1720*. Bristol: Theomes Press, Bristol, vol. 1, p. 395. Original edition 1910-1912.

年以後的新金融市場，將資本與創意、智慧財產權搭配在一起。或許因為這兩者正是創新的引擎，相對於經濟體其他活動，合股公司的重要性從此大幅提高。史學家威廉・羅賓森・史考特（William Robinson Scott）估計，一六九五年時，新型公司在大不列顛全國財富中的占比為百分之一・三，但到了一七二〇年底時，比重已經增至百分之十三。到了那時，股份公司制度已經不再是一群由仰賴獨家貿易權的商人控制的股權封閉企業，反而搖身一變成為接受輕度規範的投資資本池，注入資本的是和企業無關但有投資熱情的投機客，這些人寄望的是某個概念或某項專利能夠讓他們賺大錢。

愈多人投資這些專案，股份和申購相關權利的流動性就愈高。即便一開始僅限一小部分投資人才可申購，但隨著他們出售相關權利，所有權人與投機客的人數逐漸增加。倫敦的非正式股市叫交易巷（Exchange Alley），在這個火熱的市場裡，股份可以一次又一次轉手。各種小道消息，比方說新公司是否真的有創新產品以及其所提供的服務是否有市場等等，不斷引發股價跳漲或崩盤。

新式公司的股價自一六九二年之後算是真正開始飛漲，有些股票已經漲到市值的兩倍，比實收資本高了好幾倍。以「改進管理與交易」為訴求創辦新企業，是讓英國人民財富長期增值的方法，但是把這些企業的股份當作投機交易標的，可能讓個人的財富短期暴增。一六九〇年代英國人忽然間對股票的需求大增，讓已經在操作的投資人更加快速行動，也引來許多新的投機客。英國的第一次崩盤發生在一六九七年，當時股價從市值兩倍的高點往下掉，剩不到市值的一半。股價下跌揭開了股票買賣的真相以及投機的風險，並讓迪福氣定神閒地提出抨擊。但是，一六九七

圖 37　《是泡沫製造者的照妖鏡還是英國的愚蠢》（*The Bubbler's Mirrour or England's Folly*）。這是一份 1721 年的英國諷刺性平面刊物，列出許多在倫敦交易巷（Exchange Alley）發行股票以籌募資金的專案計畫（Courtesy of The Lewis Walpole Library, Yale University）。

年的挫折並不是專案計畫時代的結束，反而只是個開始，就像一九九〇年代的科技泡沫一樣，預告著另一場更猛烈的金融野火。

工業革命的泡沫

一般認為工業革命於十八世紀末期始於英國，在十九世紀中時，由於經濟轉型完成、生產流程進入機械化與產業分工來到高點，但威廉・羅賓森・史考特提出一份篇幅達三冊的大型研究，主張更早以前就已經埋下工業革命的種子，應該可追溯到直至一七二〇年為止的專案計畫時代。檢視光榮革命之後成立的公司列表，我們很難不同意他的論點。列表中已經備齊所有要素：機械化、創新、財產權和資本。

專案計畫時代的謎題，是為何新型公司蓬勃發展的地點不是荷蘭。十七世紀之交的阿姆斯特丹，金融上的精密複雜比倫敦有過之而無不及。十七世紀初期出現在倫敦的市場，有一部分是荷蘭的金融家在光榮革命之後創造出來的。證券與銀行系統的基本架構與運作，多半循荷蘭的前例。事實上，荷蘭以及歐陸其他經濟體已經發展出債券市場、年金以及其他存款工具，證明了資本供給可以帶動以紙本憑證為準的投資市場。荷蘭已經有市場可交易荷蘭東印度公司與荷蘭西印度公司（Dutch West India Company, WIC）的股票，再針對潛水鐘企業、造紙公司以及熔煉工廠創造股市又有何難？

光榮革命這件事很可能就是觸發變革精神的催化劑。可能有人會問，為何一九九〇年代末的科技泡沫是出現在美國，而非歐洲或日本？這三個市場都有金融體系與活躍的科技研究方案。但顯而易見的是，真正的狂熱始於美國，大家談的是網際網路扭轉世界的潛力、新的行銷模式、新的溝通方式、舊科技之死，以及「新紀元」金融（估值以點擊率和銷售額為憑、而非獲利與利潤為準）的聚合。

從某些方面來說，耶魯大學的經濟學家、同時也是諾貝爾經濟學獎得主羅伯・席勒，正是秉持迪福精神的現代專案計畫者。他提議利用金融市場協助人們因應他們在經濟生活面對的重大風險。席勒夢想著設計出可以用來規避房屋淨值下跌風險的房屋期貨（他也因此獲得專利），還建議創造根據國內生產毛額指數調整的產品，以規避失業風險。這些產品在美國經濟蓬勃發展的年代乏人問津，但是，席勒很可能是一個超越時代的人，就像在他之前的所有專案計畫者一樣。然而，他有一個想法卻馬上激發出公眾的想像力。他因為研究股市泡沫以及預測網路熱將會冷卻而聲名大噪。

席勒是一位溫文、好問的學者，一向對於股市心理學很感興趣。我們相識多年，從計量經濟學到投資人行為之謎，無所不談。在他光芒四射的學術生涯中，他曾有一次機會寫了一本和交易有關的書，題為《非理性繁榮》（*Irrational Exuberance*），立論基礎是他相信科技泡沫會破滅。書中主張泡沫是一種心理現象，來自於幾種因素的共同影響：有個讓投機看似可行的基礎（比方說新的發明或新概念）、搭配有流言或證據證明身邊的人都從投機當中賺到大錢，然後再加上新聞媒體的推波助瀾。他強調，即便是非常老練的投資人，這些環境因素也可能改變他們的心態，讓他們忽略理性的機率評估，以及平凡無奇的常識見解。

席勒認為，要發展出投機泡沫，最後一個要素是要有一套協調機制。除非所有投資人都一起買進，不然不可能所有股票都上漲。必須要有某些大事牢牢抓住人們的想像力，吹大泡沫，才能促成活絡的投機行動。在專案計畫時代鼎盛之際，倫敦市場裡的大事就是南海公司（South Sea Company）。

讓座

迪福欠了牛津爵士羅伯・哈雷（Robert Harley）很多恩情。一七〇二年，迪福所寫煽動性的小冊子害他被關入新門監獄（Newgate Prison），被判處三天當眾受辱並罰款一百三十英鎊，還在獄中待到罰款付清。哈雷爵士說服皇后悄悄付清罰款，迪福也成為哈雷的祕密經紀人、理念宣傳人以及經濟顧問。

一七〇四年迪福創辦評論刊物《英國現況評論》（*A Review of the State of the British Nation*），透過這份刊物大力針砭國家政治經濟。《英國現況評論》帶著濃厚的國家主義色彩，在國外貿易這個主題上特別明顯。早至一七〇四年時，迪福就提出要挑戰法國和西班牙在南美洲與加勒比海的優勢地位。他表達多項主張，其中之一就是要從法國手上搶占加拿大，並在南美洲建立英國殖民地。

一七一〇年，哈雷爵士成為財政大臣，事實上，也就是英國的首相。他面對多項挑戰，其中之一是英國長期與法國交戰後留下的龐大債務：這兩國打的是西班牙王位繼承之戰（War of the

Spanish Succession）。英國欠下的債務超過九百萬英鎊，其中很多是付給戰爭退伍軍人的短期票據。倫敦金融家約翰・布蘭特（John Blunt）與喬治・卡斯沃（George Caswall）順勢出場，他們提議用一個很巧妙的方式解決債務問題。一七一〇年十月在一封寫給哈雷爵士的信中，他們提出一項計畫，剛好對應上迪福對於獲利豐厚的南美洲貿易看法。他們的計畫和迪福呼籲在南大西洋挑戰西班牙的看法極其相似，讓人很難不懷疑迪福根本在打造南海公司的計畫時插了一腳。

這項提案重組國家債務，成立一家大型的金融公司，由哈雷爵士所屬的托利黨（Tory Party）掌控，因此脫離英國當時金融巨擘英格蘭銀行與東印度公司的管理。基本上，他們的構想是用南海公司的股份交換未清償的英國國債，包括財政部過去的帳目、要支付給海員的薪資、陸軍與海軍的債券以及短期匯票。政府會用這些債務交換南海公司固定付息百分之六的債券，由公司支付股利給這些公司的股東，公司則享有獨家貿易權，範圍為南到奧利諾科河（Orinoco）的南美洲東海岸，以及包括智利和祕魯在內的整個西海岸。[5]

一七一一年五月國會核准南海公司成立，哈雷爵士擔任總督，董事會則大致上由托利黨人組成。公司最重要的特質就是大規模資本化。這家公司把鉅額國債轉換成面值將近一千萬英鎊的公司債，其資產規模比東印度公司加英格蘭銀行還高。布蘭特、卡斯沃和一群金融家從這項交易中

---

5 關於創立南海公司的詳細來龍去脈，請參見Richard Dale. 2004. *The First Crash*. Princeton, N.J.: Princeton University Press, p. 46 and ff；Bruce Carruthers. 1996. *City of Capital. Politics and Markets in the English Financial Revolution*. Princeton, N.J.: Princeton University Press, p. 152 and ff。

大撈了一筆。他們在發布這項計畫之前就以高額折價買下六萬五千英鎊的債務，之後以面值交換南海公司的股份。

一七一二年時，迪福寫出了《論南海貿易並探究目前針對南海公司安排產生之不滿與抱怨的根據與原因》（*An Essay on the South-Sea Trade with an Enquiry into the Grounds and Reasons of the Present Dislike and Complaint against the Settlement of a South-Sea Company*），他認為，南海公司真正的價值在於它讓英國在南美洲有了前哨站：

我們會在美洲發現或找到一個或多個地方定下來並設置英國殖民地，根據條約這會屬於我們，難道這樣還不夠嗎？貿易難道不會源源不絕？這個地方難道不會替我們生產物資、就像替西班牙人生產物資一樣？難道我們不如他們勤奮嗎？如果我們在不毛之地定下來，那是我們的錯，但我們何不找個好地方，有金、銀、藥物、槐藍植物、可可亞、胭脂蟲這些東西，諸如此類的……因此我們知道，透過和南海貿易，在女王的保護之下，以女王之名並借重女王的權力，我們可以掌握、占據與擁有某個港口或地方、或是幾個地方、土地、領域、國家或領地，隨便你怎麼叫都可以，只要我們在美洲找到適合之地即可……就讓西班牙國王來阻止我們吧，前提是如果他辦得到的話。[6]

迪福大膽主張國會要把南海公司當成工具，以掌握南美洲並在此地殖民，好讓英國像西班牙大西洋帝國那般富裕。

一七一三年的烏特勒支條約（Treaty of Utrecht）結束了成本高昂的西班牙王位繼承之戰；在這場戰爭中，荷蘭、英國與神聖羅馬帝國聯合對抗法國和西班牙，西法兩國費盡心力想要統一成一個王朝。和約中有一部分的安排，是讓英國第一次得到西班牙「讓座」（asiento）：西班牙允許英國為中南美洲供應非洲奴隸。議定的權利包括有限的商業貿易權，每年為中南美供應四千八百名非洲奴隸、期間為三十年（西班牙國王可收取百分之十的奴隸貿易利潤），以及有權在南美洲建立工廠（貿易中心），每一處最多可有六名英國人。[7]

獲得讓座權的對象，本來應該是皇家非洲公司（Royal African Company）；這家公司於一六六〇年獲得特許權，可壟斷英國和西非的貿易。這家公司高調經營品牌，以公司名稱的縮寫（也可能是公司總督約克公爵〔Duke of York〕的姓名縮寫）為名來行銷他們交易的奴隸，在非洲西部沿岸擁有很多堡壘用來囚禁犯人，並且活躍於黃金貿易，也因此，英國金幣也稱為幾尼（the guinea，指由來自非洲幾內亞〔Guinea〕的黃金鑄造而成）。一六九八年皇家非洲公司失去壟斷權，但仍希望再度贏得國會的青睞並能取得讓座權。

一七一一年時，迪福筆鋒一轉開始幫起皇家非洲公司的忙，主張西非海岸的英國貿易商都是搭上了便車，得到皇家非洲公司的保護，因此該公司應該得到財務救濟。迪福在小冊子中寫得很

---

6 Daniel Defoe 1712. *An Essay on the South-Sea Trade with an Enquiry into the Grounds and Reasons of the Present Dislike and Complaint against the Settlement of a South-Sea Company*. London: J. Baker.

7 Dale (2004), p. 49.

明白，他不僅毫無愧疚地支持奴隸貿易，也不認為南海公司和皇家非洲公司兩者是對手，反而將兩者皆視為英國在殖民大西洋時的重要機構。

雖然皇家非洲公司滿心期待，但讓座權還是以七百五十萬英鎊的代價交給了南海公司。[8]西班牙國王腓力五世（Philip V）獲得百分之二十八的南海公司新股份，公司利用一筆一百萬西班牙披索的貸款取得資金，買下這些股份。英國安妮女王（Queen Anne）的持份則是百分之二十二・五。

成本很高，但是英國人認為順著這條路能踏入獲利豐厚的南美貿易。雖然南海公司的主業是奴隸貿易，但迪福把這想成是拓展英國在大西洋商業布局的方式（他的恩人兼南海公司總督哈雷爵士可能也有相同想法）。讓座權不僅使得南海公司可以從事大西洋兩岸的奴隸貿易，也包括可以在或許會變成殖民地的南美洲設立工廠。對於英國在戰爭中的荷蘭盟友來說，看到讓座權的豐厚報酬一定讓他們倍感心痛。荷蘭西印度貿易公司在南美洲的蘇利南（Surinam）有殖民地，在西非也有堡壘，並從西非取得奴隸。奴隸貿易占了荷蘭西印度公司業務的一大部分，現在英國也有了一家模仿荷蘭模式的新公司，而且還有權利從事大西洋兩岸的人力貿易。更有甚之，英國人顯然不僅渴望得到西班牙在南美洲的據點，還積極染指荷蘭在新世界的殖民地。

奴隸貿易（或者，至少是獲得授權的奴隸貿易）當時已成為私人公司的業務。專案計畫時代不僅提供資本以利釋放人類在機械上的才華，也提供資本以支援並強化人類最有系統性、最令人髮指的惡行之一：一隻手握著自己的自由，另一隻手讓別人成為奴隸。股份公司的架構不僅讓企業家可以直接獲得投資人的資本，在分配利潤、配置控制權與利用政治影響力等方面，也是效率極高的方法。南海公司之所以強大，並非因為它在船運和貿易上具有相對優勢，而是因為某種程度上它是英國政府的延伸，是自由放任資本主義系統的反面縮影；在自由放任資本主義體系中，自由的投資人與企業家可以在公平的立足點上買賣資本。雖然專案計畫的時代促成了新的商業計畫與構想百花齊放，卻讓股份公司變成徇私主義與國際談判的工具，政治人物選擇了從事最可憎的一種貿易，便說明了很多事。

對於歐洲、非洲與美洲之間發展出來的著名三角貿易來說，一七一一年僅是個開端，在整個十八世紀，這是西方世界最主要的經濟流通模式。英格蘭西北方工業城鎮製造出來的產品銷往非洲換取奴隸，非洲人透過惡名昭彰的大西洋中央航線（middle passage）被帶到加勒比海的各小島，有系統地被馴服並被銷往美洲大陸。用販奴貿易賺得的利潤買來的糖、糖蜜以及其他大宗商品，則回銷歐洲。

研究奴隸貿易的一流史學家喬瑟夫・伊尼科利（Joseph Inikori）主張，三角貿易日漸興盛助長了英國十八世紀時出現的機械工業化，而順著墨西哥灣流往來熱絡的商品與人員，間接創造出現代歐洲。[9]可能吧。一七一一年時，南海公司的投資人可能並不知道這家公司從事的貿易將會扭轉世界經濟，但迪福的狹隘愛國主義言論描繪出的金山銀山，以及南美殖民地畫面，已足以引誘某些人用手中遲遲不付款的英國政府債券去換一個機會，支持由首相本人、也是握有讓座權的

8 Hugh Thomas 1997. *The Slave Trade*. New York: Simon and Schuster, p. 235.

9 Joseph E. Inikori. 2002. *Africans and the Industrial Revolution in England*. Cambridge: Cambridge University Press.

人創立與監管的全新企業。

比爾・里斯（Bill Reese）是一名頂尖的古書交易商，眼光敏銳，一眼就能看出改變歷史的文件（他曾買賣過一份美國〈獨立宣言〉），幾年前，他在倫敦一場大拍賣中找到一本皮革裝訂的小冊子，裡面有些文件，上面以西班牙文簽署的花體字「Yo el Rey」，是西班牙國王（西班牙語「el Rey」意為「國王」）核發准許一艘船進入西班牙港口的許可證。其中一份文件詳載讓座權的具體條件。最讓人興奮的是裝訂。外封上印的金字是名稱縮寫「SSC」；這是南海公司（South Sea Company）自己的讓座權文件。這本小冊子（他借給我看，並讓我拿著）是這家公司可從事奴隸貿易的官方許可證，也是世界史上最惡名昭彰的文件之一。

南海公司很慢才展開奴隸貿易業務。一開始是因為管理階層的大地震。哈雷爵士的政治運黯淡到一個程度，一七一四年時在財政大臣的職位上遭到彈劾，隔年又因為叛國而被囚禁在倫敦塔，監禁兩年後雖然被赦免並獲釋，但他必須放下南海公司總督的職位。取代他的人是英王喬治一世（George I）。此時的英國在政治上和西班牙互相角力，其中包括一場短暫的四國同盟戰爭（War of the Quadruple Alliance），導致讓座權於一七一八至一七二二年間中斷。但最後，這家公司規模之所以逐漸縮小，原因是皇家非洲公司從西非海岸沿線的城堡供應犯人作為奴隸，並派出船隻直接搶取豪奪奴隸；他們可能認為自己可以俘虜法國或是墨西哥的奴隸船並搶走他們的貨品。這家公司後來在牙買加與巴貝多設立轉口港，接收在大西洋中央航線活下來的非洲人。健康的奴隸就從這裡再度被出口到波托貝洛（Portobello）、布宜諾斯艾利斯和卡塔赫納等中南美城市。有人算過，南海公司存續期間總共運送六萬四千名奴隸到中南美。除了人力之外，迪福其他的非法貨物貿易計畫最後也很成功。到了一七三〇年代末期，西班牙塞維亞的商人抱怨英國人完全把別人排擠出拉丁美洲的紡織市場，他們在這個新世界裡什麼東西都賣不出去。[10]

交易巷

很少人想到南海公司時會想到奴隸買賣，反而會聯想到南海泡沫（South Sea Bubble）：這是一場一七二〇年發生在英國的企業股價飛漲熱潮，最後戲劇性下跌。和南海泡沫有關的經濟研究，多半把焦點放在這家公司一七一九與一七二〇年時複雜的金融工程：公司發行一系列新股，英國貴族爭相搶購，創造出大筆財富，最後也讓大筆財富付之東流。人們忘了一七二〇年時南海公司的核心業務（販奴），卻記得該公司股價的奇特走勢，兩者被切開，很可能是歷史的選擇性記憶造成的偶然：人們極關心崩盤，卻無視於販奴在十八世紀世界經濟中扮演的重要角色。然而，這次的崩盤可能也反映了當時的市場氛圍。股份是虛幻的股份公司所有權象徵，對倫敦投資人而言卻是具體而直接的現實，感受度遠勝於對遠方的奴隸人力資產，雖然後者才是未來能領取股利的理由。也因此，投資人關注的焦點是市場，而這個市場名為「交易巷」。

倫敦的交易巷是最多專案計畫問世的地方，南海公司的股份也在這裡交易。從現代倫敦地鐵的「銀行」（Bank）站出來往康希爾街（Cornhill Street）的方向走過去，轉進一條僅有一百五十

10 Thomas (1997), p. 246.

英尺（約四十五公尺）長、穿過幾棟建築後方的通道，這條不起眼的通道位置曾有特殊的策略性意義：這是一條捷徑，一頭是皇家交易大樓，負責替各種大宗商品與證券造市的，另一頭則是郵政局，專門接收和這些大宗商品與證券的價值相關的消息。事實上，因為有交易巷，人們才能在消息一寄到時隨即利用資訊獲利：打開一封信，知道從加勒比海出發的船隻已經安全返航，在別人聽說這件事之前先下手買股，這樣就成了。勞伊德咖啡屋（Lloyds Coffeehouse；譯注：當時很多船長和商人會聚集在這家咖啡屋，以了解船隻的最新動向，這家咖啡屋後來演變成知名的勞伊德保險公司）因為同樣的理由遷至郵政局附近，也就不足為奇了。全世界的航海與天候災難消息都會先傳到勞伊德，保險經紀人也會根據消息制定新的保費。

兩家知名的咖啡屋直接開在這條小巷子裡：蓋洛威咖啡屋（Galloway's）和強納森咖啡屋（Jonathan's），兩家店都擔負起證券交易所的功能，也是申購新股的地方。強納森咖啡屋招待一群因為太過喧譁被趕出皇家交易所的股票經紀商；不用懷疑，他們在交易巷時仍死性不改。但是，因為有這些人，也就有了一個市場。

市場，是買賣雙方同時出現以進行交易的地方。空市（empty market）是稀稀落落的市場，斷斷續續有成交價、賣出價但沒有買入價，或是有買入價但沒賣出價。最適合用來指稱成功市場的定義，便是一群人。但市場上要出現交易單，主要還是價格。強納森咖啡屋貼出所有聯合股份公司的價格。約翰・休斯頓、約翰・佛瑞克與約翰・卡斯塔因等記者都坐在這裡啜飲咖啡、記錄價格、撰寫傳言，一日將盡時讀過一遍，整理好然後送印。當你站在如今一片沉靜的交易巷，很難想像過去喧鬧的股票經紀商與投機客在咖啡店裡衝進衝出交易股票，在勞伊德咖啡屋聊天以聽聞加勒比海沉船的最新消息，在康希爾街買彩券，要求別人報價與出價，從原本的買進急急忙忙變成賣出，暢談最新的發明、專利和專案。像交易巷這種讓人驚駭的混亂世界裡，貴族股票投資人也難以從容冷靜。

剖析泡沫

一七一九年底，雖然南海公司要啟動奴隸貿易的腳步一再被拖慢，更因讓座權暫時被取消而雪上加霜，但這家公司卻開始在交易巷啟動一次大規模的宣傳花招。南海公司二度發行股份供申購，以便為超過一百萬英鎊的政府負債融資；這一次政府欠的是一七一〇年的彩券債務。新申購股份的賣點，和南海公司初成立時的理由很相似。政府債務的債權人可以拿出沒有流動性、難以交易的廢紙，交換南海公司支付股利的股票，而且還可以分得未來大西洋兩岸貿易的預期利潤。一七一九年的募資工作很順利，一七二〇年時公司的經理人決定向前邁出更大一步，出價要替英國政府尚未清償的五千萬英鎊債務中的一大部分籌募資金。[11]

一七二〇年初，公眾持有的英國政府債務中有一千五百萬英鎊是長、短期的年金，年金持有者很難拿這些年金去交易；另有一千六百五十萬英鎊在民間借款人手上，是到期日不一的可贖回債務。南海公司出價負責處理這兩項，他們想做的交易，是讓年金持有人與債權人得到便利、會

11　請參見Peter Temin and Hans-Joachim Voth. 2003. "Riding the South Sea Bubble," MIT Working Paper, Cambridge, MA。

支付股利的南海公司股票，放棄他們手上複雜且難以轉讓的債券和年金。他們能拿到的利益可能少了，但股份有流通性。重點是，南海公司提議支付一筆金額在三百萬至七百五十萬英鎊之間的費用給政府，把這些負債全包下來；同時，這家公司也接受大眾申購，以現金購買股份，一般人民不需要持有政府的債務，也可以購買新股。而與當時其他的申購相似的是，投資人在實務操作上可以做到相當於向公司借錢購買其發行的新股。

債券換股份的條件，以股份的市值為基準。因此。公司股價愈高，為了交換政府可贖回負債所需發行的新股就愈少，公司能留下來用作營運資本的現金就愈多。南海公司竭盡全力把股價推高，包括提出優厚的條件給申購人。到最後，百分之八十至八十五的債權人都申購了新股，顯然多數人都樂於成為南海公司的股東。

南海公司的股價在當年的上半年不斷飆高，從一七一九年十一月的每股一百一十六英鎊（面值為一百英鎊）起漲，到了一七二〇年三月底時漲至三百一十英鎊，六月底時則來到每股九百五十英鎊。[12]無論奴隸貿易與大西洋兩岸其他商業活動未來的獲利能力有多高，我們很難想出任何經濟理由來解釋，為何南海公司的股票短短八個月就從一百一十六英鎊飆至九百五十英鎊。其中有一部分理由很可能涉及政治。

南海公司自成立以來便是英國政治的產物，原始的賣點是由哈雷爵士代表英國人民協商出來的所有權折讓交易，之後賣給由他領軍、並由西班牙與英國王室投資的公司。也因此，公司大部分的經濟潛能主要來自政治上的優待。一七二〇年的情況也一樣。投資人賭的是政治人物會利用權勢賺錢，決定有利的政府債務再融資條件，因為這些高高在上的大人物本身就持有大多數的南海公司股票。投機客攀附這些人脈很廣的重要人士，他們顯然相信這些人會談出一套中飽私囊的交易。大家都知道，當公司的股價上漲時，英王和其家族也會跟著獲利。南海公司也賄賂某些國會議員，要他們替南海公司以債換股的交易背書。

當時的市場觀察家提出警告，說數字兜不攏。一七二〇年一整年國會議員阿奇博・胡奇森（Archibald Hutcheson）都在發送一系列的研究，指出南海公司買下政府債券後支付的利益，根本不夠轉發給股東合理的股利。換言之，以基本面來解釋的話，股價太高了；至少從以債換股的基本面來說是如此。

現代的分析師大致上也得出相同的結論。經濟學家彼得・嘉博（Peter Garber）針對南海公司的以債換股做了研究，他估計，當公司的股價為每股七百七十五英鎊時，總市值為一・六四億英鎊，[13]在這當中，一・〇七億英鎊看來代表了公司持有的政府債務價值，五千七百萬則是來自於不理性的繁榮，或是投機炒作公司大西洋兩岸事業未來的獲利能力。由於募資大大成功，公司收到的資金遠遠超過購入政府債務所需。這筆「備戰基金」可以用來賺取更高的利潤，可能是花在奴隸貿易上，或是公司裡身兼國會議員的各高層認為有吸引力的業務，但實際上有這樣用嗎？

是不是因為人們對於大西洋兩岸的期待突然改觀才引發南海股份泡沫？從後見之明來說，我

12 Larry Neal 1993. *The Rise of Financial Capitalism: International Capital Markets in the Age of Reason.* Cambridge: Cambridge University Press, p. 235.

13 Peter M. Garber. 1990. “Famous First Bubbles,” *Journal of Economic Perspectives* 4 (2): 35-54.

們知道大西洋兩岸貿易說到底雖然不是公司主要的利潤來源，卻是其重要業務。我們也知道，皇家非洲公司雖然並沒有參與任何債務再融資方案，但其股份於一七二〇年也出現泡沫。一七二〇年時皇家非洲公司自行發行新股讓申購者以現金購買，雖然沒有讓座權，但是他們也善用了社會大眾對於股份的需求日殷。

四國同盟戰爭自一七一八年持續至一七二〇年，由法國、英國、奧地利和荷蘭組成同盟，對抗西班牙。這場戰事的主要用意，是要挫一挫西班牙對於義大利以及西地中海其他地方的規畫，但第二大的戰場卻在美洲的墨西哥灣沿岸。法國與西班牙的部隊在德州、路易斯安那與新墨西哥對陣，英國則希望藉由這場戰爭來掌控佛羅里達。出現在美洲各地的冒險活動清楚揭露訊息，指向相關國家都相信這場戰爭牽涉到極大的利益。倘若法國可以從西班牙手中拿下德州與新墨西哥，法國密西西比公司（French Mississippi Company）將成為墨西哥灣控制貿易的主要商業企業。英國若擁有佛羅里達，同樣也能在策略上帶來意想不到的好處。雖然和約無法讓各國得到他們想要的權利，卻讓投資大眾看清楚了美洲貿易的經濟潛力。其他研究帶動社會熱烈討論當時的西印度貿易，包括猜測牙買加發現大量的金礦。但是，這樣就足以追捧南海公司與皇家非洲公司的股價飆到天邊了嗎？

威廉・羅賓森・史考特推論，金融力量本身也帶動了泡沫。隨著股價上漲，投資人明顯看出南海公司將會得到大量的免費資本，擁有這座資金池代表除了大西洋兩岸貿易之外，南海公司還可以做成各式各樣有賺錢潛力的事業，專案計畫時代四處可見的機巧創新發明也帶來了很多機會。他認為，泡沫造成的悲劇不在於資本崩盤，而是監理單位對於取得資本加諸的限制，當交易巷正要開始發揮自由資本市場的功能時，法規監管單位卻出手扼殺。

抑制泡沫的規範

泡沫的高點出現於一七二〇年六月九日，當天英國國會通過〈泡沫法〉（Bubble Act）規範諸多事項，其中之一是規定公司要取得皇家特許權，也因此，實質上禁止公司任意將資本用在特許範圍以外的事業，連南海公司也要受制於規範。這套法律發出許可權給兩家海事保險公司，禁止任何企業未來在保險業從事競爭。〈泡沫法〉的用詞與迪福在《論專案計畫》中的譴責語氣極為相似，也與胡奇森不斷利用每一本攻擊南海計畫小冊子中的序言悲嘆愚蠢投機的論調雷同。這套法律聽來像是直接攻擊交易巷的股票交易者，這是法規面出手重擊投資人熱烈申購新股。〈泡沫法〉特別威嚇股票經紀人不得交易未註冊的股票，推動這類交易的人若被發現，將會遭受「罰款、處罰、刑罰，如同被判妨害公益者所受之懲罰。」[14]誰都不能說立法機構在有史以來第一次大型股市泡沫最盛之時沒有試著澆熄投機的烈火；遺憾的是，這套法案太成功了。

七月初，倫敦人離城前往巴斯（Bath）避暑，去泡泡水並在牌桌上賭一把。南海公司的過戶帳冊關閉了兩個月，但股份交易活動仍持續進行，交割則留到日後。股價不斷殺低，掉到不到八百英鎊。研究十八世紀資本市場的傑出史學家賴瑞・尼爾（Larry Neal）相信，這次崩盤的根源

14 Stuart Banner. 1998. *Anglo-American Securities Regulation*. Cambridge: Cambridge University Press, p. 76.

藏在關閉過戶帳冊時的細節裡，以及重新開啟之後投資人的反應。他利用約翰・卡斯塔因的《交易過程》股價列表中，將南海公司每日股價數字化，畫出每日股價波動圖。尼爾指出，泡沫在過戶總帳重新開啟之後沒多久就破了，當年夏天所有從事交易的投機客都必須繳足差額給交易對手。由於到那時價格已經跌了一段，有些交易員就違約，收手不買了，為市場平添更多的變數，讓人擔心交易對手的問題以及有誰會付錢買。[15]

一個星期內，申購第四批南海股份的人就必須拿錢出來，不然就會喪失申購權。很多人試著撤回申購，但徒勞無功。股價像自由落體一樣下跌，到十月一日已經從八百英鎊跌到兩百英鎊。荷蘭與瑞士的投資人賣掉股份，拿著資金離開英國。所有借錢買股的人都陷入大麻煩，報紙也開始登出投機客自殺的悲慘消息。

某些學者推測，國會之所以通過〈泡沫法〉，是為了保護南海公司不用和交易巷眾多首次公開發行的單位競逐投資資本。從這種角度來看，這一步是為了強化皇家專利與特權的舊系統。

隨著批評新企業將重點放在爭奪合法取得許可權公司的業務，政府與金融市場也開始對立。指稱買賣股票很邪惡、新專案計畫很容易欺騙大眾上當的言論，進一步加油添醋。從這個觀點而言，這些經由民主程序選出的國會代表所作所為，不過是在保護投資人並重申專屬權利。

另一種對〈泡沫法〉的評價，指稱這扼殺了資本市場將資金導引到創新的能力。法律通過之後，新發行股份大幅減少。企業在法案通過之後必須確認自己並未主張有限責任；有限責任是其中一種皇室特許權。但是否真如威廉・羅賓森・史考特所說的，〈泡沫法〉拖慢了工業革命？

崩盤之後，英國政府當下最在乎的就是如何清理這一團金融混亂。南海公司的董事因詐騙遭到起訴，他們的財產被沒收，利潤則用來償付投資人。但金融的生命仍延續下去。卡斯塔因等人編製的股價列表一七二〇年之後仍持續出版，賴瑞・尼爾也指出，就算只有大公司的股份，倫敦與阿姆斯特丹的市場仍完整和活躍。但是，誰知道有哪些奇特的新發明因此就沒了？如果英國的工匠能取得資本，他們會想出紡織機與蒸汽火車頭這類裝置嗎？十八世紀會出現發明炸藥的化學家嗎？在這麼多從事潛水鐘業務的人當中，可能會有人想出潛水艇的概念，或者，那時會有經濟學家提出新的方法來保障住宅權益投資。歷史僅帶我們走一條路，我們必須自己去設想其他可能性。

從這時候開始，十八世紀便轉向大西洋貿易，主導的是大型特許公司，以及在官方許可範圍外的灰色區域營運的小企業家（其中某些人是海盜）。隨著一個大致上以銀行而非股票發行為主的金融市場不斷演變發展，提供支援，經濟發展與工業革命最後也隨之到來。但我們忍不住要想一個問題：十八世紀早期以自由奔放發展的股份公司（製造業、金融公司、開礦公司，諸如此類）為基礎的經濟，是否寫下了不同的歷史？熱絡三角貿易（主要以奴隸貿易為基礎）是否注定會出現，還是說，有一部分理由是因為壓制了經濟競爭對手？

15 Neal (1993).

誰贏誰輸？

經濟學家彼得・特銘與喬亞吉姆・沃斯（Joachim Voth）找到了數據寶庫，藏有泡沫期間機構法人投機炒作南海公司股份的資料。這項資訊就在大家可能猜得到的地方：當時管理資金的某家銀行紀錄裡。

豪瑞銀行（Hoare's bank）位在倫敦艦隊街三十七號一處美輪美奐的大廈裡，距離聖殿教堂約兩百碼（約一百八十公尺），門面上的金瓶標誌自一六九〇年保留至今。豪瑞銀行的創辦人是理查・豪瑞（Richard Hoare, 1648-1714），他是南海公司的原始董事之一。一七二〇年，他的兒子亨利・豪瑞（Henry Hoare）帶頭做了很多事，其中之一就是打造出最豪華的英式花園斯托海德（Stourhead）。豪瑞銀行開放泡沫期間的資料檔案供特銘與沃斯閱覽，讓他們得以追蹤當時倫敦市裡其中一家網絡最廣的機構的交易模式。他們的結論是什麼？豪瑞銀行買低賣高。即便亨利・豪瑞相信胡奇森悲觀的分析，也知道股票價值被追高了，但豪瑞銀行還是順著泡沫操作一直到高點，然後在對的時機賣掉股份。富裕的內線人士充分利用了泡沫的好處。

這家歷史悠久的銀行如何度過崩盤之後的流動性危機？很多現代的美國銀行家樂於知道這家銀行能夠長壽且復原力佳的祕訣。豪瑞銀行保有很多現金。特銘和沃斯發現，一七二〇年時豪瑞銀行有百分之四十的資產是現金，百分之十五是南海公司股票，還有一些金、銀、鑽石和珍珠，放款為數不多。當交易巷於一七二〇年前慢慢熱起來時，豪瑞銀行的做法是保有更多現金，而不是反其道而行。[16]

那迪福呢?他大力支持南海公司於一七二〇年的再募資計畫,他比胡奇森樂觀多了,並用他自己的計算來反駁這位國會議員的估值。在一份一七二〇年的小冊子中,他宣稱僅以購買政府的年金計算,股票的價值就達到每股四百英鎊。他對崩盤的看法是,九月的股價暴跌使得這檔股票低於其經濟價值。迪福以他最真實的風格寫道:

> 我們必須懷著最深重的憂慮承認,不合理的妒忌、沒有根據的恐懼、最不負責任的擔憂或是普遍的執迷,深深地籠罩著眾人,從而將股價壓至大幅低於其價值,遠超過許多破產者的預期,多數人買股都遭受損失……大幅超越他們的償付能力……導致陷入無法挽救的毀滅。[17]

迪福正確理解南海泡沫破滅造成的真正負面效應,是使得信用忽然間緊縮,需要政府與人民齊心努力才能解決:

---

16 Peter Temin and Joachim Voth. 2006. "Banking as An Emerging Technology: Hoare's Bank, 1702-1742," *Financial History Review* 13 (2): 149-78.

17 Daniel Defoe. 1720. *The South-Sea Scheme Examin'd: And the Reasonableness Thereof Demonstrated. By a Hearty Well-Wisher to Publick Credit*, third edition. London: J. Roberts, p. 8.

信用緊縮是資產減損時不可避免的結果。農民找不到市場接受他付出勞力得出的收成成果，因此無法付租金給地主。商人找不到商品的需求，勤勉的製造商也無法雇用員工。當貧窮的人愈來愈多，能拯救他們的手段就會一天比一天減少……整體而言，我們有福了，因為有著明智善良的王子、忠實能幹的部長以及有能力與意願的國會協調出相關的措施，以照顧所有人共同的利益：讓我們用自己的努力配合他們的決心，化解我們現在遭遇的難題，之後，信用很快就會恢復，貿易將會繁榮，我們世世代代將成為偉大、幸福且強大的民族。[18]

這個訊息跨越了時代，對我們發聲；以二十一世紀初金融體系面對的挑戰看來，尤其適合。

18 Defoe (1720), p. 13.

第二十章　金融泡沫

在蘇格蘭人約翰・勞的時代（事實上，以任何時代來說也都適用），最有雄心壯志的金融規畫家就是他本人。他和同時代的迪福一樣，年輕時也待過南華克的監獄，但不是因為欠債不還。一六九四年時，約翰・勞在布倫斯伯利廣場（Bloomsbury Square）和人決鬥，殺死倫敦知名的花花公子愛德華・威爾森（Edward Wilson）。雖然勞坦承罪行並被王室判處死刑緩刑，但是因為威爾森的社會地位顯赫，再加上他悲慟的親人到處鼓動，使得勞根本無法得到特赦。在位居要津的恩人協助之下，勞逃出南華克，離開英國前往阿姆斯特丹，拋下倫敦的社交生活。

二十五年後，勞成為歐洲最富有的人，掌管基本上把法國整個國庫私有化的大型公司集團，是密西西比泡沫（Mississippi Bubble）事件中的要角，甚至還引發國際的炒股熱。我們或許可以說他達到這些重要地位是因緣際會，但並不是靠運氣。

約翰・勞生在富裕之家，是愛丁堡金匠之子。十七世紀的金匠是非正式的銀行家，接受銀幣等現金存款，也發行名為「金匠票據」（goldsmith's note）給存款人，這種票據可像紙幣一樣流通。這也就是說，勞的家庭和金融有淵源。年輕時，大家知道的勞是他的數學天分、他的網球技巧、他俊秀的外表以及他外向迷人的風采。他並未像弟弟一樣，繼承父親在愛丁堡的家業，反而沉迷於倫敦都會的逸樂。他在倫敦接受了昂貴的教育。勞顯然把他的遺產都拿去賭光了，除了高層的朋友（和敵人），什麼也沒留下。他很可能在屠夫咖啡屋見過亞伯拉罕・棣美弗。

逃出倫敦之後，勞遊歷歐洲各大城，為上流社會提供消遣和運動，以及骰子和其他賭博娛樂。對於一個圓滑、社交地位高且有數學頭腦的年輕人來說，這是很理想的事業。在接下來十五年裡，他從機率賽局裡累積了一大筆財富。

圖38　卡西米爾・巴爾薩澤（Casimir Balthazar）繪製的金融家約翰・勞（John Law）肖像（http://en.wikipedia.org/wiki/John_Law_%28economist%29#/media/File:John_Law-Casimir_Balthazar_mg_8450.jpg）。

約翰・勞無疑是金融史中最有趣的人物。多數史學家會以他早年的賭桌生涯替他的個性加油添醋，或是指他是不學無術的騙子。即便是最有同情心的作家，寫到勞時都會指出他後來成為謹慎的經濟規畫者與大膽的決策者，和他年輕時賭場掮客的形象並不一致。

有個人不同意這樣的觀點，他是安東・墨菲（Antoin Murphy），也是一本約翰・勞思想傳記的作者。[1]墨菲指出，勞本身並非賭徒，而是善用機率法則作為優勢的人。就像會在政府低估終身年金的價值時出手買入的銀行家一樣，勞的賭徒生涯實際上是以熟悉當時的風險相關數學知識為基礎。當勞開始從事博弈時，要進入機率與賽局的重要領域還是有些難度，大概只有很認真研究數學的學生會聽過吉羅拉莫・卡爾達諾早期所做的分析骰子機率研究。但如果想要，任何人都可以找到已經開始流傳的分析賽局基本數學工具：組合數學與機率。有個和勞同時代的人就說：

> 沒有人比勞更了解計算和數字；勞是英國第一個努力鑽研為何要用七點去對四點或十點，用兩點對一點風險是否很高，也分析七點對八點、六點對五點，以及他擲骰子出現的所有其他點數機率，這些受到最出色賭徒的認同，他也因此成名。[2]

公共接待室

任何人想要了解約翰・勞，追尋之路都要以威尼斯的聖摩西教堂（Chiesa di San Moise）為起點；維多利亞時代的藝評家約翰・羅斯金說，這裡「以身為文藝復興時代最基本學派的最基本範例之一而聞名」。[3]教堂立面精雕細琢的十七世紀巴洛克風，是羅斯金眼中一種道德淪喪時的

---

1 Antoin Murphy. 1997. *John Law: Economic Theorist and Policy-Maker*. Oxford: Oxford University Press.

2 引自Murphy (1997), p. 38。

3 John Ruskin. 1867. *The Stones of Venice*, vol. 1. New York: John Wiley & Sons, p. 328.

放縱文明。聖摩西教堂曾經重新裝修，加上許多彰顯其在贊助人商業成就的意象。一六三二年時教堂立面的裝飾還很新，在嘉年華會之夜閃爍節慶燈光映射下，聖摩西教堂看起來必然華麗無比；當晚會有掛上面具的男士穿戴著三角帽、貴族禮服與撲粉假髮，女士梳著高聳髮型並穿著如聖摩西教堂立面一般華美的袍子，歡娛地在廣場上起舞，在許多威尼斯特有的博弈館「接待室」（ridotti）裡玩樂，直到凌晨。

聖摩西教堂正適合約翰・勞停歇，他就長眠在教堂前門入口附近一處低調的大理石碑之下。聖摩西教堂後方是摩納哥飯店（Hotel Monaco），在勞的時代，這裡是著名的公共接待室（Ridotto Pubblico），也就是提供機率性質賽局與其他社交娛樂的大型博弈廳。公共接待室俯瞰大運河，在挑高的主廳裡放滿了牌桌，也有比較小型的房間供人從事更私密的遊戲。勞不太可能在公共接待室親自下場，因為威尼斯市政府僅准許註冊居民上牌桌擔任工作人員，並收取部分博弈廳收到的賭金，通常都是家道中落的貴族。但他無疑很沉迷，而且很可能在附近閒人勿進的地方經營自己的高級賭桌。

約翰・勞時代的威尼斯已非歐洲的金融中心，阿姆斯特丹和倫敦早就取而代之，但這裡仍然有古代留下的里奧多金融架構、銀行體系，而且仍然是一個共和國。但威尼斯也自我改造，成為國際性的藝術與娛樂之都。這裡是壯遊旅程中的重要停駐點，也成為愈來愈多藝術家眼中的題材。威尼斯最吸引人的是嘉年華。作家卡薩諾瓦（Casanova）在回憶錄裡訴說他自身的賭博故事，寫到他如何受到誘惑走遍威尼斯的接待室與賭場，捕捉到了威尼斯嘉年華的性與危險魅力。這種以放縱逸樂和機會可能性營造出來的神祕未知，同樣也在今天帶著人們走進拉斯維加斯。威尼斯就像拉斯維加斯一樣，鼓勵人們拋開限制，沉溺在幻想之中。對勞來說，要以賭徒和賭場莊家之姿賺得利潤，他必須成為想像力的大師，以及精於計算的數學家，威尼斯這座城市正是好老師。

十七世紀的威尼斯在博弈方面有一項創新，就是賭徒可以和賭場或是擔任莊家角色的另一位玩家對賭。[4]這樣的牌局不再是讓所有玩家都立於平等之地，而是讓其中一位玩家控制，實質上相當於向其他玩家收取服務費。如果以現代的範例來說的話，最知名的應該是二十一點（Blackjack）；十八世紀時，賭場典型的遊戲叫巴塞特牌局（Bassette）。[5]巴塞特牌局中有一位玩家會擔任莊家的角色，要下重賭。其他人和莊家對賭，要面對統計值上稍微不利的劣勢。雖然有機率上的優勢，但是巴塞特牌局中莊家的賭本還是可能倒賠，因此，莊家有動機去了解勝率。

約翰・勞顯然是威尼斯風格的莊家賭局大師。他把威尼斯接待室的魔法移植到他遊歷的歐洲各大城市，尤其是巴黎，巴黎人對於機率性賽局特別著迷。勞瞄準富人之中最富有的那一群經營賭場，高賭注的賽局為他帶來豐厚的利潤。他本人體現了其他賭徒渴望成為的理想典型：英俊、圓滑、幸運而且情場得意。他結交一名美麗、富有的已婚女子當作情婦，後來娶她為合法妻子，讓歐洲社會大為震驚；就連卡薩諾瓦也甘拜下風。據說勞從彩券中贏了一大筆錢，足以在熱那亞城外買下一大片產業。三十歲之前，這位蘇格蘭人早就賺回揮霍掉的遺產，而且還多了好幾倍。

4　一如許多金融創新，這很可能在東方已經有過前例。古印度以法律限制賭場的博弈利潤，暗示賭場賭博早在威尼斯出現之前就已經在其他地方很常見了。

5　David Schwartz. 2006. *Roll the Bones: The History of Gambling*. East Rutherford, N.J.: Gotham Books, p. 94.

如果他當時見好就收，或者繼續經營成功的賭徒生涯，歷史記下的可能是他是歐洲最出色的生活家，也可能是應用數學家的出色典範，但，約翰・勞自許要得到更多、更多。

死去的財富

一九九〇年代初期，安東・墨菲看到一份到當時為止都沒人知道的經濟論文，題為《土地銀行之論文》（*Essay on a Land Bank*）。這本論文來源不可知，但出現在古籍交易中，墨菲頂著一流經濟史學家的名聲，因此有緣得見。他認為這是勞以經濟學家的身分寫下的最早已知作品。這份文件很重要，因為當中揭露了勞的思想演進第一步。

在論文中，勞提議在英國成立一家以土地而非錢幣為本的銀行。理由何在？銀幣的價值會因為供給的變動而波動，但土地的供給是固定的，因此是更好的貨幣形式。之前也有人提過土地銀行，實際上，一六九六年時英國國會也核准設立國家土地銀行（National Land Bank），向股東籌募資本以貸款給地主。土地銀行發行銀行票據，和英格蘭銀行互相競爭為英國經濟提供紙幣。親托利黨人士提出主張，認為這個計畫有一部分的作用是可以用低廉的利率取得貸款，而由於貨幣和信用是經濟的血脈，因此，此法大致上來說有助於刺激經濟。[6]

這番道理聽起來很有說服力。被鎖在房地財產中的財富拿來抵押借錢，因而有了生氣活力。當時宣傳小冊作家達文南特（Davenant）寫道：「如果兩千萬變成土地證券信託，就是死掉的財富；這筆錢之前是行動快速的股票，持續流動，從一個人手上再轉到另一個人手上。」[7]達文南特巧妙說明了信用，也闡述了信用取決於信任，但信任的水準程度難以捉摸：

> 就人心而言，沒有什麼比信用更奇妙、更美好。信用無法強迫，信用自在人心。信用取決於我們的希望與恐懼之情，很多時候不請自來，很多時候無緣無故消失，一旦失去，就難再找回來。[8]

國家土地銀行無法吸引到足量的申購人。支持貨幣派的輝格黨（Whig）認為，土地銀行會威脅由他們掌控的英格蘭銀行優勢地位。此外，申購權的條件顯然缺乏經濟吸引力。這項重新定義財富的金融計畫並未實現。

雖然前人嘗試成立土地銀行的提案失敗，但約翰·勞大膽將這個概念往前多推了一大步。與其承作貸款，何不乾脆成立實際持有土地的銀行？申購者可以標準單位的土地價值為依據，提撥給銀行作為資本，銀行則發行票據，並以標準單位的土地贖回。這種票據可以和紙幣競爭；他認為，前者是更好更穩定的貨幣：「以土地為擔保的價值會比以銀子為擔保更穩定，土地可以完全

---

6 進一步的解讀請參見Ludovic Desmed. 2005. "Money in the 'Body Politick': The Analysis of Trade and Circulation in the Writings of Seventeenth-century Political Arithmeticians," *History of Political Economy* 37: 1, 也感謝其提供以下的引用資料。

7 Charles Davenant. 1942. *Two Manuscripts by Charles Davenant: (A) A Memorial Concerning the Coyn of England (B) A Memorial Concerning Credit.* Baltimore: Johns Hopkins University Press, p. 213. 一六九六年第一次出版。Quoted in Desmed (2005), p. 1.

8 Davenant (1942), p. 75.

擔保發行的票券價值，土地票券會比銀行票券或是金匠票券更受人青睞。」[9]

勞設想用一種以土地資產擔保的證券當作紙幣。土地的供給量固定，再加上資產透明度高，將可降低發行機構與票據的不確定性，拿這種票據當作貨幣使用有助於提振信心。這種貨幣可以換回土地。土地價值高時，土地票據會以較高的相對價值（相對於其他貨品）流通，用經濟術語來說，土地變成「計價單位」商品（"numeraire" good），而銀子，在經濟體中的角色不過就是一個計價單位，重要性會慢慢消失。事實上，如果雜貨店接受約翰・勞所提的土地銀行票券，就是用標準土地單位來報胡蘿蔔和麥片的價格，這種代數上的小戲法可以消除英國經濟對於貴金屬的依賴性；貴金屬大部分掌握在西班牙的手裡，透過他們在新世界裡的礦場取得。唉，英國的權力掮客顯然對勞的計畫不太熱中，最後也就無疾而終。

隔年，約翰・勞向蘇格蘭議會提出規模更大型、主張更周密的計畫，期待有不同的結局。這套計畫隨附一份公開論文《貨幣與貿易》（*Money and Trade*），由他姑姑的公司印製發行。安東・墨菲主張，《貨幣與貿易》一書縝密分析貨幣與信用在經濟體中扮演的重要角色，約翰・勞因此有資格躋身那個時代最重要的政治經濟學家之一。勞認為，貿易仰賴信用，能不能獲得信用又取決於經濟體中的貨幣數量。規定低利率只會把放款人逼出市場。反之，貨幣供給將可調節出有效率的利率：

> 有人認為，如果法律規定低利率，就能增進貿易，商人就能運用更多資本，貿易也會更廉價。這樣的法律會造成很多不便，會不會產生任何效益還有很多可質疑之處。（但是）如果

利率降低是因為貨幣數量增加，流入貿易的資本將會增加，商人也可以壓低貿易價格，這是因為他們更容易借到錢而且資本的利率也降低了，不會有任何不便。[10]

調節貨幣供給的主要工具是透過銀行系統，利用一定比例的儲備金擴張信用，以滿足貿易的貨幣需求：

> 當銀行的資金擔保與放出的貸款量相同時很穩當……（但）只要他們多放款，就增加了貨幣量，而且由於聘用更多人員且拓展了貿易，為國家創造了利潤……但銀行就沒這麼穩當了。[11]

這表示，約翰・勞在《貨幣與貿易》一書中最重要的洞見，憑藉的是以總體需求為基準的貨幣數量理論，以及貨幣的最適數量和經濟體產能直接相關的概念。[12]貨幣太少會限制經濟，太多

---

9 Murphy (1997), p. 60, 引自Law。

10 John Law. 1750. *Money and Trade Considered: With a Proposal for Supplying the Nation with Money*. Edinburgh: R. & A. Foulis, p. 35. 一七五〇年第一次出版。

11 Law (1750), p. 50.

12 Antoin Murphy. 2005. "John Law: Innovating Theorist and Policy Maker," in William N. Goetzmann and Geert Rouwenhorst (eds.). *The Origins of Value* 2005, pp. 225-38.

會導致通貨膨脹或銀行破產。最好的辦法，是運用像銀行票據等貨幣工具讓經濟體自動以最適產能運作，而不要仰賴不知是否可取得的金屬計價單位或是出重手限制利率。

這也是如今美國聯準會做決策時的基本原則；他們運用關於通膨與國內生產毛額、失業率等數值變動作為主要考量因素，以決定是否要調降利率以及要釋出多少貨幣到經濟體裡。當然，勞的貨幣數量理論也呼應了中國古代的《管子》：以刀幣與子安貝作為通道，讓經濟的命脈透過這條通道運行（請參見第八章）。雖然有勞這本旁徵博引的論文，但蘇格蘭照樣忽略成立土地銀行的想法。隨著蘇格蘭與英格蘭於一七〇六年合而為一，勞再度被迫出奔歐陸，繼續他的經濟學家與銀行規畫家新事業。

銀行家約翰・勞

一七一六年，約翰・勞終於有機會進入銀行界。一如英國，法國也因為極具破壞性的西班牙王位繼承之戰而耗盡經濟資源。勞設法說服奧爾良公爵攝政王腓力（Regent Philippe, Duc d'Orleans），把銀行當成貨幣政策工具來用的好處。勞在位於凡登廣場（Place Vendôme）的自宅設立銀行。一如英格蘭銀行與南海公司，這家通用銀行（Banque Générale）也由國家貸款提供資本，再加上勞自己的財富。為了順利開業並激發出公眾的信心，這家銀行收取攝政王以及許多高階貴族的存款。銀行憑著這些存款發行銀行票據，執行勞在其他計畫中設想的銀行服務。銀行折算商人的票據承作商業貸款，發出匯票以促進國際貿易。通用銀行優惠商人，讓他們支付較低利率，營運一年後，這家銀行開始證明自己行得通。它開始發揮國有銀行的功能，替政府收取用銀行票據支付的稅收。[13]一七一八年時這家銀行改名為皇家銀行（Banque Royale），並由政府發行銀行票據，銀行也由勞的宅邸遷至官方地址。約翰・勞成為法國財政部長。

在此同時，勞創辦另一家公司，仿效南海公司的模式，但是設想的規模更大。一七一七年，這家一般通稱為密西西比公司的西方公司（Companie d'Occident）發行股份供大眾申購，以政府債務作為交換。創辦南海公司時同樣也是利用以債換股的手法，而且兩者目的也相同：減輕政府債務與進一步開發美洲的富裕豐饒。這樣的主張同樣打動了投資人。投資人手上握有已折價且無流動性的政府貸款，他們很快就看出換成一家公司統一股份的好處，不僅可以收取王室償付的債款，未來也很有希望從新世界賺到豐厚報酬。這家公司握有整個路易斯安那領地（Louisiana Territory）的權利。[14]

一七二〇年時，路易斯安那領地還不在地圖上，一直要到年輕的美國取得這片土地之後，才由路易斯（Lewis）與克拉克（Clark）於一八〇三年時補上。但少有人懷疑這片土地的長期經濟潛力。法國的小型殖民地紐奧良，就在全世界其中一條終年可航行的河流河口，把北方法屬加拿大的毛皮貿易和南方的港口聯繫起來。雖然路易斯安那尚未積極建置殖民地系統，但肥沃的沖積土看來很有潛力從事大規模的農業開發。對於看重未來現金流的投資人而言，北美洲廣達八億平

13 Murphy (2005), p. 163.
14 Murphy (2005), p. 167.

方英里的土地，長期來說是一場勝算很大的賭博。

勞的願景很快就超越南海公司。他看出將法國所有海外貿易權整合到單一公司之下的潛力。一七一七年他成功以債換股，之後又在一七一九年時發行有附屬權利的新股，讓他累積了大量資本。他的公司快速吸納了塞內加爾公司（Senegal Company）、印度公司（Indies Company）與中國公司（China Company），這些就是法國版的皇家非洲公司與東印度公司。這麼一來，勞便擁有所有法國長程商業的實質壟斷權。他也取得菸草壟斷權、皇家鑄幣局與通用包稅局（General Farms），最後這一家是法國的收稅機構。這家新大型集團之後提議要解決法國政府的全部國債，而且條件對於政府很有利。公司概括承受法國在西班牙王位繼承之戰後所有債務，以長期的股權報酬承諾鼓舞投資人，藉此把利率調降到可接受的水準。

短短幾年內，約翰‧勞成就非凡。利用交易巷發展出來的新金融工程工具，再加上他自己對於貨幣在經濟體中扮演角色所做的分析，實際上他相當於把法國的財政民營化，透過公開發行股票把法國的財政交到大眾手上。他也採用可回應市場需求的法定貨幣，取代以稀有銀幣為基礎的枯竭性貨幣。他打造了一套企業治理架構，讓法國在奔向全球化過程中有潛力從策略面迎戰競爭對手，也建立了一個根本上仰賴金融市場的世界。

母與女

勞發行的股份設計得很聰明。一七一九年六月的股份根據一套分期付款方式發行，每個月繳交百分之十的資本額即可，因此吸引很多下層階級的人，擴大了資本市場的客戶群。[15]皇家銀行接受用這家公司股份作為抵押來承作放款，就像是如今所說的「附買回交易」融資（“repo” facility），這可以向投資人保證流動性。勞在銀行的門口貼出公司要付多少錢買回自家的股份。此外，為了進一步激勵大家對於公司發行股份的信心，勞提供以他自己的錢買回公司股份；他以實際行動來證明。[16]

最後，勞還想出一套很聰明的發行股份架構，加上副署權。申購第一批發行股份的申購人，有權利在下一次發行時以四比一的比率來購買股份，只要支付一點小錢就可以履行這項權利。第一次申購時發行的股票稱為「母親」（mère），第二次申購的股份則稱為「女兒」（fille），因為是從第一次衍生而來。一七一九年還有第三次發行的股份，就稱為「孫女」（grand—fille）。這一系列的發行行動，再加上勞用來支撐股價的絕妙措施，引來眾人的興趣。他不僅擴大了國內的投資人群體，也引來國際投機。荷蘭的報紙每天都報導巴黎發生的事以及報價。勞創造的系統，快速將海外的資本吸入法國。[17]南海公司發行新股，加上密西西比公司也發行新股，短短幾個月內，就讓高額且毫無流動性的政府負債變成股權股份，同時也降低了政府的債務成本，打開想要

15 Larry Neal. 1993. *The Rise of Financial Capitalism: International Capital Markets in the Age of Reason*. Cambridge: Cambridge University Press, p. 75.

16 Murphy (2005), p. 189.

17 Neal (1993), p. 67.

投資股份的投資人群，實際上還發明了一種以公司所有權為憑而非錢幣承諾為憑的新貨幣。這兩家公司能做到這種地步，都是靠著打動大眾願意賭一把新世界富庶的未來願景，以及預期這些公司（已受到有錢有勢人士青睞）能獲得國會與王室的支持與協助。

法國的股票交易地點大都在甘康普瓦街（Rue Quincampoix）；這條小巷子就位在塞納河右岸現代龐畢度藝術中心（Center Pompidou）後方。巴黎炒股熱的故事，聽起來和同時代的倫敦交易巷如出一轍。勞想辦法大肆宣傳，引發一股具傳染力的投機熱，進一步帶動社會大眾日切股求密西西比公司的股份。當然，不斷飆漲的股價也馬上創造出好多百萬富翁（百萬富翁一詞很可能就是在密西西比泡沫期間創造出來的），處處充滿著一股賭場的氣氛。公司股價從一七一九年八月的四百里拉起漲，九月時已漲到一千里拉，年底前有稍微回跌，之後到了一七一九年十二月時飛漲至一千八百里拉。隨著這最後一波的股價大幅上漲，「母親」股份權利的所有權人荷包賺得滿滿。針對股份出現的衍生性工具也在交易，例如買進選擇權以及未來交割的契約。密西西比泡沫幾乎是在一夜之間於巴黎大力推展出一個複雜精密的金融市場。

一七二〇年二月，勞將密西西比公司與皇家銀行合而為一。安東・墨菲主張，勞一開始心裡就有這樣的大格局，他看到將法國交易規模最大的公司合而為一由一個人主管的潛力，這有點像是更恢弘的熱那亞模式。墨菲也提出一套理論，認為勞想著要更積極擴大這套系統，以公司股份取代所有錢幣，甚至取代銀行票據。確實，一七二〇年三月時勞將公司股份與銀行票據的「兌換率」訂在九千里拉，基本上把公司的股份變成貨幣。[18]

雖然勞將法國「民營化」並把財政權交由股東掌控，他的計畫算不上是自由放任資本主義的願景；他規畫的是由他個人控制的龐然大物。這幅願景不見得很邪惡，畢竟，他的理論顯示中央控制的貨幣政策可以大大嘉惠整個經濟體。這也不一定就是極權主義計畫。如果完全落實的話，這項計畫可以成為另一種民主制度：股東民主，投資人分享的是未來的經濟利益，而不是政府的獎助與權利，也可以參與開發與利用由這家公司持有、遍布全球的法國控制領地。這是一種一股一票的模式，而不是一人一票。

與南海泡沫相比，密西西比泡沫裡少的是創新的勃發。法國也有專案計畫人士，推動公共事業與交易型公司的計畫，但是沒有證據顯示甘康普瓦街上還有其他交易熱絡的股份。在吸引公眾投資股份這方面，勞顯然並未遭遇任何成功的競爭者。創建股票市場顯然是達成目標的方法，藉此利用投資人的資金建立密西西比公司，而不是當成用來將資源導入創新的機制。

印錢

一七一九一整年密西西比公司都在發行股票，在此同時，皇家銀行也在印鈔票。政府發布一連串的聲明，設法用銀行票據代替硬幣。從一七二〇年一月起，法國政府再度頒布一系列法規，禁止跨境轉運錢幣，並執行嚴苛禁令，不得製造與展示任何寶石與貴金屬製成品。[19]接著，政府

18 Murphy (2005), p. 228.

19 Murphy (2005), p. 221.

設法防止囤積硬幣。這些都是勞為了達成目的而執行的手段，長久以來他渴望的，是要設法讓經濟體不再仰賴金銀。站在現代的制高點來分析，他的邏輯是對的。法定貨幣讓政府更能控制貨幣供給，回過頭來，就能有更積極的貨幣政策。要全國人民對政府有足夠的信心到放棄自己的儲蓄（所謂儲蓄就是錢幣，那是連跨過國境都有價值的貨品），這種要求也太過分了。法定貨幣的真正危機，出現在印刷機上。公眾必須相信政府會限制銀行票據的供給量。安東・墨菲指出，這是勞的系統中最致命的缺點。他在一七二〇年初期時保證股份與現金之間的兌換價格，這表示他必須印鈔票來贖回這些股份。因此，當股份需求下滑，甚至甘康普瓦街的股價和銀行的價格出現反向的差異時，就觸動轉換，因而導致通膨。諷刺的是，保證股價反而讓決策者喪失貨幣供給的控制權。[20]

一七二〇年五月底時密西西比公司股價下跌，這是因為之前宣布將會調降公司股份的保證價格，根據時程於一七二〇年底時從八千里拉降至五千里拉，並附帶其他支撐這種股份貨幣的相關措施。一般人認為這項聲明代表支撐股價的成本（以通貨膨脹來算）太貴了；大家都不太願意接受這個消息。

裝飾用的金融架構

約翰・勞和喬瓦尼・安東尼奧・佩萊格里尼（Giovanni Antonio Pellegrini）意氣相投。佩萊格里尼是一位四海為家的藝術家，這位壁畫家生於威尼斯，但在荷蘭、德國與英國工作。如今他被歸類為巴洛克風格、甚至洛可可裝飾藝術家。他特別擅長錯視（trompe l'oeil ）天花板畫：用鮮明的強迫視覺法在天空裡畫滿飄浮流動的寓言人物，以營造高度極高的錯覺。如果勞在十八世紀初有機會偷偷回到倫敦，那他可能在波特蘭公爵（Duke of Portland）的聖奧本斯宅（St. Albans House）看過佩萊格里尼的作品。他也有可能在海牙的莫瑞泰斯（Mauritshuis）宅黃金屋裡見到這位藝術家的作品，更有可能的是，勞在威尼斯聖洛克大會堂（Scuola Grande de San Rocco）見過佩萊格里尼的視角，一幅讓人眼花撩亂、畫面呈現迴旋感的幻想畫，主題是手持信仰火炬的善行女神。

就像所有的寓言畫一樣，佩萊格里尼的用意是要讓人破解其中的意義。以人類的形式表達抽象的概念，然後放在一起變成一副想像中的互動畫面，以空間關係來規範視覺語言的表現形式。不用說，這不是約翰・羅斯金鍾愛的風格。羅斯金認為，表現淪喪的道德也可以解釋為藝術試圖去了解日益的複雜世界，在這樣的世界裡，世俗的主題和宗教的主題互相競爭，都希望能激發公眾思考。

勞交付一項複雜的任務給佩萊格里尼，要藝術家以視覺的方式呈現他的規畫。佩萊格里尼在一七一九年與一七二〇年就在做這件事；即便皇家銀行的豪華大廳每天熙來攘往，進行著各種扭轉法國經濟、讓人屏息的大事件，佩萊格里尼還是在這裡畫出了一幅大型油畫（四十二公尺乘以九公尺），這幅畫對於人們的理解力來說想必是一大挑戰。藝術史學家兼經濟學家達流斯・史匹

20 Murphy (2005), p. 320.

賽（Darius Spieth）曾寫過關於這幅巨型天花板畫的文章，並解讀天花板上中心人物的意義。值得一提的是長度；這是以勞的原始版本為基礎的升級版，藝術家設法理解其贊助者的理想主義並盡力捕捉，然後用他的眼光和巧手加以呈現：

畫中畫著一位國王，一邊由宗教人物扶持，另一邊則是代表攝政王閣下的英雄……在宗教人物上方，有一位長著翅膀的武裝智者，手握著商業女神，接下來則是財富女神、證券女神和信用女神。離智者一英尺遠處，有一個孩子握著弓，象徵創新；往右邊看，在比智者低一點的地方，可以看到算術女神手上拿著紙在做計算，陪伴她的是工業女神，特色是穿著全副鎧甲、手裡握著劍……在這些人物的上方、天花板的至高處，邱比特（Jupiter）端坐在雲端，朱諾女神（Juno）則有一點向側邊傾斜，她派出豐盛女神來散播她的財富。財富的左邊是塞納河擁抱著密西西比河……長有翅膀的幸福女神在河流上方的雲端飄浮著，手裡握著火焰。寧靜女神在她身旁，用一種全然放鬆的姿態手握一束小麥。在塞納河岸上，有一輛以兩匹馬拉的馬車，工作人員從車上把來自路易斯安那的貨物卸下來；另外也有其他類型的車輛載著密西西比王子……在入口通道上方，出現了以柱廊形式代表的交易所，在交易所周圍有一群群的人，用服飾來看各自代表了不同國家，他們都過來一起參與交易。21

這幅壁畫創造了新的神：商業女神、財富女神、證券女神、信用女神、創新女神、工業女神、算術女神和豐盛女神。畫中將密西西比河具象化，變成集美洲富裕豐饒於一身的大糧倉，但這顯然是因為被塞納河擁入懷才有的結果。這幅畫設法在古典、宗教與政治秩序的脈絡下安排新概念與新布局，然而，就像佩萊格里尼其他作品一樣，其中的關係必須流暢、精力充沛而且富有戲劇性。

約翰・勞在《貨幣與貿易》裡的邏輯如何轉化成畫面、眾神與衣飾花紋？一層一層建構上去的各種經濟主張，如何賦予一幅大型的裝飾畫作意義？藝術的訴求（寓意畫的訴求）重點，在於這是一套不同的邏輯體系，是一套以原型呈現的體系：好與壞、勇氣與背叛、美與醜。佩萊格里尼這幅傑作中各個人物代表的性質，讓觀賞的人很容易看出勞希望把那些原型套在皇家銀行各個贊助者身上。他們代表了十分美好的事物，根本不像真的。

那，誰是畫中長有翅膀的武裝智者，讓創新與算術臣服在他腳邊？勞最終的傲慢，是否是要讓自己進入市場新眾神的萬神殿？

想像一下一七二〇年五月二十二日當天，在發布調降股價的聲明、事實上相當於公開承認這套系統無法維持下去之後，在這片廣闊天花板下的約翰・勞以及他手下各位部長的處境。他們期待的，是我們在一九九〇年代常說的「軟著陸」（soft landing）。他們一整個早上深鎖銀行的大門，因為股東急著要來贖回。最後擋不住時只好開門，放任群眾衝進來，用手邊的銀行票券盡可

21 Darius Spieth. 2013. "The French Context of Het Groote Tafereel der dwaasheid, John Law, Rococo Culture, and the Riches of the New World," in William N. Goetzmann, Catherine Labio, K. Geert Rouwenhorst, and Timothy Young (eds.). *The Great Mirror of Folly: Finance, Culture, and the Great Crash of 1720*. New Haven, CT.: Yale University Press, p. 231.

能把股份和之前發行的票券買回來。但，不夠。接下來幾天，皇家銀行所在的維維安街（Rue Vivienne）不斷爆發暴動，開始有石頭如下雨一般丟擲著銀行的幾扇門，丟破銀行的窗戶，碎玻璃撒了一地。股價大跌，勞想要在法定貨幣上與民營化財政上建立一套體系的夢想，於是告終。法國回到之前以年金和終身年金為基礎的金融架構，並設法快速磨滅任何和約翰・勞這段插曲的相關記憶。一七二四年時皇家銀行的辦公室損毀，這幅壁畫也隨隨便便就被破壞了。

第二十一章　照著霍伊的規矩行事

一七二〇年七月十三日，鹿特丹市議會召開會議，要討論一件由埃德蒙・霍伊（Edmond Hoyle）和傑拉德・羅特斯（Gerard Roeters）提出的商業提案；這兩位提案人是來自倫敦市的專案計畫專家。霍伊是英國人，不通荷語，比較像數學家而不是業務員。羅特斯則來自知名的阿姆斯特丹商人家族，和皇家關係良好；他負責發言。他指出，現時鹿特丹瀕臨危機，恐怕要進一步落後競爭對手。此時此刻，鹿特丹還是一個活躍的商業中心，還有很多值得驕傲之處，在荷蘭東印度公司的六個席次裡占有一席，因此可以分享獲利豐厚的亞洲貿易成果，但比老大姊阿姆斯特丹能分得的比例少多了。然而，對照來看，鹿特丹於一五九五年就有了股票市場，比阿姆斯特丹更早。鹿特丹有許多成功的銀行家、充滿活力的航海貿易與包括保險在內的全面性金融服務，這一切都讓人自豪。

羅特斯說，但就在此時倫敦正如火如荼展開金融創新，威脅到鹿特丹的競爭能力。其中一項創新尤其重要。不久之前，倫敦的金融家在倫敦市的咖啡屋裡利用股份申購方式集結了大量的群眾資金，創立兩家保險公司。皇家交易保險公司（Royal Exchange Assurance）與倫敦保險公司

（London Assurance Companies）結合了政治影響力與公然賄賂，上個月說服英國國王授予他們承攬英國所有海上貿易保險的獨家權利。這兩家公司之前已經承作航海保險，吸走荷蘭的業務。羅特斯宣稱，這代表舊有的船運保險模式已死。

到當時為止，荷蘭的航海保險都在交易所完成，保單的買方和賣方在交易所媒合，彼此商談條件。風險的價格以標準條件報價，海上風險就像其他大宗商品一樣，可以買賣。如果理賠有爭議，由一流保險業者組成的當地保險諮議局（Kamer van Assurantie）聆聽各方論點、權衡證據並做出公正裁決。當時的保險商拿出個人的資本承擔風險，賺取差強人意的保費：如果是前往附近港口，保費為貨物與船隻價值的百分之一至百分之二，至於像往來大西洋兩岸的冒險這種風險性的賭注，保費最高為百分之八。承保之後，他們必須承擔損失，也因此，保險需要很深的口袋和彼此的信任。保險業者必須相信船長不會故意弄沉自己的船來賺理賠金，保險人則必須相信保險業者必要時有錢可以理賠。最後這一項表示只有經過認定為很富裕的保險業者才能吸引到客戶，但是，即便如此，他們的承保能力也僅限於個人資本。雖然偶爾會有一些投資人集結合夥以承保大型的探險活動，但在現有的實務操作之下，能分擔的風險有限。這是一套很老舊的系統，大概就像古雅典演講家狄摩西尼一樣老。

保險是一種了解與分散風險的事業。很少人能像荷蘭和英國的承保商這麼精於計算海上的風險或者不老實的船長故意從事保險詐騙的風險。但規模比計算更重要。如果經營的保險公司規模很大，而且承保的專案不太相關，任何單一的理賠要求與公司的規模相比之下都相對小得多。這項簡單的公理當中直接蘊藏著新近發現的大數法則（請參見第十五章）。

前述兩家英國保險公司擴大資本基礎，一次可以承保幾百趟航程，進而造成威脅，恐席捲傳統保險市場。他們的資本基礎實際上並無上限，因為隨著企業規模擴大，只要他們想要，就可以對無數的人們發行新股。羅特斯指出，除非鹿特丹的市政領導人做好準備馬上採取行動，不然荷蘭的優勢地位很快就會告終。

霍伊和羅特斯提議在鹿特丹創辦一家公司，以便和英國的大型保險公司，以及當地的競爭對手（阿姆斯特丹的保險經紀人與承保商）一較高下。對鹿特丹的投資人來說，好消息是英國國王之前才剛剛簽署了〈泡沫法〉，因此，英國不可能再成立其他保險公司，也不能享受有限責任的好處與讓公眾申購股份。直至今天，倫敦勞伊德保險公司在其營運史上多半都讓投資人的資本暴露在無限責任的風險中，前述理由便足以提供解釋。但英國法律的效力不及於荷蘭，在荷蘭成立的新公司基本

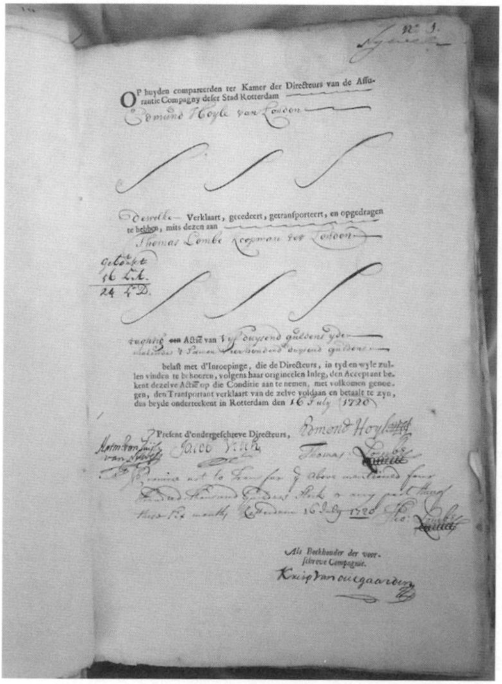
Op huyden compareerden ter Kamer der Directeurs van de Assurantie Compagny deser Stad Rotterdam Edmond Hoyle van London

Deselve Verklaart, gecedeert, getransporteert, en opgedragen te hebben, mits dezen aan Thomas Lombe Koopman tot London

Actie van Vyf duysend guldens

belast met d'Inroepinge, die de Directeurs, in tyd en wyle zullen vinden te behooren, volgens haar origineelen Inleg, den Acceptant bekent dezelve Actie op die Conditie aan te nemen, met volkomen genoegen, den Transportant verklaart van de zelve voldaan en betaalt te zyn, dus beyde onderteekent in Rotterdam den 16 July 1720

Present d'ondergeschreeve Directeurs,

Als Boekhouder der voorschreeve Compagnie.

圖39　照片為鹿特丹城市公司（Stad Rotterdam）的過戶帳簿，上面記載埃德蒙・霍伊（Edmond Hoyle）把自己的權益賣給新公司。他的股份移轉給湯瑪斯・隆貝（Thomas Lombe），後者是工業革命時第一批創業家的其中之一（作者提供）。

上享受到〈泡沫法〉限制英國進一步競爭所帶來的保護。

根據這份提交給鹿特丹的議案，資本會來自鹿特丹市的政商名流（可能是諮議會的委員），由他們申購公司股份。申購人無需全額支付股價，只要先付百分之十，其他的之後再分期付款。這些申購者可以在股票交易所出售自己的權利，賺大錢的潛力極大。

鹿特丹人早就知道這類的發行如何運作。荷蘭的報紙經常報導一七二〇年人們如何在英國各次的合股發行活動中靠著投機大賺其錢。報上甚至開始刊載皇家交易保險和倫敦保險公司的股價：這一點很明確指出荷蘭的資本有意投入這類創新性的新公司。霍伊和羅特斯如今為鹿特丹的達官顯貴提供一個好機會，導引荷蘭的投資資本外流，在新的金融秩序裡站上領導的角色，透過匯聚在地資本和阿姆斯特丹的保險一較長短，而且還可以賺得相當高的投機利潤。

市議會的商討過程沒有留下紀錄，很可能有些異議的聲音。一個月前也有人向阿姆斯特丹推銷類似的案子，但遭到拒絕。顯然，駁回的理由之一，是這類專案威脅到目前擁有強勢壟斷地位、可以制定價格的保險產業。此外，其他的面向也沒有加分：建議的董事候選人不太了解貿易產業，因此在監督管理上表現不佳，最後這項方案會讓阿姆斯特丹極為重要的航海保險產業必須要「看風向的臉色」，股份的投機交易導致公司的價值隨著市場的風向潮流上沖下洗。

但無論如何，霍伊和羅特斯的提案還是過關了。阿姆斯特丹前一個月冷淡拒絕的案子，如今鹿特丹展開雙臂擁抱。這兩位專案計畫者找到三百八十八位申購者開了新公司。申購全在交易所裡交易，相關人士賺了大錢，新的公司也開啟新頁，開始承作保險。霍伊兩週之內安安靜靜落袋為安。他的利潤顯然足以讓他從事自己真正熱中之事；他把後半生都花在鑽研和紙牌賽局相關的數學。幾年後，他開始寫作，解釋如何利用機率計算在牌桌上取勝，書中透露的很可能就是多年來幫助他大贏對手的祕密。使用過英語裡「according to Hoyle」（意為照規矩來）這個片語的人，都相當於對他致意。霍伊後來成為賭場賽局規則的仲裁者，之前的他是一位策畫者、專案計畫家、機率專家，而他也是那個時代的金融家。

那些投資人的結局呢？很多人和霍伊一樣，當這家公司股價八月在鹿特丹與阿姆斯特丹的交易所快速飆高、超過申購價百分之九十之時，獲利了結。有些投資人在一個月內資本幾乎翻了一倍。公司為了善用投資人的熱情，很快二度發行新股。荷蘭其他城市馬上跟上鹿特丹的腳步，成立類似的股票交易型保險公司，包括高達（Gouda）、台夫特（Delft）、海牙、烏特勒支、斯希丹（Schiedam）、納爾登（Naarden）、韋斯普（Weesp）、梅登（Muyden）、梅德布利克（Medelblik）、恩克赫伊森（Enkhuysen）、艾登（Edam）、荷恩（Hoorn）、蒙尼肯丹（Munnickendam）、皮爾默倫德（Purmerend）、阿克馬（Alkmaar）、茲沃勒（Zwolle）、米德爾堡（Middleburgh）、特維爾（Ter Veer）、多德雷赫特（Dortrecht）、弗拉爾丁恩（Vlardingen）、布里勒（Briele）和馬斯蘭（Maasland）等城鎮都發行了股份，在鹿特丹、阿姆斯特丹或台夫特其中一家或多家交易所交易。

霍伊和羅特斯在整個荷蘭引發一股對於各種「新世紀」企業首次公開發行與投機交易的狂熱，但風潮很短。到十一月底，鹿特丹公司的股份小幅下跌百分之十七，多數其他公司股份的跌幅則更深。一開始買進股份的投機客都面臨三個月內價格跌剩四分之一的局面，也就是說，資本跌掉了百分之七十五。這是因為這些專案計畫是很愚蠢的事嗎？時間顯然證明「股份公開交易的保險公司」是很穩健的概念。有些同樣從事「風中交易」（windhandel；譯注：十七世紀時，荷蘭人將期貨交易稱為「風中交易」）的公司不僅活了下來，還活得很好，比方說米德爾堡公司（Middlebough Company）在十八世紀後期成了大西洋兩岸貿易的主力，分擔了荷蘭在三角貿易時代奴隸貿易的罪狀（請參見第十八章），也有功於推動某些在荷蘭演進、以減輕新世界殖民系統風險的金融創新證券化。

海牙的發現

投資人不理性這種標準說法，不太能解釋一七二〇年的情況。舉例來說，鹿特丹公司生存了下來而且蓬勃興盛，代表這個計畫本身並非瘋狂的構想。事實上，公司一籌到資本就開始承保，直至一七八〇年每年的固定報酬率都約為百分之五，在這六十年中僅有三年虧損。公司也善用廣大的資本基礎從事匯票貼現，並把大宗商品當成資本來從事商業貸款。鹿特丹公司還擴大承保範圍，涉足火險與壽險。這家鹿特丹市保險公司（Maatschappij Assurantie, Disconteering en Beleening der Stad Rotterdam）存續的時間長過同年創辦的兩家英國對手公司，幾世紀以來更成功與英國的勞伊德公司互相競爭。當阿姆斯特丹以舊方法來媒合私人承保商與保險人時，這家現代簡稱為「鹿特丹市公司（Stad Rotterdam）」的企業已經成為歐陸主要的承保機構，並開始茁壯成全球重要的金融機構之一。

如果一七二〇年的投資人能瞥見這段這麼長、這麼成功的未來，那麼，接受霍伊和羅特斯的提案就不是不理性的繁榮，而是極理性之舉。鹿特丹這個案例可能正是證明規則存在的例外，也可能不是；當年同時成立的其他保險公司，例如倫敦保險公司、皇家交易保險公司以及所有荷蘭新成立的保險公司，結果如何呢？很奇怪的是，雖然學術界追尋相關的資料超過百年，但是沒有紀錄顯示此時發生過荷蘭第一次的股市泡沫。如果顯然平穩的保險業能讓荷蘭的股市翻天覆地，那麼，要了解一七二〇年英國泡沫的關鍵，可能也和保險業有關。順著這個脈絡，第一步就是要找到數據。

瑞克・孚瑞翰（Rik Frehen）是荷蘭蒂爾堡大學（University of Tilburg）的金融學教授，後來變成熟練的荷蘭古文判讀專家。我、孚瑞翰與格特・羅文霍斯特對於一七二〇年的泡沫起因很有興趣。為了探討荷蘭保險業於一七二〇年全球金融泡沫中所扮演的角色，孚瑞翰有系統地探究荷蘭每一座大城市的每一個檔案資料，檢視十八世紀每一份報紙，收集所有一七二〇年成立的荷蘭公司帳冊。他發現他要找的資料在海牙：《萊頓報》（*Leydse Courant*）從一七一九年開始所做的一系列報導。《萊頓報》以堅固的寬版紙雙面印刷，每星期出版三次，報導全世界的金融與政治新聞，包括股票。

以從《萊頓報》裡挖出的數據來說，最讓人興奮的發現，是一系列的荷蘭東印度公司和荷蘭西印度公司股價。雖然大家早知道這些公司於一七二〇年時已經交易熱絡，但沒人知道他們是不是像法國和英國公司的股份一樣大幅上漲。《萊頓報》提供了實證證據，讓我們找到一七二〇年全球泡沫的第三股勢力。孚瑞翰的父親是一位技術高超的攝影師，在兩人合作之下，孚瑞翰小心記錄下報紙的每一頁，開始分析數據。

在此同時，有一件事看來很奇特，那就是荷蘭的報紙竟然有皇家交易保險公司、倫敦保險公司、皇家非洲公司，以及約克建築協會等英國公司的股價；這些在現有的南海公司研究資料來源中卻付之闕如。但這個問題也很快就解決了。賴瑞・尼爾握有英國股價列表的掃描檔，我們得以替其他的英國公司填上少掉的數據。現在我們可以判斷倫敦的保險公司是否也出現了泡沫，如果有，又是何時與如何發生的。

大西洋兩岸貿易論

有了這些新的價格在手，讓我們三人可以先檢定一項假說：大西洋兩岸貿易是引發泡沫的主要動力。如果大西洋兩岸的貿易是投機交易的對象，那我們預見，當密西西比公司與南海公司的股價上漲時，皇家非洲公司與荷蘭西印度公司的股價也應該隨之上漲。股價透露出的內容讓人震驚。皇家非洲公司與西印度公司的股價於一七二〇年也出現泡沫，漲幅和南海公司一樣，最多漲了七倍。反之，荷蘭東印度公司和英國東印度公司在同期間的漲幅則相對普通。根據另一項資料來源，我們得以確定倫敦其他和大西洋兩岸貿易有關的公司也出現泡沫。[1]

沒錯，一七二〇年時股市出現一般性的泡沫，和大西洋兩岸貿易有關的企業是漲幅最大的一群，和亞洲貿易相關的公司與穩固的英格蘭銀行則是漲幅最小的一群。我們的結論如下：迪福想要挑戰西班牙的大西洋兩岸貿易霸權願景，在南海泡沫中必然是一項重要的刺激因素，但顯然不是唯一。

為何是保險業？

但為何保險業會出現泡沫？我們針對皇家交易保險公司與倫敦保險公司畫了圖表，顯示兩家公司泡沫化很嚴重，比南海公司的股價漲幅有過之而無不及。即便鹿特丹公司於一七二〇年年底時才發行新股，但在股市崩盤之前也曾一路高漲。這樣的動態很可能反映出人們對於保險公司的具體看法出現轉變。

股份公開交易的保險公司並非一七二〇年才有的新概念。一七一六年起，倫敦的企業家就已經試著取得政府的許可，以創辦集結公眾資本的公司。一七一八年時，一位名叫凱斯・畢林斯利（Case Billingsley）的律師差點就能取得皇家特許權、以一百萬英鎊的資本成立一家保險公司。他的主張聽起來和霍伊以及羅特斯推銷的看法很相似，但畢林斯利又加了一點只有律師才會認為是優勢的因素：單一的承保實體要上法庭時比較不麻煩，要追蹤一群借貸者很困難，成本也很高，也因此，前者具備了法律效率。[2]司法部長和次長在多方考量之後、甚至可能也收受了現有承保商的賄賂，拒絕了他的請願。畢林斯利公司（Billingsley and company）還買下已停業的皇家礦物公司（Mines Royal company），想著或許可以把無關的許可權擴大到他們想要從事的新產業。但

1 有趣的是，這項資料來源是一份一七二一年開始發行、名為〈泡沫者之鏡〉（The Bubbler's Mirror）的印刷品。

2 Fredrick Martin. 1876. *The History of Lloyds and of Marine Insurance in Great Britain*. London: Macmillan and Company, p. 90 and ff.

司法部長說不可以。

許多畢林斯利提案的參與者也是皇家交易保險公司背後的支持者，一年之後，在一位有權之士支持下，成立了皇家交易保險公司，他就是身為上議院議員兼下議院前任發言人的溫斯洛爵士（Lord Onslow）。新公司於一七一九年時開始接受申購，在早期的股價列表中被稱為溫斯洛保險公司（Onslow's Insurance），後來更名為皇家交易保險公司。皇家交易保險公司與倫敦保險公司（後者經常又被稱為「拉姆與柯勒布魯克公司」〔Ram and Colebrook〕或「新保險公司」〔New Insurance Company〕）這兩家公司的前身於一七一九年底提出新的請願，這一次還有了強大的政治支持力。一七二〇年一月時英國成立了一個新的保險委員會，三月國會又成立委員會，看來成功的機率又更高了一點。

我們的數據顯示，兩家公司的股價於一七二〇年三月一日以前就已經翻倍，無疑是因為大家對於請願的成敗有了新的期待。但是，司法部長提出否定的初步報告，壓低了股價。五月中，股價飆升五倍，顯然是因為國王本人支持請願的說法傳得沸沸揚揚。

最後，簽署通過的〈泡沫法〉超乎畢林斯利公司原本的期待，授予兩家公司完全的海事保險壟斷權，並以法律規定任何與這兩家公司競爭的企業皆為非法。唯一的漏洞適用於個人承保商，他們還是可以如常執業，但不可以用集結的資本成立股份可交易的公司。英國社會長久以來和難以撼動的保險業間的糾葛，由〈泡沫法〉畫下句點。這場難打、有時候不太光彩的仗總算贏了，終於可以創辦公開交易的公司以承作保險。當中牽涉到的利益十分重大。預期這兩家公司包下所有英國的航海保險業務、甚至大量的荷蘭業務，並無不合理。

試想一下投資人的預期在這奇幻的一年裡有了多大的轉變。要創辦一家獲得許可權的公司取得英國所有海事保險業務的壟斷權，一七一九年底時機率接近於零，一七二〇年三月有了一線曙光，到了一七二〇年六月完全底定。一七二〇年第二季社會突然間對於公開交易的保險公司股票興致昂揚，完全可以理解而且理所當然。投資人很有理由期待這兩家公司一起實際上會變成獨二的全國性保險公司，負責所有英國的海外貿易保險，當然也包括大西洋岸的貿易。

但這也就是最脆弱的阿基里斯腱（Achilles' heel）。要得到英王的恩惠，這兩家公司必須承諾在取得特許權之後要支付六十萬英鎊給王室，在第一、三、五與第十月分期付款。兩家公司從出售認購權得到的收益可以輕鬆支付第一期款，兩家公司也都預計夏天時再度發售申購權。事實上，他們也已經規畫九月初時還要發行股份，時間點正是在另一次支付大筆款項給國王之前。此外，為了能履行未來的支付款，兩家公司也都計畫快速擴大產品線，涉入火險與壽險業務，希望在英國所有的保險業務中搶下市占率。這表示，他們要冒著踩到特許權界線的風險。

約束公司的規範

儘管六月時通過〈泡沫法〉，但一七二〇年時早已有許多公司（不論是否為特許）投入各行各業，其中最高調的要算是約克建築協會。約克建築協會於一六六五年獲得許可，為倫敦提供水利工程；就像第一代的畢林斯利保險公司一樣，他們希望許可權還能夠涵蓋其他領域，以利從事其他獲利豐厚的業務，包括購買遭沒收的蘇格蘭房地產，以及銷售終身年金的計畫。換言之，他們打算在有限責任公司的掩護之下，從事任何有利可圖的業務。

八月十八日，司法部長宣布他打算落實〈泡沫法〉中對公司設下的限制，並點名約克建築協會是最嚴重違法的機構。[3]而且他也直接點名保險公司銷售火險已逾越許可權，很可能因此遭到起訴。他們向國會抗辯，但並未得到任何緊急救濟回應，亦不容許他們集結更多資本。[4]

八月十九日，倫敦保險公司面對另一項衝擊。《萊頓報》裡提到當天倫敦的消息：十二艘自牙買加出發的英國船隻失蹤了。[5]報紙報導這家公司為此總共承保了七萬兩千英鎊。下一次要支付款項給王室的時間是九月二十二日，金額達五萬英鎊之譜。此外，公司其中一位董事的住宅遭人侵入，損失大量財物。

八月十八日，約克建築協會、皇家交易保險公司、倫敦保險公司與皇家非洲公司的股價均開始溜滑梯。三天後（從倫敦到阿姆斯特丹需要三天），荷蘭西印度公司的股價也幾乎是自由落體。施行〈泡沫法〉觸動倫敦的崩盤，這一點代表之前某些股價之所以飆漲，是因為預期公司將可自由配置資本到其他有利可圖的業務機會上，可能是火險與海事保險這類關係密切的業務，也可能是房地產或終身年金這等無關的業務；這些公司會開始展翅高飛，彼此爭奪業務，善用從近期發行股份累積下來的資本。但司法部長折斷他們的雙翼。

也因此，一七二〇年不僅是投資人上沖下洗充滿動蕩的一年，也是定義股份公司企業的重要歷史時刻。一方面，這一年見證了可以吸納國家債務的全國性大企業成立，而另一方面，隨著保險公司的出現，透過金融創新，大大革新了分擔風險的方式。一七二〇年出現一連串的規範行動，是回應保險公司以及其他更有創意企業的冒險躁進。這些公司有希望獲得廣泛的自由為號召，讓投資人大膽了起來。這些自由本來應該可以水平擴及各個產業，追逐成長的機會，而不限於垂直地在單一的次產業發展。當一七二〇年春末發布有利於新式保險公司的規範時，讓社會猜測其他公司或許也能擁有更多自由。隨著八月十八日頒布的法令，一切希望化為泡影。

至於說到一七二〇年時公司操弄權力，真正導引政治風向改變的其實是保險公司，而非南海公司；他們曾經受到青睞，後來又被棄之如敝屣。八月十八日之後保險公司的股價大跌，觸發了全面性的金融崩盤。

我們很難說一七二〇年市場的大起大落太過極端，無法用基本面來說明。由於英國政府忽而擴大、忽而緊縮企業營運的法規環境，基本面本身可說是每個星期都出現劇烈變動。政府各種和市場相關的委員會、研究、要求與決策，其重要性至少和基本經濟因素相當。這是重要的歷史性時刻，因為遊戲規則出現重要轉折，新金融技術的力量變得愈來愈明顯。這股力量已經扭轉了法國的政治經濟體系，此時此刻則正要扭轉英國。

---

3 *London Gazette* no. 5879, August 20-23, 1720.

4 Rik G. P. Frehen, William N. Goetzmann and K. Geert Rouwenhorst. 2013. “New Evidence on the First Financial Bubble,” *Journal of Financial Economics* 108 (3): 585-607.

5 這件事裡有個細節很有趣，那就是學界長期以來把這次海上失蹤事件的時間弄錯了，誤以為是一七二〇年的十月。詳細說明可參見如Martin (1876), p. 101，摘自Postlethwayt, Malachy, Jacques Savary des Brûlons, Emanuel Bowen, Thomas Kitchin, Charles Mosley and Richard William Seale. 1766. *The Universal Dictionary of Trade and Commerce*. London: Printed for H. Woodfall, A. Millar, J. and R. Tonson, et al.。

一七二〇年是一套流程的終點；這套流程始於一六九〇年代迪福的大膽願景，將金融當成一種工具，讓社會用來自我轉化到更佳狀態——即便同時還要抗拒著金融帶來的邪惡道德影響力。〈泡沫法〉便具體表現出這種對於金融技術的雙面態度；這套法律容許兩家無疑比較能管理海上保險的公司運作，但是在規範中使用的語言卻犀利批評投機（或者說「證券買賣」）。人們想要金融思維帶來的禮物，但不要實踐這份禮物的粗魯、有時甚至冷酷無情的市場。

荷蘭的解讀

透過荷蘭模仿者的眼光來看英國出現泡沫的公司，最能了解一七二〇年哪些金融創新擄獲了大眾的想像力。推銷鹿特丹公司的賣點，當然強調的是新機構對於分擔風險的重要性。然而，在鹿特丹採取行動之後，荷蘭各地馬上也成立了超過二十五家的新公司，這些公司的申購權夏末就開始在交易所交易，一直持續到年底。這些公司有一點很讓人好奇，那就是所有公司在成立時都不是為了從事單一業務，每家公司都聲明他們意在涉入多條業務線。

他們從英國借來的金融工具不光是「股份公開交易的保險公司」這個構想，還有「一家公司可以從事多項業務」：一家不受限的公司可以從事商業、銀行、保險、漁業和製造業，只要公司認為合適且有利可圖就行。一七二〇年之前，荷蘭的股市主要由兩家獲得許可的國際性貿易公司組成，他們基本上握有互不重疊的壟斷性權力。忽然之間出現的新公司大爆發，提議從事的業務路線將會讓他們無可避免地陷入競爭，而且很可能是一次好幾個產業都出現同樣的問題。這就好像新類型的病毒基因密碼逃出了倫敦的交易巷，開始複製並在全世界傳播。舊版的基因密碼自第一次大發現時代開始創造出特許商業公司，光榮革命之後出現的突變讓這些公司更大膽，敢於繞過規範、投入新策略並和彼此競爭。當個別政府試圖控制時，病毒已經跳過邊境，在其他市場裡開始繁衍了。荷蘭不是終點。七月時漢堡開了一家保險公司，同樣也燃起人們對於不受控投機的恐懼。[6]但一七二〇年的「風中交易」為全世界帶來了某些持久的價值。如果連同英國的近親（即皇家交易保險公司與倫敦保險公司）一起算進來，這創造了一種新的模式，將海上的風險集結在一起，然後利用公眾的資本來因應風險。在二十一世紀想到要讓保險公司承擔新式風險（信用違約交換與複雜的不動產抵押證券）之前，保險業的公司模式在社會上與經濟上都很有用處。

以投資者愚行為主題的藝術

這場大崩盤中的教訓延伸到金融架構層面以外。即便一七二〇年是股份公司開始轉型的一年，但是，世人通常記得的是這場崩盤如同人性愚蠢的縮影。大崩盤之後，《以愚蠢為鏡》（*Het Groote Tafereel der Dwaasheid*）這本書在阿姆斯特丹出版，書名恰好呼應十六世紀初荷蘭作家伊拉斯謨（Erasmus）的諷刺文集《禮讚愚蠢》（*In Praise of Folly*）。這本書就像是哲學家的調笑之

6 Werner Sombart. 2001. *The Jews and Modern Capitalism*, M. Epstein (trans.). Kitchener, Ont.: Batoche, p. 68. Originally published in 1911.

作，使用幽默和比喻以發揮最精采的效果。本書為匿名出版，比較像是綜合性的圖文拼成的作品，而非說理的論文。這本書描繪了一七二〇年的阿姆斯特丹社會如何看待資本市場。

這本書從一七二〇年各家荷蘭新創公司的公開說明書開始講起；這些都是跟著鹿特丹市保險公司腳步之後成立的公司。每家公司的公開說明書都說明了公司的規畫、籌資方式以及治理架構。在這些枯燥無味的文件（只有金融經濟學家可能喜歡這些東西）之後，是一系列關於大崩盤的幽默戲劇與詩歌，由喜劇角色賦予生氣，例如貪婪的笨蛋、精明的股票自營商，以及取名為哈爾立奎（Harlequin）與彭巴里歐（Bombario）等讓人迷惑困窘的原型角色（譯注：Harlequin是十七、十八世紀義大利滑稽劇中固定丑角的名字，職業通常為僕人，因為耿直老實而製造出很多笑料。Bombario是十八世紀荷蘭人心目中負面角色的名字，形象為邪惡的駝背者，被描繪成悄悄出現在股票交易所，甚至操縱交易）；就是這些超乎常人的人格特質偷走了人的理性，讓他們去購買毫無價值的紙。

戲劇之後是藝術作品。《以愚蠢為鏡》的內容裡有幾十幅關於股市崩盤的諷刺性版畫，以各種寓言場景來呈現，例如把火焰、財富和愚蠢擬人化；阿姆斯特丹與巴黎擁擠的股市；賭上一把而且賭輸了的投資人所受的痛苦與蹂躪。一頁接著一頁，各種盛大、娛樂性高而且像露天劇場一樣的畫面，說盡了人在金融災難中扮演的角色。

其中一頁畫著約翰・勞像神一樣飄浮在雲端，一位股票經紀人費力地鼓動風箱，設法讓一隻身上綁著氣球的貓維持飄浮在空中，這間接暗示了拉高密西西比公司的股價。勞的頭上頂著風車，風比喻他的金融體系無法長久。有一張紙列出各種引發問題的金融契約：標上時間的手稿、原始股份、申購權、貸款、樂透獎金以及雙倍利息。有一個裝滿了這類契約的箱子裡面破了個洞，老鼠跑進去咬這些契約。

另一頁的標題是「致後世子孫之記十八世紀瘋狂紀念圖文」（Monument consacré à la postérité en mémoire de la folie de la XX année du XVIII siècle），描繪一群瘋狂的投資人排成列，跟著由愚人駕駛的馬車衝往三道門：貧窮之門、醫院之門以及瘋人院之門。這輛馬車來自甘康普瓦咖啡廳（Quincampoix Coffeehouse），咖啡廳後面可以看到約翰・勞。拉著這輛馬車的，是以擬人化手法表現的當時的主要貿易與金融公司：南海公司、東印度公司、密西西比公司、英格蘭銀行、荷蘭西印度公司以及皇家保險公司。馬車車輪上的每一條軸代表一家荷蘭新式的交易與保險公司；以車輪來表現，呼應了「財富轉輪」的意義。旁邊的註解說明當馬車移動時，各公司的股價也隨之漲跌。飄浮在馬車上的是財富女神，發送裡面混著毒蛇的股份。

車輪下是拿著公司帳簿的會計師：這位負責任的商業人士被毫不節制的投機輾了過去。群眾裡的小插曲很有意思。有一個人試著出售阿姆斯特丹方案的股份，另一個人則代表正在協商貸款交易。雖然這些是各自為政的細節，但畫中的群眾本身是一股團結的力量，這明顯暗示了金融危機來自於烏合之眾的瘋狂，完全失去理性是人類常有的傾向。

書中有幾幅畫呼應了之前的荷蘭藝術。舉例來說，《以愚蠢為鏡》的藝術家大量借用彼得・布勒哲爾（Peter Brueghel）與耶羅尼米斯・波希（Hieronymus Bosch）這兩位荷蘭畫家的技法，描繪發瘋的投資人從他們灼熱的腦子裡拿出愚蠢的結石，或是像笨蛋一樣注定永遠在瘋狂的幻想裡遊蕩。書裡也放大複製一張描繪一六三〇年代荷蘭鬱金香熱的畫，直接拿鬱金香球莖投機交易比擬這次嚴重的金融崩盤。鬱金香熱這幅畫的主角是一顆大型、空洞的頭，意指人因為投機熱而喪失了頭腦與心靈。

這本尖刻的諷刺文集也沒忘了約翰・勞身為賭徒的過去。《以愚蠢為鏡》有一幅畫一整頁都畫滿了賽局紙牌，有黑色和紅色兩色。在每一副牌裡，國王都是約翰・勞，而他的夫人則是皇后。英國也推出類似以南海公司為主題的賽局紙牌。當中的訊息很明確：賭博賽局是金融災難的根源所在。創造這場災難的那些專案計畫者是賭徒，賭博是金融創新概念的基礎。

以市場作為布道主題

《以愚蠢為鏡》裡讓人讚嘆訝異的畫作說也說不完。在一七二〇年金融市場的激發之下，荷蘭、法

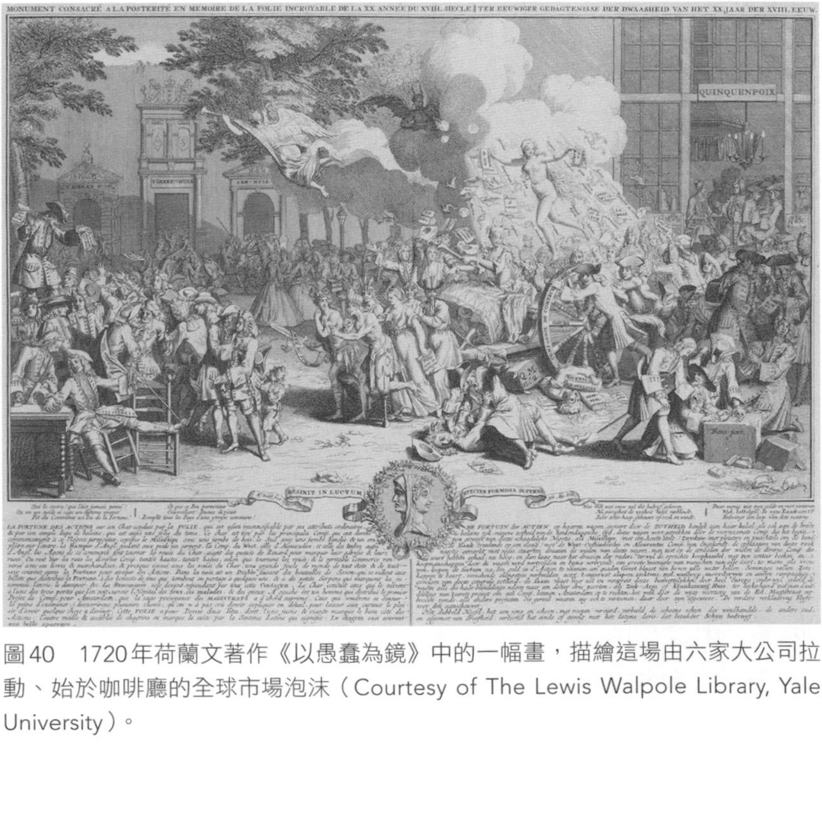

圖40　1720年荷蘭文著作《以愚蠢為鏡》中的一幅畫，描繪這場由六家大公司拉動、始於咖啡廳的全球市場泡沫（Courtesy of The Lewis Walpole Library, Yale University）。

國甚至是英國的藝術家藉由一幅又一幅的繪畫，運用他們所有的技巧，包括寓言畫、幽默畫、諷刺漫畫和間接惡搞，賦予這場令人震驚的崩盤意義；幾個月前，這看來是新金融秩序的開端。達流斯・史匹賽主張，這些畫作恰好與約翰・勞在巴黎皇家銀行天花板上的壁畫相互對照（請參見第二十章）。他的主張很有說服力。《以愚蠢為鏡》一書是天花板寓言畫的雜亂無章版。勞的壁畫是菁英版，《以愚蠢為鏡》則是民粹版。前者是一幅一致的願景，後者則是片段零碎的批評。佩萊格里尼訴諸崇高的情感，《以愚蠢為鏡》以下流為本，但兩者用的都是同樣的寓言詞彙與安排方式。抽象概念具象化，變成以巧妙建構、動態構圖的方式和彼此（以及社會）互動的人物。在巴洛克的天花板壁畫中，天空和漩渦狀的雲朵意指神聖的國度，那是眾神的動態世界。在《以愚蠢為鏡》的畫裡，雲朵代表風中交易，是約翰・勞創造出來脆弱的紙本經濟體。

無論高低，這兩件藝術作品都是在說教。佩萊格里尼的壁畫解釋密西西比系統以及其中的優勢，《以愚蠢為鏡》則是對後世的警示，最重要的部分是關於人類的行為。這本書的作者群沒有現代的心理學模型，他們利用十八世紀的心理學模型（神話和寓言）來描繪一種被不同的思維模式拉向四面八方的精神狀態。這本書可說是行為金融學研究之始，它認同市場體現的是參與者的集體渴望與恐懼，而且市場擁有特殊的力量，能把自己的邏輯強加在投資人身上。

我們很容易就接受《以愚蠢為鏡》的看法，認同當中細數的金融市場失靈問題。在二〇〇八年的次貸危機之後，這本書刻畫的角色顯然很切題。但這本書在分析上有其限制，問題出在寓言使用的語言。約翰・勞無法用飄浮、衣裾飄飄的女神來表達貨幣政策的精妙之處，《以愚蠢為鏡》的畫家所使用的寓言語言也無法呈現倫敦、巴黎和阿姆斯特丹新近出現的股市所代表的創新、工具、市場、契約與資訊流複雜性。書中的畫作力道之所以強大且有說服力，是因為他們訴諸原型。寓言的語言深深嵌入意識當中，遠勝過數學邏輯和市場。當數學理性（理性的約翰・勞和他打造的系統是最完美的代表）顯然失敗時，整個社會就轉向舊式的語言，賦予這場崩盤意義。

現代的我們也有重蹈覆轍的風險。自最近期的崩盤之後，抵押貸款證券化被斥為必然失敗的無望金融創新，社會將現代的危機轉化成簡化的道德劇，領銜主演的金融家是反派角色。這些原型很危險，因為他們可以普遍打動潛意識，在選出的官員必須和選民溝通的民主社會裡尤其如此。以神話和故事思考是大腦中早就有的設定，長久以來都和理性思考不合，並妒忌理性在人類行為中所占的重要性愈來愈高，因此總會緊抓住理性的失敗不放。

一七二〇年時，文化層面對金融所做的辯證創造出前述戲劇性的畫面，並不意外；這一年，可以說是「人vs.公司」的一年。一七二〇年時，激勵投資人的是一種抽象概念，一種象徵隱喻，一種擁有各種權利和特權的實體（而不是人）。幾個世代之前，英國的政治哲學家湯瑪斯・霍布斯（Thomas Hobbes）就把大英國協視為這類的抽象存在：一群人民，由如同巨靈列維坦（leviathan）一般的君王統治。企業是新的野獸，演變的速度快過控制他們的法律規章。公司的規模可以成長到什麼地步？他們會為了自己奪取經濟體中的哪個部分？比方說，他們會不會真的膽敢控制整個保險業？

約翰・勞的公司在過度擴張之前基本上吞下了整個法國。接著，英國的公司不顧命令如何規定，設法甩開法規限制以追求利潤，獲得投資群眾的讚賞與財務支援；這些投資人期待的是不受限制的企業未來利潤可以增加兩倍、三倍、四倍。然後是荷蘭的公司百家爭鳴，就像希臘的九頭蛇不斷長出新的頭來一樣，每家公司都設法擴張，跨足之前沒人開發過的業務。但是，在每個案例中，企業的成長都因為社會氛圍的扭轉而受到控制；由於他們仰賴新資本的滋養，很容易因為無以為繼而投降。這場戰爭結束，是因為休兵，而非分出勝負。崩盤凸顯了股份公司的根本性弱點：股份公司可以靠著投資者的熱情擴張到讓人膽寒的程度，但要維持這番規模並不容易。但這也顯現出公司驚人的能量。公司可以超越單一個人的力量，可以吸引出經濟體中潛伏的資本儲量，擴大到極大的規模。股份公司配置資本的方式前所未見，他們是新一代的巨靈列維坦：股份公司是規模超乎人類的巨獸，要受法律規章控制，導向於公於私都有利的局面。

結果

面對這番轉型，一七二〇年嚴重的股市泡沫使得歐洲大為退縮，在未來的幾十年，金融技術走出另一條截然不同的發展路線。〈泡沫法〉使得英國創辦與交易的合股公司數目大大減少，至於荷蘭，除了荷蘭東印度公司與荷蘭西印度公司以外，其他公司的股份公開交易活動則完全停止。即便像鹿特丹市公司這類成功的企業，股份也不再具備流動性。直至十八世紀末期之前，交易基本上為零，得等到一八二〇年代才比較熱絡，市場才逐漸復甦。荷蘭的股權金融基本上沉寂了百年。十八世紀僅有少數公司獲得特許權。在法國，密西西比公司的股份繼續交易，不過，也就只是有交易而已，再沒有公司大規模公開發行。工業革命最大的諷刺之處是，即便十八世紀與十九世紀初期的英法兩國對於股票避之唯恐不及而且有諸多規範限制，還是啟動了這場革命。

哪種機制取代了公開股票市場？在十八世紀的英法兩國，像公路與運河這類基礎建設，有時候會透過由富裕投資人組成的有限合夥公司融資。這類有限合夥公司無需尋求政府授予的有限責任與使用公眾資本市場的特許權，但他們也設法集結資本以贊助值得一試的專案。舉例來說，在法國，鋼鐵業由擁有世襲土地的仕紳階級間接提供資金；除此之外，他們不能用其他方式投入製造業與貿易。精煉廠需要高熱，高熱要靠木炭，木炭來自木材，而在法國的舊制度（Ancien Régime，譯注：指十五世紀至十八世紀的法國，始於文藝復興末期，直至法國大革命）下，貴族擁有森林。同樣的，冶金也需要靠煤礦供應燃料。

以特雷斯涅爾侯爵親王煤炭公司（Compagnie des fosses à Charbon de Monsieur Le Marquis de Traisnel）為例，這是一家煤礦公司，營運地點在阿尼什（Aniche）鎮，接近比利時邊境。公司自一七七三年開始營運，最後成為一家大型的煤炭公司，開採煤礦的工作一直持續至二十世紀初，聘用超過一萬名煤礦工人。這家公司於一七八一年（法國大革命之前）發行股份，印上了侯爵的家族徽章，宣告公司的業主蒙特勒伊親王（Monsieur de Monepevreuil）有權按照比例分得公司利潤，條件是他要承擔公司債務，而且不得在未獲得公司同意之下讓渡股份。換言之，這項交易裡並無有限責任與股份移轉的條件。十八世紀時，至少在某些地方，股份公司技術算是倒退了。煤礦取得資金，冶金也才得以在十八世紀發展起來（冶金術對於打造機器與引擎至為重要，而機器與引擎則帶動了十九世紀的工業發展）。但要讓更廣大民眾分享經濟成長的利潤，以及讓企業使用由充分發展的股票市場提供的更大型資本池，並沒有相關的金融工具可用。特雷斯涅爾侯爵親王煤炭公司是一家封閉型的公司，在一七二〇年的泡沫之後，股權投資又退回到變成僅限內線人士才能玩的遊戲。

第二十二章　證券化與債務

如果說股票市場於一七二〇年的泡沫之後倒退了一步，那麼，固定收益市場則是往前邁進了一步。在歐洲與美洲，十八世紀這段期間了不起的金融創新轉了大彎，焦點離開股票（至少到十八世紀將結束時都是如此），轉向另一套根據信用打造的金融架構。到了十八世紀末，紙幣又以多種不同形式捲土重來，金融家發展出各種方法，用紙幣與各種複雜的債券來抵押。這些精密的金融創新，是讓無流動性的資產變成具流動性證券的方法。

這聽起來可能有點偏向技術面，但之後我們會看到，想要取得貸款抵押品的動力，在美國殖民經濟與美國革命當中扮演重要角色。我們之前看過約翰・勞如何釋放出法定貨幣與通貨膨脹這兩個精靈，最後釀成大禍（請參見第二十章）。本章要談的是，由於紙幣（以及紙本債券）很脆弱，使得投資人轉而要求取得強力的抵押品來為自己的投資作保。新的技術涉及以信託集結資產，並根據資產池發行證券。證券化，不過就是把資產重新包裝、重新出售。重新包裝可能牽涉集結數種資產的資金流動、重新建構不同時間的流動（可能把未來的付款形態調整成更平緩），甚至用某些方法切分資金流動以增進對投資人的吸引力。毫不意外的是，整個故事以荷蘭為起點。

荷蘭的共同基金

十八世紀荷蘭的金融工程師以集結的終身年金為基本架構，打造出第一批分散投資基金。一七七〇年代，大約在美國革命時，荷蘭的投資銀行家開始行銷基金投資，這種商品有點像是「三十小淑女」（請參見第十五章），差別在於這些基金持有的標的不是小女孩的終身年金契約，而是由許多不同的國家和各種企業發行的債券。

舉例來說，當格特・羅文霍斯特探索現代共同基金的起源時，他研究了一份名為「團結就是力量」（Eendraght Maakt Magt）的可轉讓證券（荷蘭文為negotiatie），由亞伯拉罕・馮・凱特維賀（Abraham Van

圖41　小麥排屋（Wheat Row）是華盛頓特區第一批磚造房屋，年代可回溯至1794年，當時詹姆士・格林利夫（James Greenleaf）和合夥人在荷蘭發行以房地產所有權為抵押的債券，以籌資在華盛頓特區購地。他們的事業失敗了（https://commons.wikimedia.org/wiki/File:Wheat_Row_-Washington,_D.C..jpg）。

Ketwich）設立的銀行發行流通。這是很了不起的創新金融證券，當中包含了各家企業的債務，標的包括丹麥與維也納的銀行、丹麥與荷爾斯特因（Holstein；譯注：當時的一個諸侯國，位在今德國）的收費公路；俄羅斯、瑞典、布倫瑞克（Brunswick；譯注：當時的一個諸侯國，位在今德國）和梅克倫堡（Mecklenburg；譯注：當時的一個諸侯國，位在今德國）發行的債券；薩克遜（Saxony；譯注：當時的一個諸侯國，位在今德國）的郵政服務，以及布拉邦特（Brabant；譯注：當時的一個諸侯國，位在今比利時）開採泥煤的企業；西班牙和法國的運河；英國的殖民地；貸放供墾殖荷蘭埃塞奎博（Essequebo）與伯比斯（Berbice）等殖民地的抵押貸款；以及貸放給丹麥屬美洲群島（Danish American Islands）的款項。持有的部位結合了國際主權債、市政債與公司債，定位上國際色彩非常濃厚。

「團結就是力量」債券裡某些組成要素並非簡單的債券。舉例來說，荷蘭殖民地墾殖貸款的擔保品是在蘇利南的墾殖貸款，並包含他們的奴隸。貸款的收入，來自於針對墾殖產出的標的大宗商品所訂定的期貨契約；這些產品的銷售利潤，應足以擔保貸款的收益。同樣的，擔保投資組合中其他貸款的收費公路、運河以及郵政服務收益，也確保可有穩定的收益資金流，能對「團結就是力量」債券的投資人履行付款承諾：一七七四年的公開說明書裡承諾的年化收益率為百分之四。持有「團結就是力量」可轉讓債券的投資人，可以平均分得標的債券投資組合累積的現金流。可轉讓證券的權利簡潔的表達出一個概念：眾志成城。百分之四的收益率對於一組偏重新興市場債券的投資組合來說看來偏低；標的貸款的殖利率大幅高於這個水準。信託中收到的標的證券額外收益會被「重整」，改變可轉換債券投資人的報酬方式。某些來自標的債券的現金流固定保留起來，不用來發放股利，而是贖回一部分的未清償可轉換債券，以抽籤的方式決定贖回哪些。如果你手上的債券幸運被抽到，可以用比面值高百分之二十的溢價賣回，而序號和你的債券緊鄰的債券，股利可以從百分之四提高為百分之六。大家還認為現代的金融商品很複雜嗎？

即便標的債券種類繁多，而且由於投資人能拿到的現金流還要看運氣而增添了複雜度，但一七七四年的「團結就是力量」可轉讓債券的概念很簡單。即便某些標的證券的風險較高，但透過白努利的大數法則，仍能確保百分之四的收益率。厄運很可能導致任何標的債券提早出局。南美的糖歉收，很可能導致墾殖貸款的收益減少，俄羅斯可能發生債務違約，丹麥屬美洲群島可能易手、並宣布所有債務無效。但只要持有夠多這些基本上存續期有限的債券，套用大數法則，便可將投資組合裡的違約債券視為可預測的因素。畢竟，前述這些負面情境同時發生的機率有多高呢？

在二〇〇八年，這個世界也問了前述這個讓人痛苦的問題；當時，美國的次級房貸借款人違約事件多到不尋常。二十一世紀初聰明的金融工程師發行的結構性投資債工具，運用的概念恰好和亞伯拉罕・馮・凱特維賀於二百四十年前想到的一模一樣。將一大群風險可能很高的債券組合起來，並以各種不同貸款（例如房貸、車貸和信用卡應收帳款）的現金流作為抵押，以信託的方式匯聚在一起（和十八世紀荷蘭的可轉讓債券一樣），然後，再憑著這些信託裡的資產發行債券。

這些二十一世紀的債券經過組合，代表來自標的資產的現金流會流向不同的用途。舉例來說，結構性投資工具裡的第一筆收益可能是用來支付購買溢價分券（premium tranche）的投資人。一旦溢價分券的投資人獲得完全或部分償付款之後，下一個分券就可以開始收取現金流，依此類推；當債務人每個月坐下來支付信用卡帳單、房貸、車貸以及助學貸款時，現金就像是瀑布一樣往下流，上方的現金籃滿了（現金流由身為受託人的投資銀行家負責監督），就流到不同的池子裡支付給不同的投資人，其中某些投資人很可能也是一開始支付來源現金流的人，畢竟，持有資產抵押證券的多為共同基金、貨幣市場基金與年金基金，而這些基金的投資人又是一般的存款人。

證券化的原則自十八世紀以來都未改變。如果集結夠多的風險性債券，而且彼此違約風險又無關到一定程度，那麼，就可以組織當中的現金流，變成比較安全的證券。資產抵押證券也可對於標的實質資產主張權利，這是額外的好處，不像不動產抵押證券的持有人只能仰賴屋主認真履行債務；如果屋主不付房貸，資產抵押證券的所有人可以執行法拍。那麼，到底還有哪裡會出錯？

亞伯拉罕・馮・凱特維賀和其他荷蘭的銀行家也協商出架構，要把美國早期的負債證券化。他們買下美國這個年輕國家的高殖利率債券，期待美國革命能成功。美國開國元勳亞歷山大・漢彌爾頓（Alexander Hamilton）後來重組美國債務，這個年輕的國家也信守財務承諾，讓荷蘭投資人從中好好賺了一筆。

土地銀行

土地證券化出自於十八世紀的金融想像力。還記得吧？約翰・勞不僅在推廣一套精密的土地銀行計畫，最終他的密西西比公司更讓股東持有最大規模的證券化領地：跨密西西比西部地區

（Trans-Mississippi West）。以土地、奴隸與大宗商品期貨契約作為抵押的荷蘭墾殖貸款，是複雜版的新世界投資：重組成債務，而非權益。我們之後會看到，這些都是先驅，而在密西西比泡沫幾十年後會在大西洋兩岸引發一種現象，在法國大革命後達到高潮。

美國的土地房產證券化冒險始於土地銀行。土地銀行這個概念在歐洲比較偏向理論性質，在十八世紀時的北美則是現實。大西洋三角貿易讓美國人長期缺乏現金，由於貨幣不足，導致美國殖民地轉向進行金融實驗。美國的第一批紙幣出現於一六九〇年，由麻州發行債券以支應到法屬加拿大的探險。之後，著名的印刷專家班傑明•富蘭克林成為最有力的支持者，大聲擁護紙幣系統以因應長期貨幣短缺問題。事實上，他開發出一套特殊的印刷流程，利用有機形態以及巧妙的錯誤拼寫來對付不斷發生、傷害紙幣系統的偽造問題。

如果貨幣沒有抵押（不論是強制力、大宗貨幣價值還是可轉換成錢幣），就等於通貨膨脹。要制衡這一點，各殖民地想出土地銀行這個構想。土地銀行算是殖民地的地政單位，用一種新世界裡極豐富的資產來擔保貨幣：土地。一七一四年時麻州州議會成立公家的土地銀行，其他殖民地也快速跟進。[1]一般而言，這些銀行是公家機關，發行紙幣提供土地房產貸款。也有私人銀行冒出頭來從事同樣的業務，比方說一七三三年時康乃狄克州的哈特福市（Hartford）成立了一家公司發行票據，一七三五年時新罕布夏州也有了一家類似的公司，兩家都自行發行紙幣。但無論是公立或私立，土地的角色都是抵押品，擔保貸款以及公開流通的銀行票據。一群公民於一七四一年時於麻州開辦私人土地銀行。以百分之三的利率承作二十年的土地房產貸款，對象是擁有普通營收方式的「技工」與人們，最高一百英鎊。[2]其中一位銀行創辦人是美國開國元勛之一山謬・亞當斯（Samuel Adams）的父親。貸款的實務操作，是把銀行印製的紙幣交給借款人，抵押品是銀行抵押貸款的標的土地。償付本金時，付的是「該省相關製造物品的價值」，換言之，也就是以實物支付。

這家銀行將需求迫切的現金挹注到經濟體裡，好讓麻州人民有錢購買產品，同時投資能導向經濟成長的專案計畫。此外，銀行的紙幣可以成為可靠的法定貨幣在社會中流通，因為這代表一家擁有可觀資產的組織所做的承諾：承諾借款人會以實物償還，如果他們無法償還，他們擁有的土地也可償付。

一個世代以後的亞當・斯密（Adam Smith）在《國富論》（*The Wealtft of Nations*）裡提出批評，認為美國的紙幣之所以失敗，是因為它不付息。亞當・斯密不明白為何大眾會接受零息票據作為法定貨幣，但他也承認賓州的貨幣管理得很好，兌英鎊時比面值還高了百分之二十。[3]反之，麻州貨幣兌英國貨幣時就低了百分之二十。[4]

會有折價，部分理由是因為發生自利交易（self-dealing）和詐欺。鑑定土地銀行抵押品的價值時，必須做到符合公平市價，系統才能順利運作，不然的話，就會出現像中國宋朝的問題一

---

1 Theodore Thayer. 1953. "The Land-bank System in the American Colonies," *Journal of Economic History* 13 (2): 145-59.

2 William G. Sumner. 1896. *A History of Banking in All the Leading Nations: The United States*, vol. 1. New York: Journal of Commerce and Commercial Bulletin, p. 10.

3 Adam Smith. 1921. *An Inquiry into the Nature and Causes of the Wealth of Nations*, vol. 2. London: J. M. Dent & Sons, p. 423.

4 Thayer (1953).

樣，票據發行機構的儲備價值不足以贖回貨幣（請參見第九章）。估價流程可以很主觀，甚至可能很權謀悖德。就算制定規則要求貸款價值比為二比一，但市價本身就很難以確認，閒置、未開發的土地尤其如此。這麼一來，就很可能發生超額貸放情事。

一七四一年，由於麻州的爭議以及擔心未來會發生金融危機，國會嚴禁美國紙幣，並關閉殖民地土地銀行。這麼做，是把〈泡沫法〉的效力擴及美國殖民地。山謬・亞當斯的父親是受害人之一，他和其他董事背負起公司的債務；他的兒子很可能也感染了他的反英情結。但在某些地方，美國的金融工程師規避了禁制令。一七六六年時，馬里蘭州改用一種新證券取代票據，到英國時還可以換成英鎊！

美國的諸位開國之父

一七四一年時〈泡沫法〉效力及於殖民地，限制了金融工程，但即便有法規上的限制，美國的創業家仍持續推動財政封套（financial envelope；譯注：類似預算的概念，指把所有財政相關的元素全部放在一起，變成一整套），在土地投資方面尤其明顯。當時全球對於利用股票來為企業籌資都避之唯恐不及，美國是少數的例外之一。確實，有許多歧異議題（從稅制裡沒有代表權到限制美國貿易）引發美國革命，其中，王室和美國各殖民地間一項最嚴重的歧見核心問題，便是土地開發應扮演何種角色，尤其是西部拓荒；十八世紀時的西部，是指阿利根尼山脈（Allegheny Mountains）以西。西部墾殖計畫通常由合夥、一般公司和獲得許可權的股份公司著手安排，他們為了自身的利益，很努力地遊說英國王室。

炒作土地是許多美國革命領導者的共同點。一群富裕的維吉尼亞居民創立了俄亥俄公司（Ohio Company），其中包括喬治・華盛頓（George Washington）以及他兩名兄弟。這家公司於一七四八年獲得王室的許可權，並配得俄亥俄谷（Ohio Valley）二十萬英畝（約八萬公頃）的土地。喬治・華盛頓的名聲，來自於他在英法北美戰爭（French and Indian War）中的杜根堡戰役（Battle of Fort Duquesne）擔任維吉尼亞軍團的指揮官；戰場位在現代的匹茲堡，這裡的土地當時已經賞給俄亥俄公司。法國人對這塊土地主張所有權，這不僅挑戰英國的控制權，也挑戰了維吉尼亞知名土地炒作者的權利。他們和其他有意開發西部的投資人很不滿的是，戰後英國國會竟於一七六三年發出公告，要把阿利根尼山脈以西的土地保留給原住民部落。

當時許多公司成立的目的就是為了炒作買賣西部的土地，俄亥俄公司僅是其中之一。一七四九年成立的維吉尼亞忠誠公司（Loyal Company of Virginia），主事者之一是彼得・哲斐遜（Peter Jefferson），他是未來美國總統的父親。由於一七六三年的公告，這家公司在英法北美戰爭後無法更新特許權。對西部土地有興趣的殖民人士也不只是這些維吉尼亞人。一七七三年成立的伊利諾與瓦巴許公司（Illinois and Wabash Companies），業務是購買與開發美洲原住民的土地，費城許多重要的商人都在當中插上一腳。萬達利公司（Vandalia Company）取得現今西維吉尼亞的土地，公司的董事包括班傑明・富蘭克林以及他的兒子。維吉尼亞人和賓州人都主張對西部這塊土地有權利，雙方激烈爭辯，但都同意英國阻止西進的政策擋了他們的路。

喬治・華盛頓是最積極參與早期美國土地公司的人之一。歷史學家芭芭拉・拉絲慕森（Barbara

Rasmussen）指出，他持有股份的公司包括「瓦波格蘭特（Walpole Grant）、密西西比公司、冒險者軍事公司（Military Company of Adventurers）以及大沼澤公司（Dismal Swamp Company）」，總計土地持份達六萬兩千英畝（約兩萬五千公頃）。

這類土地公司的基本商業賣點，就是要取得大片肥沃的土地，之後進行分區，發展基礎建設，最後賣給美國及國外移民。實際上，俄亥俄公司獲得土地有明確規定的條件，那就是要在特定期間招來移民。由於和美國原住民之間尚有所有權爭議，沒有實體錢幣可從事開發投資，再加上移民者也沒有現金可以置產，因此這可不是輕鬆的任務。融資是必要的；要在俄亥俄安頓下來的移民需要融資，融資則要以土地房產作為抵押。信用是唯一能促成土地銀行計畫成功的因素。限制土地銀行基本上限制了殖民地抵押貸款，限制西進則磨滅了這些美國早期土地公司的希望。也因此，不難理解華盛頓家族、亞當斯家族、哲斐遜家族，以及富蘭克林家族為何汲汲營營支持獨立。獨立的美國殖民地就可以自主訂定西部開發政策、貸款銀行業務，以及最適當的貨幣政策。金融和抵押貸放以及透過公司從事的土地炒作買賣密切相關，這是一項推動獨立的重要因素。美國革命之後擺脫了〈泡沫法〉與一七六三年的國會公告，金融得以自由。

美國獨立的金援部分來自荷蘭與法國投資人。我們之前看到，有一群荷蘭的銀行家集結美國的債務並加以證券化，為這個國家安排貸款；他們買下年輕的美國在美國以及海外發行的債券，匯聚成共同基金，銷售給荷蘭的投資人；荷蘭投資人在這個年輕的新國家身上賭一把。在法國，雖然法國子民已經注意到美國人為了自由準備努力反抗王權並對此感到欽佩，法國國王仍支持殖民地叛變。美國獨立同時激勵了法國與荷蘭，引發一七八二年的荷蘭愛國者起義（Dutch Patriot

Revolt）、一七八九年的法國大革命，也有助於一七九五年將奧蘭治的威廉逐出，讓荷蘭巴達維亞共和國（Dutch Batavian Republic）得以建國。這些新共和國也從美國的金融得到靈感。法國學到的是用土地當成貨幣的抵押品，荷蘭則是土地炒作買賣。舊世界也接受了新世界在金融方面的巧妙。美國像是一座試驗場，測試某些歐洲於一七二〇年泡沫之後基本上敬謝不敏的想法和技術。就在被英國國會的規範和控制惹惱的美國各殖民地，土地銀行、紙幣、以私人股份公司作為企業發展的單位等制度不斷蓬勃發展。經過美國強化的金融技術越過大西洋回到歐洲，還附帶了發動革命的衝勁。這些都是意外的結果。

恐怖統治

在法國，土地銀行（以土地房產來擔保紙幣）的理論，在恐怖統治期間變成血腥的現實。即便約翰・勞留下的陰影揮之不去，再加上法國在密西西比泡沫之後就避免從事金融工程，但靠革命起家的雅各賓（Jacobin）政權苦於沒有太多財務支援，也沒有可發行法定貨幣的信任基礎，只好轉向資產抵押證券，以土地房產擔保貨幣。

法國政府掌控了天主教會的土地房產，之後開始以紙券（法文稱為assignat）付款，公家拍

5 Barbara Rasmussen. 1994. *Absentee Landowning and Exploitation in West Virginia: 1760-1920*. Lexington: University Press of Kentucky, p. 28.

賣時可用來購買收歸國有的教會土地房產。從某些方面來說，紙券實現了約翰・勞早期版本的貨幣：以土地房產為憑而不是金銀儲備（請參見第二十章）。如同勞早期的實驗，紙券也因為同樣的理由而失敗：過度印製，印製的紙券太多，但土地房產太少。羅伯斯比（Robespierre，譯注：恐怖統治時期的實質最高領導人）奮力達成平衡，把權貴階級送上斷頭台，將他們的財產納為「國有財產」（biens nationaux），成為支撐紙券的國家財產。但這樣還不夠。雖然在財政上做了一些重整，但法國第二次嘗試發行紙幣的結果也不比第一次成功到哪裡去。

恐怖統治時期的招牌形象是賈克—路易・大衛（Jacques-Louis David）的畫作《馬拉之死》（*Death of Marat*），畫的是一位革命人士在入獄時遭刺倒下。這幅畫畫出一位領導者的死亡，但幾乎也是在訴說法國革命的財政命運。垂死的馬拉手中握著刺客夏綠蒂・科黛（Charlotte Corday）的請願書，她的貴族家族正在雅各賓政權手中受苦。請願書的正下方放著一封信，是馬拉要寫給革命行動中的一位貧窮寡婦，還附上一張紙券，那是馬拉個人提供的財務協助。這些文件道出了財務的變動易手：一手從貴族手上沒收財物，一手轉到勞動階級的手上。對於一七九三年看到這幅畫的人來說，紙券的存在格外諷刺。文件准許寡婦獲得從科黛以及她所屬階級沒收而來的財物。一位革命英雄死在戰役中，但戰場是抽象的財務領域。把一位垂死的革命人士描繪成握著紙本文件而不是刀劍，大衛做到了昇華證券化這件事。[6]發行以土地房產抵押的票據在法國引起一陣投機熱，投資人買下票據，想辦法以大幅的折價取得土地房產。革命重新分配財產，這次的重

6 Darius A. Spieth. 2006. "The Corsets Assignat in David's 'Death of Marat'," *Source: Notes in the History of Art* 30: 22-28.

圖42 （上）大衛（Jacques-Louis David）的畫作《馬拉之死》（*Death of Marat*）；（續）（下）他所寫的信以及法國紙券的細部（1886: bequeathed by Jules David-Chassagnol, Paris; 1893: acquired by Royal Museums of Fine Arts of Belgium. http://commons.wikimedia.org/wiki/File:Jacques-Louis_David_-Marat_assassinated_-Google_ Art_Project_2.jpg）。

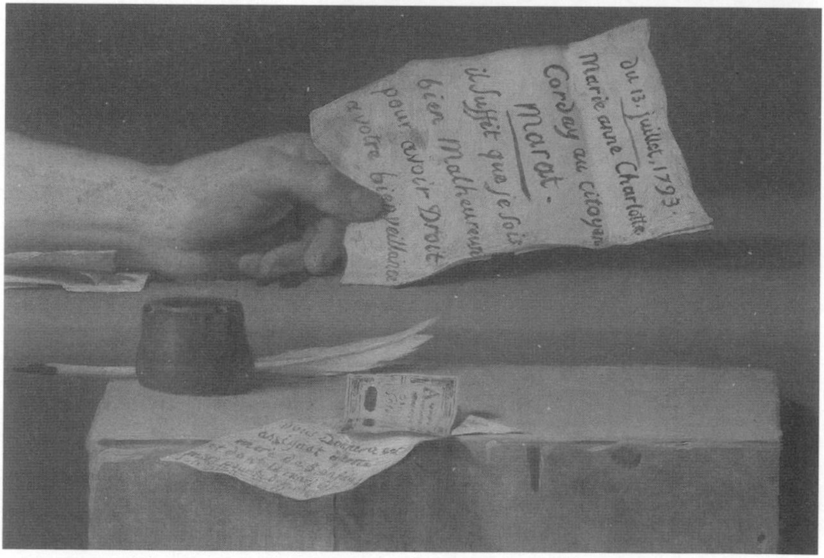

新分配是從教會和貴族階級手上拿給精明的土地房產投機客，後面這群人很清楚如何在失控的證券化貨幣系統裡占便宜。

荷蘭與投機

我們之前談過，新世界土地證券化中有一個關鍵創新，那就是荷蘭的墾殖貸款。這些債券的抵押品，是蘇利南墾殖地產出的糖與可可等大宗商品契約，以及蘇利南的土地房產本身。泰奧菲勒・卡茨諾夫（Theophile Cazenove）是一位荷蘭創業家，涉足多項冒險活動，包括墾殖蘇利南。他第一次嘗試的國際貿易是前往俄羅斯探險，雖然透過俄羅斯籍的姻親牽線，但一七七〇年時還是失敗收場。之後他轉向蘇利南貿易碰運氣，在伯比斯從事墾殖。然而，一七八九年時，一群荷蘭銀行家（就是那些替美國債務融資的人）聘用他，去探查新興美國的投資機會。他落腳費城。

卡茨諾夫在美國獨立革命之後的費城找到很多志同道合的人。不受〈泡沫法〉約束的美國人紛紛設立股份公司以打造基礎建設，例如運河和收費公路，甚至推動工業發展。開拓西部與墾殖又重回軌道。卡茨諾夫和來自各種公司與方案的土地投機客會面，他投資詹姆士河公司（James River Company），這家公司名義上的主導者是喬治・華盛頓，負責開發南維吉尼亞的商業運輸。卡茨諾夫也購入大量的賓州人民公司（Pennsylvania Population Company）股份，這家公司在賓州偏西北方的伊利（Erie）地區擁有大片土地。

賓州人民公司的土地來自於預留給革命戰爭退伍軍人的土地。這些軍人接受真正的美國式付款方式，拿到貶值憑證（Depreciation certificate，譯注：因為當時的貨幣貶值得很厲害，為了補償這些士兵才發給土地權的憑證，也因此稱之為貶值憑證），因而有權請求取得西部土地並在這裡墾殖，這有點像是法國紙券技術的變形。不想前往西部墾殖的人，當然可以出售手上這些以土地為抵押的貶值憑證。大宗買家中有一位是約翰・尼克森（John Nicholson），他是賓州的總審計長，也是之前負責貶值憑證方案的主委。尼克森組成了一個投資人團，組成分子包括了卡茨諾夫和羅伯・莫里斯（Robert Morris）。莫里斯是美國財政部第一任司庫，基本上也負責美國革命的財政。他也是美國最富裕的人之一與最大的土地投機客。

尼克森的手法不完全誠實。他利用偽造的權利和假名聚積了大量的西部土地請求權。尼克森的職權包括裁決貶值憑證相關的請求權爭議，他大加利用，後來因為濫用而遭彈劾。即便被糾舉，他仍持續收購請求權，這些土地就變成賓州人民公司的資產。他把手上的土地化為現金的方法，是把股份賣給荷蘭的投資人。

一七九二年時卡茨諾夫的客戶在阿姆斯特丹成立荷蘭土地公司（Holland Land Company），大致上和早期的美國土地公司很相似。這也是一家股份合夥事業，由想要購買與開發美國西部土地的投資人組成。當年，卡茨諾夫從羅伯・莫里斯手中替他們買下紐約傑納溪河谷（Genesee River Valley）三百三十萬英畝（約一百三十三萬公頃）的土地。荷蘭的投資大眾對美國的證券非常感興趣，因此荷蘭土地公司集團能透過發行債券籌到這筆購地資金；實務操作是於一七九三年一月發行三百萬荷蘭盾的可轉讓債券，並以一百萬英畝的傑納溪河谷土地作為擔保。實際上的可轉讓債券非常複雜。

投資人不僅取得尚未開發土地的請求權，也得到承諾會收到利息款，這些錢則是來自信託替他們持有的美國政府債券組合。這有點像早期的共同基金，但是荷蘭土地公司的可轉讓債券持有的並非具流動性的證券，其中的標的資產是紐約州西部尚未開發的林地。為什麼會有人從事這類投資？

為了說明土地最終如何創造利潤，荷蘭土地公司其中一位合夥人彼得・史塔尼斯基（Pieter Stadnitski）發表一系列詳細的計算，預測將會出現前往西部的大量移民潮（雖然與美洲原住民各民族之間可能發生衝突）。推廣美國夢計畫的對象不僅是美國人，還有從歐洲移民過去、要在美國土地上展開新生活的法國人、荷蘭人和德國人。這些移民會利用荷蘭土地公司延展的信用購置土地房產，十年之後，公司就可以開始獲利，因為到時候移民就會償付貸款，而且，他們建立起的農場和城鎮又會吸引更多移民。史塔尼斯基的說法當然錯得離譜。

由於巴達維亞共和國的政治動蕩（當時法國基本上併吞了荷蘭），導致荷蘭土地公司的可轉讓債券價格一路狂瀉，但後來開始拿到美國債券的收益可用來支付利息，回檔了不少。最後公司去找投資人談新條件：他們提議用債券換取公司的股權。無論可轉讓債券的架構有多巧妙，開發墾殖西部荒地這類長期專案並不太適合債券投資。奇怪的是，即便這個墾荒案根本樂觀過了頭，從一開始看起來就注定失敗（這是由一群心懷理想主義的荷蘭商人所從事的投機冒險，這些人從沒見過美國，還把自己的資本交付給一個失敗過兩次的企業家、同時也是美國革命史上最聲名狼藉的騙子之一），但投資人還是接受發行的條件。在接下來的五十年裡，緩慢但穩定的開發創造出了極高的利潤（伊利運河〔Erie Canal〕當然功不可沒）。紐約州大部分地方的早期墾殖，都要歸功於荷蘭金融家的進取願景，與他們對這個年輕國家的未來所懷抱的瘋狂信心。並不是所有針對美國土地所做的投資都這麼成功。

資本泡沫

在美國的歷史中，房地產開發商過度投機以至於超過自身財務能力的故事，比比皆是。美國西進的行動有很多是以投資人與投機客合組的土地公司為核心。華盛頓的小麥排屋（Wheat Row）是保存良好的聯邦主義式建築（federalist building），建於一七九四年。這裡在建造當時算是美國的樣板住宅：一排排的排屋，預示著空地被逐漸填滿時這座城市會有的成熟模樣。排屋完工時，白宮以及國會山莊都還在蓋。小麥排屋位在紐約市東南角的第四街上，基本上還保留著詹姆士・格林利夫（James Greenleaf）的規畫藍圖；格林利夫是一名土地投機客，他搶著買進哥倫比亞特區未開發的土地，大力推動創建新首都。他的遠景也使得美國最大的房地產公司大起之後大落：在創建完成之前，一場危機已經先把這座城市抵押出去了。

格林利夫是一位波士頓的金融家，在美國革命期間移居阿姆斯特丹，協助年輕的美國向荷蘭協商貸款。後來他離棄荷蘭籍的妻子並返回美國，開始炒作土地。讓他動心展開最具野心計畫的動力，是美國政府決定遷都，搬到波多馬克河（Potomac River）岸邊的溼地。一七九〇年的《首都選址法》（Residence Act）選定了哥倫比亞特區，將新國家的永久首都從紐約搬了過來，觸發了土地爭奪戰。想像一下這是多麼棒的機會！現在要打造的是一整個首都之城：這裡不只有政府機關，還有所有周邊設施，包括房屋、旅館、店鋪、街道和橋梁。如果能搶占先機，怎麼可能輸？

在一七九三和一七九四年時，詹姆士・格林利夫在荷蘭資本市場裡借錢，以便購入新首都的空地。他和羅伯・莫里斯、約翰・尼克森合夥創業。這三人組取得哥倫比亞特區一萬筆土地，之後轉向荷蘭尋求貸款，以起造公共建築。土地房產變成抵押品，擔保可轉讓債券中公開發行與交易的貸款，類似荷蘭土地公司的做法。但是格林利夫的可轉讓債券表現不如預期，只售出兩成，因此，這家為了開發美國新首都而成立的公司自成立之始就很辛苦，陷入根本還不起的沉重負債裡。

由於急需現金，格林利夫、尼克森與莫里斯改為發行另一家新公司的股份。一七九五年二月時他們拿出自己的家當，成立北美土地公司（North American Land Company），計畫是在歐洲與美國籌募股權資本，並快速打造華盛頓特區。格林利夫、莫里斯和尼克森都拿出從紐約州到喬治亞的大量未開發地產。這三人之前都買了西部的荒地，深信美國最後終究會越過阿帕拉契山脈（Appalachians）。北美土地公司一開始就有四百萬英畝（約一百六十萬公頃）的土地。

不幸的是，這家公司缺少收益。發行股票募得的資本不如預期。由於法國大革命之後又爆發戰爭，使得歐洲人對於股票（以及債券）興趣缺缺。格林利夫於七月時明智地將股份賣回給公司，換取華盛頓特區所購建地的本票。他們以槓桿操作出來的廣袤美國處女地帝國，就這樣垮了。帳單付不出來，這三位創業家躲著債權人，有一段時間還被囚禁在債務人監獄。實際上，羅伯・莫里斯在投入美國革命沒多久之後就嚴重破產，變成一場重大的全國性衝擊。這件事影響深遠，其中之一就是促成美國通過第一部全面性的破產法律。[7]

格林利夫、莫里斯和尼克森認為美國終將西進，並深信華盛頓特區將會成為一座偉大的城市，這是對的，他們錯估的是實現這場夢的時間以及堅持下去的成本。一如約翰・勞，他們持有的房地產在幾百年之後價值不菲。金錢的時間價值很重要。他們利用金融來改變地形地貌（創造一座新類型城市）的願景，是非常美國式的。美國在十九世紀時大步西進跨越這片大陸，同時也實驗新的建築與新的融資方法：草屋、木作骨架房屋（balloon-frame house）、美麗的布雜藝術（beaux-arts）城市設計、在芝加哥等平原地形，以及舊金山等丘陵地形建構網格狀系統。美國大陸快速轉型的資金來源，便是房地產投機。

歐洲人不會忽略任何嚴重程度與一七二〇年股市泡沫相當的事件。一八三四年時法國派遣經濟學家米榭爾・齊瓦利（Michael Chevalier）前去研究美國經濟系統，他對於美國房地產投機的觀察值得詳細引用：

> 每個人都在炒作，什麼都可以變成投機標的。最大膽的企業有勇氣，所有的專案也都有投資人。從海事到紅河谷（Red River），整個美國變成了擴大版的甘康普瓦街。到目前為止每個人都賺錢，就像每次投機正熱時會有的現象……在北方，土地領域的門外漢為了爭奪當地

7　請參見Bruce H. Mann. 2002. *Republic of Debtors: Bankruptcy in the Age of American Independence*. Cambridge, MA.: Harvard University Press, p. 203。關於美國早期土地炒作的討論，有一本書很精采，請參見A. M. Sakowski. 1932. *The Great American Land Bubble*. New York: Harper and Brothers。

寶貴的林地而爭吵；在南端的盡頭，密西西比溼地、阿拉巴馬以及紅河谷的棉花田，都是競爭標的；在西部，爭的則是伊利諾和密西根的玉米田和牧場。某些新市鎮不成比例的成長，讓整個國家刮目相看，社會普遍爭購所有具優勢地位的土地，就好像十年前有三、四個倫敦、同樣多的巴黎以及十二個利物浦都同時展示著自己的街道與雄偉的建築，碼頭擠滿了倉庫，港口豎立著桅杆，高舉著美國式的瘋狂。[8]

齊瓦利的觀察於二十一世紀同樣振聾發聵，一如在十九世紀。

對歐洲創新的反省

十八世紀歐洲的金融創新，讓歐洲走上和中國截然不同的路線。十八世紀以機率論思維和數學揭開序幕，第一次的嚴重泡沫牽涉到紙幣的出現，以及將股份公司用在各種不同的創意面向。十八世紀也釋放了投機的狂野力量，擾亂社會秩序，讓人們在道德面上反對金融市場與金融思維，導致有關當局嚴陣以待，試圖規範與控制金融的力量。在英國，相關行動包括了限制公司、市場、銀行，甚至抵押貸款金融。

泡沫過後，荷蘭獨領風騷，發展出更加精密的金融工具，讓想要從債券賺得相對安全報酬的投資大眾可以使用。阿姆斯特丹以及其他荷蘭大城設計出各種方法，替大宗商品貿易融資。墾殖貸款系統一開始是為了大西洋兩岸大宗商品貿易提供融資的工具，在這項金融創新中引領風潮的商人最後成為世界上第一批的投資銀行家。雖然他們繼續從事商品交易，但也發現承銷與發行資產抵押證券是利潤很高的業務。

美國革命在新的大西洋兩岸金融系統的發展當中扮演關鍵角色。我們看到美國人擺脫了歐洲對於股票市場和紙幣的法規限制。由於各殖民地長期缺乏實體錢幣，這表示要在金融上做一些設計，這也是約翰．勞提出的重要洞見。美國沒有錢幣，但有大量土地，人們理所當然地在金融系統中以土地當作抵押（土地是基本的價值來源）。早期的美國土地公司接下一七二〇年出現泡沫的公司未竟的事業；各式各樣引領殖民家庭安定下來墾殖俄亥俄谷的公司，便是一七二〇年發生泡沫、夢想著新世界的財富源源不絕流入的歐洲公司復刻版。在美國革命之後，不只是美國的公司開始實現這些夢想，荷蘭商人銀行家成立的公司也來分一杯羹。

有一點極有意思，投入土地炒作的和把年輕美國的債務證券化、從中大賺一筆的，剛好是同一批荷蘭投資銀行家；更有意思的是，他們以精明的方式管理荷蘭土地公司，大大成功。即便他們和羅伯．莫里斯、詹姆士．格林利夫與約翰．尼克森都有往來，但避開了這三人承受的厄運。精明的荷蘭銀行家大致逃過了華盛頓特區的大失敗；他們的美國夥伴之所以失敗，是後者傻傻買下土地，沒有先獲得融資。承作華盛頓特區貸款的阿姆斯特丹公司，名聲嚴重受損。這一點，讓我們想起近期的房貸危機，這場危機讓多家態度更馬虎的美國銀行砰然倒地。

---

8 Michael Chevalier. 1839. *Society, Manners and Politics in the United States; Being a Series of Letters on North America.* Translated from the third Paris edition. Boston: Weeks, Jordan and Company, pp. 305-306.

十八世紀時，大西洋兩岸來來回回做過好幾次紙幣試驗，其中有一些是金融史上最有創意的實驗。實驗有多重意義，其中一點是闡明的資產抵押貨幣潛力極大，並說明了我們可以把銀行想成把貸款轉換成貨幣的制度性架構。利用承作的貸款來發行貨幣的美國殖民土地銀行和中國的發明紙幣來相比，非常有趣；中國的紙幣可以想成是早期接受存款並發出存款請求權文件的部分儲備（fractional reserve）存款機構。兩相對照，說明了以金融技術來說，不一樣的迫切需求可以發展出非常類似的解決方案。發行以土地請求權為憑的紙券和貶值憑證，使得以金銀為憑的紙幣概念變得非常無趣。

當我在思考十八世紀的商人、投資人、企業人士與人民如何在新金融世界的複雜裡試著理出頭緒時，我很確定的是，就算我受過這一切現代金融訓練，了解發行契約、可轉讓債券、股票、共同基金、土地憑證、墾殖貸款與各式各樣的紙幣、匯票、證券發行以及在那個非凡的世紀蓬勃發展的其他各類驚人產品等種種問題，也一定會讓我力不從心。我看到的是，在這段時間內，金融思維的發展（以及擴展金融思維的數學工具的發展）是絕對的必需品。到了十八世紀末期，金融已經成為一套串接現在與未來的體系，而且有多種不同的形式。金融可以利用未來政府的收益與企業的冒險活動與投資工具，將價值轉換到現在，也有助於解決法定貨幣的基本矛盾：本來無一物。強勢的政府可以強制規定法定貨幣是交易的媒介，弱勢政府則需要以資產作為擔保。由於幾世紀以來都在背負債務，殖民地和革命政府缺乏現金，這些政體轉向改變土地等不具流動性的資產，變成可公開交易的債券與紙幣等流動性資產。

第四部　全球市場之聚合

全球的衝突

本書的第四部要講的是整個故事裡的最後一幕；到目前為止，金融技術的角色亦正亦邪，或者，比較適當的說法，是一個道德立場不確定的角色。在現代，金融固有的問題和機會，在文明發展方向上引發嚴重衝突。第一部中我們看到最早期的城邦，拜金融之賜催生出了複雜的政治組織，但是，要針對不確定的未來締約這件事，本來就有成本。舉例來說，違約不償還貸款可能遭受隨之而來的束縛拘束。在這樣的架構中，埋著全球衝突與政治不和的種子。

在第三部中，我們介紹了中世紀歐洲首先出現的金融工具與金融思維，也看到後來出現的反動：嚴禁收取利息，以及將金融技術定義為本質上有悖道德。接著我們看到金融思維出現了：從用來分析不確定性的數學，到專案計畫者想盡辦法發揮股份公司的潛力，用來從事分擔風險以及在全世界殖民等等活動。在第四部中，我們會看到早期某些指控金融悖德的言論再度出現，也有人提出充滿誘惑力的論點反對支撐起金融技術的原則，包括私有財產與企業自由。這個世界針對金融在社會中應扮演的角色重啟對話，在二十世紀初聲音漸強，基本上把全世界一分為二。

幾個世紀以來，威尼斯發明市政債券的終極意義是，一國人民可以持有另一個國家的債券。這套金融架構創造出來的成果是殖民開拓。當借款人是一個國家政體、而拿出錢來的債券持有人來自擁有大型現代化軍隊的國家，這會發生一個大問題。在這部分，我

圖43　為了籌資建造蘇伊士運河而發行的債券（作者提供）。

們要探討這個問題如何定義現代各國家政體之間的關係，特別是，我們將會看到像英國這類國家如何把債務與國內資本市場的力量當成工具，用來削弱他國的主權控制權。我們會看到，公元前第三個千禧年烏瑪與拉格什之間的請求賠償爭議一而再、再而三出現在十九與二十世紀。

這個世界終究找到方法處理某些主權債引發的最嚴重問題。舉例來說，現代之所以會出現如國際貨幣基金（International Monetary Fund）與世界銀行（World Bank）等國際機構，有一部分原因就是為了化解金融引發的政治問題。他們試著消弭國家政體之間簽訂的主權債務契約所衍生出來的軍事行動。歐元區的政治協商便是一個典型範例。現代版的全球債務，就是第四部的主調。

股市全球化

本書第四部的第二項主題，是投資機會開放給所有社會階層。一七二〇年時放出的是一名奇特的精靈，揭開了股市的神奇力量，捉住了大眾的想像力，也打開他們的荷包。十九世紀時，全球各地出現眾多投資市場，容許更多人從事儲蓄與投機，以利規畫自己未來的經濟生活，以及懷抱著一夜致富的希望與夢想進行交易。

這種新類型的社會資產造成了許多結果，包括制度面與智識面。開放投資市場刺激投資人追求更高的報酬與更廣泛的分散，這一點理所當然導向跨境投資。歐洲的資本深入全球每個角落追逐報酬，但也傳播了風險，引領股市全球化。

我們要循著股市在全球各地出現的蹤跡，追蹤股市投資的過程以及相關的文化反動。我們會檢視英國、俄羅斯、中國與美國的狀況，當作現代股市發展的案例研究。

約翰・梅納德・凱因斯（John Maynard Keynes）提出一項很有名的主張，指出帶動經濟成長的基本動力是動物本能（animal spirit）；我們看到一七二〇年時社會上湧現大量的生物本能。在這一部，我們也會看到人們對於金融市場期望後絕望（甚至憤怒）的模式一再地發揮影響力。對於投資新市場與新技術的衝動樂觀，很可能瞬間逆轉。股價崩盤，人們就對市場失去信心，市場探入投資人口袋的能力也隨著股價下滑。很重要的一課是，信任市場的力量對於維繫市場來說非常重要。

現代最重要的金融發展之一，是分散的科學（science of diversification），這是出自於機率數學的發明。分散的科學做出一些重要的預測，指出一旦投資人能廣泛進入全球各市場時他們會有哪些行為。分散的科學預測所有投資人會以同等比例持有世上所有資產，這是指，在一個無摩擦（frictionless）的市場裡，法國某個家庭持有的股票比例，將和加州某家大型的年金基金相同，而且，這個投資組合將會持有世上每一檔股票（實際上應該說是每一種證券），全都持有一點點。理論說，在全球社會的架構下，我們將平等地分得金融的利益。小額投資人一直要等到近代才能持有這種分散得宜的投資組合。這套理論是如何發展出來的，投資人又是如何慢慢轉變到持有這種奇特、均等的投資組合，是本書第四部的另一個主題。

最後，我將論述股票投資全球化導致了跨境的利益衝突，引燃了國家主義者的熱情，侵蝕了當地政府對於公司的影響力與控制力。股票投資人與國家政體間的衝突確實存在，而且尚無令人滿意的解決之道。最後這部分將探討衝突的未來，我也會提出一些關於可以如何解決問題的想法。

第二十三章　馬克思與市場

> 所有僵化、固定的關係，以及附隨的古老、陳舊偏見與想法，全都遭到掃除，新成形的尚未穩固就已經過時。固若金湯的煙消雲散，聖潔高遠的遭到褻瀆，人最終被迫清醒地面對實質的生活條件以及與同類人之間的關係。[1]

卡爾・馬克思（Karl Marx）和弗里德里希・恩格斯（Friedrich Engels）寫出上述這段文字，描述資本主義的亟欲創新如何殘酷無情地磨滅傳統社會。他們的著作《共產黨宣言》（*The Communist Manifesto*）於一八四八年印行，大力挑戰資本主義。這本書闡述了這個世界的錯誤，也說到該如何修正。他們認為，社會問題的根源就在於：貨幣、儲蓄與投資人。

1 Karl Marx and Friedrich Engels. 1906. *Manifesto of the Communist Party*. Chicago: Charles H. Kerr and Company, p. 17.

就只是一本書

我們很難想像，當珍妮・馬克思（Jenny Marx）第一次看到她在倫敦蘇活（Soho）區狄恩街（Dean Street）二十八號的新居時有何感想。如今，現址是一家明亮的餐廳，周邊都是高檔店面與酒吧。一八四九年時，蘇活區是淒涼的貧民窟。身為普魯士男爵之女，珍妮知道，和這位暴躁、聰明的卡爾・馬克思先生成婚，將會讓她的人生更艱難。雖然妻子屬於上流社會，但馬克思仍被逐出普魯士。事實上，她的兄弟是社會安全單位的主管，而顯然，卡爾・馬克思是危險人物。他支持一八四八年巴黎短命的起義行動，事敗之後飛往比利時。後來他移居科隆（Cologne），負責編輯一份激進的報紙，並在當地兩度受審，最後一次是因為煽動叛亂。在他遭到普魯士與法國放逐之後，英國是少數幾個願意接納他的國家之一。雖然馬克思家有工業家／共產黨人弗里德里希・恩格斯提供財務支援，但他們擁有的資源極少，因此少有選擇，只好住在蘇活區的公寓三樓。珍妮的人生從未好轉，他們的兒子死於肺結核，她必須不斷和債權人討價還價，他們家裡幾乎是家徒四壁，甚至不時面對被沒收的風險。但也就是在這裡，現代世界最重要的著作之一成形了。馬克思在這棟小小的公寓裡構思並寫出大部分的《資本論》（*Das Kapital*）。這個地點有一大好處。狄恩街距離大英圖書館只有幾步路，馬克思可以在圖書館裡閱讀各種和資本主義史相關的研究資源，他處難以相敵。倫敦曾是歐洲資本主義的熔爐，最激烈批評資本主義的人也住在這裡，這座城市裡發生的對話，形塑了現代世界。

《資本論》是一部大部頭，花了許多年才寫成，而且是分階段完成。在蘇活區居住八年之後，馬克思和珍妮搬出貧民窟、遷至恩格斯位於櫻草丘（Primrose Hill）的住家附近，但是早年生活的苦處讓馬克思對社會的批評更尖銳。從某些方面來說，《資本論》是一份讓他忙了一輩子、源出於恨的工作：他攻擊一套經濟系統，他認為，就是這套系統讓有錢投資的資產階級去殘害勞動階級。第一卷於一八六七年問世，第二卷與第三卷在他死後才於一八九四年出版，恩格斯是編輯，也是出版人。

早在馬克思之前就有人批評市場力量、銀行、股市、貸放與投資，《資本論》的新意，是這本書以資本主義的方式重新定義了資本主義，並預言其終將滅亡。他主張，未來資本主義失敗的種子埋在景氣循環當中。到最後，各工業化經濟體會出現嚴重

圖44　位在倫敦蘇活（Soho）區的建築，卡爾・馬克思（Karl Marx）就住在這裡，並在此寫下《資本論》（*Das Kapital*）（作者提供）。

的大衰退，刺激無產階級從資本主義者手中取得生產工具。在此同時，資本主義將會無情且系統性地吸光勞動階級的人生。

資本總論

在馬克思的世界裡，萬事萬物的價值都是投入創造這些事物的勞力之函數。馬克思的觀點改編自大衛・李嘉圖（David Ricardo）的研究；李嘉圖是十九世紀初英國一位聰明且具影響力的政治經濟學家，他提出一套以人力投入生產流程為基礎的價值理論。在馬克思重新建構的李嘉圖理論架構裡，貨幣是罪惡，因為金錢遮掩了生產特定商品需要用到的勞力。靠著買賣商品套利的人，利用了貨幣的扭曲力量。公司之所以能發放股利，是因為支付微薄的薪資給勞工，然後轉過頭以根本無法反映勞力價值的高貨幣價值出售商品。資本家控制生產的工具，用來創造剩餘勞動（surplus labor）並加以囤積。機械化和生產力的成長創造了更高的利潤，也造成裁員，這又導致出現一大群的廉價勞工。但失業會拉低產品需求，因而有損利潤。這種生產力成長與失業的循環，使得資本主義經濟體中定期發生危機。在某個時候，循環會中斷，勞工會控制生產工具，因此得以保留自身勞力的剩餘價值。我要向馬克思和持續長達一世紀的馬克思學派致歉，但這本書總而言之就是在講這些。

幾代的學者不斷辯證《資本論》，並指出其論述當中的主要缺點，尤其是勞動價值理論相關部分。這本書在邏輯上的限制幾乎不重要，它在歷史上的影響力根本無庸置疑。

以發明錢幣和發行義大利第一批債券為起點的金融技術，是馬克思論述當中的根本：

> 公家信用的系統、亦即國家債務的系統（我們發現其源頭出於熱那亞和威尼斯，而且最早可追溯到中世紀），在製造業當道時通常掌握著歐洲……而國家債務養出了一群仰賴年金的懶人階級，也讓金融家（他們是政府和國家的中間人）以及包稅人、商人和私人製造商（對他們來說，每一筆國家貸款的好處是，這是使用從天上掉下來的資本的機會）隨手能拿出財富，除此之外，還促成了合股公司興起，讓他們去從事各種可轉讓的交易和股票買賣，換言之，就是從事股票交易的賭博與現代銀行專政（bankocracy）。[2]

馬克思對歷史的解讀是，威尼斯與熱那亞的政府公債有助於發展出公開發行公司，最後導引出現代資本市場。他認為這是壞事；他的論述裡充滿了道德譴責，和中世紀經院學派的用語一樣。馬克思認為，債券持有人是「仰賴年金的懶人」。用這一點來區分資本家和勞動階級，聽起來純屬理論而且很誇張，但奇怪的是，這一點後來在許多國家成為支持革命的理由，而且在二十世紀裡有近五十年以這個標準來區分東、西方。在西方思想史上，至少有某個時候，關於社會公平性的重要主張是取決於金融史的細節。

《資本論》提出一套完整模型，解釋社會的每個面向。以現代學術用語來說，這本書是終極

2 Karl Marx. 2007. *Capital: A Critique of Political Economy-The Process of Capitalist Production*. New York: Cosimo, p. 827.

的「闡釋學」（hermeneutical）：這是一種解讀歷史、政治、經濟、人際甚至家庭關係的方法，憑著刻板印象將人分成不同的階級角色，然後把各階級的誘因加諸在他們身上。馬克思用的是歐洲傳統中的隱性原型階級（比方說，我們在第二十一章的《以愚蠢為鏡》裡看到的寓言式人物），但他又做了進一步的闡述。舉例來說，他是這樣描繪儲蓄者：

> 因此，囤積的人為了他對於金錢的迷戀而犧牲了物欲的歡娛。他盡心盡力，要做到基督教義所說的節制。另一方面，他在流通貨幣中取用的數量，不超過他以產品形式換得的貨幣量。他生產愈多，能拿去賣錢的量就愈多。勤奮、儲蓄與貪錢成為他的三種重要美德，賣多買少則成為他信奉的整套政治經濟學……貨幣數量有限但用處無限，這樣的衝突持續成為刺激因素，激勵著囤積者像西西弗斯（Sisyphus）推石上山一樣努力囤積。[3]

馬克思講的囤積者是典型的守財奴，而且還被講成戀物主義者，把壓抑下來的本能欲望轉移到貨幣上。

不同時代有不同表達形式的《資本論》，有時候是史詩，如但丁的《地獄》（*Inferno*），有時候是小說，如湯瑪斯・摩爾（Thomas More）的《烏托邦》（*Utopia*），有時候則是諷刺詩文，如伊拉斯謨的《禮讚愚蠢》。當然，《資本論》所描寫的遭受詛咒的世界最接近《地獄》：受困的靈魂，比方說囤積者這種人，被資本主義體系強迫永無止境且漫無目的地勞動。以《資本論》來說，馬克思是靈魂的指引，帶領世人看透現代人所處的工業國家地獄深處。他的目標是要凸顯社會的邪惡與錯誤。讓人恐懼的是，《資本論》並未指出離開地獄的道路，只是預測地獄終將滅亡。這本書提問題，但不給答案。

如果說《資本論》描繪了地獄，《共產黨宣言》則點出了救贖之路。馬克思和恩格斯將法國大革命當成靈感，認定以暴力推翻統治階級有其必要。為達目的，他們提出了共產黨的目標：

> 共產黨的立即目標和其他無產階級黨派相同：將無產階級匯聚成一個階級，推翻中產階級的優勢，由無產階級掌控政治力量。[4]

一旦達成目標，共產黨將會建立一個不分階級的新社會，沒收所有私人土地，以累進的方式課徵重稅，取消繼承，沒收移民和抵抗分子的財產，將銀行、信用、通訊、交通、生產，以及農業收歸國有，徵召每一個人投入工業大軍公平分擔勞力，要人民從都市下鄉，消滅童工並興建整合了工業生產的免費學校。很難想像這麼激進的計畫能實現。但我要說，冷戰期間還是孩子的我，曾經歷過這些政策在蘇聯和中國便是王法（至少理論上如此）的時代。

---

3 Karl Marx. 1921. *Capital: The Process of Capitalist Production*, Samuel Moore and Edward Aveling (trans.). Frederick Engels (ed.). Revised and amplified according to the fourth German ed. by Ernest Untermann. Chicago: Charles H. Kerr, p. 150.

4 Marx and Engels (1906), p. 33.

世界新聞

歷史上總會出現絕大的諷刺，其中之一是，雖然恩格斯尖銳批評資本主義，但他的人生大部分都在曼徹斯特的家族製造業工廠裡度過。更讓人訝異的是，雖然馬克思駁斥「股票買賣」與股票交易的賭博，他本人卻是很熱情的投機客與市場觀察者，在倫敦交易所積極交易美國債券和英國股票，而且獲利不菲，還向舅舅誇耀他從股市中獲得的佳績。此外，這兩人都是《紐約論壇報》（*New York Daily Tribune*）的專業記者，馬克思會署名，恩格斯偶爾替他捉刀。因此，雖然馬克思寫下了史上對於資本主義最嚴厲的控訴，但是他在整個一八五〇年代以及一八六〇年代初期都為紐約的投資人提供歐洲政經的消息與分析。

馬克思替《紐約論壇報》所寫的文章裡，有些可說是他最有趣的分析。報導需要實證證據與理性詮釋，但也容許他針對當前趨勢插入自己的看法。馬克思對於許多不公不義之事以強烈的道德立場發聲，比方說勞動階級的處境、英國在中國的鴉片交易、虐待精神病患者、美國的奴隸制度以及印度的殖民。他讚揚新興的工會運動以及朱塞普・加里波底（Giuseppe Garibaldi）以一場民粹主義起義成功統一了義大利。他寫的文章簡練、機智而且很有說服力。當我在讀這些生動的專欄文章時，差點就要原諒他了。

馬克思在《紐約論壇報》也描繪了一個全球緊密相連的世界，並呈現各地的地理政治動態。一八六〇年代時，這個世界的金融市場已經發展到一定程度，讓馬克思可以買賣千里外海外市場發行的債券。他可以針對印度殖民債券的每日利率變動發表評論。記者馬克思身在新金融世界的中心，這是一個延伸到全球的市場。一七二〇年發生的跨境資本流動、資本發行與針對全球事件進行投機交易等國際活動是一場小型的彩排，替十九世紀的金融世界預作準備。

在維多利亞鼎盛時期，閱讀馬克思和恩格斯所寫的商業訊息的倫敦人多，閱讀他們的評論文章與宣言的讀者少；此時，商業新聞的數量也不斷增加。倫敦的金融市場創造出大量的資訊。《經濟學人》（*The Economist*）雜誌是一份奉行自由貿易哲學的倫敦商業雜誌，會發布一份每月股票與債券價格列表，以小版面篇幅印刷，頁數超過五十頁。細讀一八六九年十二月號《經濟學人》的每月價格列表《投資人每月手冊》（*The Investor's Monthly Manual*），可以為讀者打開一扇窗看透馬克思的戀物者／囤積者的世界；他稱這個角色為「我們的朋友，錢袋」（our friend, Moneybags）。

假設我們這位朋友錢袋在一八七〇年新年當日（星期六）花了一先令又四便士買手冊，想知道自己的各種投資現況如何。他可以去倫敦的艦隊街上找家印刷廠買，或跑遠一點到伯明罕、曼徹斯特、赫爾（Hull）或愛丁堡。我個人喜歡把錢袋先生想成更老一點的恩格斯，走到倫敦的攝政公園（Regents Park）散個步，先在報攤前停一停，然後才回到可以俯瞰花園的舒適自宅；畢竟，恩格斯可是在一八七〇年左右就能退休，靠著投資過日子並繼續為共產黨而奮鬥，完成馬克思的大計。

翻開手冊，你會大吃一驚的是，《投資人每月手冊》和一百五十年前卡斯塔因的《交易過程》大異其趣：手冊列出了全球幾千檔證券的價格。翻到第一部分，錢袋可以追蹤超過由三十四個不同國家或殖民地發行的超過兩百零四檔政府公債。而一八七〇年一月時，政府公債只是全球投資組合中的一個部分。

錢袋可以研究超過七百檔鐵路證券的走勢，包括債券、股票，以及優先股（除了南極以外，各大洲都以優先股來替鐵道網融資）。鐵路投資額已達十一億英鎊。銀行以及其他公司（包括新一批的跨洲電報公司）的市值則達五千三百萬英鎊。迪福及其他深富遠見者想像股票市場將成為一個大型的資本池、為了建設更好的社會而效力，這個夢想終於成真。

投資價值的勞動理論

花點時間想一下，馬克思和恩格斯會如何解讀資本市場這麼龐大的規模。到了一八七〇年，在倫敦交易所裡有報價的金融資產價值已約達三十六億英鎊，以當時的情況來算，相當於全世界每個人都可以大約分到兩英鎊。如果換成勞動單位（這是馬克思和恩格斯偏好的價值衡量單位），總數將更可觀。一八六〇年代一個倫敦的普通工人每星期賺二十先令，年薪為五十二英鎊。[5]假設他的勞動年限可以持續五十年，倫敦交易所交易的資本相當於一百四十萬名勞工的勞動生涯價值。

到了一八七〇年，馬克思可能已經認為倫敦的資本市場濃縮了龐大勞工的勞動生涯精華，先是透過雇傭奴役制（wage slavery）吸乾所有價值，之後再轉換成超額利潤，最終以每天在交易所報價的無形紙上財富儲存起來。馬克思可能也已經主張這些價格都是假象；《投資人每月手冊》裡的數字都不是真的。用馬克思的話來說，投入其中的勞力才是真的。當我們的朋友錢袋於一八七〇年的元旦想著要買進維也納軌道電車公司還是偉大的俄羅斯鐵路公司時，他是仰賴剝削幾代勞工為生的惡棍，還是願意拿自己未來的財務冒險、在全球基礎建設的現代化過程中賭一把的投資人？兩者皆非？兩者皆是？

假設我們現在把三十六億英鎊想成一八七〇年時英國和世界上其他投資人節約消費存下來的淨存款。假設這些是來自於他們自身勞動的資本，而非剝削他人。這代表的是大量的勞動價值跨時移轉。以倫敦一般工人的薪水來算，這些存起來的資本可以養活一百四十萬人五十年。英國一八七〇年時的人口約有兩千萬人，因此，金融市場可以分給每個人一百八十英鎊。

這些數字有點虛假，因為其他資本市場也交易相同的股票和證券，比方說阿姆斯特丹、巴黎、柏林和布魯塞爾；一八七〇年時歐洲的總人口約為三億。但不管用什麼標準計算，倫敦資本市場的技術串接了過去與未來，媒介了大量儲存起來的人力資本價值。發行債券和股票的國家與公司，實際上是對於證券持有人承諾了這些存起來的資本現值，而且會給他們更多，投資人則期待他們可以花用這些資本以及其他增值來過日後的生活。資本不是偷來的勞力，而是一個大型儲藏庫，用來對抗不確定未來的風險。一八七〇年的倫敦交易所是一具大型的經濟槓桿，支點植於「現在」，平衡著過去的儲蓄與未來的美景。

5 Dale H. Porter. 1998. *The Thames Embankment: Environment, Technology, and Society in Victorian London*. Akron, OH.: University of Akron Press.

無處不市場

維多利亞時代，資本市場在短短幾十年就遍布全球，速度快過任何宗教的傳布。全球超過半數的市場出現於一八八〇至一九一〇年之間。任何面向的改變，都不會比股票交易所的百花齊放更明顯。忽然之間，每個國家都需要一個資本之泉，基本上每座大城都有一處實體的股票交易所建築，這是十九世紀現代化與進步的象徵，這種新的制度架構取代了皇室宮殿、立法機關以及法庭法院。世界各地的交易所改變了十九世紀城市的形貌，創造出新的區塊，用山形牆、柱子和新的神祇裝飾自身。

雖然許多國家都成立交易所，倫敦仍是股票與債券交易最活絡、最頻繁的地方。舉例來說，雖然紐約交易所的年代可溯及一七九二年，但一八八〇年代很多美國鐵路股都在倫敦出售大部分的股票和債券。美國開拓西部的行動，有一部分資金便來自英國投資人。理由很簡單；倫敦是資金所在之處。

環球股票交易所有限公司

在倫敦市中心的帕爾林蔭道（Pall Mall）盡頭有一棟宏偉的建築物，百年前，這裡是環球股票交易所有限公司（Universal Stock Exchange, Ltd.），是一家專為倫敦投資人提供服務的金融公司，在全球各金融市場投機買賣。環球股票交易所有兩項倫敦股票交易所比不上的優點，第一，它以電報下單，實際上是一種電子交易；第二，它專門投入廉價的投機炒作。環球交易所給交易者三個月的時間實際交割。在慣例為兩星期的寬限期（grace period）內，不用交割股票或付錢，可以在無結算成本之下多次交易股份。你可以把環球股票交易所想成現代線上當沖交易平台的先驅；這是馬克思最大的噩夢。

在背後一手打造出環球股票交易所的人是亨利・洛溫菲德（Henry Lowenfeld），但如今沒有人記得他是現代金融的重要人物。他從波蘭移民到英國，於禁酒運動（temperance movement）如火如荼時，銷售不含酒精的艾爾淡啤酒（ale），在釀酒業賺了大錢。之後他成為成功的倫敦劇院大亨。一八八九年，洛溫菲德將他的才華發揮到其他地方，成為商業人士以及敏銳的社會趨勢觀察家，察覺到股市投機炒作的風尚。當洛溫菲德投入股票經紀業務時，他提出一個必然會誘惑人們買入更多投資的聰明想法。他相信，只要投資人買進更多不同的證券，他的投資組合就更穩當。他是現代分散科學的先驅。

一九〇九年，洛溫菲德寫了《投資：一門精密科學》（*Investment: An Exact Science*）這本書，在書中提出了資本地理分配理論（Geographical Distribution of Capital），據此推論投資組合應由來自全球各地幾個不同經濟區的各種證券組成，包括：北美、南美、非洲、北歐、南歐、俄羅斯、中國和印度。他認為，特定地區的債券多半走勢相同。舉例來說，無論一個人的投資組合裡持有多少檔英國證券，這些部位都會受到共同的因素影響。簡言之，不要把所有的雞蛋放在同一個籃子裡：

要保障投資資本安全，可以切分資金（一）找到幾檔穩健的個股，而且（二）性質相同，但是（三）每一檔債券[6]面對的市場或交易影響因素必須完全不同……我們所說的市場影響因素，指的是影響股票交易所（股票主要在交易所裡交易）所在地一般投資市況的因素。[7]

洛溫菲德利用一八九五至一九〇六年環球股票交易所交易的證券價格趨勢圖表來證明理論。他的圖表顯示，在這段期間內，以國家別來看，每一個國家債券有不同的走勢：一國的債券下跌，其他國家未必跟進。一七二〇年的全球崩盤先不管；洛溫菲德聚焦於近期，那是全球市場快速成長的期間。一旦收集並分析過這些數據之後，他了解到在全球分散投資可以降低整體投資組合的風險。因此，他推論，真正分散的投資組合範疇必須涵蓋全世界，而投資人需要便利的交易所來建立這種理想的現代分散投資組合。

洛溫菲德僅用鐵路股就建構出了一個完美的範例。來自同一國同一產業的各種債券通常高度相關，而洛溫菲德的投資組合平均投資全世界十家鐵路公司的債券：英國、加拿大、德國、薩丁尼亞、印度、埃及、美國、墨西哥、阿根廷和西班牙，所有債券的殖利率都相當。因此，這個投資組合的預期報酬率和單一鐵路債券相同，但是把全球債券組合之後大幅降低了波動性。洛溫菲德是從帽子裡變出兔子的魔術師；在他的禮帽裡藏的是世界各國的債券，變出來的則是一項非常穩定的投資。雖然要到二十世紀之後才有學者把這項發現化為公式並變成通則，但洛溫菲德的發現仍是很了不起的概念，帶來許多影響，其中之一就是促成倫敦的資本流出到全世界。他證明了一件很矛盾的事：投資全球看來風險很高的事業，反而是一件很安全的事。

活生生的投資組合

洛溫菲德的分析極為創新，他的環球股票交易所也成為高效率的工具，供人投資全球市場。從某方面來說，他只是大力支持荷蘭與英國早已付諸實踐的投資取向而已。我們在第二十二章中看過，十八世紀出現的荷蘭共同基金，就分散投資國際債券。一八六八年時，證券控股公司國外及殖民政府信託投資（Foreign and Colonial Government Trust, F&C）也將同樣的概念引進英國。這家信託投資公司的創辦人是人脈很廣的保守黨律師菲利浦・羅斯（Phillip Rose），公司的投資組合裡多半都是各國高殖利率的債券，包括：埃及、義大利、祕魯、西班牙、俄羅斯、奧地利、土耳其、多瑙河區、澳洲、新斯科細亞省（Nova Scotia）、美國、巴西和葡萄牙，殖利率從百分之五（新南威爾斯）至百分之十五（土耳其）。[8]任何一檔成分債券都可能違約（事實上有些還真的違約了），但是將所有債券組合在一起後大有保障，損失的風險大減。金融史學家班恩・查伯特（Ben Chabot）收集大量十九世紀英國市場的數據並加以分析，近距離檢視英國第一批投資基金的表現，他得出的結論是，雖然這些基金績效通常落後大盤，但是很穩健，而且，更棒的

---

6 原文為「stock」，這是英國對於債券工具的說法，股票工具則稱為「share」。這種用詞讓美國人很困惑，因為美國習慣將股票稱之為「stock」。

7 Henry Lowenfeld. 1909. *Investment: An Exact Science*. London: Financial Review of Reviews, pp. 11-12.

8 Elaine Hutson. 2005. "The Early Managed Fund Industry: Investment Trusts in 19th-century Britain," *International Review of Financial Analysis* 14: 439-54.

是，對於一般投資人來說是很好的廣泛分散之道。9

確實穩健。國外及殖民政府信託投資至今仍存在，管理的投資人資產上看幾十億英鎊；這家公司撐過兩場世界大戰、大蕭條（Great Depression），當然，也挺過了二〇〇八年的金融危機。公司的投資組合仍然鮮活，唯焦點早已轉移到股票而非固定收益。但打從一開始讓這公司能成功的基本特質一直沒變：以信託方式持有投資人的資金、廣泛分散到各種證券、分配股息，並讓投資人可以出售股份變現。國外及殖民政府信託投資成立於《資本論》第一卷出版的一年後，這家公司盡可能消除投資當中的風險元素。這類信託基金不設法從全球市場中挑出輸家與贏家，而是讓人們賺得平均報酬；而洛溫菲德的統計分析顯示，當全球經濟正在起飛之時，平

GEOGRAPHICALLY DISTRIBUTED INVESTMENTS* PRODUCING 4 PER CENT. PER ANN.

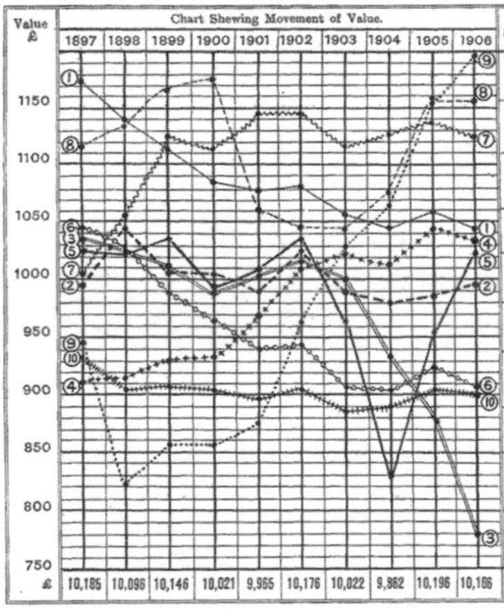

Geographical Division.	Quantities and Names of Stocks.	Table Shewing Annual Income. 1897	1898	1899	1900	1901	1902	1903	1904	1905	1906
BRITISH.	① £1,000 India 3½% Stk.	£ 35	£ 35	£ 35	£ 35	£ 35	£ 35	£ 35	£ 35	£ 35	£ 35
BRITISH COLONIES.	② £900 Canadian Pacific Rly. 4% Perp. Debs.	36	36	36	36	36	36	36	36	36	36
EUROPE, NORTH.	③ £1,000 Russian 4% Cons. R. Rd. Bonds, Ser. I.	40	40	40	40	40	40	40	40	40	40
EUROPE, SOUTH.	④ £1,000 Italian 5% Rentes†	40	40	40	40	40	40	40	40	40	40
ASIA.	⑤ £1,000 Japan 5% 1895–6	50	50	50	50	50	50	50	50	50	50
AFRICA.	⑥ £900 Cape Town 4% 1943	36	36	36	36	36	36	36	36	36	36
AMERICA, NORTH.	⑦ £1,100 Denver & Rio Grande 4% 1st Mtg. G. Bonds	44	44	44	44	44	44	44	44	44	44
AMERICA, CENTRAL.	⑧ £800 Mexican Railway 6% Debs.	48	48	48	48	48	48	48	48	48	48
AMERICA, SOUTH.	⑨ £900 Great Western Brazil Rly. 6% Perm. Debs.	54	54	54	54	54	54	54	54	54	54
INTER-NATIONAL.	⑩ £900 International Invest. Trust 4% Perp. Debs.... ...	36	36	36	36	36	36	36	36	36	36
Capital—Total Annual Values—Income £		419	419	419	419	419	419	419	419	419	419

* NOTE.—Geographical Division of Capital necessitates an equal division over similar stocks, every one of which is subject to a different trade influence. In the above Chart the conditions of similarity in quality and difference in trade influence only have been complied with, the Capital division is quite uneven. If an even Capital division had been adopted all zig-zag price lines would of necessity have started from the same point, and this would have made the Chart quite undecipherable. For this reason the above is not a perfect investment list from a practical point of view.

† Italian Tax of 20% deducted.

圖45　取自亨利・洛溫菲德《投資：一門精密科學》書中的圖表，顯示全球債券的價格波動以及波動如何互相抵銷、構成平穩的價格走勢與息票金流（Henry Lowenfeld, *Investment: An Exact Science*）。

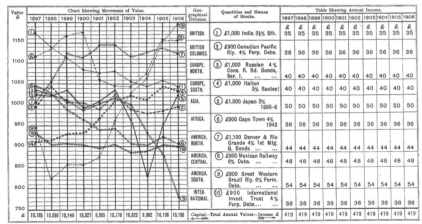

均報酬通常就已經夠好了。

與馬克思相對照，洛溫菲德將公開的證券市場描寫成對社會大有利的制度，一般存款人可以藉此參與全球擴張和分享經濟成長，也是釋出資本投入對社會有益事物的方式。他力主社會上每個人都要做投資，勞動階級更是。在資本市場裡投入愈多資金，工業的成長速度愈快，勞工就有愈多就業機會。最終，因為明智審慎地分散投資，才可能替未來退休時累積財富。馬克思認為，金融資本主義對勞動階級來說是帶來厄運的工具，洛溫菲德卻認為，這是保障安全的方法。不管怎樣，金融市場確實造成了意外的政治結果。

霍布森的帝國主義

在本章中，我們檢視公司金融以及以此為核心發展出來的政治生態如何構成環境條件，造成現代的全球衝突與革命。我們先從英國的自我批評自由派傳統開始。第一次世界大戰之前，反對英國海外投資最力的，是作家約翰・霍布森（John A. Hobson）。今日世人將霍布森視為重要的經濟學家與政治觀察家，但在他的時代，他因為身為馬克思理論支持者而被學術圈排擠。如果是現代，我們可能會說霍布森是「公共知識分子」（public intellectual），是針對全球各類事件發表評論

9 Benjamin Chabot and Christopher Kurz. 2011. "Trust Me with Your Money: English Investors and the Precursor of the Modern Mutual Fund." Available at: http://citeseerx.ist.psu.edu/viewdoc/summary?doi=10.1.1.195.459.

的名嘴。一九〇二年霍布森出版的《帝國主義研究》（*Imperialism: A Study*），是他的經典之作。這本書高舉馬克思的大旗，主張歐洲各國在資本主義追求利潤的動機牽引之下，已經讓世界文明踏上通往災難之路。歐洲挾著龐大的軍事與經濟力量，將政治控制力擴張到世界其他角落。驅動政府這麼做的力量，是因為投資的超額資本是資產階級的儲蓄，而政府希望降低投資人的風險：

投資人將資金放在國外，條件是要完全承受和該國政治條件相關的風險，他們想的是利用自家政府的力量盡量減緩這些風險，以利提高資本價值以及私人投資的利益。這些投資與投機階級通常希望英國將他國納入旗下，以取得新的地區供人民從事獲利豐厚的投資與投機。[10]

霍布森認為，富有的投資人（甚至包括國外及殖民政府信託投資的經理人）一定會敦促政府保障他們的海外投資。

但霍布森的論點裡有一項明顯立現的缺點，那就是有買家，就會有賣家。雖然歐洲投資人會施壓要求政府照顧自己的海外投資，但新興市場國家發行股票與債權完全是出於自願。全球的政府和公司都是各憑己意在倫敦交易所借貸。倫敦交易的證券有很多都用在現代化、新科技和基礎建設上。北美、俄羅斯、南美、中國和非洲的鐵道、運河、輕軌電車與電網，都是用歐洲投資人的資金打造出來的。帝國主義與發展是一體的兩面；金融是讓國際之間更平等的好工具。舉例來說，衣索匹亞也可以向蘇格蘭一樣擁有優質的鐵道系統，前提是要能使用資本市場。所有投資人都希望得到公平的資本報酬，以及某種程度上保證這筆錢可以拿回來的承諾。

保證之一是擔保品。假設債券投資人提供資金給中國建設鐵道，他們認為，如果中國政府不履約償還貸款，那他們就應該取回鐵路。政府了解投資人需要保證，通常提出財產權或是政府從鹽與菸草的專營權中獲得的稅收作為擔保。問題是，政府有權提供這些擔保嗎？揮霍浪費的統治者可否用國家的資產來借錢然後違約，讓國有財產落入外人手中？主權違約引發了政治合法性的基本問題。

欠《阿伊達》的錢

威爾第（Verdi）的《阿伊達》（*Aida*）至今仍是公認最奢華的劇作。在鄂圖曼帝國指定的埃及統治者伊斯邁爾帕夏（Isma'il Pasha）授命之下，這齣歌劇於一八七一年時在開羅公演，讓一批國際外交官觀眾看得心蕩神馳。以埃及風情為中心要旨的華麗舞台設計，至今仍能獲得觀眾的青睞，與一百四十多年前首演後相比毫不遜色；我永遠也不會忘記，看到《阿伊達》的大型道具放在維洛納（Verona）羅馬競技場的情景；這可是雙重的時代錯誤。花下天價成本的《阿伊達》，達成伊斯邁爾想要的效果：讓埃及獲得國際認同晉身為現代化國家，並拉近他的國家與歐洲之間的文化聯繫。

伊斯邁爾帕夏是國際債務市場中最積極的海外借款人之一。他於一八六三年時成為埃及總督

10 J. H. Hobson. 1902. *Imperialism: A Study*. London: Cosimo, p. 63.

（khedive of Egypt），當時埃及屬於鄂圖曼帝國轄下有自治權的附庸國，隨即開始帶著他的國家邁向現代化，建造基礎建設並接受西方的文化與品味。他發表過一段很有名的聲明：

> 我的國家不再屬於非洲；我們現在是歐洲的一部分。因此，我們自然要放棄過去的方式，採用適合我國社會狀況的新體系。[11]

伊斯邁爾最大的成就，是在一八六九年開通蘇伊士運河，但在金融上也和在水利建設上同樣成功。負責籌措此專案所需資本的機構，是屬於私人的蘇伊士運河公司（Compagnie universelle du canal maritime de Suez），一八五八年由聰明的外交官兼專案計畫家斐迪南・德・雷賽布（Ferdinand de Lesseps）所創立。這家公司和伊斯邁爾之前的統治者商定，用公司的股份交換長期的經營許可權。交易的細節顯露出歐洲海外投資與霍布森帝國主義間的基本緊張關係。

蘇伊士運河公司實際上是一家埃及公司，但與埃及政府達成協議由法國的公司法管轄。[12]當時埃及的法律基礎設施還不足以定義與保障股東權利，若沒有值得信賴的公司法，不可能籌到這麼大筆的必要資本。這筆交易也涉及領土的退讓。運河屬於埃及，但公司可全權開發並管理這項資產，實際上，這家公司取得長期土地租賃權，穿過埃及。蘇伊士運河公司的董事與高階主管駐守法國，從法國監督埃及這邊的運作。

理論上，雖然這家埃及公司受法國管轄，但實際上仍在埃及總督的掌控當中。總督以埃及政府的名義持有百分之四十四的股份，未來可收取運河百分之十五的營收。這套複雜的架構看來既保障了埃及領土的完整，同時又能吸引全球的投資資金。

到了一八七五年，伊斯邁爾的負債已經變成國際問題。他顯然錯估了現代化與領土擴張能帶來的利益。由於無法償付海外的債券持有人，他被迫把自己的蘇伊士運河公司持股賣給英國。設計這項收購案的人是班傑明・迪斯雷利（Benjamin Disraeli），他藉此讓英國獲得運河的掌控權，唯這種政治掌控權的形式，是英國從一家受法國公司法管轄的埃及公司取得所有權。海外債權人希望能取回投資，紛紛成立協會要求直接控制埃及總督的財政，而他也於一八七八年時交出經濟大權。在《阿伊達》成功首演後短短幾年內，伊斯邁爾就把埃及的行政管理權拱手讓給英法集團。控制權之後分裂，後來變成由法國取得利比亞，用以交換把埃及讓給英國。

埃及人對於受外國控制倍感憤怒，尤其是他們自己能分得的運河收益少之又少，國家現代化的益處也微乎其微。隨著財政被轉手，埃及各種創造營收的重要國有資產也落入英國手中，導致埃及人根本沒有財政措施可用。這個國家雖然長久都被遙遠的鄂圖曼帝國統治，被歐洲接管卻讓埃及憤怒不已。

一八八二年，阿邁德・阿拉比（Ahmed Urabi）上校發動一次民主起義，推翻英國的占領。

---

11 Sandra A. Scham. 2013. "The Making and Unmaking of European Cairo," *Journal of Eastern Mediterranean Archaeology and Heritage Studies* (1) 4: 313-18.

12 P. J. Cain. 2002. *Hobson and Imperialism: Radicalism, New Liberalism, and Finance, 1887-1938*. New York: Oxford University Press.

他最得人心的口號是要民主。鄂圖曼帝國指定的伊斯邁爾，讓埃及人民背上還不清的國際債務。埃及人民在這件事上根本無法表達意見，但是他們卻要負責還債。管理埃及財政的海外經理人，如今只圖能拿出錢來償付海外債權人。

阿拉比的起義行動始於六月在亞歷山大港（Alexandria）攻擊外國人，行動蔓延到整個埃及。英國的砲艇轟炸這座港口城市，最後在特勒凱比爾戰役（battle of Tel el-Kebir）打敗反抗的埃及人民。一場以主權債危機起頭的事件，無法避免地演變成帝國主義；當然，肇因便是戰略上極為重要的蘇伊士運河掌控權。

埃及雖然因為利用海外資本得以如火如荼地推動國家現代化，但其陷入債務的命運對所有國家而言都是一記警鐘。前一刻，伊斯邁爾還在開羅歌劇院招待歐洲的達官顯貴，下一刻，同樣這一群人就奪走他的財富和權力。更糟的是，他的人民還必須償還他的過度花費。自古以來，同樣的債務與束縛情節便不斷上演，但發生在現代時，國家主權關係重大。十七、十八世紀時的殖民世界，是英國、西班牙、荷蘭、葡萄牙與法國等貿易大國保護本國國際貿易的結果，對照之下，十九世紀造成主權被剝奪的原因，有愈來愈多是因為契約上的違約，捍衛投資者的權益變成侵害他國主權的理由。金融締約的發展已經來到史上關鍵點：如今，這在重新安排政治控制權上扮演了重要角色。

奇怪的是，就算霍布森指出以錢為重的投資人和發展這個事件之間存在根本性的衝突，但他認為帝國主義是很好的穩定機制。洛溫菲德最鍾愛的期刊是《評論之金融評論》（*Financial Review of Reviews*），霍布森曾為這份期刊撰寫過一系列關於投資的論文，他推論，互相依附的國際金融市場與機構組成的網絡很複雜，可以保障任何大國都不會想要去攻擊對方。[13]他認為，如果德國攻擊英國，德國存款人所遭受的利益損失，將會如同英國人一般。任何出口資本的國家，都承擔不起與彼此切斷金融聯繫的後果。實際上，全球市場是一種相互保證金融毀滅（mutually ensured financial destruction）的契約。雖然金融世界的周邊可能爆發類似埃及起義的反抗行動，但中心必定穩固。就算歐洲各國的殖民地或準殖民地偶爾起來對抗帝國主義的控制，但在利益所及的投資人與為投資人提供服務的政府強力主導之下，這個世界最終必定會朝向和平主義邁進。他可錯得離譜了。

---

13 Caroline Piquet. 2004. "The Suez Company's Concession in Egypt, 1854-1956: Modern Infrastructure and Local Economic Development," *Enterprise and Society* 5 (1): 107-27.

第二十四章　中國的金融家

其他地方也複製了埃及的經驗，其中之一是中國。中國與西方金融的相遇是一段複雜而有意思的故事，同時凸顯了資本主義某些最好與最惡劣的特質。雖然中國在整個十九世紀逐步承受金融殖民主義的侵略，但中國的官員和企業家也快速採用最先進的金融工具，並加以發展以適合己用。因此，到了二十世紀初期時，上海已經是重要的金融中心，擁有重要的銀行與股市，為私人企業以及中國重要的基礎設施發展計畫提供資金。中國的投資人和世界各地的投資人一樣，迷上了投機炒作。市場會因為橡膠貿易等新事業的錢景看好而火熱，會隨著銀行與金融體系遭遇衝擊而崩盤，中國的市場變成擴大散戶投資人的地方。中國的企業家設法在多重文化的世界裡走出一條路，處理海外競爭、戰爭與國力漸弱衍生出的複雜問題，帶領中國成為現代經濟體。到了一九〇五年，中國的官員已經採行公司治理與精密的公司法規，奠下基礎，以利成功轉型到私人股份公司所有權制。然而，一九四九年中國的共產黨革命重新用截然不同的標準來定義這項成就，將此解讀為西方資本主義的殖民剝削。在他們革命史中，這一點是真理的起源。中國金融的現代化來自於中央政府的衰敗與主權遭到侵略，揭開序幕的是一種危險的毒品。

癮頭是賣點

鴉片貿易是金融史上最醜惡的片段之一。到了十八世紀末，英國東印度公司已經有了完善的貿易網絡，從印度進口鴉片到中國。從事鴉片貿易的主要目的是為了該公司的利益，這是一種用來平衡中國茶葉出口到英國的自然而然商品交易。用來支付茶葉價款的實質錢幣（白銀），在英國的通商口岸廣州可以用鴉片的銷售金額抵銷。中國的統治階層非常清楚這種貿易的危險，雖然祭出各種做法試圖禁止鴉片交易，但到了一八三〇年代，鴉片仍是全世界最重要的貿易商品之一。在中國，吸食鴉片是合法的，但會毀了人生。對於英國東印度貿易公司的投資人來說，鴉片貿易利潤豐厚，因此極具吸引力，但中國的政府也從中獲利。一八三四年，英國東印度公司失去壟斷權，鴉片貿易開放競爭，一小撮的對手商行也涉入這一行，其中包括由怡和洋行（Jardine, Matheson and Company）、旗昌洋行（Russell and Company）和甸特洋行（Dent and Company）合組的合夥事業。

雖然當時已經有很多中國人堅持英國應該終結鴉片貿易，但最後這一家甸特洋行仍靠著在加爾各答買進鴉片後進口到廣東賺了大錢。一八三九年，湖廣總督林則徐受命，要重振中國的權威並阻止鴉片貿易。他一開始先監禁蘭斯祿・甸特（Lancelot Dent），沒收並銷毀洋行的鴉片庫存。林則徐繼續強迫所有外國商人把庫存鴉片交出來，總共查得兩百六十萬磅。由於如何賠償遭沒收的鴉片出現歧異，引燃了第一次鴉片戰爭的戰火。

雖然英國政府有人發出同情之聲，支持中國有權結束鴉片的毒害，被激怒的全球媒體也直指英國的貿易完全為了自利，但商業利益和外交仍勝出。英國的砲艇強迫中國打開口岸允許鴉片貿易。一八四二年簽署的南京條約，讓英國商人有權在以下五口通商：廣州、廈門、福州、寧波和上海。[1]過去貿易港口僅限廣州，現在英國商人卻可以沿著中國海岸在幾個港口從事獲利可觀的茶葉與鴉片貿易。

大聚合

鴉片貿易雖是第一次鴉片戰爭的近因，但更深入的問題是主權國家中國的控制邊境權，以及要求外國商人遵守其法律的權力。第一次鴉片戰爭代表中國主權嚴重受到侵蝕，第二次鴉片戰爭（一八五六至一八六〇）又更嚴重，

圖46　位在上海外灘的輪船招商局辦事處。輪船招商局成立於1872年，是中國第一家公開持股與交易的公司（Swire Chin）。

1　當時的英譯名和目前慣用的羅馬拼音不同，原文裡用的是Canton、Amoy、Foochow和Ningpo，目前的拼法則為Guangdong、Xiamen、Fuzhou和Ningbo。

在北京圓明園遭到大肆劫掠與幾乎全毀當中結束。這場戰爭完成了外國商業利益逼迫中國的過程，讓中國允許外國貿易，並接受一套治外法權體系。

兩場鴉片戰爭的其他結果，是以長期租賃的方式把香港割讓給英國，以及由中國賠償英國和其同盟國家作為和解條件，第一次戰爭是為了賠償遭燒毀的鴉片，第二次則是戰爭的費用。第一次鴉片戰爭賠款兩千一百萬銀元，分三年以百分之五應付利息計算。收取賠款事宜由一名英國官員負責監督，這名官員同時控制所有通商口岸的關稅稅收，實際上，這是在重要的政府收入中排除了中國的主權。忽略通商口岸的海關，後來變成中國財政中一項很重要的制度特色。

這樣的架構安排當然有利於對中國的貿易，英國公司受惠最大，美國的企業家也雨露均霑，因為他們也有權在通商口岸中分一杯羹。這成為西方商業實務與金融技術進入中國的通道。雖然十九世紀末時中國已經有一些金融機構，包括本土的金融系統以及一些為開採鹽礦及農業等企業提供資金的股份公司，但這些都不是責任有限公司，股份也並未在股票交易所交易。基本上，中國市場現代金融的種子，是因外國入侵而植下，但當它開始茁壯，卻長成其特有的姿態。

雖然中國社會長久以來排擠私人企業並由政府掌控商業，但在第一次鴉片戰爭之前，英國本身也還有反對股份公開發行的規範。根據衍生自一七二〇年〈泡沫法〉的英國法律，英國人成立責任有限公司的自由仍然大幅受限。公司為了規避英國的限制，會成立非有限責任的股份協會（share association），但當時尚無如同今日一般的設立公司之自由。少數這麼做的公司，必須和國會協商條件。十九世紀英國的股權融資是一種弱勢架構，要在受英國管轄的上海成立大型股份公司，是一項大工程。

一八六五年，有一群香港商人和英國官員聯合起來，包括甸特洋行的約翰・甸特（John Dent）、沙遜洋行（Sassoon and Sons）的亞瑟・沙遜（Arthur Sassoon）、香港碼頭主管兼鐵行輪船公司（Peninsular and Oriental Steamship Company）董事長的湯馬士・修打蘭（Thomas Sutherland），創辦香港上海滙豐銀行（Hong Kong Shanghai Banking Company），也就是今日的滙豐銀行（HSBC）。這家銀行一八六六年時取得股份公司地位；這時，距離英國最終鬆綁法規、不再限制本國企業不可以有限責任公司形式營運起算，又過了十年。這份讓人期待已久的自由，是國會通過一系列法案才得到的，終點是一八五六年的〈聯合股份公司法〉（Joint Stock Companies Act）。香港上海滙豐銀行位處半個地球以外由英國控制的通商口岸，因此需要特別的許可，最後也拿到了。這家銀行的股份首先在香港流通，六個月之後在上海進行第二次發行。

滙豐銀行從一開始就政商關係良好，因此不但成為替中國貿易提供融資的主要商業銀行，也是中國海關稅收的庫房。以此為基礎，這家銀行也根據未來的海關稅收貸款給中國政府。從某方面來說，滙豐銀行管理了中國政府走向現代化的政府赤字支出過程。滙豐銀行早期不斷安排以海關稅收為憑的貸款，舉例來說，一八六六年時，閩浙總督左宗棠便向滙豐銀行貸款以平亂。一八七七年，滙豐銀行承作第一筆中國政府融資，貸款金額為五百萬兩（兩是中國白銀貨幣的單位）。[2]在金融方面經歷自威尼斯貸款的分歧之後（請參見第十章），這是中國政府重新連上西方

2 請參閱 William N. Goetzmann, Andrey Ukhov and Ning Zhu. 2007. "China and the World Financial Markets 1870-1939: Modern Lessons from Historical Globalization," *Economic History Review* 60 (2): 267-312。

式主權債的最後一步。

儘管創辦人的手也伸入鴉片貿易，但滙豐銀行在中國採行現代金融的整個過程中仍扮演了庫房、中介與包銷商的重要角色。中國的情況就和歐洲一樣，因為積弱的政府需要錢，因此開始發行債券。上海成立的全球金融機構（受新修訂的英國公司法律管轄）是重要的刺激因素，有助於中國採行新的金融技術。到最後，一系列的國際貸款（許多都由滙豐銀行承作，在倫敦、比利時、巴黎、聖彼得堡以及其他歐洲大城籌資），在十九世紀末、二十世紀初為中國主要的鐵道和基礎建設的發展提供了資金。這套利用海關稅收以及其他特定稅收取得貸款的流程，讓國際投資者對於未來受償的可能性感到放心。但這最後也成為中國人民心中的癥結點。

企業家和中國之道

第一批進駐廣州（這是第一次鴉片戰爭之前唯一開放的港口）的西方公司必須使用中國官方認可的中間人，一八四三年時取消這項規定，但在實務上仍延續。貿易商行大都由中國管理者管理，這些人在歷史上被稱為「買辦」。買辦是貿易商行的中國代理人，但是他們也涉入商品貿易交換：鴉片、絲綢、茶葉和棉花。身為外國企業的重要員工，他們享有治外法權，而身為中間人的地位，又讓他們有機會為了自己的利益從事交易。隨著開放的通商口岸愈來愈多，買辦系統也隨之擴張，廣東的商人占有優勢地位。買辦有一項重要特色，那就是這些人要接觸中國的本地企業，這個關係網絡的基礎是信賴、保證與廣義的家族關係。[3]同樣的，貿易商行的買辦也要替這個網絡擔保，以贏得西方企業的信任。若有任何一方不履約就會變成買辦的責任，而就因為這樣，買辦通常都能賺得不錯的報酬。

有些買辦後來富可敵國，但最重要的是，他們從中學到了金融知識。買辦不僅能操雙語（或多語），也是熟悉兩套金融體系的專家。他們在東西方之間套利的活動不僅限於中介大宗商品與製成品，也中介金融技術，形式為投入銀行業以及協助推出中國自有的股票交易所。

有個廣東家族在引介新式金融技巧方面尤其扮演重要角色。徐榮村（一八二二—一八七三）是甸特洋行的首席買辦，很年輕的時候就靠著絲綢貿易致富，但他最著名的事蹟，是在一八五二年倫敦世界博覽會（London World Expo）以中國的絲綢參展。這也就是說，當他仍在甸特洋行任職時，同時也已經是一位成功的企業家。徐榮村把他的姪子徐潤帶入甸特洋行，一八六一年時，徐潤承襲叔叔的地位，成為甸特洋行首席買辦，並於一八六八年離職自行創業，成為當時上海規模最大、大量以融資操作的地產王國之一。

一八六五年甸特洋行正式安排香港上海滙豐銀行的股份在香港流通（首先在香港發行，六個月後又到上海發行），徐潤是甸特當時在上海的買辦。也因此，徐潤不僅極熟悉甸特洋行的商品交易，他很可能也參與了滙豐銀行在上海發行的相關業務，親眼見到如何成立一家股份公司、如何發行股份。

3 請參閱 Pui Tak Lee. 1991. "Business Networks and Patterns of Cantonese Compradors and Merchants in Nineteenth-Century Hong Kong," *Journal of the Royal Asiatic Society Hong Kong Branch* 31: 1-39。

中國的買辦積極投資許多十九世紀在通商口岸成立的公司，其中有一些是保險與航運公司，與一七二〇年的金融創新相映成趣。有中國商人投入大量資本的企業包括一八三五年成立的澳門聯合保險公司（Union Insurance Company of Macao）、一八三六年成立的廣東保險公司（Canton Insurance Company）、一八六二年成立的揚子保險公司（Yangtze Insurance Association）、一八六三年成立的北中國保險公司（North-China Insurance Company），以及另外四家於一八七一年前成立的保險公司。[4]威廉・湯瑪斯（William A. Thomas）是研究上海交易所的歷史學家，他估計，以一八六〇年代起創辦的公司來說，中國投資人（商人與買辦）的投資資本占比高達百分之四十至五十。這也就是說，將公開發行的公司引進中國，不僅為企業提供一種融資的方式（尤其是對船運與海事保險來說），也讓中國的投資人得以分散持有的資產。從某種程度上來說，中國商人在外國人設立與管理的公司裡成為大股東，透過公司股權分配，將企業裡中國和英國貿易商的利益調整到一致。中國商人若在保險或船運公司握有多數股權，比較可能推動業務發展。英國企業隨著通商口岸開放而快速擴張，中國的商人也成為其中一群替企業擴張提供融資的資本家。歷史學家郝延平主張，十九世紀末的買辦不僅貢獻了諸多專業，也提供了許多創業資本供通商口岸的企業發展。[5]

自立自強

隨著中國在經濟上開放國際貿易，中國的官員和商人也敏銳地嗅到這個世界在技術上正快速發展，運輸系統現代化，武器與國防領域也不斷進步。中國的「自強運動」是中國的領導者努力推動的運動，接納新科技並藉此打造強大、獨立的中國，在成長上不再仰賴西方的知識為養分。自強運動的領導人物是李鴻章，他是兩江總督，兩江是中國東南部的重要地區。自強運動的主要內容，是學習知識和技術專業，並採用西式的融資方法，讓中國同樣也能拿到發展的資本。李鴻章協助了很多中國學生留學海外，他的遠見帶來成果；在這些人當中有一位名叫容閎的學生，之前是旬特洋行的員工，後來從耶魯大學畢了業。

一八六七年，容閎回到中國，帶回來利用公開發行股份公司來發展中國重要產業的想法。他看過美國的資本市場如何將資金引進建設重要的基礎設施，例如運河和鐵路，那何不利用同樣的方法在中國從事同樣的建設？

容閎的構想從一項重要的交通運輸聯繫管道開始：航運。一八七二年時他的遠見成為現實，在上海成立了中國輪船招商局。[6]直到這時之前，中國的商業貿易還極為仰賴外國人持有的船運公司，例如英國的鐵行輪船公司。雖然中國買辦也大量投資這些船運公司，但是他們認為海外所有權對於中國來說是一大弱點。

容閎過去的同學唐景星是上海怡和洋行的買辦，他辭職轉任輪船招商局的總辦。李鴻章找來

4 W. A. Thomas. 2001. *Western Capitalism in China*. Burlington, V.T.: Ashgate, p. 88.

5 Yen-p'ing Hao. 1970. *The Comprador in Nineteenth-Century China: Bridge between East and West*. Cambridge, MA.: Harvard University Press.

6 現為招商局集團，是香港一家大型集團。

其他出色的企業家襄助，其中最重要的就是徐潤。徐潤基本上擔任公司股份的主要推銷商與承銷商，用他自己的名字買進，並鼓勵其他上海商人跟進。他曾一度直接或間接負責籌募輪船招商局一半的資本。

徐潤過去的經歷必然大有幫助。他見過滙豐銀行如何招攬有力的外國商行加入創辦人之列，藉此在中國金融領域占得重要地位。從某種意義上來說，滙豐銀行是大股東的金融工具；應用同樣的道理，也可讓輪船招商局強大。如果上海的主要商人都持有公司的股份、而且僅使用這家公司的服務，那麼，他們支付的運輸費用實際上將會以股利的形式回到他們手上。

這家公司的新特色是附有一條但書，規定只有中國人才能持有股份。成立這家公司的目的，是要採用西方的融資方法促成中國基礎設施現代化。類似的僅限中國人公司也紛紛冒出頭來，為礦務、織造、軍火，以及一家電報公司提供資金。因此，在一場「大爆發」之下，中國組成了一整套受西方影響的公司引領其現代化的腳步，並從西方手中奪回國家發展的控制權。中國在過程中也加入了自己的色彩。輪船招商局的明顯組織與治理顯然非常具中國風格。

輪船招商局以及其他中國國內合股公司在所謂的「官督商辦」（意指由政府監督、由商人管理）的系統下建構，明文替中國政府官員保留董事席位。這種官商聯合的架構借用的是中國鹽品專賣的組織架構：由商人提供資本，政府官員控制生產配額。[7]這套架構反映的是舊日的理想，由開明的官員督導逐利的企業，以確定充分顧及大眾利益。當然，我們也在中國更早期的歷史上看到了這種公私聯合架構的根源（請參見第九章）。這大可視為一種金融創新：重新建構企業治理，設法在傳統中國政府的控制權、價值取用權，以及現代企業形式之間達成平衡。問題是，新試驗能否成功？

這當中浮現了許多問題。首先，官督商辦架構需要開明而非自利的政府官員。如果不能滿足這個條件，架構就會淪為追逐私利。舉例來說，一八九五年時受命監督輪船招商局民營化的官員，因為這件差事得到了大量的公司股份。[8]其次，政府針對發放股利設下了高標準。這些公司要分配利益，不能保留盈餘，政府所占的股利比重極高。這吸乾了公司的資源，有損公司長期的生存能力。

李鴻章本人體認到政府高壓掌控的潛在問題。初期，他還能替輪船招商局擋下一些干預，但最後中國政府出重手，造成的後果就是管理不當、濫用資金以及股東報酬率不佳等問題。[9]確實，當政府的手伸入企業，就很難吸引投資人。一八七〇年代中國陸續成立一些國內企業，輪船招商局的股份也持續在交易，但是中國的股市無法及時啟動民間資本的流動性，難以刺激中國的發展並打造企業以對抗在中國營運的西方公司。雖然李鴻章有真知灼見，能體認到透過合股公司

7 請參見William N. Goetzmann and Elisabeth Köll. 2005. "The History of Corporate Ownership in China," in Randall Morck (ed.). *A History of Corporate Governance around the World: Family Business Groups to Professional Managers*. Chicago: University of Chicago Press, p. 157 and ff。

8 Goetzmann and Köll (2005), p. 158.

9 請參見C. K. Lai. 1992. "The Qing State and Merchant Enterprise: The China Merchant's Company, 1872-1902," in J. K. Leonard and J. R. Watt (eds.). *To Achieve Security and Wealth: The Qing Imperial State and the Economy, 1644-1911*. East Asia Program. Ithaca, N.Y.: Cornell University Press, pp. 139-55。

來為企業募資的潛力，但他創辦的企業之所以能存活下來，比較多靠的是他個人提供的保護庇佑，以及這些公司享有的準壟斷地位，而不是企業本身能吸引投資。當他離開總督的職務，就再也無法保護他鍾愛的公司免遭競爭。

中國的第一場公司資本主義實驗基礎是官方保護的模式，這有好有壞。有力的官員可以敦促商人為企業提供資金，並以提供各式各樣的政府優惠作為資本投資的報酬。但是，這樣的架構並不穩健，難以為繼。

在整個十九世紀，中國為了國內的企業努力發展自有的金融機構架構，舉例來說，在一八八〇年代，中國政府試用「官商合辦」架構，給商人和民間投資人更高的自主權，但這套系統也不是完全成功。刺激中國股市發展的因素，實際上是中國在甲午戰爭中對日戰敗並簽下了馬關條約；馬關條約不僅容許外國人在中國通商口岸貿易，也讓他們在中國創辦製造業並取得所有權。簽訂條約之後，中國必須把同樣的權利擴及中國人民。

因此，一八九五年之後，民間企業如雨後春筍般紛紛成立。舉例來說，自一八九五至一九一六年間，共成立了三十五家新的棉紗廠、八十家織造廠與三十五家礦業公司。相較之下，官商合辦的企業數目不成比例。

哈佛商學院的中國歷史學家柯麗莎，她利用挖掘實際運作的細節來理解中國近代公司的興起。她有一個研究專案，是分析南京條約之後於一八九五年成立的一家大型紡織廠：大生紗廠。大生紗廠最初是一項由政府發起的創業行動，設立於上海西北方的南通市。[10]積極改革派的政府官員張謇，以公私合營的模式創立這家公司。大生紗廠享有同樣積極的兩江總督張之洞大力支持，但張之洞並未參與公司治理。此時正處於中國企業從官督商辦轉型為西方股份公司模式，因此張之洞很少有可以發揮之處。大生紗廠發行股份、召開股東大會，也稽核帳目。這家公司根據一九〇五年的公司法註冊，一九〇七年時被認可為有限責任公司。

雖然大生紗廠擺脫了政府的控制與施惠，但也並不是股東民主決議的模式。即便張謇與其家族僅握有少數股份，實際上卻控制了公司。柯麗莎發現，股東曾有激進的行動，抗拒張謇家族使用公司資源。股東在年會上抱怨利用公司的資金援助張謇家族興辦的通州師範學校，抱怨管理階層的獎酬問題，以及稽核人員的獨立性不足（稽核人員從公司的管理階層中選任）。董事會舉辦論壇供股東討論並盡責地在會議紀錄中記下這些異議，代表股東民主決已經開始扎根。唉，可惜，董事會改組壓下了某些最敢講的股東。

有趣的是，大生紗廠一直營運到現在。雖然紗廠曾經收歸國有，但現在是一家有限責任公司，名為江蘇大生集團，是一家非常成功的紡織公司。公司在官方網頁上把所有成就歸功於創辦人張謇。

鐵路與革命

另一波股票發行熱潮出現於一九〇四年之後，當時中國正式採用以西方模式為基礎的公司

10 本段說明取自Goetzmann and Köll (2005)。

法。中國成立多家鐵道公司以便和外國企業一較高下，後者已經能在國際的資本市場上發行股票與債券。這些中國鐵路公司的靈感，一部分也來自於中國人對於歐洲鐵路融資的觀察。馬建忠是一位中國的海外留學生，畢業時間比容閎晚，自巴黎自由政治學院（École Libre des Sciences Politiques）取得學位。一八七六年，他寫信給他的贊助人，描述巴黎證券市場的力量：

> 借之銀不可勝用，沛乎如泉源，浩乎若江河，是遵何道以致此？曰取信之有本也，告貸之有方也，償負之有期也。[11]

一八九四至一九一一年間中國的收回鐵路權利運動，在全中國激起一股要求由國內掌控快速成長鐵路網的狂熱。這場運動之前，多數中國鐵路都由非中國的企業負責融資、建造與控制。清朝政府和法國、比利時、德國、俄羅斯、英國和美國的公司協商鐵路特許權相關事宜，容許他們經營的鐵路經過中國大部分領土，並享有治外法權與免受中國法律管轄等權利。

中國的企業家發現自己也可以成立公司，爭取同樣的權利。中國的鐵路公司激發出強烈的國家主義情緒，也在中國投資人之間導引出某種程度的投機熱，但由於缺乏資本和專業，多數終究失敗。

舉例來說，一九〇五年中國商人和政府官員合組一家鐵路公司，連接中國當時名為湖廣地區兩大省都，涵蓋現代的湖南與湖北。投資人團成功說服清朝政府取消摩根大通（J. P. Morgan）的開發權，因為其贊助的企業無法趕上時限。中國這家公司大獲投資人青睞，當時中國的英文報

《北華捷報》（*North-China Herald*）便報導：

> 不僅資產階級爭相購買股份，連需要他人資助、沒有現金可花而且幾乎無法維持身心安穩的窮中之窮，也買了多又多的股份。[12]

收回鐵路權利運動將讓自我融資帶動產業成長的夢想深入中國一般民眾心理。中國股東的權利不再只是通商口岸某些大商人才能夢想的事，收回鐵路權利運動把此一觀念散播到全中國。鐵路不僅代表將廣大中國聯繫起來的新技術，也意味著中國重新奪回自己的發展控制權：方法是釋出中國自有資本儲量的隱性力量。資本儲量指的是一般人民的儲蓄，他們被說服了，也同意自有融資就代表著賦權。

但中國公司倉促成軍，而且通常管理不當。雖然其中某些引來最好最出眾的人才，比方說在耶魯大學受過訓練的工程師詹天佑，他成功築出第一段由中國國內提供資金的鐵路，從北京通到張家口，但很多都因為貪汙腐敗以及缺乏管理和技術專業而失敗。

---

11 Paul Bailey. 2013. *Strengthen the Country and Enrich the People: The Reform Writings of Ma Jianzhong*（《適可齋記言》）. London: Routledge, p. 74.

12 En-han Lee. 1977. *China's Quest for Railway Autonomy, 1904-1911: A Study of the Chinese Railway Rights Recovery Movement*. Athens, OH.: Ohio University Press, p. 104.

新的鐵路公司也並未獲得清朝政府的全力支持，這點並不讓人意外，因為清朝政府偏向和摩根大通等全球性金融公司私下協商開發權條件，這樣才能索取好處，認為將許可權發給本地企業發展跨省鐵路線沒有太多油水可言。

一九一一年時，表面上是因為建造工程沒有進度（實際上也很可能是因為國際金融利益施加的外來壓力），清朝政府將所有中國國內的鐵路公司收歸國有，基本上結束了收回鐵路權利運動。之後，中國辦理湖廣鐵路貸款，由摩根大通主辦聯貸，提供資金給一家由國外管理的鐵路公司：湖廣鐵路公司。這項貸款的擔保，是一些跨省關稅及鹽米稅的稅收。實際上，這項貸款從中國國內投資人手上奪回了一項重大的特許權（也就是一九〇五年時讓富人和窮人都徵購鐵路股份的特許權），交到外國人手上，並用人民納的稅當作抵押。

此舉隨即激發反動。四川成都的人民在四川總督府邸前遊行，抗議鐵路國有化。哨兵對群眾開火，殺死三十二人。四川人拒絕繳稅，政府派軍隊進駐，將軍和四川總督雙雙被殺。四川於一九一一年九月宣布獨立，到十月，攝政王醇親王以其子清朝皇帝的名義宣布退位，民國政府取代了清朝政府。

張之洞與張謇都在革命中扮演了重要角色。張之洞是軍隊的指揮官，一九一一年時他和起義的人民站在一起對抗清朝軍隊，張謇則在一九一三年時被新成立的政府任命為實業總長，中國第一場革命也因此和大生紗廠間有了有意思的牽連。特許權的問題，與中國經濟與商業發展中本地與中央的控制權之爭，並行發展。

很多實例體現出金融是一種顛覆性的技術，這場革命是其中最驚人的範例之一。雖然中國人民暴動、最後推翻清朝政府一事無法完全歸因於鐵路特許權之爭，以及民眾反抗負擔沉重的湖廣鐵路貸款，但金融架構的巨變和控制權大幅從當地移轉到全球，確實是非常重要的催化因素。中國快速採行合股融資這種金融工具，隨之而來的，是人民大幅重新調整對國家的忠誠度，而且，股票市場參與者這個群體愈來愈大，他們的期望也發生了變化。中國的股東民主決以及新實體融資技術實驗帶來了意外的後果，那就是不管是利用官督商辦的架構，還是王朝賜予與收回特許權，都不容易控制。中國人民基本上接受金融安排，是因為很多人寄望能藉此讓他們參與本國的自我轉型。

透過買辦體系與派出中國留學生到處參訪以學習現代化（包括金融與技術），中國在短短約四十年快速吸收了股份公司資本主義的重要心法。中國商人與官員迅速學到如何流通股份、開辦銀行、建造鐵路和使用全球市場發行政府公債。即便外國自鴉片戰爭就開始剝削中國，再加上強索的賠款、治外特許權以及有礙中國控制邊境與貿易主權的條約，但他們還是做到了。

我們會很想把這段歷史當成證據，認為中國的發展符合金融創新是弱勢政治而非強勢政治產物的假說，但是，比較保守的看法是，中國在十九世紀與二十世紀的金融快速創新，是讓人訝異的意外結果。在這方面，一九一一年中國的革命和十八世紀美國的獨立革命有諸多相似之處，超越一般人最初的預期。以美國的情況來說，地方官員對於經濟發展有自己的想法，但在中央政府控制之下屢生摩擦。美國的稅賦、土地公司以及對外國貿易的限制，是觸發革命的因素，至於中國，清朝政府強力控制發展則是一股重要力量。

上海股市

創立民國之後，中國市場有何變化？當時出現各種信號，有些代表走弱，有些則代表強化。民國的總統袁世凱並未恢復國內鐵路公司的權利，這個深陷財務窘境的政府隨即被迫在海外資本市場借貸，以籌得復興資本。一九一三年的善後大借款，由英國、德國、法國和俄羅斯組成的集團出資，美國原則上拒絕參與。這筆貸款向中國新政府要求更極端的特許權，基本上，中國承諾面對出資國時不會防禦自我。

革命之後，中國四分五裂，經歷一段稱為「軍閥時期」的政治動蕩期。即便由海關稅收擔保的貸款持續付款，但一九二一年中國有多筆主權債違約，讓人覺得中國的金融到這裡可能即將結束，然而，事實並非如此。到了一九三九年，上海已經成為全球幾個大型金融中心之一，上海的銀行是商業融資的主要來源。舉世知名的上海外灘（這是由各面對河岸的宏偉金融大樓構成的宏偉建築牆群組），多半建於二十世紀初期。當時中國的股市也欣欣向榮。雖然政治與經濟動蕩，但中國的商業和金融基礎建設蓬勃發展。

請回顧一下一八六五年時透過發行股份募資的滙豐銀行，以及隨著輪船招商局創立發展出來的僅限中國人參與的中國股票市場。從那時開始，中國和外國的公司股份就交易熱絡，而且中英文報紙均會報導價格變化。

比方說，到了一八七〇年時，《北華捷報》上列出股價的對象就包括三十一家公司、六家銀行（包括滙豐）、七家船運公司、三家碼頭公司、三家瓦斯公司、五家海事保險公司、三家火險公司、兩家橋梁公司、一家球拍公司，以及一檔「娛樂基金」。到了一九一三年（也就是辦理善後大借款當年），報價的公司數目增至一百零九家。同年，雖然英國股票報價的範圍更大、更廣，但紐約的報紙經常性提供報價的僅有六十六家公司。到了一九三九年，日本侵略中國減縮了市場的正常營運，上海交易所是主要的股市。基本上，所有在上海與東亞有營運的公司都在這裡掛牌：銀行、地產公司、碼頭公司、公用事業、上海的製造業企業以及橡膠公司。

中國僅限國人參與的股市（這是李鴻章、容閎與其他中國現代化改革人士的發明）發展路線則稍有不同。我們能夠了解這些早期發行的股份有何發展，都要感謝耶魯校友鄒凌從上海的《申報》上收集大量的新公司股價數據，範圍涵蓋一八八二至一八八七年，以及從一九〇八至一九一二年。

一八八二年，在徐潤幫忙成立輪船招商局十年之後，有三十三家中國本土公司的股份在上海熱絡交易，包括礦業、保險、大宗商品、公用事業、製造業、運輸等產業的公司，以及一家地產公司。多數股價都比票面價稍微高一點，代表股價都約為原始發行價。某些公司，比方說礦業和運輸產業，價格比票面高了三分之一至一半，代表即便付出高額股利給股東、而且官督商辦的治理架構相對無效率，這些公司的股價在第一個十年裡仍大幅上漲。

一八八三年，一場金融危機讓市場倒下。危機始於對戰爭的不安恐懼，以及新年過後不久就有一家絲綢公司倒閉。中國的銀行貸款時以股票為擔保，也放款給炒作土地的投機客（徐潤就是其中一位最知名的人物），到了一八八三年十月，很多中國的銀行倒閉，之前延展信用給中國國內企業的外國銀行也抽回銀根。這是很典型的金融危機，始於以土地和證券擔保的銀行貸款問題

（和二〇〇八年那一場大同小異）。當股價崩盤，支撐起系統其他部分的金融架構也隨之傾倒。徐潤在自傳裡詳細重述了這場崩盤，他損失了一百萬兩白銀，必須以極低價賤賣他的土地房產資產組合。他也列出他在股票上的損失：輪船招商局接近五十萬兩，再加上礦業、織造、玻璃工廠、乳製品工廠、製糖廠，以及三家土地開發公司的股票。他從上海最富有的人變成破產最嚴重的人。

到了一八八五年一月，多數中國國內企業都以低於面值一半的價格出售，到了當年年底，實際還有報價的僅剩幾家，我們於一七二〇年的大崩盤中也看到相同的模式。崩盤不僅讓股價暴跌，基本上也有損投資人對於股票的興趣，國內股市的流動性也因此乾涸。一馬當先支持市場的徐潤（他驚人的財富無疑激勵了許多中國投資客的夢想，希望能因為自強運動成功而獲利）也毀了。

但是，說到一八八三年崩盤的結果，徐潤的定位原本很可能成為上海版的銀行家約翰・皮爾龐特・摩根（John Pierpont Morgan）。徐潤一如摩根，也是一位重要的金融家，而且他的聲名和影響力是很多中國國內公司一開始能出售股份的理由。事實上，一九〇七年時，摩根也像徐潤一樣，遭遇一場金融危機。股市暴跌時，摩根極力要求旗下的經紀人買進，因而避免了全面崩盤，摩根也成為華爾街的英雄。但是，倘若摩根賭的這一把輸了怎麼辦？很可能紐約的市場就此垮台，完全不動了。這兩位金融家（以及兩國股市）的差異，很可能也只是運氣而已。

中國國內市場並未在一八八三年後煙消雲散。事實上，我們也看到了，一九〇五年時中國股市又再度興起，但是當時中國並沒有積極成立任何足以登上《申報》報價版的國內鐵路公司。除了輪船招商局與開平礦務局，報價版上的列表也納入了金融基礎建設，比方說，當時公開發行的中國通商銀行以及滙豐銀行（雖然這是一家在國外註冊的公司）均有報價。即便名義上對中國的貿易仍設有障礙，但到了二十世紀，《申報》和《北華捷報》上都會列出在中國和海外上市的公司股價。到了一九三五年，主要市場上海仍維持僅限中國的公司交易，但是以大部分的市場來說，在外國與中國註冊的企業基本上已經整合在同一個市場裡。

有個有趣的題外話是，僅限中國的公司引發了法律上的反作用力，波及投資海外註冊公司的中國投資人。一八九七年出現一場爭議，起因為中國信託銀行對中國股東發出資本追繳通知，凸顯之前條約中在規範中國人投資「外國」企業時的模糊地帶。上海地方行政官在解讀時認為，公司裡有中國國內股份就是證據，可以合法排除外國人和中國人合夥，反之亦然。之後，他取消對於非中國企業裡中國投資人的保障，導致這些人不受中國公司法的保護；到了一九〇二年時，必須以條約解決這個問題。[13]

短短幾年間，中國在資本市場創新領域不僅走在前端，而且還是透過中國自有的技術實驗形式做到這一點；最初的金融架構以鴉片貿易為核心，並由幾家強大海外商業銀行主導，後來轉型成為全世界的大型資本市場，不僅為出口商融資，也替製造業及相關發展提供資金。買辦階級是一大主要管道，讓中國快速吸收與重新定義西方金融工具。雖然清朝政府和之後的民國政府因西方自鴉片戰爭以來的剝削導致財政空虛，但西方國家強迫開放貿易，迫使中國讓步，卻反而意外

13 Thomas (2001), p. 89.

地為中國的商人與金融人士階級帶來極大的力量。

中國於十九世紀末、二十世紀初擠進現代化的全球世界，再度印證我們在金融歷史上不斷看到的一課：金融技術可以快速傳播與適應當下的環境，然而，當它開啟新機會的同時，也可能造成顛覆。中國國內股市的熱潮與一七二〇年的泡沫兩者之間的相似性，指出了模式的存在。股票市場是非常好用的機制，可以用來釋放出更多的資本。一般人只要翻開報紙，就可以看見參與能獲利的新興企業有多大的致富潛力。合股公司捉住了人們的想像力，也打開了投資人的錢包。在中國，收回鐵路權利運動尤其巧妙地利用了中國投資者（連最普通的那一群人也包括在內）的渴望，他們想參與本國技術的快速自我發展以從中獲利。市場成為中國重新自我定義的工具，從被一個衰落、被英國羞辱的半殖民帝國變成一個積極奮發的國家，掌握自我命運，用自己的條件定義了股份公司，並利用國內自有的龐大資本推動整個國家向前邁進。雖然中國的中央集權政府與掌控歷史由來已久，但由於改革派人士付出的心力，也得以進步；這一群政治人物與商人熟悉現代金融的工具，也體悟到帝國政府的拘束限制難以忍受。

一九二〇年代與一九三〇年代的上海掌握到了過渡的精髓，體現了現代化及全球經濟文化整合的概念。中國可以吸收世界上最好的事物機制並以自己的方式重新改造：股市、摩天大樓、消費性產品、交通運輸與通訊系統、教育機構、藝術與文化。上海身為金融首都的地位，在這場大膽的文化表現中發揮重要力量。然而，金融與社會變動之間的關聯性也扮演要角，影響了中國接下來的重新定位：一九四九年的中國共產黨革命。在國際上出現反自由主義的力量之後，中國最終將資本主義與個人主義拒於門外。

第二十五章　俄羅斯大熊

在本章中，我們要轉向十九世紀末歐洲投資的另一個焦點國家，這個國家也接受了具創意的政府籌資方法，歡迎海外的持債人與持股人，並利用海外資本建設本國的基礎設施、發展產業。但這個國家最後拒絕了現代金融（或者，至少是拒絕了資本主義的金融技術），建構出一個意識形態完全不同的世界。俄國革命（Russian Revolution）不僅拒絕了外國的所有權與特許權，也轉向另一套經濟理論，駁斥所有投資據以為憑的原則。

聖彼得堡股票交易所

聖彼得堡的建築，仍體現了一手打造出這座城市的彼得大帝（Peter the Great）心中的理想主義願景。聖彼得堡位在海口，也是從事海上貿易的門戶，城區涵蓋幾座島，有些以橋梁互通，有些則是搭船最方便，比方說宏偉的凱薩琳夏宮（summer palace of Catherine the Great）。聖彼得堡市一年到頭都讓人覺得彷彿置身巴黎與塞納河邊，市內有很多偉大的建築物，如埃爾米塔日博物館（Hermitage）和俄羅斯國家博物館（Russian National Museum），圍繞著美麗的步道昂然而立。

革命前聖彼得堡的股票交易所是一棟亮麗的新古典白色建築，坐落在絕佳的海濱地區。世人早已透徹研究過紐約證券交易所早年的歷史，然而，即便金融在整個十九世紀期間都是俄國經濟發展的要角，仍鮮有研究人員去關注此地的股票交易所。就像其他歐洲國家一樣，約在一七二〇年時，俄羅斯也進行了一場實驗，創造出許多公司。第一家有紀錄的俄國股份融資企業年代可回溯到一七〇四年，到了一八三〇年代，股票交易引發了擔心過度投機的憂慮。一八六九年與一八九三年俄國出現投機熱，後面那一次的原因是法規放寬股份交易的信用限制。因此，從某方面來說，俄國市場的發展和美國的股市很類似。

十九世紀時，聖彼得堡交易所是倫敦市場的縮小版，規模和上市企業數目約與紐約證券交易所相當。雖然幾十年前就已經開始交易，但是官方的年報帳冊從一八六九年起才有紀錄，當時有四十六檔股票，其中之一是俄美公司（Rossisko-Amerikanskaia kompania），這是一家曾在阿拉斯加殖民的美俄合資企業。公司成立於一七九九年，獲得皇家特許權可在北美從事毛皮貿易，並沿著美國西岸建立了諸多堡壘，最南甚至到達加州。俄羅斯於一八六七年將阿拉斯加售予美國，這家俄美公司就結束了美國的營運，但一直還是聖彼得堡交易所的掛牌公司。除了俄美公司，其他早期在聖彼得堡交易所掛牌的公司涵蓋金融、保險、船運、鐵道、貿易、製造，以及公用事業等等。掛牌數至一九一七年已經增至六百三十五家，用任何標準來說都算是大型市場了。

數字說的故事很有趣。從一八六九至一九一七年，俄羅斯的股票檔數比美國市場多了將近一倍，但波動性較高。聖彼得堡股市在日俄戰爭與一九〇五年的革命之後崩盤，一九一〇年時又神奇地復甦。說起來，一次大戰前的俄羅斯資本市場數據描繪的是一幅金融蓬勃發展的美好畫面。俄羅斯有股市，而且社會積極運用股市籌募發展現代基礎建設所必要的資本。股市也是散戶的投資工具，讓他們可以分散投資多種產業。

俄羅斯的債券市場同樣創新又活躍。政府發行了一種很巧妙的債券，同時打動一般的儲蓄大眾與賭徒：一方面，這是定期付息的儲蓄工具，另一方面，一八六四年發行的俄羅斯債券附有可分離的彩券，打動了投機客。[1]另一個針對這些彩券的市場應運而生，俄羅斯的全國性彩券開獎是一件大事，某些幸運得主證明了贏得大獎不是遙不可及的夢想。

即便國內有這些精密的金融市場，但多數俄羅斯公司和美國公司一樣，都在海外交易所籌資。事實上，在十九世紀與二十世紀初，少有新興國家像俄羅斯這麼積極善用資本市場。俄羅斯有大量的主權債在巴黎交易所流通；基本上是透過一個特意組成的政治聯盟以達此目的。也有英國投資人投資俄羅斯，特別是透過民間公司替營運中的礦場提供融資。西伯利亞大鐵路、聖彼得堡的電氣化以及巴庫（Baku）油田的開發，都是歐洲投資人提供融資資金。到了一九一七年，近半俄羅斯資產的所有權人都是外國人；不履行相關權利，隱含資產可能遭到外國人沒收的威脅，而且主權很可能受到挑戰。中國與埃及（這兩國都是施行現代化而且某種程度上全球化的大型國家）的範例，不可輕忽。

1 Andrey Ukhov. 2003. Financial Innovation and Russian Government Debt before 1918. Yale ICF Working Paper 03-20, May 5.

金融與芬蘭車站

佛拉迪米爾・列寧（Vladimir Lenin）終其一生都是沙皇專政的反對者，在遭到政治流放多年後，一九一七年四月三日時躊躇滿志地抵達聖彼得堡的芬蘭車站。他長久以來支持的革命終於揭竿而起，俄羅斯人民在第一次大戰期間罷黜了沙皇。四月三日這一天，列寧帶著一份他流放到蘇黎世時寫的手稿，這份作品名為《帝國主義是資本主義的最高階段》（*Imperialism, the Highest Stage of Capitalism*），將世界大戰描述成各強權為了搶占市場、瓜分全球而發生的終極衝突。秉持馬克思的精神，列寧把這場最終爆發的全球之戰視為資本主義的末路；這是馬克思在《資本論》中預測的轉型性金融危機，會讓勞工與生產方式重新連結起來，奪回儲藏在世界上各投資組合財庫裡的累積勞動價值。

他主張，帝國主義是競爭性資本主義的過渡形態，最終將變成獨占性資本主義；在獨占性資本主義當中，生產工具最終由一小撮強大的全球金融鉅子把持，他們將全世界分成不同的利益範圍，從而降低了昂貴的競爭。列寧一開始就說得很清楚，這本書受到霍布森的《帝國主義研究》啟發：他將這本一九〇二年的專論視為靈感來源，但捨棄霍布森的布爾喬亞和平主義，以馬克思反傳統願景中的資本主義末日取而代之。列寧的《帝國主義是資本主義的最高階段》尖銳、簡短，而且沒有馬克思鋪陳申論的哲學論述。他仰賴的是數據。在這整本小書中，列寧使用來自霍布森以及其他世紀之間經濟學者的大量數據，說到全球銀行集團興起、全球各交易所發行與交易的股份和股票數量愈來愈多，以及英國、法國與德國大量出口資本到亞洲、非洲與美洲。某些資料很可能來自《投資人每月手冊》計算的數據；列寧是利用資本主義的出版品來記錄全球金融規模的大幅擴張。

他算出的金融證券投資總額龐大，足以讓讀者鏡片破滿地。他描繪出一個資本加速流動的世界，由控制全球銀行與各種產業的金融寡占企業透過信託與卡特爾掌握，短短幾十年就衝過頭了。列寧認為，快速發展的資本市場是資本主義集團的工具，使得寡占企業忽然之間就能取用廣大的資本池。在列寧的時代，金融寡頭企業更改了規則，也改變一般人對於企業和競爭的預期。以下就以他對於標準石油公司（Standard Oil）的批評為例：

> 當一家大企業拿走大部分，並且……主導後續所有加工階段，將原物料投入製造各種成品；當這些產品根據單一計畫分配給千百萬人（美國石油信託同時在美國與德國行銷石油），顯然我們是把生產社會化，而不只是「連鎖」，私人經濟與私人財產之間的關係構成一個封閉罩……很可能相當長的時間都處於腐敗狀態（最嚴重的情況，是遲遲無人處理機會主義者造成的潰爛），但這最終將被消除。[2]

諷刺的是，現代俄羅斯聯邦玩弄資本市場，借用國際市場力量重組壟斷性的石油與天然氣公

2 V. I. Lenin. 1963. *Imperialism, the Highest Stage of Capitalism*. Lenin's Selected Works, vol. 1. Moscow: Progress Publishers. Originally published in 1917. Available at: https://www.marxists.org/archive/lenin/works/1916/imp-hsc/.

司；這在現代應該也沒有人喜歡。

壟斷沒人愛

列寧這本書某些部分打動了現代的讀者。他攻擊的反競爭壟斷，美國之後以反托拉斯法管制。標準石油公司拆解成幾家公司，不讓經濟體中的重大產業實際上由巨型企業控制。

列寧最猛烈的砲火，是批評鐵路以及替鐵路融資的銀行。就像我們之前在談《投資人每月手冊》時提過的（請參見第二十三章），他同樣也寫到鐵路產業資本爆發性的成長，規模甚至足以和主權債相抗衡：

> 鐵路是資本主義基礎工業、煤礦、鋼鐵的總成；是世界貿易發展與布爾喬亞民主文明的總成以及最出色的指標……建造鐵路看來是簡單、自然、民主、有文化又文明的事；但這些是布爾喬亞專家的意見（他們收了錢，特意美化資本主義奴隸制），以及可悲的布爾喬亞階級俗人的意見。但事實上這是資本主義的一貫脈絡（這些脈絡中有千百個交叉點，把具備一般生產工具、擁有私有財產的企業全部串連起來），將建造鐵路轉變成欺壓十億（殖民地與半殖民地）人民的工具，這群人口超過全球人口的一半，住在看他國臉色的國家，是「文明化」國家資本的雇傭奴隸。
>
> 在這個世界上，資本主義已經發展成用來欺壓殖民地的系統，由一小撮「先進」國家以金

> 融箝制世界上絕大多數的人民。這已經變成世界上兩、三個全副武裝準備進攻的世界強權掠奪者（美國、英國、日本）的「戰利品」，在這場瓜分戰利品的戰爭中，他們把全世界都拖下水。[3]

將日本納入帝國主義強權之一有很重要的意義。俄國於一九〇五年的日俄戰爭中戰敗，在聖彼得堡與莫斯科的街頭引發暴動，沙皇強力鎮壓。列寧的俄國讀者認為帝國主義這股力量對準了他們的國家，威脅到他們的獨立，該受譴責的不是俄羅斯本地人，而是外國的持股者和持債者。雖然俄羅斯本身在義和團運動後也參與瓜分中國以建立勢力範圍，但也從鄰國失去主權這件事當中學到明確的教訓。在帝國主義的世界裡，經濟主導權取代了政治障礙。如果半數以上的俄羅斯產業資產都握在外國人手裡，俄羅斯又無法償付債款，那會怎麼樣？德國會不會強占巴庫油田？法國會不會搶走鐵路？日本會不會拿走俄羅斯東部？英國會不會豪取礦場？

列寧在第一次世界大戰期間回到俄羅斯，立即主張與德國議和；德國讓他從蘇黎世安全返國。布爾什維克黨在二月革命之後是少數黨，但到了十月時他們已經握有控制權。在列寧的領導下，俄羅斯與德國議和，割讓波羅的海諸小國、白俄羅斯、烏克蘭、喬治亞、亞美尼亞和亞塞拜然，但和平遲遲不來。

---

3 V. I. Lenin. 1917. *Imperialism, the Highest Stage of Capitalism*, Preface to the French and German editions. Available at: https://www.marxists.org/archive/lenin/works/1916/imp-hsc/pref02.htm.

俄國發生內戰，衝突從一九一七年延續至一九二三年。列強和白俄羅斯軍隊同一陣線，對抗布爾什維克政府。一九一九年，英美的勢力從北方的大天使城（Archangel）推進，日本掌握了東方的海參崴，法國短暫控制南方的敖得薩（Odessa）；他們最後都被擋了下來，但俄國付出慘重代價。在幾乎不可能的情況下，布爾什維克黨贏了內戰以及對抗列強的戰爭。他們拒付俄羅斯所有外債，並將俄羅斯所有產業收歸國有。英法的投資人手握俄羅斯基礎建設、油田以及工廠的權利憑證，就此毫無價值。新政體根本連個人財產權都不承認，更遑論海外資本家的權利憑證。到了一九二三年，列寧終於可以開始重新把俄羅斯打造成馬克思主義典範國家。在他一九二四年逝世後，把這項任務交給繼任者約瑟夫·史達林（Joseph Stalin）。

布爾什維克革命創造出全世界第一個共產國家，與資本主義互相對立。蘇聯變成一座實驗室，打造一個沒有金融家、股東、投資人與存款人的國家，把馬克思的滔滔雄辯奉為圭臬，由無產階級控制國家。但俄國人還是要吃飯，國家還是必須為自己找資金，承擔起中央控制的艱巨任務。資本主義世界不相信俄羅斯能在缺乏相關條件之下成功。

他們不太相信蘇聯社會真的會普遍接受這種極端的資本主義觀點。比方說，一九一七年十二月，克什特姆礦業公司（Kyshtim Mining Corporation）的一位董事萊斯利·厄特克（Leslie Urquhart）設法安撫公司股東的恐懼：

> 俄羅斯發生的事將如何影響重要利益、即我們的財產所有權，關於這個問題，我可確定地說，無需嚴肅看待奪得權力的布爾什維克黨人發表的廢除契約荒謬聲明；他們是一群瘋

子……所有人都會放棄自己的遺產與私有產權，以便滿足瘋子的社會主義瘋狂與城裡沒有土地的無產階級的貪婪嗎？……我堅信這樣的混亂與無政府狀態是一把淨化人心的火，會燒光所有的腐敗，讓俄羅斯更純潔且更偉大（你聽聽，你聽聽）。[4]

雖然布爾什維克政府沒收銅礦，但這家公司的股份於一九一八年整年裡仍持續交易。厄特克有可能是敦促英國政府出兵支持白俄羅斯軍的其中一人。但這一次，沒有用了。

錢不能吃

俄羅斯雖然拒償外債，並和幾個想要扭轉十月革命結果的主要投資國纏鬥，但之後還是需要錢。耶魯大學收藏的金融史文件中有一張印製的票據，尺寸大約是現代一美元紙幣的兩倍，票據的正面是一位農夫在田裡播種，票據上的文字說明這是一九二三年的短期貸款，是政府的債務。奇怪的是，上面並沒有承諾償付的俄國盧布金額，而是以一袋的黑麥粉贖回。馬克思想必會感到自豪，因為年輕的蘇維埃政府勇敢地廢除代表金錢物欲（money fetishism）的標的：貨幣；貨幣是隱藏真實價值的帷幕，還鼓勵人民累積資本主義下的金錢。理想主義的布爾什維克政府改弦易

4 *Times*. 1917. "COMPANY MEETINGS. Kyshtim Corporation (Limited). Mineral Resources of the Estates. Metallurgical and Commercial Industries," December 15, p. 12.

轍，引進了更根本的價值來源，作為投資與交換的媒介。他們甚至唯恐俄國人民想像穀物本身藏有價值，還以農民播種的浪漫田園景象描繪價值的勞動理論。大宗產品的價值，是用來種植與收穫這些商品所付出的勞動力。文件並未清楚說明這張票據是否代表法定貨幣，還是真的可贖回。若這確實是可拿回一袋黑麥的短期票據，那就有些資訊不見了。票據上沒有明說何時何地可以收回這袋黑麥。這或許真的是一種勞動價值理論的宣言，但也有可能，這是凸顯年輕蘇維埃政府弱點的宣言。由於國家的需求遠遠超越擁有的資源，導致蘇聯於一九二〇年代初遭受惡性通貨膨脹之苦。黑麥債券可能是一種抗通膨貨幣，但同樣的，誰又知道政府有多少袋黑麥可以履行債券的支付承諾？或者說，實際上是，誰知道政府到底有沒有？不到五十美元就可以買到一張這樣的票據，這就代表市面上還有很多沒有贖回的票據。

客觀主義的種子

一九〇五年阿麗薩・濟諾維耶芙娜・蘿森包姆（Alisa Zinov'yevna Rosenbaum）出生於聖彼得堡，她的父親是一名藥劑師，藥房開在一處熙來攘往十字路口的紅色磚造建築，離市中心不遠；直到如今，這裡還是藥局。蘿森包姆一家住在藥局樓上，可以清楚看到一九一七年發生在首都街頭的各種事件。十二歲時，她已經見識過革命的暴力和混亂。布爾什維克接收她家的藥局，之後她和家人一起逃往克里米亞，最後於一九二一年時返回故鄉，此時她已經是一名少女了。她見證了俄國從相對自由的市場變成中央計畫的集體經濟。她自己於一九二〇年代居住的公寓接近涅瓦大街（Nevsky Prospect），搭輕軌電車沒多遠就可抵達她研讀歷史與政治理論的聖彼得堡國立大學（Saint Petersburg State University）。[5]某些課程，例如「歷史唯物主義」，深受馬克思主義理論影響。其他的課程如「中世紀史」、「現代史」與「中世紀貿易史」，則反映革命之前俄國學術界對於經濟與金融史的興趣。

一九二六年，這位年輕的女性知識分子移居美國，決心成為劇作家。她改換了美式的姓名，叫作艾茵・蘭德（Ayn Rand）。她最後成為還不錯的劇作家，但是她最出名的是她寫的幾本政治小說，其中，《阿特拉斯聳聳肩》（*Atlas Shrugged*）廣被認為是二十世紀最具影響力的書之一。《阿特拉斯聳聳肩》出版於一九五七年，正是冷戰最白熱化之時，這本書大聲拒絕了蘇聯風格的集體主義，改以「客觀主義」（Objectivism）代之：這是一種自由派的哲學，支持自由放任的資本主義與以自利為本的理性經濟行動。在《阿特拉斯聳聳肩》裡，以經濟菁英階級（未來美國的企業家與白手起家的執行長）對抗獎勵平庸的政治徇私主義體系（在這套體系裡，商業決策都由華府以黑箱作業）。

在蘭德虛構的故事裡，導致道德墮落、社會腐敗與技術衰退的原因，是善意的集體主義，這顯然反映出她在少女時代於聖彼得堡見證的俄羅斯社會經濟的失敗。在《阿特拉斯聳聳肩》裡，市場體系失敗，菁英階級退回山間隱居，由國家經營的鐵路則分崩離析。《阿特拉斯聳聳肩》成為現代許多美國自由派思想據以為憑的基礎。蘭德的想法雖然深深打動支持以自由市場當作解決

5 請參見Chris Matthew Sciabarra. 1995. *Ayn Rand: The Russian Radical*. University Park: Pennsylvania State University Press。

方案的人，但也和馬克思、恩格斯、霍布森和列寧等人的作品一樣，有諸多缺陷。這本書基本上是對系統的批判，充滿激勵人心的辭令，但最終少了實務、政治上的解方。蘭德確實把政治描繪成原則的敵人，馬克思在這一點上很可能認同她；列寧以集體主義在政治上打造馬克思式的理想國則是背叛了馬克思的理念，因為他將生產工具交到政黨手上，而非無產階級。

雖然蘭德必會對這種說法嗤之以鼻，但她的書顯然是一場「支持vs.批評金融市場」的持續性對話中的一個環節。沒有市場，就沒有馬克思。沒有馬克思，就沒有列寧。沒有列寧，就沒有艾茵・蘭德。他們每一位都使用不同風格的辯證方法，每一位都非常有說服力。之所以如此，唯一的理由就是他們每一位都觸及了深刻、持久、彼此衝突且和社會息息相關的結構。

二十世紀初，俄羅斯成為現代金融體系的戰場。在史無前例的世界大戰迷霧中，無論看來多不可能，一個革命政黨仍掌握了權力，控制一國超過一億的人民並對抗了強權。俄羅斯拋下金融創新與仰賴全球資本主義市場的長期傳統，反而把資本主義妖魔化，然後以《共產黨宣言》描繪的景象重新建構自我；但這本小冊子缺少實務上的細節，寫書的兩位作家更是搖椅上的革命家，在自由放任市場堡壘的倫敦寫出文化批評大架構的作品。這場發生在二十世紀的奇特分裂，很難快速癒合。

或許有人預期這個世界會根據對宗教的容忍度劃分，畢竟，在伊斯蘭世界的某些部分，聖戰仍一呼百諾。金融理論（尤其是對於投資人在社會中所扮演角色的歧異）竟然將世界一分為二，在事情發生之前真的讓人很難想像。現在我們知道，這個世界踏上兩條不同的路線。在同樣具有毀滅性的世界大戰與內戰之後，中國跟著俄國的腳步，於一九四九年踏上了馬克思—列寧主義的革命之路。古巴、北韓和越南亦然。我小的時候很怕代表核子攻擊的空襲警報聲音；這彷彿是在呼應東方與西方經濟與金融體系上的歷史分裂。

亨利·洛溫菲德主張，以來自全世界的證券構成的投資組合能提供穩定的報酬，這話他只說對了一部分。他的理論根據市場的統計分析，取自第一次世界大戰、俄國革命、第二次世界大戰、列寧時代與毛澤東時代造成世界分裂之前資本主義少有的黃金時代。在不同地區布局的投資組合，會因為被布爾什維克黨與毛澤東徵收、德國和日本市場在二次大戰後崩盤、鐵幕將歐洲一分為二導致東歐資產損失等因素而折損。全球分散看來是個好主意，但如果全世界同時都因為同一場危機而受害，那又是另一回事了。

第二十六章　救援王凱因斯

第一次世界大戰不僅造成了布爾什維克革命。德國受挫於協約國和俄國軍隊，很多東西都被掠奪，包括其握有的殖民地、商業海事、出海門戶、大片有產能的土地等等，之後還背上了一大筆付不出來的債務。這筆債最後凸顯了以主權借款為核心打造的國際金融體系某些危險之處。

劍橋大學的經濟學家約翰・梅納德・凱因斯在戰後以英國代表團一員的身分參與談判，他代表英國財政部官方出席一九一九年巴黎和會，當年六月辭職，以抗議條約條件的嚴苛。

凱因斯寫了一本很有名的著作，分析凡爾賽和約議定的條件，書名為《和平的經濟後果》（*The Economic Consequences of the Peace*）。他認為，這份和約是以經濟手段延續戰爭。雖然世界大戰造成英國人民大量傷亡，但凱因斯在這本書裡懇求協約國高抬貴手。德國人將會面臨饑荒，他們沒有能力一邊償債，一邊還進口足以維繫生存的食物。這種狀況將造成嚴重的政治後果。協約國強塞給德國一張一次大戰的帳單，要他們支付的總額達兩千六百九十億德國黃金馬克（gold mark）。根據我的計算，賠款金額大概相當於兩兆公升的大麥，約為拉格什對烏瑪提出的賠償額度的一半（請參見第二章）。從拉格什對烏瑪到凡爾賽和約，代表以國家政體間的征戰賠款而言，金融債務已經從最初的源頭走到發展出完全成熟的現代金融技術。

《和平的經濟後果》充滿了人道主義、哲學、金融和蜚短流長。對於好奇於凡爾賽和約如何成形的世人來說，凱因斯透露的內幕讓人心癢難耐。他描繪出世界領導者充滿破壞性的那一面。凱因斯認為，時任美國總統的伍卓・威爾森（Woodrow Wilson）之所以無法達成務實的和解條件，原因在於他「長老教派」的呆板行事風格，以及對於對手的陰謀詭計不敏感。當時的英國首相勞合・喬治（Lloyd George）被寫成手腕極高、能嗅出細微差異的惡魔。法國總理喬治・克里蒙梭（Georges Clemenceau）在他筆下則是冷漠、不肯妥協又難相處，是德國的敵人。這三人加起來，如同在現代還魂的《馬克白》（*Macbeth*）裡的鬼魂。

這本書中的談判紀實滿足了許多讀者，凱因斯打從心裡將戰爭，以及議和失敗歸咎於資本主義以及現代社會心態的缺失。在這方面，他呼應了馬克思、霍布森和列寧。他認為，現代投資市場導致人們以極不自然的方式將資本儲存在一個大型的資本池中，交由統治階層控制：

> 社會的架構設計，是把大部分增加的所得交給最不可能消費這些所得的人掌控。十九世紀的新富階級在成長過程中沒有人教他們花大錢，他們也比較偏愛投資帶來的力量，而不是立即消費的歡娛。事實上，就是財富分配不均，才讓人有可能大量累積固定財富，資本才能大量增加，讓那個時代與眾不同。事實上，這也正是資本主義體系主要的理據所在。[1]

凱因斯認為，資本主義體系的「兩頭欺瞞」（double bluff）本來就不穩定。他對於資本主義最大的不滿，是統治階層的吝嗇：他們的心態就是要盡量存錢。凱因斯厭惡遞延歡娛（遞延歡娛指的是將經濟價值從現代移往未來），這一點讓他強力批評凡爾賽和約。

他將第一次世界大戰視為轉向新金融秩序的轉折點；這場戰爭讓勞動階級看到他們少了什麼，也讓資產階級明白在面對極不確定的未來時，他們的儲蓄毫無價值。他主張，兩個階級的心態都要轉向此時此刻的消費與生活品質。就他來看，花掉某些在資本主義之下儲存的資本，是邁向更美好未來的康莊大道。凱因斯這本書之所以有名，是因為它可怕但精準的預測。第一次世界大戰後接連出現災難，包括惡性通膨、法西斯主義以及德國的鄰國俄羅斯成為集體主義下的馬克思主義國家。

批評這本書的人指出，德國經濟的復甦事實上比凱因斯預測的更好，最後也大幅調降賠款金額，[2]並未有當日馬克思主義者大肆宣揚傳播的情況；全球領導階級明確看到了主權債所隱含的政治意義這個基本問題。

在本章中，我們不僅要討論凱因斯對於一次大戰後重塑金融的貢獻，也要探索他身為金融思想家與策略家的角色。他是現代金融史上最重要的人物之一，因為他站在三大重要問題的交叉點上：主權債的問題、情緒與市場的重要性，以及人們一股腦鑽進股市投資的輕率。

---

1 John Maynard Keynes. 1920. *The Economic Consequences of the Peace*. New York: Harcourt, Brace and Howe.

2 請參見 Timothy Guinnane. 2005. "German Debt in the Twentieth Century," in William N. Goetzmann and K. Geert Rouwenhorst (eds.). *The Origins of Value*, pp. 327-41。

主權債的問題

年輕的經濟學家凱因斯，讓全世界注意到了國際債務引發的霍布森式帝國主義問題。多年後，在二次大戰之後，他協助創辦幾家金融機構，以解決（或者，至少是試圖減緩）這種金融市場的基本面失靈。一九四四年七月，二十九個同盟國在美國新罕布夏州布列頓森林（Breton Woods）磋商後達成協議，設立有史以來第一家國際金融機構。這場會議呼應凱因斯一九三三年在〈致繁榮之道〉（The Means to Prosperity）這篇論文裡提議召開的「世界經濟大會」，目標是要建立全世界共同的貨幣，以及負責管理此貨幣的機構。十一年後，在布列頓森林，凱因斯親臨現場，代表英國利益的同時也傳達他的全球願景。他提出一套計畫，基本上是在債務國和債權國之間插進一個國際性的組織架構。

最後成形的計畫雖然不完全是凱因斯的提案，但是保有他的基本架構。組成體系的要項是國際貨幣基金，以及後來轉型成世界銀行的國際復興開發銀行（International Bank for Reconstruction and Development），為國際社會提供處理主權債的新方法。國際貨幣基金在設計上是要處理國際收支平衡上出現的失衡問題，白話來說，就是借錢給背負超高額外債的國家，同時導引他們重新達成收支平衡。國際貨幣基金是一種和有貨幣問題的國家進行集體協商的新方法。由其他國家集資，任何有收支失衡問題的國家都可以取用。

國際貨幣基金的重要特色之一，是揚棄主權債擔保的舊觀念。以後任何國家都不需要交出一個地區（例如德國放棄魯爾區〔Ruhr〕）作為強制支付的擔保，他國也不能再握有進口關稅或運河營收交換直接債務服務。反之，國際貨幣基金的做法是設定總體經濟基準指標，作為未來貸款的條件，而且要求陷入高額債務的經濟體要進行結構性調整。調整的方法包括撙節開支的政策、貨幣貶值、提高出口與貿易自由度、引進自由市場政策和民營化；這些是經濟學家設計的解決方案套組，而不是自利的持債人或銀行放款人的要求。

接受國際貨幣基金所加諸條件的國家，有時候會抱怨太過嚴苛，而且沒有療效。讓我們來看看國際貨幣基金對希臘的紓困。國際貨幣基金與歐盟提出的撙節條件並未讓希臘經濟脫胎換骨，反而導致更嚴重的失業和貧窮。但是，讓我們拿現代希臘的違約和一八九八年希臘債務的重整來做比較。在克里特島之戰中輸給土耳其之後，當時的希臘一如現代，無法償還其國際債務。當時無法和國際貨幣基金協商，只能改與法國、德國和英國持債人委員會談判。最後得出的紓困方案是把希臘的財政交由一個國際執行委員會，就像一八七八年英國控制埃及那樣（請參見第二十三章）。該委員會直接拿走希臘的收入支付給債券持有人，這樣也讓債權人的受償權不會因為戰敗後要給土耳其的賠款而受到影響。當希臘和國際貨幣基金談條件時，至少還能保留國家的完整性和主權。雖然凱因斯並非這套新架構的唯一推手，但絕對是背後一股主要力量，而他認為這麼做才對的信念，來自一九一九年巴黎議和的早年經驗。現代的希臘好歹要稍微感謝凱因斯奠下大型紓困的基礎，至少讓國家保持完整。

世界銀行

布列頓森林會議中成立的第二項主要機構，是專為促進金融成長；之前我們看過，全球金融市場基本上打造出了全世界的基礎建設。雖然從政治觀點來看，規範投資人要求擔保品是好事，但會影響貸款的意願。在訂下國際貸放的新規則之後，要如何為大型專案取得資金？後來轉型成世界銀行的國際復興開發銀行，就是為了填補可能發生的募資缺口而設立的。世界銀行貸款給開發中國家並提供協助，以達成幾個崇高目的：減少貧窮、增進健康以及提升教育。

在後殖民時代，世界銀行承擔過去殖民國家所扮演的角色：透過債務融資導引資本、專業、法律和教育機構進入開發中國家。

這個世界需要世界銀行嗎？這是近年來討論與研究的一大主題。有大量證據指出，世界銀行在發展中國家執行重要任務時相對成效不彰，觸發了這個問題。威廉・伊斯特利（William Easterly）是紐約大學教授，之前則在世界銀行擔任經濟學家，他主張，世界銀行只是辦事而已：把大筆的金錢丟進貧窮國家，然後轉身走人，沒有什麼成果。伊斯特利與他的同仁發現，海外援助、投資與經濟成長之間並無必然的關聯性。[3]世界銀行的貸款基本上是一種援助形式，因為利息很低，而且在要求債務國償付時執行力低落。以得到大量貸款與援助金的非洲來說，過去幾十年來的海外援助與人均成長率之間為負相關。雖然世界銀行立意良善，而且其員工懷抱理想主義、全心奉獻，但以一家由上而下提供資金、期望看到這個世界出現正面改變的機構來說，成功故事並不多。

伊斯特利和其他人主張，這類機構的敗因在於凱因斯主義的前提：他認為一套由上而下的規範架構在配置資源以從事各種專案時會更有效，好過市場這隻看不見的手；但調整誘因以帶動成長，會比發號施令控制的方法更好。當然，凱因斯是將政府放在中心，解決不受拘束的金融全球化與不良儲蓄習慣引發的斷裂。他留給這個世界的金融架構，是將中介管道設計成切斷貸款方和主權借款方，藉以壓制殖民剝削力道。布列頓森林體系是否讓這個世界免於遭遇帝國主義再度興起？有沒有讓更多國家躋身繁榮之列？無論有沒有，毫無疑問的是，世界銀行改變了各國與其他國家以及資本市場的互動方式。

引進國際貨幣基金和世界銀行作為最終貸款人（lender of last resort），各國就沒這麼需要在協商談判時縮減主權。我們當然可以說此舉讓這個世界從自由市場轉向金融契約制，因此降低了資本市場的效率。梭倫宣稱雅典人不能用自己的人身自由締約，也適用同樣的論述。

就算凱因斯之後再也沒寫過別的書，布列頓森林協議裡也會記錄著他以一位真正的金融創新者給後世留下的傳承。這套系統在接下來的幾十年為這個世界帶來了許多益處。就像許多以政府為基礎的解決方案一樣，這不完美，效率不彰，會受到各式各樣的濫用，而且通常成為受益者和施恩者兩方抨擊的對象，但就像我們看到的其他這類機構技術，一開始可能設定了一個目標，但是慢慢會改變，以滿足不斷演進的經濟環境之需求。幸運的話，國際貨幣基金和世界銀行仍能擁有一定的靈活度，走上前述的發展路徑。

---

3 William Easterly. 2003. "Can Foreign Aid buy Growth?" *Journal of Economic Perspectives* 17 (3): 23-48.

情緒的重要性

凱因斯還寫了別的書；事實上，他還寫了好幾本。其中對於經濟思想影響最大的當屬他的大作：《就業、利息與貨幣的一般理論》（*The General Theory of Employment, Interest and Money*）。本書於一九三六年出版，當時正值大蕭條最嚴重之時，而這本書就是試圖說明為何經濟會陷入看來無窮無盡的蕭條當中。在《和平的經濟後果》中可以找到初步的概念（囤積是經濟問題的源頭）。當就業率下降、前景看來一片悲慘時，人們會多儲蓄、少消費，導致就業率更低。凱因斯提出論理，主張政府的行動可以改變這樣的均衡：降低利率可以刺激投資，而且，在如大蕭條這樣極端的環境下，政府推動可促進就業的專案將可刺激需求，從而帶動生產與就業。政府可以將經濟從死氣沉沉的狀態下拉出來。

這本書最著名的部分可能是他提出的理論：市場心態在改變均衡這件事上扮演重要角色。凱因斯觀察到，帶動市場的是動物本能。對凱因斯來說，這種自發、共通的希望（就算背後的因素並不理性，或者至少是對未來的夢想過度樂觀），是新經濟學中的主要特色。他提出人類的「動物本能」是一股讓人樂見的基本力量。沒有這樣的本能，人們會存下太多錢、減少消費、抑制生產、薪資下滑，然後大家決定要存更多錢。社會的進步基礎是過度的樂觀：

> 商業人士從事的是技能加上運氣的賽局，一般的結果會怎麼樣，參與其中的人並不知道。如果人性是不想冒險，建造出工廠、鐵路、礦場或農場不會讓人感到滿足（除了利潤之外的

> 滿足），那麼，在冷靜的計算之下可能不會有太多投資……即便是在進步繁榮時期，一般來說，實際投資的結果很可能讓人們本來懷抱的希望破滅……人類從事的正面活動，無論是道德上、享樂上還是經濟上，有很多仰賴自發性的樂觀，而不是數學計算出來的期待。[4]

換言之，如果所有投資都以理性的淨現值評估為根據，就不會有人建設新東西了。推動科技進步的，是商業界人士懷抱的賭一把的傻念頭。沒有人知道凱因斯有多了解約翰・勞。但回想一下，一七二〇年的泡沫，其基礎就是對於能善用群眾的本能（以及資本）的新科技和新公司所懷抱的夢想與希望。這就好像是說，在值得大書特書的一七二〇年投機大增，實際上是一股大自然裡潛伏的新興力量顯露了出來，忽然之間讓資本市場克服了金融惰性，開始動起來追尋各種新的可能型。

凱因斯不僅把動物本能當成經濟體中一股強大的潛在力量，他也相信政府可以利用這股力量，以改變總體經濟均衡。他的洞見是，經濟政策可以管理公眾的預期。改變人們對未來的看法，他們就會打開荷包，現在就拿錢出來花。出於非理性恐懼，市場氛圍會讓經濟體停滯不前，但是，只要正確管理，這也可以成為一股創造更大好處的力量。

他提議，與其用消除炒作熱潮來對抗衰退，不如讓政府在泡沫到達高點時介入，透過刺激與管理情緒阻止不斷下滑的過程。他的計畫是將經濟體恆常維持在準繁榮的狀態。只要當投資報酬

---

4 John Maynard Keynes. 2006. *General Theory of Employment, Interest and Money*. London: Atlantic Books.

率開始降、股價開始跌、投機客開始出清部位與工廠訂單開始減少，凱因斯的聰明構想是讓政府把獎品吊得高高的，讓經濟這頭驢子往前走：讓世人把眼光放在獎勵上，而不要陷在經濟欲振乏力的狀態下。

當然，要維持這種準繁榮狀態，投資者扮演重要角色，但只有一陣子。如果能妥善管理經濟體，利用投資者只是暫時的權宜之計。一旦利率下跌、充分就業變成常態，不管稱之為錢袋、囤積者還是資本主義者這些剝削勞動階級的人，都不再必要：

> 靠租金過活的人、無用的投資人，這些人不是突然之間不見，而是和我們最近在英國看到的情況一樣，在緩和漫長的連續過程消失，革命也將無用武之地……但即便如此，透過國家機構還是可能存下群體共有的儲蓄，維持一定的水準，可以讓資本成長，不再是稀有的資源。[5]

凱因斯預測個人的投資最終將會被群體共有的儲蓄所取代。政府管理人們的儲蓄，維持在豐厚富足的水準。而在那一天來到之前，凱因斯本人可是個生氣勃勃而且極為成功的投機客兼靠租金利息維生的人。

一頭鑽進股市

> 我想要管理一條鐵路或籌組一個信託基金，或者至少騙倒投資大眾；精通這些原則易如反

掌，而且又讓人著迷。6

——凱因斯，一九〇五

自信滿滿的年輕凱因斯，一九〇五年還在劍橋大學就讀時寫了一封信給朋友利頓・史特雷奇（Lytton Strachey），吐露了上述這一段話。凱因斯打從一開始就想以專案計畫專家和投機客之姿賺錢。讀經濟學家凱因斯所寫的文字，我們很容易假設他悲觀看待自由市場體系。但在私人生活面向，他可是大力擁抱自由市場。

即便凱因斯革新了總體經濟學，並且為全球金融架構規畫出新路線，但他也成立了新的投資信託，在股市和大宗商品市場熱絡炒作，並且把機構投資的世界帶回股市。凱因斯身為金融家和投資人的故事，直到最近才為人所知，而這一切都要感謝大衛・錢伯斯（David Chambers）的努力。錢伯斯是劍橋大學的教授，凱因斯留下的傳承在這裡有很重要的地位。

凱因斯不僅是劍橋大學最著名的經濟學家之一，他還管理學校的某些捐贈基金。當時常有教授出面提供行政服務，凱因斯也在世界金融史上極為動蕩之時擔任國王學院（King's College）的財務主管。自一九二一至一九四六年，凱因斯負責管理國王學院的投資組合。也就在這段時期，

---

5 Keynes (2006).

6 引自David Chambers and Elroy Dimson. 2013. "John Maynard Keynes, Investment Innovator," *Journal of Economic Perspectives* 27 (3): 213-28.

凱因斯慢慢建構出自己對於投資、儲蓄和動物本能的想法。

錢伯斯本人在回到學術界之前是一位金融家，他很好奇這些投資組合如何反映出凱因斯本人在智性上的發展，以及反之，凱因斯想法的改變如何影響投資組合。凱因斯對於市場氛圍的觀點，是因為他個人試著於一九二〇年代與一九三〇年代找出市場起落的時間而形成的嗎？他個人有沒有評估技術創新前景的親身經驗？凱因斯是一個把錢存起來、仔細收藏債券票息好仰賴利息維生的人，還是即便不確定前景，仍樂觀地買進新事業股票的投機客？他本人又有多少評估真正風險的能力？

錢伯斯和長期亦師亦友、在倫敦商學院（London Business School）任職的埃羅伊・迪姆遜（Elroy Dimson）聯手，深入挖掘國王學院的檔案資料，設法重建凱因斯的投資史。他們找到的結果是，就像他的其他生活面向一樣，凱因斯在投資行為方面也是一個反傳統者。他一上任立刻擺脫劍橋大學各學院捐贈基金維持幾百年的管理傳統，捨棄房地產和固定收益，轉向股票。即便是股票投資組合操作，他也勇於冒險：他聚焦在幾檔股票，而不是廣為分散。他的策略帶來了報酬。在他管理的整段期間，凱因斯的投資組合績效隨隨便便就贏過英國大盤權重相同的投資組合。在從債券投資轉向股票投資的熱潮中，他是真正的先驅者。

《一般理論》書中的某些洞見可以看出凱因斯的投資策略。凱因斯盛讚投資長期、有生產力的企業。把債市裡的錢抽出來投資積極創新的專案，符合他這套原則。他認為，如果投機變成投資市場的主要理由，將有礙企業的永續經營。但他既投資也投機。錢伯斯和迪姆遜觀察到，在一九三〇年代中期之前，凱因斯試著找出市場起落的時機點。他可能認為自己夠聰明，可以預測動物本能。我們之前看到，效率市場理論說這是不可能的。

事實上，以身為思想家的凱因斯來說，他不太認同效率市場理論。他強調市場氛圍可以推動股價偏離基本面價值，而且他也不認同荷紐隨機漫步理論的統計基礎。凱因斯學術成分最濃厚的一本書是《概率論》（*A Treatise on Probability*），是他在巴黎議和之後重返劍橋時所寫的。這本書主張，統計學家不應自動假設數據會出現集中的趨勢。回顧第十六章荷紐的範例，說到就是因為很多人同時注意同一檔股票，最後才會導引出符合效率市場的價格。凱因斯小心辯證，他提出這樣的機制可能不適用於市場。舉例來說，不見得所有人都注意到一檔證券，或者，有些人可能會有更深入的見解。他主張，在看市場資訊時，你需要更深入了解數據是如何生成的。條件很重要。也因此，當其他人假設市場遵循隨機漫步時，敏銳的分析師或許就可以辨識出趨勢。

唉，凱因斯尋找市場時機點的策略並不太順利，尤其是，他無法預見一九二九年的崩盤。一九三〇年代市場迂迴曲折的發展，最後讓他改變想法。他成為基本面投資人：尋找基本面與長期獲利前景可靠的公司。他僅聚焦在相對少數他鍾愛的類股：幾家礦業公司、一家船運公司和一家汽車公司。這套策略很理想。

凱因斯vs.馬克思

以提出嶄新且誘人的資本市場詮釋來說，凱因斯和馬克思一樣重要，兩人都各自定義出一個經濟學思想學派，兩人都改變了世界。

我認為，他們的說服力固然來自於他們的寫作天分，但他們的經濟邏輯也功不可沒。這兩人都利用了深入的刻板印象，尤其是把儲蓄者視為可悲的囤積者。這些刻板印象在大眾的想像中引發共鳴，因為這兩人寫作之時正逢一個不確定的大時代，大眾也對於現代世界的未來倍感焦慮。就時間的經濟學來說，人們不僅需要理性分析，也需要一個能打動潛意識的故事，一個能讓左腦和右腦都滿意的解釋。

以馬克思來說，工業化造成的社會斷層以及全球資本市場帶來的新現象，再加上贏家與輸家重新洗牌形成的新社會秩序，呼應了他憤怒、充滿指控意味的詞彙，以及重新建構經濟變成集體企業的激進提案。

凱因斯在批評時用的手法比較巧妙。年輕的他，撰寫出一份自以為是的攻擊現代金融戰爭宣言。等他成為成熟的經濟學家之後，他在大蕭條最嚴重時推出大作，並攻擊古典經濟學是失敗的範式。他挑戰理性最適化，並重新引進古老的人性幽靈：《以愚蠢為鏡》裡的鬼怪、惡魔和瘋狂。這些形象仍能引起共鳴。

但凱因斯不同於馬克思之處在於他提出了救贖之道，讓人們逃出現況。對馬克思而言，革命是救贖。凱因斯的《一般理論》讓中央政府擔負重要角色，以扭轉經濟體衰弱無力的狀態。從這一點來說，這本書極度樂觀。政府可以透過利率政策、甚至直接提供就業來管理不利現代經濟發展的高低起伏（引發這個問題的是信用循環以及效率不彰的投資決策）。凱因斯學派允諾人們，未來只有高峰，沒有低谷，打破了道德上的計算，不再把崩盤視為過度必須付出的代價。無怪乎，在大衰退（Great Recession）之後，這本書仍是討論經濟政策時的中心。

凱因斯與美國

凱因斯剛剛踏入職涯的時代，倫敦是世界的金融中心，在他整個事業發展過程中，他見證了重心轉向新世界美國。第一次世界大戰之後的議和地點選在巴黎，以英國、法國和美國的領袖為要角。這是美國進入世界權力舞台的開始。布列頓森林會議在美國舉行，而且，普遍都同意這次協商新金融架構的主要動態，是凱因斯對上美國財政部的哈利・迪克特・懷特（Harry Dexter White）。這個時候，凱因斯是為了英國的金融尊嚴而戰。他的國家已經不像從前，倫敦不再是核心世界首都，如今已經無法再訂下協議的條件了。凱因斯很難接受美國取代英國，但他確實也認同金融史已經展開新的篇章。他對於美國這個新世界的模樣感到好奇，而且，他通常都很有意見。

第二十七章　金融新世界

美國人過於熱中探索一般人的一般看法，這種全國性的弱點在股市裡終於出現報應。一般的說法是，美國人的投資很少像英國人那樣，是「為了賺取收益」；除非預期資本會增值，不然美國人很少出手投資。另一種說法是，當美國人出手投資時，不僅僅是想賺到殖利率，更是希望傳統的估值基礎出現有利於己的變化，以各種定義來看，這就是投機客。投機客對於企業穩定收益流所造成的傷害或許不如泡沫，但是，當企業在投機漩渦中變成泡沫時，投機的持股部位就很麻煩。當一國的資本轉變成賭博活動的副產品，就很可能出錯。華爾街認為，一家企業最適當的社會使命是將新投資投入以未來收益計算最能獲利的管道，我們不能說這種標準成功定義是自由放任資本主義最大的勝利之一；我認為華爾街最聰明的那些人事實上是把資金導引到另一個完全不同的目標，如果這種想法是對的，那前述結論就沒什麼好意外的了。[1]

——凱因斯，《一般理論》

美國的方式

這間會議室是哈佛經典風格：裝有護壁板的牆面、花格形的天花板，再加上一張美麗的長形會議桌。教授和研究生漫步走進會議室，按照習慣的先後順序找位子，最顯眼的位子留給資深教授，牆邊的椅子則留給博士生。有一位年輕的歷史學家大步走進來，在首座坐下來。她打開一捆論文，等著會議室自動安靜下來，然後從她的小背包裡拿出了一顆手榴彈。她不發一語，把手榴彈放在面前。群眾不確定自己該微笑，還是該逃走。不管怎麼樣，茱莉亞・奧特（Julia Ott）都成功吸引到他們的注意力。[2]她那天在哈佛商學院辦的研討會，是要討論美國如何接受股市投資。這顆手榴彈是第一次世界大戰的遺物，這是要提醒大家美國人在大戰後對於投資抱持的態度。

戰後的俄國於一九二〇年代大步邁向馬克思主義國家，美國則是生氣勃勃地背道而馳，走向美國獨有的理想主義與狂熱。奧特演說的主題（以及她延伸論文的主題），是美國人內心深處對於股市投資議題的態度變化。歐洲（尤其是英國）早已仰賴資本市場作為儲存和投資的工具，但美國家庭只有在第一次世界大戰期間才大量提高股市投資。美國政府發行儲蓄券替國家籌募戰爭基金，民眾購買的原因有一部分是出於愛國心。隨著美國政府贖回這些債券，投資人轉而尋求其他金融替代工具，經紀商也尋求其他產品。

奧特現在是紐約新社會研究學院（New School of Social Research）的歷史學家，也是美國在二十世紀初轉向股票投資（用她的話來說，這是「股東民主決」）這個研究領域的專家。散戶投資股市，一開始是被逼的，而非主動投入。一九二〇年代的俄羅斯人被洗腦，要他們抗拒金錢和存款等等布爾喬亞的概念，同一時間的美國人則開始透過經紀商和銀行家接觸到資本市場的精密新世界；經紀商和銀行家都把散戶投資視為有利可圖的新行銷領域。市場投機炒作的熱潮，最後跨過了大西洋。

雖然紐約證券交易所早自一七九二年就開始運作，十九世紀時已經到處都有華爾街投機客與鐵路大亨的傳奇故事，但是，在二十世紀之前，美國都是資本淨進口國。一旦一般投資人開始發揮力量，這個國家便快速成為全球一股強大的金融力量。美國人很清楚英國的資本主義在維多利亞時代如何支撐起該國帝國主義，並自認為該克紹箕裘。但帝國主義從來就不是帶動散戶投資的動力。

奧特指出，一九二〇年代美國人把投資美國公司當成一種工具，藉此增進自我、自立自強與獲得力量。只要花上一股的價錢，投資人便可成為大企業的有投票權夥伴，也成為參與企業未來的利害關係人。前述主題並非同時出現在美國社會，而是由華爾街謹慎地孕育，紐約證交所的推廣行動尤其重要。奧特研究交易所的檔案，找到大量資料提到如何推廣股東民主決的概念：不僅利用演說與公開的文宣，也透過通俗媒體如金融卡通，將金融操作的複雜性去蕪存菁以教育一般大眾，並訴諸家庭安穩與增進自我等渴望。

---

1 David Chambers and Elroy Dimson. 2013. "John Maynard Keynes, Investment Innovator," *Journal of Economic Perspectives* 27 (3): 213-28.

2 Julia C. Ott. 2011. *When Wall Street Met Main Street*. Cambridge, MA.: Harvard University Press.

對照之下，戰前流行的想法認為把持華爾街的都是內線人士，如丹尼爾・朱魯（Daniel Drew）、康內留斯・范德比爾特（Cornelius Vanderbilt）與摩根等人，但一九二〇年代的紐約證交所強調的是公平。在這個股市投資的「新紀元」，美國的小額投資人再也不是內線人士操縱市場之下的犧牲者，紐約證交所大力推廣的自我形象，就是要成為公平投資交易的官方認證單位。如果說普通股投資曾經是投機與黑箱作業的同義詞，現在不一樣了，經歷過一段充滿愛國主義熱情的時間之後，再加上人民忽然之間開始熟悉經紀商與投資組合，股票投資搖身一變，成為美國家庭的新大型「家庭用品」。美國發展出散戶投資市場的時間較晚，然而，一旦嘗到這種滋味，投資轉眼間就成了全民的消遣活動。

股票vs.債券

凱因斯是對的。一九二〇年代美國人對股票的迷戀，和英國維多利亞時代的投資人運動基本上大不相同。亨利・洛溫菲德在倫敦研究全球分散投資時，多半是利用債券來說明何謂穩健的投資政策。英國人創辦國外及殖民政府信託投資這家公司，就是為了賺取相對高水準的平均債券殖利率，著眼點並非股票的資本增值。凱因斯極早就主張股票將成為金融的未來，但是以他的故鄉英國來說，他的想法有點太超前時代了，在美國，投資偏好則大大偏向股票。美國人還是會買債券，但是人們開始愈來愈擔心。現代的債券之所以沒這麼安全，有一個原因：債券有通膨風險。一次大戰後德國的惡性通膨讓全世界為之驚恐。從一九二一至一九二四年，德國的物價暴增超過一兆倍；一九二四年的貨幣改革就消去流通紙幣上的十二個零。貨幣的價值還比不上印製鈔票的紙張。一個接著一個的零不斷冒出來，處處可以看到人們帶著一車車的現金要進店裡買東西，或者是把紙幣當成壁紙，這些畫面威脅到人們對政府的基本信任。這個世界於是明白了一件事：隨著金本位（gold standard）的失敗，再也沒有真正安全的貨幣，再也沒有一個國家能免疫。

耶魯的經濟學家厄文・費雪（Irving Fisher）更進一步，他假定一般人可能無法認知貨幣貶值的可怕效應。費雪創造了「貨幣幻覺」（money illusion）一詞，來描述人們傾向於相信貨幣的「名目」價值某種程度上是固定且可靠的，這或許是在潛意識奇特地呼應了馬克思主義者的「金錢物欲」。他主張，需要做的是要說服人們去使用貨幣的「實質」價值：這是指扣除通貨膨脹之後的價值。費雪認為，人們通常死守著貨幣價格當作商品價值的參考點，忽略貨幣的價格某種程度上取決於流通的貨幣數量。他給儲蓄大眾開的藥方是：遠離貨幣與債券。未來的錢可能毫無價值。比較好的做法是購買實質的標的，比方說實質的企業。美國公司的股份不僅承諾會發放現金股利，也可對公司的實質資產主張權利，當政府多印鈔票時，這些資產的貨幣價值將會自動上漲。一如凱因斯，費雪也是積極人士，他相信經濟學家可以幫忙解決這個世界的問題。他將經濟學的數學方法介紹給美國，他的貨幣數量理論和債務通縮市場循環（debt-deflation market cycle）等總體經濟學理論讓他出了名。

費雪對於金融經濟學的貢獻格外重要。他接受現值的數學計算（最早提出公式的是斐波那契！）並應用到投資決策上。在費雪的分析中，行動最符合股東利益的公司經理人，應投資淨現值最高的專案，而且不僅考慮貨幣的時間價值，也要考慮專案的風險。好幾個世代的耶魯研究生都修習他的金融相關課程，他們都學著應用這項理性的決策標準。費雪的淨現值等式是現代所有金融分析的骨幹。

費雪所做的公司相關研究以及他對於通膨效應所做的分析，讓他大力支持投資股市而非債市。他即知即行，把大部分的個人財富（以及他富裕妻子和岳家的存款）都投入股市。

基金A與基金B

艾德格・羅倫斯・史密斯（Edgar Lawrence Smith）是一九二〇年代初華爾街一位債券分析師，他對於股市熱很感興趣，於是進行一項試驗，看看長期持有股票的投資人是否會比長期持有債券的投資人績效更好。這項和亨利・洛溫菲德幾十年前所做的研究大不相同。史密斯對於全球投資或風險本身不感興趣，他想知道的是報酬。哪一邊表現比較好？股票還是債券？

史密斯的實驗很簡單。他查核從一八三〇年代至一九二〇年代實際投資公司股票所得的現金流，是否能高過給付給持債人的利息。他發現，長期來說，股票基本上都可以打敗債券。他也主張，股票應該要能穩定支付股息，隨著市價等比例調整。他於一九二四年十二月出版他的研究，書名為《普通股長期投資》（*Common Stocks as Long Term Investments*）。

這本書立刻熱賣。史密斯直接扭轉了傳統的安全投資觀念：過去在人們眼中保守且安全的債券，現在被視為風險極高。他和他的書揭開了一個新的金融世紀，跟上來的信徒特點是大膽、現代且聰明的投資人，主動而不被動，直接參與現代美國的產業成長與科技創新。拋開鐵路債券，投入航太公司！在史密斯充滿圖表數字的謹慎實證分析中，美國投資人找到具說服力的理據，革新他們未雨綢繆的儲蓄方式。班傑明・葛拉漢（Benjamin Graham）與大衛・陶德（David Dodd）是一九三〇年代的基本面價值型投資人，他們嘲弄《普通股長期投資》，說此書「必將成為新世紀股市的官方『教科書』」。[3]一九二五年時凱因斯則給予正面評價。費雪更熱情，他說史密斯啟動了一道趨勢，從根本上改變股票與債券的相對需求。

在出版自己的指標性研究不久之後，史密斯就成立了投資人管理公司（Investors Management Company），完全以收取手續費的模式提供服務，消除其他公司會有的某些極端利益衝突。和其他華爾街大公司不同的是，這家投資人管理公司並不承銷證券，不會把賣不出去的放在自家的投資信託之下。

這家公司提供兩種產品：基金A和基金B，這兩種產品都能讓投資人持有以普通股組成的分散式投資組合，主要根據他書裡列出的原則建構。基金A計畫每年支付百分之五的股利，這個數值是史密斯根據歷史分析計算出來可以永續下去的殖利率。基金B讓投資人再投資所有股利，用股利買進更多普通股。史密斯不僅證明股票長期來說是較優越的投資工具，藉由成立自己的投資基金，他也為美國人提供工具，好利用他的研究結論。雖然投資人管理公司的基金A與B並非美國最初的共同基金，但這兩檔非常重要，而且馬上引起很多人仿效。

3 Benjamin Graham, David J. Dodd and Sidney Cottle. 1962. *Security Analysis: Principles and Techniques*. New York: McGraw-Hill, p. 409 note.

美國人彷彿是突然之間就迷上了買股票，同樣的，他們好像也是一夕之間就愛上了投資信託。把所有投資人的資金集結起來購買以證券組成的多元分散投資組合，這個簡單的構想很棒，但也了無新意。畢竟，荷蘭人發明的共同基金也同樣精密，英國提供的美國基金模式（包括國外及殖民政府信託投資），一九二〇年代也早已廣為人知。信託甚至被人稱為「英國」式的投資。美式的妙處是把重點放在股票。費雪也是投資信託的忠實擁護者：

透過分散，可以降低和股票相關的風險或是得到保障……投資信託和投資委員會多半會為普通股投資人降低風險。這波新運動創造出對於股票的新需求並抬高了股價，同時也降低了債券的需求並拉低其價格。[4]

請注意這番宣言所做的預測。費雪推理，認為小額投資人會開始把多元分散的投資信託當成持股工具，他們的投資組合風險將會下降。從歷史紀錄來看，持有單一個股的風險是持有股票投資組合的兩倍。如果在某家公司買投資組合可以像買單一個股一樣輕鬆簡單，那麼，在風險水準相同的條件下，可以將股市投資的規模擴大為兩倍。

費雪預測，由於分散投資的效應，小額投資人將會棄債券轉抱股票，這樣一來，將會推高股價，股市將會達到「恆常的高水準」。在一九二〇年代無限樂觀的世界裡，費雪預見將以股票和投資信託為基礎形成新的金融秩序。無論大小，所有投資人都將持有以廣泛分散的股市投資組合構成的投資信託，投資信託則將會為美國公司的股票帶來可長可久的需求。

遺憾的是，費雪提出這番預測的時間是一九二九年夏天，這是美國大眾永遠不會忘記的一年。這一年，費雪不僅失去了畢生的積蓄，也把岳家的資金賠光了。鼓吹美國小額投資人和他一起投資股市這件事，讓他更喪氣。

耶魯大學救了他，買下他位在紐哈芬市（New Haven）前景街（Prospect Street）的豪宅再租給他，直到他一九四七年過世為止。他對市場的預測對他造成了陰影，跟著他一輩子。實際上，連他過世了都還沒散去。我生於紐哈芬市，小時候我就曾在費雪家豪宅前面的庭院玩耍，這裡在他過世之後改建成學校。沒人告訴過我此地曾是美國最偉大經濟學家的家。在他過世十餘年之後，紐哈芬市認為大家都忘了費雪比較好。

讓土地發揮價值的機器

> 「我喜歡看到有人站在摩天大樓的腳下，」他說，「這樣一來他就比螞蟻大不了多少——這不是最適合這種場景的陳腔濫調嗎？該死的蠢人啊！建造出大樓的是人，以石材和鋼鐵成就了非凡的龐然大物。摩天大樓並未讓人顯得渺小，反而讓人比整棟建築更偉大。」[5]
>
> ——艾茵・蘭德，《源頭》（*The Fountainhead*）

---

4 Irving Fisher. 1930. *The Theory of Interest*. New York: Macmillan, pp. 220-21.

5 Ayn Rand. 2005. *The Fountainhead*. London: Penguin.

對艾茵・蘭德來說，沒有什麼比摩天大樓更能體現美國的個人主義。替美國打造出這種大型象徵的，是一位充滿遠見的人士，他用非凡的力量克服了傳統與平庸，在這個世界留下印記。一九二〇年代，蘇維埃在莫斯科替共產黨特權黨員打造陰森、結構主義風格的住宅區，美國則在打造曼哈頓。摩天大樓是新的建築秩序：將美國的城市網延伸到天空。摩天大樓和爵士樂預示著美國世紀的來臨。評論家查爾斯・布拉格登（Charles Bragdon）一九二五年時寫道：「摩天大樓是美國精神的象徵，呈現出一種騷動、離心且危險的姿態，更是建築界真正唯一的原創發展，我們在摩天大樓上所做的宣示，不容挑戰。」[6]一九二〇年代成形的曼哈頓，讓全世界驚豔。

一九二九年，喬治亞・歐姬芙（Georgia O'Keeffe）把畫架和畫具箱架在她位於希爾頓飯店（Shelton Hotel）三十樓公寓的窗戶旁，面向南方。她有一塊很特別的畫布，高度是寬度的兩倍，是一塊長形畫布，很可能是呼應長形的窗戶。歐姬芙一開始並不忙著在畫布上作畫，她反而試著去感受它；她的眼光高飛，穿越紐約摩天大樓的城市森林。夜晚來臨。她挑選最近的鄰居伯克利飯店（Berkley Hotel）當作聚焦點；伯克利飯店變成她重新訴說建築史的方式。頂端的金色塔是故事的起點：帶著自然基本元素的建築、屋頂、門扉和牆面。這座塔巍聳在一棟鋸齒狀的城堡之上，並開了一扇玫瑰花窗；這是哥德式設計的原型，和許多天主教堂與巴黎聖母院有這麼點牽連。在這些建築形態之下展開的是未來：一條閃著車頭燈、不斷發展的大道，向南邊無盡延伸，直到地平線的那一頭。這棟建築是劃分現代與過去的轉折點：摩天大樓的稜角在伯克利飯店用力伸展開來，左邊伸進另一棟摩天大樓優雅的尖塔，可能是克萊斯勒大廈（Chrysler building）。至於右邊，她則想像這棟建築的右邊尚未完成時的模樣：沒有裝飾的窗框，加上以數位裝置構成的門面；以數位裝置構成建築表面這個概念一直要到一九五〇年代才成為現實，但對她而言，這或許是美國新藝術形式的終極表現方式。

歐姬芙和她的先生攝影師兼藝廊主人阿弗雷德・史蒂格利茨（Alfred Stieglitz）都是曼哈頓的「懸崖居民」（Cliff Dweller；譯注：指住高樓大廈的人），他們擁抱垂直的新城市。歐姬芙以她在第四十九街看到的風景激發出一種全新的畫風：基本、無裝飾但又能營造出極強烈濃厚的感官刺激。她自一九二四至一九二九年繪製的摩天大樓，完全捕捉到了新奇與大膽的精髓，找到了一種新的美國原型，以某種基本形態或主題解放她的藝術，脫離布雜藝術風格的學院派限制。

希爾頓是她的泉源；這是艾茵・蘭德筆下的建築師主角豪爾・洛克（Howard Roark）會設計的建築：「結構樸素簡單，人們必須好好地去看才能體會是什麼樣的工法、什麼樣複雜的方法、什麼樣的絞盡腦汁才能達到這樣的簡潔……這些建築不是古典風格，不是哥德風格，不是文藝復興風格。純粹是豪爾・洛克風格。」[7]今天的希爾頓仍是一棟裝飾少到讓人驚訝的建築，以鮮明的實用主義形式為定位。確實，當時建築法規要求所有紐約高樓往後退，這是第一棟遵循法規的大型建築：紐約人很擔心這些高塔緊緊挨著，會遮蔽了陽光。他們強迫建築師要使用退縮（setback）的建築方法。歐姬芙便在畫裡讚揚希爾頓明確的退縮；這棟大樓既是她的藝術主題，

6 Anna C. Chave. 1991. "'Who Will Paint New York?': 'The World's New Art Center' and the Skyscraper Paintings of Georgia O'Keeffe," *American Art* 5 (1/2): 87-107.

7 Rand (2005).

也是她的家，為她建立嶄新、垂直與高科技的秩序。

她的傑作《夜晚的暖爐大樓》（*Radiator Building, at Night*），是建築師雷蒙・胡德（Raymond Hood）最偉大的建築作品之一，至今仍佇立在布萊恩公園（Bryant Park），這是一棟惹眼的退縮式塔狀建築，有著衝擊感官視覺的黑色正面與華麗的王冠。興建這棟大樓的用意是為了替美國暖爐公司（American Radiator Company）做廣告（這家公司後來變成美國標準公司〔American Standard Company〕）：美國暖爐公司替大樓提供水電設備與相關的固定裝置。這棟摩天大樓標記了美國房地產驚人創新的一百年。這種特殊的美國建築風格代表了一個重要的轉折點：此時，城市開始向上成長，而不是向外擴大。第一批摩天大樓出現在紐約（一八七〇）和芝加哥（一八九一），到了一九二〇年代，已經讓城市建築完全改觀。鋼骨結構取代大樓的牆面，擔負起承受高樓重量的責任，讓建築物變得纖細，並且讓垂直高度不受限。抗張力高的金屬取代了石材，電梯則成為大樓裡的新循環系統。最後，整合了暖氣、冷氣以及通風系統，完成美式辦公大樓的新定義，重塑了美國的各大城市。

為現代化提供資金

要蓋摩天大樓，也需要「新時代」的籌資技巧。幾乎所有摩天大樓，都是透過把興建大樓的貸款證券化這種新債券，用借款的方式才得以蓋成。摩天大樓的融資方式不再是由銀行持有房地產的抵押貸款，美國房地產金融業者找到新方法，直接向一般投資人告貸。一九二〇年代有一類新債券，美國投資人至少都會愛上其中某一種，這類新債券的名稱就叫作：摩天大樓債券（skyscraper bond）。

新式債券運作方式如下：開發商組成一家公司以建築大樓，大部分的營造資金都是借來的。另一家承作抵押貸款的公司會承銷債務並對小額投資人發行債券，透過零售管道操作：這是過去留下的戰爭債券發行體系。抵押貸款公司買下的債券若無法銷售，就會讓自己暴露在借款人可能違約的風險當中，但主要的房地產市場風險都由散戶投資人承擔，他們買的債券面額最低可低至一百美元。

對於極度小心、不願意陷入一九二〇年代翻騰股市的投資人來說，摩天大樓債券看來是明哲保身與跟上現代化之間最佳的平衡之道。畢竟，就算開發商違約，持債人又可能有什麼損失？貸放資金的人可以擁有物業：那些可是可以重新出售的大型、公開實體資產。抵押貸款公司的資產看來完全透明：在街上走一圈，就可以看到擔保手上債券的實體建築物。這些建築物也是對美國城市新技術的新投資：建築物改變了美國大都會的形態，變成三度空間的組合，很快的，這些大都會就會透過人行道、飛機和飛船而連在一起。

當時發行的新抵押貸款債券超過一千種，發行面值逾四十億美元。一九二二至一九三一年間新建超過兩百英尺的大樓，數目比之前或之後任何時期都多。一九二五年，美國八分之一的國民所得都來自大樓營造。[8]發明了電梯、開發出鋼骨營造，以及需要密集於特定地點從事業務的需

8 Earle Shultz and Walter Simmons. 1959. *Offices in the Sky*. Indianapolis, IN.: Bobbs-Merrill, p. 143.

求，造就出了美國城市的向上發展。高樓大廈讓黃金地段可以重疊再重疊；確實，摩天大樓賦予這些精選地點象徵性的地位。許多出色的大樓，例如受哥德風格啟發、由卡斯・吉伯特（Cass Gilbert）打造的伍爾沃斯大樓（Woolworth Building），變成了自身的代言人。高樓大廈成了代表企業高階人士尊榮特權的新指標：高聳入雲、景觀壯麗，而就建築物的象徵意義與外表意象來說，就像吉伯特說的，這是「讓土地發揮價值的機器」。[9]確實也是如此。

每一棟新蓋好的摩天大樓，都有一層又一層的空間出租。隨著紐約、芝加哥與底特律等城市的商業熱絡起來，租客長期承租這些以鋼鐵和石頭機器構成的樓層，每一棟大樓未來都有承租人承諾的長期現金流。不動產抵押證券把這些現金流整合包裝起來，並轉化成債券票息，之後交由投資人收取。摩天大樓抵押貸款債券將新式的高樓租賃變成貨幣資產。

當然，摩天大樓債券並非憑空出現。抵押貸款證券化於一九二〇年代之前早已行之有年，芝加哥的史特勞斯公司（S. W. Straus & Co.）宣稱，是他們於一九〇九年琢磨發展出單一建築物的抵押貸款證券化產品。史特勞斯公司最初是美國中西部一家抵押貸款證券公司，[10]之後成為摩天大樓債券發行人中的第一把交椅。一九二〇年代的高峰期，摩天大樓債券的市場由三家公司三分天下：史特勞斯公司、紐約的美國債券與抵押貸款公司（American Bond & Mortgage Company），以及同為紐約企業的米勒公司（G. L. Miller & Co.）。這些債券公司在證券化過程中扮演核心要角，不僅設計證券條件、付款時程、票息率和擔保要求以利債券發行，也向大眾推銷債券並為債券提供相關服務。他們向借款人收取租金，並支付債券票息給投資人。安全性是他們標榜的特質。以史特勞斯公司為例，他們主要的廣告賣點便是公司持續發行抵押貸款債券超過三十二年。

二〇〇八年的金融崩盤，讓我開始對於美國商用不動產抵押證券的歷史感到好奇，我大概了解一九二〇年代有商用不動產抵押證券的公開市場；事實上，我因為出於好奇，曾在電子灣（eBay）買過幾張早期的債券。我在網路上的發現激發出我的學術興趣。我所知道的是，發行債券募資蓋大樓在現代被視為一項創新。二十年前，如果我想要一張以大樓作為擔保（比方說芝加哥的約翰漢考克中心〔John Hancock Center〕）的債券，我可買不到。一直要到近期，才有金融工程師重振摩天大樓融資的證券化市場。一九二〇年代那個大型的單一建築債券金融市場怎麼了？一個市場怎麼可能消失了好幾個世代？

怪的是，美國抵押貸款證券市場因為自身的成功而受害。這種新時代的抵押貸款融資方法，在一九二〇年代之前已經出現弱點。一九一一年時，紐澤西一家大型開發公司的總裁哈利・布萊克（Harry S. Black）便提到：

> 紐約下城的摩天大樓問題更引人注意……市政府以南很多大型辦公大樓都出現投資難賺得合理報酬的情形，此外，前一、兩年還出現很多強力競爭的新大樓，就辦公大樓、劇院，以及旅館來說，紐約市已經蓋過頭了。[11]

9 Cass Gilbert. 1900. "The Financial Importance of Rapid Building," *Engineering Record* 41: 624.
10 James Grant. 1992. *Money of the Mind*. New York: Farrar, Straus and Giroux, p. 159.
11 引自 Shultz and Simmons (1959), p. 73.

一九二〇年代時，戰前的金融問題減緩，辦公大樓的營造又重回榮景。新發行債券數量之龐大（很多都是小面額，以吸引經濟條件普通的散戶投資人），甚至撼動了房地產業的領導者。李伊・湯普森・史密斯（Lee Thompson Smith）是美國建築業主與經理人協會（National Association of Building Owners and Managers）的會長，一九二六年時他抱怨商辦市場炒作嚴重，以及債券發行商（而非基本面需求）引發泡沫：

> 高樓大廈完全是因為債券公司努力銷售債券而蓋起來，根本不管這些大樓有沒有需求……完全不管報酬率、全額借貸營造費用的投機營造業者造成了過度起造的問題。他們之後以有利可圖的價格把大樓賣掉，並用收益在他處另蓋大樓……我譴責債券公司容許建築業以所有權權益作為微薄的保證金就為其提供所有成本融資的做法，這不科學，帶來了危險，也是自討苦吃。[12]

史密斯當然是對的；情勢已經變成尾巴反過來搖狗了。上述這段話有個驚人的實例，那就是米勒公司於一九二六年七月時出售給一家集團，大部分掌握在火車頭工程師工會（Brotherhood of Locomotive Engineers）手中。[13]為什麼要大費周章這麼做？因為要讓工會成員直接掌握銷售房地產債券的潛力。抵押貸款債券的需求太大，連債券公司都被視為搖錢樹了。

一九二六年八月六日，奇怪的事發生了。米勒公司替五七一公園道公司（571 Park Avenue Corporation）發行債券，雖然銷售成績頗佳，但債券公司卻沒有把錢轉給開發公司，反而宣布破產。米勒公司已經把這筆錢以及其他收益拿來支付給之前發行時的債券持有人。詹姆士・葛蘭特（James Grant）是金融史學家、債券市場名嘴以及《靠心智賺錢》（*Money of the Mind*）的作者，他表示：「米勒公司是一種龐氏騙局（Ponzi scheme）。」[14]一九二〇年代美國的集體記憶之一，是一九二五年破滅的佛羅里達土地大泡沫（Florida Land Bubble），時至今日，每當有人講到要買下佛羅里達的溼地時，我們還是會竊笑。但值得想一想的是，當時曼哈頓興建的摩天大樓可能才是真正的大泡沫，造成泡沫的，是人們對於大樓背後的證券生出的需求，而不是真的需要這種能讓土地發揮價值的神奇機器。

史特勞斯公司一直存活至一九三二年。到頭來，這家公司也必須挖東牆補西牆。但即便幾次發行債券失敗，這家公司仍大膽厚顏，代表抵押債券的持有人，替他們主張權利，取消違約借款人的抵押財產贖回權。史特勞斯公司本身也持有建築公司的股票部位，因此，當公司設法協調出有利於借款人、不利於貸款人的條件時，就出現直接的利益衝突。這家公司的行為太過分，以至於引發新成立的證券交易委員會（SEC）發動第一次大型的詐欺調查。

就算大樓價值崩盤與不斷蔓延的違約沒有毀掉抵押貸款債券市場，信任的冰消瓦解最終也必然造成毀滅。數以百萬計的小額投資人是因為信任才向史特勞斯、米勒以及其他公司購買債券，

12 Shultz and Simmons (1959), pp. 143-44.
13 Grant (1992), p. 164.
14 Grant (1992), p. 165.

他們相信過去毫無瑕疵的紀錄以及抵押品的價值。當這些公司倒閉，也讓任何法律體系可以保護投資人利益的信念一起沉淪。證券交易委員會的調查，以一九三六年發表的《房地產債券持有人委員會》（*Committees for the Holders of Real Estate Bonds*）報告作結，報告中明確點出各家公司用來欺瞞詐騙抵押貸款債券投資人的方法。[15]

就以西中央公園的莊嚴公寓（Majestic Apartments）為例，這裡是一九三〇年由建築師開發商厄文・錢寧（Irwin S. Chanin）設計的充滿藝術感大樓，坐落在七十二街和七十三街之間，一九三〇年六月由史特勞斯公司發行債券取得融資。史特勞斯承銷了九百四十萬美元、利息為百分之六的債券。即便史特勞斯公司利用比賽激勵業務人員大力推銷，但是，到了同年十月還有超過兩百萬美元的債券未推銷出去。當時史特勞斯紐約主管到證券交易委員會作證，說明這些沒有銷售出去的營建債券怎麼處理。債券被重新包裝成短期票據，替史特勞斯公司發行的債券背書，暱稱為「史特勞斯—曼哈頓」（Straus-Manhattans）。新瓶裝老酒這招有用，這些債券銷入市場，投資人不知道手中的短期債券擔保品是尚未興建的大樓，實際上有一段時間根本不會付息。莊嚴大樓的債券於一九三一年十二月違約，史特勞斯—曼哈頓債券則跟著於一九三三年違約。

證券交易委員會的報告詳細提出一個又一個的範例，說明史特勞斯以及其他大型公司如何先顧自己的利益，不管公司的投資人。當調查塵埃落定，證券交易委員會做出總結，認為破產流程中存在根本問題，導致公開發行證券的持有人遭到剝削。他們將制度失靈這個魔鬼列為導致經濟崩盤的理由之一。

歐姬芙對於摩天大樓的興趣，也隨著大崩盤而煙消雲散。一九二九年之後，她不再畫摩天大樓，而改以牛的頭骨和花朵當作招牌，成為更知名的西方繪畫家：一位偏好美國西南方簡單風格勝過都市繁忙生活的智者哲人。同樣的，這可能是因為她體會到美國人對於摩天大樓的愛已經在悲劇中告終——至少暫時如此。

一九二九年的遺骸

一九二九年的崩盤與大蕭條，對很多人來說證明了資本主義的失敗，或者至少是不受規範市場的失敗。凱因斯總結這是美國人傾向於過度投機的結果，約翰・肯尼斯・高伯瑞（John Kenneth Galbraith）則認為（他是研究一九二九年崩盤事件中最有意思的分析師之一），會有這樣的後果是因為華爾街憤世嫉俗的叫賣商人掠奪小額投資人的希望與夢想，再加上不理性的投機本能。之後的大蕭條向來被歸咎於一九二〇年代的泡沫，以及股市下跌後在金融層面造成的附帶後果。

因為美國人對於股票出現前所未見的熱情，再加上經紀商、投資信託以及投機獲利的美夢推波助瀾，一九二〇年代的華爾街股市確實火熱。一九二九年十月二十八日（當天被稱為黑色星期一）股市崩盤，單日下跌將近百分之十三，比倫敦證券交易所崩盤晚了一個多月。借錢買股的人都慘了，持有股票當作抵押品的銀行也深陷泥淖。崩盤之後，股市大約有十年都處於極度動蕩的

15 *Report on Protective Committees of the Securities and Exchange Commission*. 1936. Part III, *Committee for the Holders of Real Estate Bonds*. Washington, D.C.: US Government Printing Office, p. 67 and ff.

市況，完全扭轉先前股票安全、債券危險的經濟預測。

不是每一個人都對市場失去信心。《財星》（*Fortune*）於一九三〇年一月推出極為昂貴的創刊號，封面繪製了財富的巨輪（沒有半點諷刺之意），基調呼應了《以愚蠢為鏡》。我的父親（以及一九二〇年代許多懷抱樂觀預期的投資人）緊抱股票，甚至買進更多。但有些人則尋找蛛絲馬跡，得出結論，認為一九二〇年代除了破滅的不理性泡沫之外別無其他，是一個在全無理性基礎下投機熱狂燒的時代。

哈佛商學院的經濟學家湯姆・尼可拉斯（Tom Nicholas）最近找到一個有趣的方法做測試，檢驗一九二〇年代股價上漲的憑據是否為對未來前景的理性評估。尼可拉斯研究的領域是技術的創新。他提出理論，認為一九二〇年代的股價大漲是因為那段期間出現非凡的技術變革，而且投資人看重創新。股市大熱是因為發明了無線電、汽車普遍為人們所接受、公眾航空旅遊興起，以及各式各樣的現代生活改變嗎？在舊技術失勢、新技術勝出的期間，投資人可能會支付溢價，買進走在前端的企業。當然，一九九〇年代的科技泡沫也是這樣：「新經濟」類的公司受到期待未來將成為主導企業，股票因此大漲。

尼可拉斯用有趣的方式檢驗他的理論。[16]他收集一九二〇年代所有美國企業的專利，然後看之後的幾十年哪些專利展現出寶貴價值；他將此稱為「知識資本」（knowledge capital）。尼可拉斯發現，知識資本最豐厚的企業，一九二〇年代的價值也比較高。一九二〇年代的市場將創新視為重要的定價因素，在崩盤前最後一波漲勢（一九二九年三月至一九二九年九月）中尤其明顯，沒有專利的企業股價落後擁有知識資本的公司。這一點在所有產業都成立，不僅限於高科技。一九二〇年代的投資人認為當時世界在許多領域都處於重大的轉捩點，他們重視具備知識資本以善用變革優勢的企業。

尼可拉斯發現，雖然企業在崩盤後持續投入研發，但從一九三二至一九三九年，投資人不再以同樣的眼光看待知識資本。他的結論是：現在我們知道，一九二〇年代的投資人推高企業股價，實際上是因為知識資本更豐富了。一九二〇年代股市的陡升，反映出創新在世界變革中的重要性。當時的投資人基本上把股票的價值放在未來。他們這麼做錯了嗎？道瓊指數於一九二一年為六三・九〇點，一九二九年漲至三八一・一七點，到了一九三二年跌至四一・二二點。知識資本的估值怎麼會變化這麼大？

凱因斯可能是對的。投資人或許預測到之後將發生金融與經濟問題。專利僅是未來技術的設計藍圖，只有在做出成品並且能賣出去之後，才能帶來報酬。專利的重點不在於人們已經習慣的產品，比方說菸草，專利的價值會隨著未來的消費前景而大幅波動。舉例來說，一九二〇年代有一家公司藉由一套洗出彩色照片的聰明新流程取得專利。在高消費時代，這或許能引發快速的產品開發，並對於一個尋求最新奇玩意兒的世界大肆行銷。但在一個失業逼近、人們想著儲蓄與安全而不是買新東西的世界裡，這家公司開發產品的腳步可能會停滯多年。他們的專利還是很出色，但是隨著他們能快速創造營收的希望落空，公司的經濟價值也下滑。

16 請參見 Tom Nicholas. 2008. "Does Innovation Cause Stock Market Runups? Evidence from the Great Crash," *American Economic Review* 98 (4): 1370-396。

費雪的淨現值標準指出，導致企業忽然間擱置所有最創新專案的意外事件，一定會使得股價下跌。將可獲利的專案延後十年，淨現值會減少將近一半。如果專案風險高（多數創新都是），延遲十年可能導致價值下滑八成。一九三〇年代初期股價下滑，很可能反映的是，市場理解到這些最出色的專利在人們荷包滿滿時很有價值，但如今要等到很久、很久以後的未來才會帶來報酬。

布拉德福・德隆（Bradford DeLong）和安德烈・施萊費爾（Andrei Shleifer）兩人深入思考股市，提出相反的觀點，他們認為，是因為投資人過度樂觀看待股市，才推動估值高於其經濟基本面的價值。[17]德隆與施萊費爾檢驗這番想法，收集一九二〇年代交易的投資基金價格，並檢視基金持有的股票股價。兩位教授發現，投資人通常為了購買股票組合而付出六成的溢價；他們本來可以用比較低的價格「自行操盤」。兩位研究人員的結論是：如果信託投資的價格被高估，那麼，股市裡銷售的所有產品一定也都被高估了。一九二〇年代股市背後的因素，是投資人的樂觀信心，而不是理性的投資。

艾德格・羅倫斯・史密斯的投資基金存活了很久，超越創辦人名氣延續的時間。他的姓名在一九二〇年代家喻戶曉，雖然他在強調股票投資的益處上扮演重要角色，但到頭來只變成金融史上相對模糊的註腳。後來史密斯仍繼續他對於市場的研究興趣。當我在研究一件名為「天氣效應」的奇事（這是指股市好天氣時會上漲的特殊傾向）時，發現了史密斯於一九三九年的論文《人類大事潮流》（*The ides in the Affairs of Men*）。這本書主張，天氣變化與股市波動有連動關係，兩者都受到太陽黑子的影響。史密斯相信天氣預告了一九二九年的崩盤，我不確定他的看法是對的。

檢驗預測

一九二九年崩盤造成的一大影響，是美國人大致上對股票失去信心，華爾街尤其如此。費雪並非唯一因為市況突然扭轉而面對窘境的預測者。我們之前看到，崩盤也動搖了凱因斯鐵一般的信心，不再對自己的方法深信不疑。另一位同樣受到影響的投資人是阿佛瑞德・考爾斯（Alfred Cowles），他是紐約一家報業的財富繼承人。考爾斯和費雪相遇於科羅拉多泉（Colorado Springs）的結核病療養院，兩人花了很多時間討論崩盤。考爾斯是一名投資顧問，他於一九二〇年代管理家族可觀的投資組合，而就像很多和他處境相同的人一樣，他於一九二九年也損失慘重。考爾斯在想，為何華爾街集結的智慧無法警告投資人即將出現嚴重災難。華爾街分析師對於市況的理解可能也不比客戶高明多少。

考爾斯動手以數據來驗證他的想法。首先，他收集各大券商在整個一九二〇與一九三〇年代初期發送的所有選股建議，之後利用歷史股價與股利資訊，把建議清單和隨機選擇的證券拿來比對。他的結論對於預測這門專業很不利：預測股市的專家根本無能預測，靠射飛鏢選股還比較

---

17 J. Bradford DeLong and Andrei Shleifer. 1990. *The Bubble of 1929: Evidence from Closed-End Funds*. No. w3523. Cambridge, MA.: National Bureau of Economic Research.

好。[18]雖然我們知道荷紐在將近一個世紀之前也得出相同的結論，但一九二九年的投資人（比方說考爾斯）卻用很痛苦的方式理解到這一點。後來檢視現代分析師的預測與現代共同基金績效的研究人員，一般也會得出相同的結論。沒有證據顯示投資專才是一群能增添價值的人（扣除他們收取的費用之後），而且，沒錯，與一般的共同基金相比，你用不收費的射飛鏢法選股通常績效比較好，但低成本、分散得宜的股票投資組合仍是更佳的選擇。

考爾斯也檢驗了股市的隨機漫步模型。同樣的，考爾斯對於前輩荷紐（或是布朗運動公式的微妙之處）一無所知，他檢視不同持有期的股市報酬，看看是否遵循可預測的趨勢。答案同時為「是」與「否」。市場價格動向看來有某種動能。投資期間如果達三年以上，過去的趨勢顯然會持續下去而不是逆轉，但是如果計入要從中獲利的必要交易費用，很可能抵銷了所有利得。

但是，有一套預測方法算到了崩盤：道氏理論（Dow Theory）。道氏理論是股市趨勢的循環模型，創立人是《華爾街日報》（*Wall Street Journal*）的創辦人兼道瓊工業指數創始人查爾斯・亨利・道（Charles Henry Dow）。根據後來的信奉者所做的解讀，這套理論把市場動態切分成三部分：持續超過一年的主要趨勢（primary trend），偏離主要趨勢、持續幾個月或幾週的次要趨勢（secondary trend），第三種動態則是每天的「噪音」（noise）。這套理論設法找出主要趨勢，使用的是以道瓊工業指數與道瓊運輸指數為基礎的股價動態。工業指數與運輸指數同上或同下，視為主要趨勢的信號，代表值得買進或賣出。這套理論並非無稽之談；實際上，數學家曾經利用這種基本的直覺，組合兩種不同頻率的波，以模擬各種自然現象。但這套理論於「效率市場無法預測」的原始見解互相牴觸。

一九二九年夏末，《華爾街日報》的社論撰寫人威廉・彼得・漢米爾頓（William Peter Hamilton）應用道氏理論預測會出現熊市或牛市，結果確定是熊市。他說市場即將下跌，信奉道氏理論的人也因此免遭悲劇。考爾斯對這一點必然特別有興趣，因為道氏理論並不是曖昧模糊的假說，而且被當時最重要的財金雜誌讀者廣為接受。考爾斯花下大量的心力，檢視理論中是否蘊藏著什麼真知灼見。

考爾斯收集漢米爾頓自一九〇七至一九二九年十二月逝世這段事業發展期間所做的所有預測，檢驗這位預測者是不是因為運氣好而猜對了崩盤這件大事。考爾斯總結，道氏理論的表現不會優於被動持有股票投資組合，並得出極悲觀懷疑的結論，指向就算是最好最聰明的人也不可能預測出市場崩盤。這對他的朋友費雪來說，當然是聊勝於無的安慰。但他的結論並未掀起波瀾。如今，很多人都聽過道氏理論，知道阿佛瑞德・考爾斯的人反而寥寥可數。

但考爾斯確實大大影響了後世的金融學術研究，不管是從他身為研究人員還是捐贈人的身分來說皆然。他對於現代金融最大的貢獻，是他聚焦在數據和統計上。為了檢驗自己的理論，考爾斯建立了一套美國股票與股利的完整資料庫，而且是始於一八七二年。這是一項艱巨的任務，他無法靠當時的人力計算機完成；人力計算機指的是電子運算出現之前從事演算的人。他改用新的

18 以下這篇文章於一九三二年十二月三十一日由計量經濟學會（Econometric Society）與美國統計協會（American Statistical Association）於俄亥俄州辛辛那提舉辦的聯合會議上發表，之後又再重新印製，Alfred Cowles. 1933. "Can Stock Market Forecasters Forecast?" *Econometrica* 1 (3): 309-24.

打洞卡技術，以建構他的股市指數。

考爾斯（和荷紐之間有著極有趣的相似）是一位實作者，深刻熱愛統計，而且具有超乎常人的直覺。他對於市場預測者以及股市指數時間序列模式所做的檢驗，成為股市效率性實證研究的指標性論文。考爾斯將荷紐隨機漫步理論的火炬傳承到了現代，並發展出幾種新方法進行實證檢驗。而身為捐贈人的考爾斯，影響更為深遠。他捐助成立一家研究中心研究市場，名為考爾斯經濟學研究委員會（Cowles Commission for Research in Economics），目前坐落於耶魯大學內。這個基金會出版了一些他最初的研究，同時也聚集了一些有意探討市場的社會角色的一流學者。他們研究當中的共同因素，根源便出於考爾斯個人熱中於將數學、統計工具和對於市場深深的好奇結合在一起。

唉，後來證明考爾斯對於道氏理論的說法是錯的。複製考爾斯的研究，並將風險和報酬同時考慮進去，投資人的投資組合如果遵循道氏理論的建議，實際上每年可以增加百分之四的報酬。

荷紐的隨機漫步理論不是說這不可能嗎？或許吧，但我們發現這股預測力背後有些基本理據。我的學界同仁邁阿密大學的阿洛克・庫瑪（Alok Kumar）與紐約大學的史蒂芬・布朗（Stephen Brown）深入研究漢米爾頓以道氏理論為基礎所做的預測，他們發現，道氏理論的預測以過去的市場趨勢為憑。我們使用一些如中性網路演算等技巧，重新建構出道氏理論中隱含的規則：這是一種市場動能策略。

如果最近幾週股價下跌，道氏理論就會預測熊市即將來臨，這也就無需意外了。有幾種價格模式可能出現在熊市或牛市的預測中，讓道氏理論更添複雜，而當然，漢米爾頓不太可能用上精密的「數量」模型。就算查爾斯・亨利・道早就不再做預測了，但這套理論當中確實有玄機，多年之後同樣成立。漢米爾頓逝於一九二九年年底，把道氏理論的祕密一起帶進另一個世界，但我們的理論模型針對日後約七十年的模擬績效，成績斐然。

這是否動搖了我對於隨機漫步假說的信念？是的，或許有一點吧。就像我們之前看到的，現在的高科技金融架構，許多都是建立在無法預測性的基礎上。這就好像基本上所有的環節幾乎都可以整合在一起，唯之間出現裂口，開啟了研究的機會，可能也為全世界的投機客帶來了希望。

心理勝過市場

道氏理論啟發了好幾代的分析師，讓他們去尋找股市趨勢中暗藏的架構。一九四九年三月，社會學家阿佛瑞德・溫斯洛・瓊斯（Alfred Winslow Jones）替《財星》雜誌調查股市技術面預測這個新興領域。由於股市恆漲的日子已經一去不復返，因此投資人尋求專家的建議，想知道要怎樣做才能從股市中獲利。瓊斯注意到有愈來愈多通訊刊物憑藉的基礎不再是股票的基本面估值，而是圖表和統計指標，例如交易量、上漲個股數對下跌個股數的比值、投資人信心指標，當然還有過去的市場趨勢。他寫道：

> 但過去十年，市場已經嚴重脫離基本面，因此舊有的判斷市場方法並無大用。此外，比起輝煌的一九二〇年代，如今想在股市獲利，競爭遠更為激烈，因此，需要具備預測力的新方

法。[19]

瓊斯研究的新興技術分析領域，大致上回應了人們對於一九二九年突然大崩盤的記憶，以及期待能有某些理性的方法預測出下一次市場危機的希望。

技術分析所做出來的預測，立基於相信統計可以在表面上看來隨機的市場動向中找出隱藏的事實。這場利用數學做到「相當確定」的追尋之旅，可以回溯到雅各布・白努利身上。

相信效率市場理論的人與認為股票市場可以用道氏理論的系統來預測的人，把投資的世界分成兩派，一派信奉價值型投資，一派信奉技術面投資。在瓊斯的文章中，他提到一名信奉價值型投資的記者「從容、巧妙地揶揄技術分析師，把他們講成是巫師、通靈師、占星師、太陽黑子信徒以及循環理論家」。[20]

另一種回應一九二九年崩盤衝擊的方式，是基本面研究。如果泡沫和崩盤是因為對於市場有太過美好的想像但之後期待被戳破，最理所當然的結論就是股價會偏離基本面價值。有個方法可以因應市場的擺盪，那就是找出個別證券的訂價錯誤。班傑明・葛拉漢與大衛・陶德於一九三四年出版《證券分析》（*Security Analysis*）一書，而葛拉漢最知名的學生華倫・巴菲特（Warren Buffett）的非凡成就，多年來讓世人對於《證券分析》更感興趣，但在大蕭條最嚴重之時這本書能有吸引力，其前提必定是：雖然股價會波動，但透過謹慎、周全且敏銳的研究，可以找出一家企業的內在價值。這本書提出方法供讀者探索企業會計報表與提報盈餘之外的資訊，以了解其基本價值，並對公司未來的獲利能力做出理性的預測。《證券分析》並沒說投資人很輕鬆就能賺錢；分析是一門要透過仔細研究才能學會的學問，不僅需要熟悉數量方法，也要培養出優越的質化判斷。

一如許多激勵人心的書籍，這本書也善用了強大的原型。《證券分析》建構出了一個大膽、獨立的角色，一個有勇氣堅守自身信念的投資人，可以站穩腳步抵禦市場變幻莫測的風向。葛拉漢與陶德塑造出來的這位證券分析師並非甘冒損失風險的投機客，而是有為有守的投資人，做出少數經過審慎思考的承諾並堅持信守。這位投資人和艾茵・蘭德《源頭》一書中的角色豪爾・洛克最為接近：他們是具備睿智洞見且正直不妥協的人，冷眼看著這個世界將他們歸到一種又一種的風格類別裡，但是他們仍堅持自己的所作所為。葛拉漢和陶德書中的證券分析師，是嶄新、動蕩且讓人害怕的時代中的完美英雄。

一九二〇年代留下的傳承與崩盤

一九二〇年代帶動美國人民熱中於股市投資的因素有幾個：強調自立自強的精神、支持股票勝過債券的歷史證據、華爾街大力推銷股票以填補戰爭債券遺留的產品空白、多元化投資組合為小額投資人提供的風險分散等等，可能還有技術加速發展導致投資人為知識資本付出溢價，並混

19 Alfred Winslow Jones. 1949. "Fashions in Forecasting," *Fortune*, March, pp. 88-91.

20 Jones (1949).

合了對投機操作的美好期待。

從某些方面來說，美國人對於股市的迷戀，和英國、中國或俄羅斯在全球重新興起股票投資熱之後的情況並無不同。主要的差異，是美國股市興起的時間點大致和美國成為重要世界強權的時間點相同。企業精神、股東民主決以及股份公司資本主義，成為美國自我形象的一部分。一九二九年股市崩盤，不僅讓股票這種投資產品受到質疑，也損害了美國人對於金融架構本身的信心。在大蕭條最嚴重之時，美國政府為了重建人民對於金融市場公平性的信心，特地成立證券交易委員會，藉此因應信心危機。但股票價值會快速改變，這一點，讓人民懷疑股市到底是不是適當的長期儲蓄工具。因為社會氛圍中瀰漫著這些疑惑，使得美國人花了很久的時間才理性地重新討論股票是否為良好投資工具的這個問題。

雖然某些美國最美麗的建築設計興建於一九三〇年代，但在崩盤之後，人們對於摩天大樓的狂熱也跟著消退了。洛克斐勒中心、其宏偉的無線電城音樂廳（Radio City Music Hall）和現為奇異大樓（GE Building）的高聳RCA塔樓（RCA tower），都規畫於一九二八年，最後於一九三二年完工。RCA大廳壁畫引來的爭議，體現了時代的轉折。洛克斐勒家族委託墨西哥壁畫家迪亞哥・里維拉（Diego Rivera）作畫，他充滿雄心壯志的大作《十字路口的人》（*Man at the Crossroads*）刻畫出二十世紀的社會轉型。這幅壁畫從人道主義觀點出發，中心是一位無產階級科學家，控制整個現代科學的連結脈絡：機械、生物、天文。在兩旁，里維拉畫出兩種不同的社會觀，一邊是一間滿是煙霧的房間，許多菁英分子正在玩著紙牌並喝著雞尾酒，另一邊畫的則是列寧、托洛斯基（Trotsky，譯注：布爾什維克黨的主要領導人）與一位正在哺乳的母親。里維拉暗暗提了一個問題：你要選擇哪一幅未來願景？

洛克斐勒家族把這幅壁畫塗掉，另以荷西普・馬利亞・瑟特（Josep Maria Sert）的作品取而代之；他是撒爾瓦多・達利（Salvador Dalí）的朋友，本身也是一位有權有勢的壁畫家。他以經典的布雜藝術風格打造出令人讚嘆的室內裝潢，畫面中充滿正在興建摩天大樓（摩天大樓可說是曼哈頓的天主教堂）的肌肉壯碩工人，飛機盤旋進入通往天堂的通道。這幅作品向全球化、機械化以及美國的勞工致敬，但裡面缺少了一九二〇年代煥發的樂觀主義。畫作呈現烏賊墨汁的色調，顯得陰鬱，動態掃描與視覺陷阱的效果，讓人害怕。畫面中的漩渦和深景，好像是要對抗看來流線、但實際上僵化平直的大廳藝術裝置設計。今天，當你走進奇異大樓，你還是會

圖47　荷西普・馬利亞・瑟特（Josep Maria Sert）為紐約洛克斐勒中心大廳繪製的壁畫細部（(c) Ann Parry/Ann-Parry.com）。

覺得自己好像陷在一個可怕的人類大夢裡，被丟進不斷興建營造的苦難中，既到不了天堂也掉不到地獄。這幅作品恰當地掌握了一九三〇年代的精神。

第二十八章　重新建構未來

一九二九年的崩盤讓美國人對金融市場的不確定提高警覺，大蕭條凸顯了總體經濟的巨大風險。這些風險需要金融解決方案。一九三〇年代普遍的失業與貧窮清楚照出現實：美國面對了一場儲蓄與社會保險的嚴重危機。大蕭條之前美國已經有了各種私人保險，各種類型的個人儲蓄工具，以及各種聯邦、各州、省和公司的年金方案，但這場經濟危機顯露出這些方案的脆弱，而且都要面對全面性衝擊造成的風險。美國於二十世紀初期將希望放在企業，但是很多企業在大蕭條期間倒閉，職缺和年金方案也跟著沒了。什麼機構可以取代企業，成為目前與未來需求的供應者？政府。

一九三〇年富蘭克林．羅斯福（Franklin Roosevelt）擔任紐約州長，他引進一套全州的年金方案。他將這個概念帶到總統任內，作為新政（New Deal）的一大要項。在本章中，我們要檢視美國金融於一九三〇年代的轉型。一如本書討論過的許多金融創新，變革時用新方法來因應重要問題，之後也造成了問題。一九三〇年代打造出來的金融架構至今仍在，美國也仍在和自己引發的制度問題角力。這是金融史上最動態、最有趣的期間之一，留下的產物是現代金融架構中非常重要的部分。

社會安全

每一個人都開始體會到必須有所行動，協助用盡一生工作讓孩子溫飽、到了風燭殘年時卻身無分文的老人。他們應該能期待到老時得以安穩，而非恐懼。我們提議，到了六十歲時，每個人都應該開始向政府提領年金。

——休伊・朗（Huey Long），一九三五年參議院紀錄[1]

休伊・朗主張：「要分享我們的財富」；他是極具魅力、抱持平民主義的參議員，來自路易斯安那州。他的計畫，是把華爾街百萬富翁的財富重新分配給所有人民。他的方案宗旨為保證每個人都能領取每年一萬美元以下的退休年金，不是由勞工提撥的資金支付，而是來自於對富人課徵的稅金。朗把政府視為平衡財富與供應生活所需的機構。反之，富蘭克林・羅斯福設想的年金方案則由勞工自行提供資金：勞工提撥的資金，交由政府的儲蓄方案運作。在一九三五年針對社會安全的辯論中，朗站上參議院的大講台，指控羅斯福毀了年金方案，因為政府不提撥全額支付年金必要的三十億美元。但是到最後，朗還是投票贊成這項法案，社會安全也因此成為法律。

社會安全原始的設想，是為低收入的勞工在退休後提供終身年金，但很快就修正成幾乎每一個有工作的人都可以享有的方案。美國社會安全體系有些非比尋常的特質，可以回溯到一九三〇年代的美國人對於個人責任與集體保險的特殊態度。羅斯福和朗之間為了如何打造年金方案的衝突所激起的火花，創造出獨特的美式結果。

社會安全從退休開始每月支付福利金，直到死亡為止，基礎是過去所得最高的三十五年平均值，沒有工作的年度就計為零。福利金會依據生活成本的變動隨著時間調整。這套系統是強制性的。勞工必須把部分薪資所得提撥到社會安全系統裡，但基本上系統的資金仰賴的是稅收。社會安全實際上是你希望能在私人市場購買、但卻發現買不到或太昂貴的產品：這是一套終身年金，但有抗通膨的保障，保證人是全世界最強大的國家，並由該國的納稅義務人提供支援。這是一種很了不起的福利。

美國社會福利的形態，和一九二〇年代美國社會提倡財務自決的觀念大有關係。社會安全體系的特色在於這是一張安全網，這和美國的個人主義精神互相衝突，但這套方案中的另一個特質是儲蓄，則呼應了美國人的個人投資概念。由於這種雙元特性，使得社會安全系統對於富人和窮人來說都很美好。到了一九三〇年代，許多西歐國家早已採行社會安全網的方案，而美國的取向不同，因為這套系統必須容得下金融在社會中扮演的不同角色。

當時（以及現在）的問題是要如何支付。原始的概念是以勞工的提撥金設置一項基金，用這

1 一九三四年二月五日參議員休伊・朗於第七十三屆議會中的演說。Congressional Record, v. 78, pt. 3。引自“Social Security History,” on Social Security, Official Social Security Website. Available at: http://www.ssa.gov/history/longsen.html。

筆錢當成本金，支應未來的提領。但在當時，這樣的想法看來十分可笑。要如何投資薪資所得者提撥的龐大資金？要買股票嗎？誰選擇買哪幾檔？誰掌控這麼大一筆共同的財富？《財星》分析當時各種社會安全提案，預估一九四〇年時資金規模必須達到七百五十億美元，並指出建立這樣的儲備資金庫「是最笨的金融笨蛋……基本上根本不可能投資這麼高額的資金」。[2]休伊・朗的做法，當然是從美國百萬富翁的投資當中收錢就好。

究竟是要維持一個基金，還是把提撥金和支付款當成政府的收入和義務？針對相對利弊進行一番討論後，後者勝出。美國的社會安全系統運作方式變成隨收隨付制（pay-as-you-go，譯注：指當期收到提撥者或納稅人的資金，在同期以同一筆錢支付年金款項）。投資人提撥到系統裡的款項匯進美國國庫，並由政府每月支付福利金給退休人士。但社會安全提撥金不會只放在銀行裡，而會用來購買美國政府公債：政府把勞工的社會安全捐拿來投資自己發行的證券。購買公債是在會計上耍了一點手段：這可先獲得政府的長期保證。公債實際上並非投資基金，但是如果政府選擇賣掉這些公債、改買其他資產，也可視為一種投資基金。

打從一開始，許多和社會安全系統相關的討論都聚焦在會不會破產這件事上。促成這項法案的背後推手，是善於挑動人心的勞動部長弗朗西絲・珀金斯（Frances Perkins），她也是新政的主要規畫人之一。她把執行的工作交給一個由經濟學家組成的委員會，執行董事為威斯康辛的經濟學教授艾德溫・維特（Edwin Witte），其他學者包括威斯康辛的教授約翰・康孟斯（John Commons）、加州大學教授芭芭拉・阿姆斯壯（Barbara Armstrong）以及普林斯頓的道格拉斯・布朗（J. Douglas Brown）。[3]這個智囊團建置了基本架構，並計算方案近期與長期在財務上是否可行。當然，他們計算出來的數字實際上並沒有用。

一九三五年三月號的《財星》雜誌便特別指出委員會面臨的根本財務問題。社會安全制度實際上並不是保險方案，因為系統裡並沒有一個可用於支應未來支付款的資產池。《財星》雜誌提到勞工對退休人士的比例不斷下降、生育率下滑以及預期壽命不斷延長等數據，這些因素終將導致這套方案於一九八〇年（與方案成立時間相差僅四十五年）之前出現資金缺口：

> 整套方案最後的下場會是……能不能落實最終取決於政府的一般性課稅能力。但基本上，法律宣告任何人只要符合列出的條件，都有權對政府提出可執行的權利主張。[4]

設計方案的人完全清楚未來的納稅人終將因為這套系統而陷入困境。

年金史學家席維斯特・謝貝爾（Sylvester Scheiber）主張，羅斯福一開始並沒有打算建構隨收隨付的系統，但是因為政治角力，這是到最後無計可施才提出的解決方案。他指出，負責設計的人很清楚，到了二十世紀末期時，社會安全支付款將會消耗掉高比例的聯邦預算，但與新政更直接的迫切性相比，這個問題就被放到後面去了。

---

2 *Fortune*. 1935. "Social Security by Any Other Name," March, pp. 86-87.

3 有一篇文章詳細說明了美國社會安全系統的起源，請參見 Sylvester J. Scheiber. 2012. *The Predictable Surprise: The Unraveling of the U.S. Retirement System*. Oxford: Oxford University Press。

4 *Fortune* (1935).

現代我們討論留了多少可怕的債務給後代子孫，但沒有人苛責我們祖父母那一輩的人，他們明知道忽略現代人口趨勢的後果，卻還是這麼做了。我祖父那一輩的人讓我安了心，因為我知道雙親以及其他親人年邁時至少會得到最低程度的照料，但他們也害我陷入社會安全赤字裡。

社會安全系統是非凡的金融創新（而且本來就設計成會破產），或者，至少是把稅收當成一個因素，激勵未來的立法者變更其架構，當未來方案的債務超過政府承諾配置的資金時，還能維持下去。一九三五年建立的美國社會安全系統，明確凸顯出金融史的教訓。請回想一下，十八世紀時的歐洲政府如何以發行訂錯價格的終身年金來取得資金。至關國家未來生存的精算數學，怎麼可以忽略？從二十世紀美國社會安全系統的設計中可以看出，十八世紀時的情況就和現代一樣，訂錯價格可能不是出於忽略長期的成本，而是因為政治架構比較在乎化解短期爭議。

金融社會設計

這種由政府保證讓所有美國勞工在退休之後都能得到終身年金的重大創新，一定會對行為造成重大衝擊。這套系統如何影響儲蓄率、冒險行為、個人行動、家族結構、就業決策，以及諸多和長期規畫經濟未來有關的因素？這很難說。如果政府對我的薪資課徵稅金、之後拿去購買根據通膨指數調整終身年金，我個人就比較不可能去購買抗通膨的債券。確實，我很可能會少存些錢，因為我知道等到我六十五歲之後會有一筆社會安全福利金進來。把這筆錢和工作年資及薪資相連結，鼓勵人民就業並努力追求更高的薪資。但是，社會安全金設有最低額度，條件是只要工作年資達到最低年限即可請領，這使得某些人在努力了一段時間之後就偷懶一輩子。制度確保退休生活的同時也鼓勵了退休。沒有年金的勞工，將會盡量工作到無能為力為止。社會安全被視為一種把工作讓給新勞工（很可能也是效率比較高的勞工）的方法。給一個人一張社會安全網，會讓人無需在年老時仰賴家庭撫養。我們可以預期，有了社會安全制度之後，跨世代的家庭數目就減少了。我們也可預期，當政府（而不是子女）成為主要的社會保險形式時，生養的子女人數也會減少。

金融架構會決定現實生活。社會安全制度設計者訂下的規則不僅改變了經濟行為，也改變了人們的生活方式以及組織家庭的方式。當然，很難去檢驗社會安全對於社會造成的效應，因為我們沒有另一個可供比較的世界。但這不表示經濟學家無法做預測。目前有些研究人員正在研究社會安全可能如何影響行為，以及不同的存款形式可能有哪些不同的效果。

黛博拉・盧卡斯（Deborah Lucas）在她那一代是一流的金融經濟學家，貢獻大量心力為國家服務。她是麻省理工學院的教授，也在美國行政管理與預算處任職，利用她的金融工程技能計算納稅人要替美國政府所做的各種保證負擔多少成本。她負責的專案之一，是研究社會安全系統對於人和金融市場的影響。盧卡斯和芝加哥大學的約翰・希頓（John Heaton）以及哥倫比亞大學的史蒂芬・薩爾達斯（Stephen Zeldes）共同執筆撰寫多項研究，她利用理論的模型檢視儲蓄率的變化、投資時會選擇股票還是債券，以及證券價格的變動情形。理論有點像是用線條人物畫來代表真正的人，在某些情況下，這種簡化後的代表方式可以捕捉到本質，但是，當細節很重要時，就很難說理論是否合理代表了現實。

以提出前述的警語為前提，他們的理論指向有政府終身年金的投資人將會減少不屬於社會安全系統內的儲蓄，有些人少很多，有些人少一點。如果投資人選擇「解除」社會安全方案，市場也可以容納他們。盧卡斯和她的同仁還發現另一件很有意思的是，那就是《財星》雜誌當初擔心無法投資社會安全提撥金，很可能過慮了。無論持有股票與債券的是政府還是民間投資人，資產價格都不會有太大差異。但由政府持有比起交由企業操作會不會較好這個更深入的問題，又是另一件事了。

重建信任

在推動新政成立政府年金系統以因應未來的極不確定之時，也強化了民間的儲蓄工具。現代的共同基金公司是新政留下來最偉大的傳承之一。一九二五年艾德格・羅倫斯・史密斯推出投資信託基金時，基本上他必須從無到有自行設計架構：由誰負責治理、要如何緩解經理人與客戶之間的衝突、投資人如何購買與贖回，以及其他種種實務上的議題。當投資信託開始風行，華爾街就根據基本主題設計出各種聰明的變體，有時候把聰明的構想發展到非常危險的極端。

最惡名昭彰的投資公司，是一九二八年的高盛交易公司（Goldman Sachs Trading Corporation）。這是一樁由複雜金融工程建構的浩大工程，涉及了好幾家公司疊床架屋堆起來的金字塔架構，最後讓高盛取得一檔槓桿操作率極高的基金工具控制權，重點是，這檔基金於一九二九年初以溢價售出，高於投資組合中的資產市價。在股市崩盤之後，這檔基金變成參議院聽證的好材料：

詹姆士・庫岑斯（James J. Couzens）參議員：高盛公司（Goldman, Sachs and Company）是否籌組高盛交易公司？

盛先生（Mr. Sachs）：是的，議員。

庫岑斯參議員：公司有把股票銷售給一般大眾嗎？

盛先生：一部分。發行總額一千萬美元，幾家公司最初投資了百分之十。

庫岑斯參議員：其他的九成都銷售給一般大眾了？

盛先生：是的，議員。

庫岑斯參議員：現在股價多少？

盛先生：大概一・七五美元。[5]

高盛交易公司在高伯瑞極有意思的著作《一九二九年大崩盤》（*The Great Stock Market Crash of 1929*）裡扮演要角；這本書和《以愚蠢為鏡》是很理想的搭檔，並以同樣的精神寫成。

高伯瑞指出，在一九二九年的大崩盤中，高盛的基金從發行價每股一〇四美元暴跌至每股一・七五美元。不知道高盛的執行長在隔年年底時能拿到多少獎金？高伯瑞把矛頭指向高盛交易公司，暗指股市泡沫有一部分是因為投資信託的興起。但高伯瑞指出一九二九年的基本問題，到

5 Senate Hearings of Stock Exchange Practices, 1932. 引自John Kenneth Galbraith. 1997. *The Great Stock Market Crash of 1929*. Boston: Houghton Mifflin Harcourt, pp. 64-65。

了二〇〇八年也同樣成立。金融創新不斷開疆拓土，有時候付出代價的是顧客、客戶和投資人。金融快速創新期間，不一定有辦法評估風險，或者，更糟糕的情況是，了解風險的人很容易就把風險隱藏起來，不讓投資人得知。高調的參議院聽證會凸顯一九二〇年代投資信託的槓桿操作幅度過大與自利交易問題，以及讓人驚心動魄的華爾街金融工程相關故事，是對所有基金的一記打擊。

證券交易委員會負責補救「對於投資信託的信心」。委員會先針對投資信託的架構與治理訂出標準。一九三二年參議院聽證會找到的問題之一，是承銷股票發行的公司也銷售持有這些股票的基金。假設有一家銀行無法把新發行的股票賣給一般大眾，就可以塞給自家基金。證券交易委員會把證券承銷商與投資信託管理公司切開來。為了處理高盛這種金字塔式的控制權，因此禁止基金持有其他基金的股份。一九四〇年的〈投資公司法〉（Investment Company Act）和〈投資顧問法〉（Investment Advisers Act）也限制了槓桿、薪資、內線人士控制，以及投資基金可出售給一般大眾的證券類型。規範槓桿與控制等問題提供了進一步的保護，避免高盛的悲劇重演。

基金以公司的方式設立，持有以股票和債券組成的多元分散投資股份，容許投資人買賣資產池中的股份。基金自有治理架構，獨立於實際管理資金的公司以外。除了相同的服務手續費之外，他們（一開始）不能收取其他費用。這些平凡無奇的基本工具，是一九二八至一九二九年間股市正熱時，市場上各種產品的簡化陽春版；在這段期間，新成立的信託數目比公司更多。

美國共同基金這項傳承是否成功，指標之一，是這些基金長期為客戶創造的績效如何。比方說，艾德格・羅倫斯・史密斯的投資人管理公司如今安在？他的基金一直存續至今，你可以追溯自一九三二至今的每日價格變化。擔保公司美國基金（American Funds）仍負責維護每日價格與股利紀錄。一九三二年的再投資股利（因此無需課稅），每投資一美元到基金裡到了二〇一〇年就增值為兩千七百四十七美元，年複利報酬率約為百分之十・七。這和投資美國大型股的大盤指數賺的差不多，後者的報酬率為百分之十・九。你或許無法打敗市場，但是在近八十年的期間可以賺到極佳的報酬，正好符合艾德格・羅倫斯・史密斯的預測。在這八十年期間，美國經歷了四次大型戰爭（第二次世界大戰、韓戰、越戰、波斯灣戰爭），也涵蓋了大蕭條與大衰退的多數期間。期間內經濟政策有寬鬆也有緊縮，主政的有共和黨也有民主黨，曾經歷過高達兩位數的通貨膨脹，也有狂野不受控的泡沫和崩盤。

一九二〇年代設立、一九三〇年代受到規範納入共同基金的美國股票信託，一直守住承諾，是可分享長期投資成長的穩健工具，跨越幾個世代。雖然艾德格・羅倫斯・史密斯的投資人管理公司留下來的基金是「活化石」，族譜可以上溯到金融史的深處，但其亮麗的成績是達爾文適者生存理論的證明。與美國證券交易委員會以一九四〇年〈投資公司法〉管理的基金相較，如今的共同基金架構花俏多了，但如今所有人都有機會善用經過時間千錘百鍊的金融工具。雖然人們對基金公司的期待永遠都是希望他們可以用更低廉的價格提供相同的產品，但事實是，成為世界典範的，是這套投資架構以及其透明度和簡單性。

順帶一提，一九四〇年的〈投資公司法〉並未判定其他形式的投資產品違法，只是使得這些產品難以銷售給散戶投資人。對於一九四〇年法規限制感到惱怒的投資管理公司，大可去管理非散戶的投資資金。只要他們推銷的投資人數目有限，就可以去做他們想做的事。有趣的是，由於不讓某些資金涉入零售市場，這項法律也創造出了現代避險基金產業。證券交易委員會把散戶投資市場區隔開來，進行整頓清理，並採行標準化管理，我們可以說這樣的淨化措施排除了某些好的構想與好的管理公司，但這麼做期望達成的淨效果，是把美國人重新帶回金融市場。

因此，到了一九四〇年代，美國的金融系統已經大幅重整了，大致上對於儲蓄有正面影響。由政府背書的政府安全網與終身年金方案已經成形，大部分的勞工都適用。雖然這會造成一些排擠效應，但並未取代個人的投資選擇。監理單位藉著一九二九年的大崩盤危機整頓多元分散的投資工具並加以標準化，也遏止了金融機構之間某些被視為有損投資人的便宜行事關係。一九三〇年代時，金融市場信託是因應面對不確定未來的保險機制這項基本前提被動搖了，但也奠下了基礎，打造出危機後的新金融世界。

第二十九章　戰後理論

一九五二年，哈利·馬可維茲（Harry Markowitz）受邀成為考爾斯基金會（Cowles Foundation）（當時設立於芝加哥大學內）的研究員。馬可維茲當時是一名學生，他有興趣的領域是經濟學以及一個名為「作業研究」（operations research）的應用數學領域，這是戰時許多先驅投入心力的成果；他們利用數學以解決操作問題，比方說以策略性的方式管理轟炸路徑與護航艦隊。從事作業研究的人之後發現，他們可以把這些技巧用在眾多領域：製造、運輸，甚至社會與策略性的互動，都可利用數學方法進行分析。

馬可維茲認為，或許可用數學來解決金融領域其中一個最重要的問題：如何選擇最佳的投資組合。馬可維茲自承：

我選擇論文主題時，一場意外的對話建議我或許可以把數學方法應用到股市上。我請教馬沙克（Marschak）教授的想法，他認為有道理，並說阿佛瑞德·考爾斯本人對於這樣的應用也很感興趣。他讓我去找馬歇爾·凱徹姆（Marshall Ketchum）教授，這位教授就給了我一張參考書目，作為金融理論與當時實務操作的指引。[1]

馬可維茲把這個想法發展成一套出色的模型，改變了二十世紀的投資世界。二十世紀中葉，雖然華爾街大致上已經脫離投資簡單、多元化的投資組合，轉向各種不同的預測方法與證券基本面分析，但考爾斯和費雪在美國金融中種下的數學和統計種子才剛要開始成長，之後才會導引出一場金融革命。在本章中，我們要檢視馬可維茲的模型以及緊跟在後的另一個模型：資本資產定價模型（Capital Asset Pricing Model, CAPM），看他們如何重振一套投資的全球架構以及導致金融和國家政體之間出現之前未預見的新衝突。

投資與精確科學

基本上，馬可維茲把統計學套用到之前亨利・洛溫菲德與厄文・費雪的洞見。他寫出最佳分散股票投資方式的明確公式。洛溫菲德建議的是平均投資不同國家不同資產的平衡性投資組合，費雪則推薦分散得宜的投資信託，馬可維茲要問的問題是：如何才能達成最佳、最為分散的解決方案。

答案取決於各種股票同向變動的幅度。選擇彼此不相關的股票，能提高投資組合的分散度並降低風險。馬可維茲指出，藉由衡量每一種資產和其他資產的共同變化並計算其風險與報酬，這有可能找到風險最低的投資組合。

股價因崩盤而滑落時，債券有時會上漲，這種相反的走向，代表一種資產可以成為「保險」，緩解另一種資產的風險。馬可維茲的模型接受了「別把所有雞蛋放在同一個籃子裡」的基本直覺，並告訴你怎麼樣分在不同的籃子裡才是最好的辦法。舉例來說，模型會告訴你六成債券加四成股票會不會比股債各五十的組合來得好。馬可維茲不靠猜測決定投資組合構成，而以明確的答案取而代之。

馬可維茲的方法出色之處，在於他完全不管基本面投資與深入研究的原則。他假設這項資訊已經融入了股票的價格和預期報酬之中。遵循馬可維茲投資風格的投資人唯一需要的是統計資訊：股票的預期報酬、股票的波動性（也就是荷紐說的「擺動」）、每一檔個股與其他股票的相關性和共變性。他把投資管理從根據公司深入研究的專業轉化成數學練習。

考爾斯的研究計畫於一九五〇年代時轉移到耶魯，馬可維茲於一九五八至一九五九年之間花時間把他關於投資的論文寫成《投資組合選股》（*Portfolio Selection*），一九五九年出版，成為考爾斯基金會第十六本的專論。本書的風格迥異於葛拉漢和陶德深具影響力的討論基本面投資著作，反映的是一九三〇年代以來發生的金融工具深度變革。

抽象科學的專家憑藉著電腦程式和線性代數，超越了英雄主義、性喜孤獨的基本面分析師。原子時代的新金融英雄，可以指出通向最適狀態的路徑。在這本書出版幾十年後，電腦愈來愈精

1 Harry Marowitz. 1991. "Autobiography," in Tore Frängsmyr (ed.), *Les Prix Nobel. The Nobel Prizes 1990*. Stockholm: Nobel Foundation.

密，讓年金基金、大學捐贈基金以及其他大型存款資金池的經理人得以運用馬可維茲的模型。當然，就像所有數學模型一樣，應用的成效仰賴於輸入資訊的品質與假設的可靠性。記住這幾點，並加上後來發展出來因應這些問題的方法，馬可維茲模型基本上成為全世界所有機構投資組合經理人使用的主要工具，讓人驚訝的是，馬可維茲本人並未享有最佳模型的著作權或專利。事實上，他把模型放在書的附錄，放送給全世界。

完美的投資組合

威廉・夏普（William Sharpe）進入經濟學這一門專業時，剛好是馬可維茲投資組合最佳化模型帶來驚人成績的年代，而他在撰寫論文時，也在聖塔莫尼卡的蘭德研究院（Rand Institute）和馬可維茲密切合作；在二次大戰之後，這裡多年來已經成為作業研究的聖地。夏普的論文基本上討論的是，在一個所有投資人都設法讓投資組合達到最佳狀態的世界裡在邏輯理論上有哪些含義。假設全世界廣為使用馬可維茲的模型，那麼，股價會怎麼樣？人們最在乎的事，是資產如何同向變動。愈少股票同向變動，愈能減緩風險。投資人利用股票本來就有的同向變動當作基準，設法完全分散投資組合。

代表同向變動的指數就是現在所稱的「貝他指數」（beta）。當現代投資人在看某一檔股票是否會為投資組合增添風險時，看的就是貝他指數。貝他指數高的股票，會比貝他指數低的股票帶來更高的風險。

夏普找到另一個比貝他指數更有趣的指標，他發現，到最後，所有投資人都會聚合到同一個風險性資產投資組合。他的理論預測會有一個一體適用的投資組合。在夏普的理論世界裡，無論富有或貧窮，全世界每個持有投資信託股份的人，到頭來都是持有世界上所有企業的股份。我們都把投資決策委交給一個持有全球每一檔股票的大型共同基金經理人。但是，我們並不是均等地持有。舉例來說，我個人對某家公司的持份，可能就比巴菲特少很多。我們都吃同一個派，但巴菲特拿的比較多。

當然，由於資本資產定價模型是一個理想化的模型，只能在一個實際上並不存在的世界裡做預測。但當條件很接近資本資產定價模型的假設時，模型暗指所有人做出的選擇都會非常接近同一個廣泛、分散得宜的投資組合。十九世紀的倫敦顯然就出現這種情況；當時的投資人可以投資全世界的各種資產。倫敦的全球化黃金時代有一群投資人，他們組成一個團體，遵循洛溫菲德全球分散投資的原則，他們持有的資產便接近最佳化的比例，如同馬可維茲模型的預測。[2]

資本資產定價模型不僅是一套漂亮（但抽象）的理論，在各金融領域也廣為應用。模型針對高貝他指數股票與低貝他指數股票的最適預期報酬率所做的預測，用在企業的決策與風險分析當中。模型預測持有資本加權資產投資組合是一種普遍的需求，這導致發展出一種新類型的投資產品：指數基金（index fund）。

2 請參見William N. Goetzmann and Andrey D. Ukhov. 2006. "British Investment Overseas 1870-1913: A Modern Portfolio Theory Approach," *Review of Finance* 10 (2): 261-300。

指數化

一九七〇年代兩股學術研究匯聚，因而出現了以指數為基礎的被動式投資。第一股是資本資產定價模型得出的市場投資組合結果。夏普的模型是市場人士的夢想，因為這預測了世人對於非常簡單的產品有著立即、廣泛的需求。第二股則是對於股市投資的重新思考。

一九七〇年代，隨著艾德格・羅倫斯・史密斯大致為世人所遺忘，芝加哥兩位年輕的教授羅格・伊伯森（Roger Ibbotson）和雷克斯・辛格菲爾德（Rex Sinquefield）決定重新回到一個基本的問題：股票是否為好的長期投資？他們使用芝加哥證券價格研究中心（Chicago Center for Research in Security Prices, CRSP）的資料庫，也收集史密斯或其他一九二〇年代與三〇年代分析師沒有研究到的美國政府公債數據，著手衡量股票的溢價，也就是股票報酬率高於債券報酬率的部分。他們有什麼發現？在一九二六至一九七六年這段期間，股票的績效優於美國短期政府公債，每年的報酬率約差了百分之六。因緣際會之下，他們的樣本和艾德格・羅倫斯・史密斯所做研究完全獨立，而且不僅納入了大蕭條和二次大戰時的數據，也涵蓋一九七〇年代初期可怕的停滯性通膨（stagflation）時期，當時美國股價的實質價格下跌了百分之五十。

伊伯森和辛格菲爾德不僅記錄下股票長期的優異表現，也做出了大膽假設。他們根據歷史經驗，預測從一九七六至二〇〇〇年這二十五年間的股票、債券、公債以及通膨未來表現。雖然他們背後的環境條件是一九七〇年代的市場懷疑論風潮，但他們的預測卻意外地準確：確實，到了二〇〇〇年時，股票的表現稍微超越伊伯森和辛格菲爾德的預測。即便到了今天，就算股票經歷了一段大致持平的可悲十年，但一九七六年的預測仍然正確。說起來，就股票投資的長期報酬率而言，歷史紀錄是很好的預測師。

一九七〇年代和一九二〇年代有著極有意思的相似之處，一九七〇年代也推出了新的投資基金：以標準普爾五百指數（Standard and Poor 500）為憑據的共同基金。夏普和舊金山的富國銀行（Wells Fargo）合作，發展出呼應其資本資產定價模型市場投資組合的低成本指數產品。在美國東岸，先鋒公司（Vanguard company）於一九七六年時推出市場指數信託（Market Index Trust），以極低的管理費用追蹤（而不是打敗）市場。這檔信託的根據，原則是賺取股票風險溢價，動機是複製標準普爾五百指數的長期歷史實證報酬率。透過指數操作，可以賺得伊伯森和辛格菲爾德研究中所衡量到與預測到的長期報酬。這麼一來，長期的規畫和投資就變得很簡單了。投資人只要選擇一個廉價、一般性的品牌，並且可以免於遭受挑錯績效不彰經理人的風險。這是一種以效率市場理論以及資本資產定價模型為本的簡單、巧妙金融產品。

在之後的三十五年，先鋒的市場指數信託讓投資管理界大為震驚，即便掌管股票信託基金的經理人都十分聰明，經驗老到，受過良好教育而且是專責的專業人士，薪酬還和績效表現密切相關，先鋒的這檔信託仍長年打敗多數股票信託基金。前述的因素看來都無關緊要了。投資指數基金的長線投資人，賺得的報酬高於選擇主動式的管理公司。就像深藍（Deep Blue）電腦打敗棋士加里・卡斯帕羅夫（Gary Kasparov）一樣，根據公司規模為比例持有美國股票這種低成本、機械性的規則，最後的表現勝過多數經理人。即便偶爾出現某些長期能打敗市場的主動式經理人，事先也很難算出到底誰會勝出。為什麼指數化的投資策略會把競爭對手打得一敗塗地？很簡單：

手續費低而且交易成本低。主動式經理人很昂貴，他們做很多研究，他們必須收集並消化資訊。他們要養一群分析師，以了解不同產業的前景。他們要監督可能會影響手中證券價值的經濟情勢發展。

反之，指數型基金只要持有所有個股就好了。他們的投資組合非常分散，即便遭受某些糟糕的衝擊，也不會造成嚴重的效應。以公司的規模當作權重，就不需要透過買賣重新調整投資組合，當個別證券的股價或漲或跌時，會自動進行調整。為什麼不是每個人都購買指數基金？很可能是因為人的內心深處都有一種無法壓制且沒有道理的期望，希望能好還要更好（亦即，是出於人性）。

但，指數化也有一項缺點。隨著富國銀行、先鋒以及其他投資公司推銷指數化的好處，以標準普爾五百指數為「基準指標」的投資組合投資資金所占比例愈來愈高，矛盾的是，指數中的成分股價格實際上因此被高估了。當有人投資標準普爾五百指數時，價格會上漲，這並不是因為公司的獲利前景好轉，而是因為每個人都想持有指數的成分股。但這種「指數效應」很小，以一種普遍正面的金融創新而言，就算無意之中造成某些結果，相對上來說也無妨。

因此，到了一九七〇年代中葉，美國終於重新發現投資股市之美妙，以及平價、分散得宜的投資組合具備的吸引力。這種基本的投資風格花了五十年時間才重新流行起來，這一點就說明了很多事。崩盤蘊藏著強大的力量，足以改變種種想法。一七二〇年的崩盤扭轉了十八世紀歐洲的金融路線，一九二九年的崩盤動搖了投資人對於多元分散市場投資的信心。要讓人們重新了解或重新建構一項技術，需要花上好幾十年。就算人們慢慢重回分散得宜、低成本的投資，仍抱持著打贏市場的希望。

全球的金融未來

在二十一世紀，孔多塞與其他許多預言家期待金融能讓未來更美好的夢想，接近實現。以打造能未雨綢繆的儲蓄架構而言，這個世界大有進步。世界銀行有一群智庫研究人員，他們追蹤全球各國年金系統的涵蓋範圍，發現比例愈來愈高。二〇一二年報告中提到國際上的年金供應狀況，可能會讓孔多塞興奮不已。基本上每個國家都有由政府組成的某種年金系統，以供養退休人士的生活。在某些國家，年金的資金來源一如孔多塞的設想，是來自於勞工提撥。世界銀行的研究指出，當然還有可以改進的地方。高所得的國家為至多百分之八十五的勞動人口提供年金方案，但在撒哈拉沙漠以南的非洲大陸，這個比例約僅有一成。高所得國家的年金支出占國內生產毛額的比重約為百分之七・五；富裕國家花很多錢供養退休人士。

其他和金融的未來有關的夢想也逐步實現。厄文・費雪想像中的世界，可讓所有小額投資人以持有共同基金做到充分的分散投資。世界銀行另一項研究追蹤一九九〇年代末期共同基金產業的發展，發現成長率十分驚人。尤其是已開發國家，共同基金資產在國內生產毛額中的比例不可謂小，[3]舉例來說，一九九八年時總資產規模便達五・五兆美元。自一九二九年的災難之後起算，共同基金可說是預後良好。就連資本資產定價模型也接近成為事實。烏特帕爾・巴塔查亞

3 Leora Klapper, Víctor Sulla and Dimitri Vittas. 2004. "The Development of Mutual Funds around the world," *Emerging Markets Review* 5 (1): 1-38.

（Utpal Bhattacharya）和尼爾・加爾平（Neal Galpin）兩位教授於二〇一一年時進行一項研究，追蹤價值加權投資組合在全世界有多普及。他們發現，在過去三十年，趨勢非常明顯朝向理論上的理想狀態變動，已開發國家尤其明顯。[4]

還記得凱因斯預言由國家操作的投資基金終將取代個別的投資人嗎？在某些國家，這項預言正在透過主權財富基金工具成為現實。主權財富基金起源於天然資源豐富、從提煉石油賺得豐厚政府收入的國家，波斯灣諸國如科威特和杜拜都需要投資工具，把石油變成金融財富，替未來石油枯竭時預作打算。第二波主權財富基金的興起，則是因為某些國家要替其中央銀行的儲備資金找到有利可圖的投資管道。凱因斯說對了嗎？這會是世界金融的未來嗎？

挪威

挪威外海於二十世紀末期發現石油，完全改變了這個國家的經濟。石油（而且是藏量豐富的石油）變成一項重大因素。從某些方面來說，北海發現原油是一種挑戰挪威社會的意外之財：如何在面對一大筆錢的同時又保有傳統價值？

挪威的國會（名為Storting）做出了一項驚人的決定，設立一檔名為挪威全球年金基金（Norwegian Pension Fund Global）的全國性儲蓄基金，目的是為了嘉惠後世的挪威人。這檔基金每年只花一小部分資產，其他留著，從全球金融投資當中生利息與股利。凱因斯或許不贊成這種簡樸節約的方式，但這遵循的是挪威的傳統價值。

挪威這番投資股票與債券投資組合的政策是好主意嗎？這是一個深奧的政治經濟問題。一個遍布全球的投資組合應該是理想國的其中一環嗎？約翰・勞會怎麼說？卡爾・馬克思又會怎麼說？

二十一世紀，美國人的股票熱轉向全球。股票投資已經變形成國家的政策策略，而不是個人的投資組合選擇。對挪威而言，重點不是全球投資市場從邊際角度來說是否具備效率，而是把地理政治性質的資產轉變成金融資產是否有道理。

新架構

主權財富基金代表的是一種極為驚人的新金融創新，很可能重新整合全球的經濟與外交。其他國家很可能正因如此也起而效尤。雖然引領這股趨勢的是產油國家，但其他國家後來也決定設置主權財富基金，新加坡、韓國、中國和俄羅斯都有幾十億美元的相關基金。雖然主權財富基金裡的部分資金來自於出售國家的自然資源以及課稅，有些則是國家傳統上持有用來支付債務的美元外匯存底。就和家庭會留點錢在活期存款帳上、把其他放進投資帳戶裡一樣，設立主權財富基金的國家也會在流動性和長期資產成長之間做取捨。取捨是對的，但也引發某些有趣的新議題。

何不把錢還給納稅人就算了？在挪威這等透明民主的國家，人民非常信賴政治流程，但管理

4 Utpal Bhattacharya and Neal Galpin. 2011. "The Global Rise of the Value-weighted Portfolio," *Journal of Financial and Quantitative Analysis* 46 (3): 737.

這些錢仍涉及代理人的問題。設立主權財富基金的國家，民主流程與政治透明度程度不一，即便是美國，大型國家年金基金周邊仍充斥著徇私主義和影響力。政府基金必然代表管理基金資產的政府契約。如果美國也成立自己的主權基金，要請誰管理？投資長的薪資該是多少？

更基本的議題，是政府責任與家庭責任之間的對立。美國人對於股票的熱情，是基於自給自足與財務獨立的想法。在一九二〇年代的美國，一般大眾已經可以接觸到股票和基金投資，在當時，持有股票、為自己的退休負責是一體的兩面。一般美國人會要政府把國家的錢還給納稅人，讓人民自己決定如何運用。美國不時會針對社會安全展開辯證，討論的便是這個問題的正反兩面：是要採用個別投資者的帳戶，還是要以政府基金制。個人帳戶制容許人民決定要承擔多少金融風險，以及要早一點還是晚一點消費資產。如果採用政府投資基金，人們就不用承擔做投資決策的責任，但基本上是一種家長主義的精神。家長主義對上個人主義，是貫穿整個金融史的主題。封地、年金、政府公債、公司股份、共同基金與公眾資本市場，根源都是個人投資決策。把儲蓄制度化，始於由國家擁有的年金基金與到現在的主權基金，導致存款人與金融市場之間出現分裂。

交付出去的決策

將投資制度化的好處，是讓人民不用因為自己所做的決策而受害。我們知道，多數投資人自認精於選股，但實際上並不然。我們知道，指數化投資對於多數投資人而言是明智之舉，但人性阻礙了理性選擇。芝加哥大學的理查・塞勒（Richard Thaler），便是行為金融學的重要人物之一。他和加州大學洛杉磯分校的索羅摩・班納齊（Shlomo Benartzi）做了一項關於年金基金選項的投資者決策研究。他們找到的模式很讓人灰心。[5]人們看來不太了解股票和債券的差異，他們多半把投資組合平均分配到退休金方案（401[k] plan）中出現的選擇，根本不管裡面是債券基金多一點還是股票基金多一點。這項研究以及測驗人們基本資產配置技能的類似研究隱含的意義是，一般人可能無能管理自己的投資。如果由別人替他們做決策，這些人的未來或許會比較好。順著這樣的思路，結論會導到消除個人力量的家長主義制政體。這和美國價值觀以及過去的股東民主決主題相衝突。或者，我們能不能稍微施點力，把人們推向對的方向，但又不剝奪他們的決策權力？塞勒和班納齊建議成立對於一般人有利、制定了預設配置或存款提撥比例的方案。當事人永遠可以凌駕在預設值之上，但是就算不做決定，原本設定的決定也是好的。塞勒和他的另一位共同作者凱斯・桑思坦（Cass Sunstein）對此發明了一個詞，稱之為「推力」（nudge）。[6]

你希望政府幫你設想，利用各種推力勸誘你存錢或把你一半的儲蓄投資在股票上面嗎？只要政府已經根據福利考量訂出各種慣例標準，我想我不會太在乎。你對於國稅局預扣薪資所得稅有

---

5 Shlomo Benartzi and Richard H. Thaler. 2001. "Naive Diversification Strategies in Defined Contribution Saving Plans." *American Economic Review* 91 (1): 79-98.

6 Richard H. Thaler and Cass R. Sustein. 2008. *Nudge: Improving Decisions About Health, Wealth and Happiness*. New Haven: Yale University Press.

什麼想法？你希望可選擇每個月都領到全額薪水不預扣所得稅，最後等到報稅季時才一次繳清嗎？一邊是個人投資自由與責任，另一邊是政府強制或施展影響的儲蓄行為，未來，兩者之間的平衡將會是個人金融的核心。主權基金或許會取代個人儲蓄，政府也將利用主權基金作為退休後收入的資金來源。這很可能是未來的社會安全體系。

誰擁有企業？

關於主權基金，有一件事很讓人訝異，那就是隨著這些基金日漸成長，無可避免在全世界每一家公開交易公司裡都成為最大股。即便僅以目前的規模來說，挪威這個國家已經擁有歐洲每一家公司的百分之二。所有權集中在國家基金手中，有好有壞。所有權集中，公司的經理人就會備受牽制，少數強力的股東就能輕易地將不誠實或不稱職的執行長踢出門。所有權廣為分散時，就比較不容易做到這一點。

然而，國家利益有時候會和好的企業業務決策互相衝突。舉例來說，美國政府於二〇〇八年金融危機時成為通用汽車（General Motors）的大股東，公司將生產外包至海外的指望就沒了，但外包其實是有利可圖的。想像一下，來自中國、韓國與俄羅斯的主權基金代表在本田汽車公司（Honda Motors Company）董事會上進行討論，研商下一座高科技製造工廠要設在何處，那會如何！英國石油（BP）的董事會上若坐滿了來自阿拉伯聯合大公國的主權基金投資人，又將如何？這個世界已經敏銳感受到海外對於國內企業的所有權與控制權。二〇〇七年，杜拜打算買下一家經營幾處美國港口的公司，便引起一陣譁然。英國一想到美國人擁有他們最愛的甜食供應商吉百利（Cadbury），便不寒而慄。法國人則極力反抗百事（Pepsi）在優格製造商達能公司（Dannon）擁有的股權。

這有什麼好擔心？目前對於企業海外所有權的爭論凸顯出一項主題：主權基金的利益是否應像一般的投資人一樣追求最大利潤，還是海外所有權人應該利用他們的股權進一步促成國家利益？我相信，主權基金在做董事會決策時追求最大利潤仍會占多數，但也有人根據國家利益執行權利，而且這一點在未來仍是隱憂。這當中的理由是治理。國家對於人民負有信託責任，但公司其他的股東則否。在某些條件下，他們要面對追求最大利潤與國家利益間的取捨，此時唯有先滿足人民才是對的。每一個國家要回答的問題是，主權基金未來是否將成為外交上的必備工具。美國能否在沒有主權基金的條件下存活？若在各大企業裡沒有多數金融股權，當發生重要議題，例如某家企業該如何對抗全球暖化，美國在談判桌上是否就無法占有一席之地？這麼說可能太過看重企業治理的重要性了。畢竟，企業已經發展成讓投資者可以把管理責任交付出去，我們大致上預期委任決策的形式會占多數。然而，當政治人物要選舉時常會承諾以有利於選民的方向影響企業的政策，民主顯然非常容易受到潛在的政治力量影響。

勿忘馬爾薩斯

如果說年金、共同基金與主權基金的成長至少部分滿足了孔多塞於一七九四年躲起來振筆疾書的希望與夢想，也有很多信號指出，馬爾薩斯的話也對了一部分。在世界銀行提到年金系統散布全球的那篇報告也提出警告，各年金系統付不出錢的情況愈來愈嚴重。

二十世紀時即便資源愈來愈豐富，但由於生育率下降，馬爾薩斯預測的人口趨勢有所趨緩。不管是透過國家政策（例如中國）或是個人選擇（例如美國），二十世紀的家庭生養小孩的數目，少於這位十八世紀知名的乖戾人口學家預測的數目。但對於各種退休年金融資模型來說，現代的人口結構仍極具毀滅性。美國社會安全系統的故事在全球重複上演，情節大同小異。隨著預期壽命延長與生育率下滑，勞工對退休人士之比率來到無法接受的水準，根據世界銀行的數據指出，這個名為扶養比（dependency ratio）的指標，目前美國約為百分之二十，全球則約為百分之十二。到了二〇五〇年，已開發國家這個比率將會增至百分之三十三，這表示三個勞工就要扶養一名退休人士。

勞工與退休人士之間的平衡出現變化，會影響到每一件事。舉例來說，如果這些退休人士的年金已經備齊充分的資金，那麼，這個世界就會有更多資本屬於或是承諾屬於老年人口，並且根據他們的利益投資。我們可以想像有資本的人和沒有資本的人會出現爭端；有資本的人是老人，沒有資本的人是年輕人。而更可能的情況是，替龐大的年金債務提供擔保的資產，僅僅是政府的承諾而已。我們已經看到一九三〇年代美國的社會安全制度無法維繫隨收隨付制，以及一七七〇年代法國年金制度因為無法履行承諾而部分倒閉。過去大致上是未來的樣板。馬爾薩斯預言數學與統計預測雖美妙，但無法把退休儲蓄方案與社會安全加總起來就算了，他或許是對的。到最後，金融可能沒用。金融操作是現在以契約承諾未來的金錢，最根本的基底在五千年前由美索不達米亞人所發明，自此之後沿用至今。但是，要以全球為範疇作為管理退休的機制，似乎不可行。雖然過去十年很多人聚焦在二〇〇八年的金融危機並重新建構制度架構，但這個世界面對的最根本挑戰，仍是和儲蓄有關的金融（以及政治）問題。

在美國，金融倒閉的未來已經成為目前的現實。近幾年底特律市的破產，更凸顯了退休人士與勞工之間的衝突。市政府退休的員工（如警察人員、消防人員、教師以及環保衛生人員）都要面對市政府可能無法履行承諾的問題，當他們最需要錢的時候卻拿不到。忘記法國大革命的教訓是不智之舉。打破政府與人民之間針對最基本儲蓄工具所做的社會契約，可能對於整體政治造成無法補救的損害。看似債務的金融重整，對於受益人以及正在思考自身和政府關係的年輕人而言，可能有更深的意涵，並引發各種不同的情緒。

結語

本書針對金融技術的發展及其重要性提出廣泛的探問。讀完前幾章，應該可以清楚了解金融技術的源頭很古老，而且廣泛分布，不只蘊含在文化的經濟當中，也在其社會與智性思想架構當中。金融工具與複雜社會的共同發展，是許多層面取捨的過程。發現各種金融工具，引導出文明最重要的成就：書寫、機率數學、存款與投資的機制，以及全球關係的調和。金融技術也引發了嚴重問題。負債的發明和奴隸制度、支付賠償、帝國主義與金融危機有關係。以長期的歷史觀點來看待金融特質的二元性很重要，最低限度，在我們未來設計金融制度時這可以導引思維。

本書另一項論點是金融思維是很困難的。雖然當今的金融家使用的諸多複雜工具都可以追溯到千年甚至幾千年前，但金融通常被認為是外來物或反傳統。崩盤與泡沫永遠都讓人們大吃一驚。選擇權、期貨、債券與共同基金等工具，貨幣市場、公司以及銀行等機構制度，對我們很多人來說極為複雜。我主張，這至少有一部分理由是因為金融思維發展的時間相對近代，而且仰賴從狄摩西尼複雜的法律論證到現代投資組合理論先進數學等種種專精分析工具。

一如任何技術，當金融愈來愈精密，也需要更高的專業化知識才能理解與執行。同樣的道理，當金融失靈時，會對每一個人產生重大的經濟衝擊，不是光影響到金融家而已，在金融危機期間，社會上多半會出現一種集體的懷舊心情，緬懷金融還未盛行之前的世界。然而，本書中很多範例證明，文明永遠仰賴金融工具將價值挪動到不同的時間點，以及重新建構各種經濟風險。偶爾，某些思想家，如馬克思，夢想著消滅貨幣或公司等等金融制度。雖然這類建議打動人心，但在金融工具上走回頭路代表著要扭轉生活方式，回到第一批城市與大規模國家政體出現之前。

本書另一項主張是解決金融問題可有不同的方法。中國金融史是讓我們研究相對發展的好機會，尤其是政治脈絡如何決定技術面解決方案這個議題。舉例來說，中國貨幣與錢幣的發展路徑，和希臘與羅馬世界就大不相同。但東方與西方的貨幣最終仍殊途同歸，成為國家政體的重要工具。

跨文化的比較也顯示股份公司（從某方面來說，公司是現代全球經濟最重要的企業結構）是一種非比尋常的現象。中國的文明中並無股份公司的形式，但也繁榮昌盛了千年，這或許可以、也或許無法解釋十八世紀末、十九世紀初歐洲與中國不同的產業發展局面（請參見第十章討論的李約瑟難題）。然而，十九世紀末中國快速接受股份公司形式並重新定義其目的，展現出一種自我意識的彈性與巧妙；這是指，清楚了解金融是一種可以透過習得的工具，並可用來解決中國的問題。長期的股份公司史指出這是一種穩定的均衡：這是一種複雜的經濟「賽局」，可以應用到很多不同類型的企業上，也容許各種不同的人參與。我想，即便全球金融體系朝向主權基金這類大規模的集體性投資，但股份公司制度仍有足夠的穩健度，可以存活下去。

在全球金融發展的大架構下，歐洲由於極度仰賴資本市場而與眾不同。我主張，這種截然不同的傳統源頭是中世紀歐洲各邦國的分裂與脆弱。這一點有更重大的含義，亦即全球金融市場體系或可取代以井然有序科層體制構成的強大、中央集權政治組織。如今金融市場與政府共同存在、相輔相成，但偶爾也會互相碰撞，金融史提供了一套讓我們理解其中動態的架構。

歷史本身就很有意思，但歷史之所以重要，也因為這是現在的指標與未來的指引。隨著這個世界逐漸發展成一個全球性的集體文明，參與複雜社會的人更多了，因此需要讓金融工具持續發展。我們從過去的共有金融史中找到更多的相關性。歷史讓我們看到用以分攤風險和從事跨時移轉的金融機制，以及這些工具可以做出哪些變形以因應不同的社會。我們可自由重新定義過去的成就意義，並從過去的失敗當中學得如何避免重蹈覆轍。而五千年的金融創新史告訴我們，金融與文明將會永遠互相交纏。

參考書目

Aeschylus. 1926. *Aeschylus, with an English Translation by Herbert Weir Smyth*, vol. 1: *Persians*. Cambridge, MA.: Harvard University Press.

Allen, Robert C. 2005. "Capital Accumulation, Technological Change, and the Distribution of Income during the British Industrial Revolution," Discussion Paper. Department of Economics, University of Oxford.

———. 2009. *The British Industrial Revolution in Global Perspective*. Cambridge: Cambridge University Press.

Andreadēs, Andreas Michaēl. 1933. *A History of Greek Public Finance*, vol. 1. Cambridge, MA.: Harvard University Press.

Andreau, Jean. 1999. *Banking and Business in the Roman World*. Cambridge: Cambridge University Press.

Angela, Alberto. 2009. *A Day in the Life of Ancient Rome*. New York: Europa Editions.

Aperghis, G. G. 1998. "A reassessment of the Laurion mining lease records," *Bulletin of the Institute of Classical Studies* 42 (1): 1-20.

Archibald, Zosia, John K. Davies, and Vincent Gabrielsen (eds.). 2011. *The Economies of Hellenistic Societies, Third to First Centuries BC*. Oxford: Oxford University Press.

Archibald, Zosia Halina. 2013. *Ancient Economies of the Northern Aegean: Fifth to First Centuries BC*. Oxford: Oxford University Press.

Aubet, María Eugenia. 2013. *Commerce and Colonization in the Ancient Near East*. Cambridge: Cambridge University Press.

Badian, Ernst. 1972. *Publicans and Sinners: Private Enterprise in the Service of the Roman Republic*. Ithaca, N.Y.: Cornell University Press.

Bailey, Paul. 2013. *Strengthen the Country and Enrich the People: The Reform Writings of Ma Jianzhong*. London: Routledge.

Banner, Stuart. 1998. *Anglo-American Securities Regulation*. Cambridge: Cambridge University Press.

Barnish, S. J. B. 1985. "The wealth of Julius Argentarius," *Byzantion* 55: 5-38.

Benartzi, Shlomo, and Richard H. Thaler. 2001. "Naive diversification strategies in defined contribution saving plans," *American Economic Review* (Evanston) 91 (1): 79-98.

Bernoulli, Jacob, and Edith Dudley Sylla. 2006. *The Art of Conjecturing, Together with Letter to a Friend on Sets in Court Tennis*. Baltimore: Johns Hopkins University Press.

Bernstein, Peter L. 1998. *Against the Gods: The Remarkable Story of Risk*. New York: John Wiley & Sons.

Bhattacharya, Utpal, and Neal Galpin. 2011. "The global rise of the value-weighted portfolio," *Journal of Financial and Quantitative Analysis* 46 (3): 737.

Biot, E. 1851. *Le Tcheou-li: Ou rites des Tcheou*. Paris: Imprimerie nationale.

Bisson, Thomas. 1984. *Fiscal Accounts of Catalonia under the Early Count Kings*. Berkeley: University of California Press.

Bowman, Alan, and Andrew Wilson. 2009. *Quantifying the Roman Economy*. Oxford Studies in the Roman Economy 1. Oxford: Oxford University Press.

Bray, Francesca. 1999. "Towards a Critical History of Non-Western Technology," in Timothy Brook, and Gregory Blue (eds.), *China and Historical Capitalism*. Cambridge: Cambridge University Press, p. 167.

Bresson, Alain. 2006. "The origin of Lydian and Greek coinage: Cost and quantity," *Historical Research* 5: 149-59.

Cain, P. J. 2002. *Hobson and Imperialism: Radicalism, New Liberalism, and Finance, 1887-1938*. New York: Oxford University Press.

Camp, John McKessen. 2007. "Excavations in the Athenian Agora: 2002-2007," *Hesperia* 76 (4): 627-63.

Cardano, Girolamo. 2002. *The Book of My Life*, Jean Stoner (trans.). New York: New York Review of Books.

Carruthers, Bruce G. 1996. *City of Capital: Politics and Markets in the English Financial Revolution*. Princeton, N.J.: Princeton University Press.

Casson, Lionel. 1980. "The Role of the State in Rome's Grain Trade," *Memoirs of the American Academy in Rome* 36: 21-33.

Chabot, B., and C. Kurz. 2011. "Trust Me with Your Money: English Investors and the Precursor of the Modern Mutual Fund," Available at: http://citeseerx.ist .psu.edu/viewdoc/summary?doi=10.1.1.195.459.

Chambers, David, and Elroy Dimson. 2013. "John Maynard Keynes, investment innovator," *Journal of Economic Perspectives* 27

(3): 213-28.

Chancellor, Edward. 2000. *Devil Take the Hindmost: A History of Financial Speculation*. New York: Plume.

Chave, Anna C. 1991. "'Who Will Paint New York?': 'The World's New Art Center' and the skyscraper paintings of Georgia O'Keeffe," *American Art* 5 (1/2): 87-107.

Chevalier, Michael. 1839. *Society, Manners and Politics in the United States; Being a Series of Letters on North America*. Translated from the third Paris edition. Boston: Weeks, Jordan and Company.

Chou, Hung-hsiang [周鴻翔]. 1970. "Fu-X ladies of the Shang Dynasty," *Monumenta Serica* 29: 346-90.

Cicero, M. Tullius. 1891. *The Orations of Marcus Tullius Cicero*, C. D. Yonge (trans.). London: George Bell & Sons.

Clark, Gregory. 2007. *A Farewell to Alms: A Brief Economic History of the World*. Princeton, N.J.: Princeton University Press.

Cohen, Edward E. 1997a. *Ancient Athenian Maritime Courts*. Princeton, N.J.: Princeton University Press.

———. 1997b. *Athenian Economy and Society: A Banking Perspective*. Princeton, N.J.: Princeton University Press.

Condie, Bill. 2008. "Nassim Taleb and the Secret of the Black Swan," *London Evening Standard*, October 27, p. 1.

Condorcet, M. de., and Marie-Jean-Antoine-Nicolas Caritat. 1796. *Condorcet's Outlines of an Historical View of the Progress of the Human Mind, Being a Posthumous Work of the Late M. de Condorcet*. (Translated from the French). Philadelphia: M. Carey.

Cowles, Alfred. 1933. "Can stock market forecasters forecast?" *Econometrica* 1 (3): 309-24.

Dale, Richard. 2004. *The First Crash: Lessons from the South Sea Bubble*. Princeton, N.J.: Princeton University Press.

Dari-Martini, Guiseppi, Oscar Gelderblom, Joost Jonker, and Enrico Perroti. 2013. "The Emergence of the Corporate Form," Amsterdam Law School Legal Studies Research Paper 2013-11.

Darling, M. L. 1925. *The Punjab Peasant in Prosperity and Debt*. London: Oxford University Press.

Davenant, Charles. 1942. *Two Manuscripts by Charles Davenant: A Memorial Concerning the Coyn of England (B) a Memorial Concerning Credit*. Baltimore: Johns Hopkins University Press. 一六九六年第一次出版。

Davis, Gil. 2014. "Mining money in Late Archaic Athens," *Historia* 63 (3): 257-77.

Davis Jr., R. A., A. T. Weltry, J. Borrego, J. A. Morales, J. G. Pendon, and J. G. Ryan. 2000. "Rio Tinto estuary (Spain): 5000 years of pollution," *Environmental Geology* 39 (10): 1107-116.

Davis, William Stearns. 1910. *The Influence of Wealth in Imperial Rome*. New York: Macmillan.

Defoe, Daniel. 1697. "Author's Introduction," in *An Essay upon Projects*. London: Printed by R. R. for Tho. Cockerill. Available at: http://etext.library.adelaide.edu.au/d/defoe/daniel/d31es/part3.html.

———. 1704. *A Review of the State of the British Nation*. June 14. London: Defoe.

———. 1712. *An Essay on the South-Sea Trade with an Enquiry into the Grounds and Reasons of the present Dislike and Complaint against the Settlement of a South-Sea Company*. London: J. Baker.

———. 1720. *The South-Sea Scheme Examin'd: And the Reasonableness Thereof Demonstrated. By a Hearty Well-W isher to Publick Credit*, third edition. London: J. Roberts.

Delisle, M. Leopold. 1888. "Memoires sur les Operations Financieres des Templiers," *Mémoires de l'Institute National de France*. Academie des Inscriptions Belles-Lettres, Paris 33: 11.

De Long, J. Bradford, and Andrei Shleifer. 1990. *The Bubble of 1929: Evidence from Closed-End Funds*. No. w3523. Cambridge, MA.: National Bureau of Economic Research.

De Moivre, Abraham. 1756. *The Doctrine of Chances: Or, a Method of Calculating the Probabilities of Events in a Play*, third edition. London: Millar. Reprinted in 1967, New York: Chelsea Publishing.

Demosthenes. 2003. *Demosthenes: Speeches 50-59*, Douglas M. Macdowell (trans.). Austin: University of Texas Press.

———. 2004. "35 Against Lacritus," in *Demosthenes, Speeches 27-38*, Douglas M. Macdowell (trans.). Austin: University of Texas Press, pp. 137-44.

Desmed, Ludovic. 2005. "Money in the 'Body Politick': The analysis of trade and circulation in the writings of seventeenth-century political arithmeticians," *History of Political Economy* 37 (1): 1.

Duncan-Jones, Richard. 1998. *Money and Government in the Roman Empire*. Cambridge: Cambridge University Press.

Dunham, Wayne R. 2008. "Cold case files: The Athenian grain merchants, 386 BC," *Cato Journal* 28: 495.

Easterly, William. 2003. "Can foreign aid buy growth?" *Journal of Economic Perspectives* 17 (3): 23-48.

Ebrey, Patricia Buckley (ed.). 2009. *Chinese Civilization: A Sourcebook*. New York: Simon and Schuster.

Eidem, Jesper. 2008. "Apum: A Kingdom on the Old Assyrian Route," in Klaas R. Veenhof and Jesper Eidem (eds.), *Mesopotamia, The Old Assyrian Period*. Orbis Biblicus et Orientalis, vol. 160/5. Saint Paul, MN.: Academic Press Fribourg, pp. 265-352.

Elman, Benjamin A. 2013. *Civil Examinations and Meritocracy in Late Imperial China*. Cambridge, MA.: Harvard University Press.

Elvin, Mark. 2005. "Why Premodern China—Probably—Did Not Develop Probabilistic Thinking," Working paper, Australian National University.

Englund, Robert. 1988. "Administrative timekeeping in ancient Mesopotamia," *Journal of the Economic and Social History of the Orient* 31: 121-85.

———. 2004. "Proto-cuneiform Account Books and Journals," in Michael Hudson and Cornelia Wunsch (eds.), *Creating Economic Order*. International Scholars Conference on Ancient Near Eastern Economies, vol. 4. Bethesda, MD.: CDL Press, pp. 32-33.

Ferguson, Niall. 2002. *The Cash Nexus: Money and Power in the Modern World, 1700-2000*. New York: Basic Books.

Figueira, Thomas J. 1986. "*Sitopolai* and *Sitophylakes* in Lysias''Against the Grain Dealers': Governmental intervention in the Athenian economy," *Phoenix* 40: 149-71.

Fisher, Irving. 1930. *The Theory of Interest*. New York: Macmillan.

Fleck, Robert K., and F. Andrew Hanssen. 2012. "On the benefits and costs of legal expertise: Adjudication in ancient Athens," *Review of Law & Economics* 8 (2): 367-99.

Forey, A. J. 1973. *The Templars in the Corona de Aragon*. Oxford: Oxford University Press.

Fortune. 1935. "Social Security by any other name," March, pp. 86-87.

Foster, Benjamin R. (trans.). 2001. *The Epic of Gilgamesh*. New York: W. W. Norton and Company.

Fratianni, Michele. 2006. "Government debt, reputation and creditors' protections: The tale of San Giorgio," *Review of Finance* 10 (4): 487-506.

Frehen, Rik G. P., William N. Goetzmann, and K. Geert Rouwenhorst. 2013. "New evidence on the first financial bubble," *Journal of Financial Economics* 108 (3): 585-607.

Frier, Bruce W., and Dennis P. Kehoe. 2007. "Law and Economic Institutions," in Walter Scheidel, Ian Morris, and Richard Saller (eds.), *The Cambridge Economic History of the Greco-Roman World*. Cambridge: Cambridge University Press, pp. 113-43.

Galbraith, John Kenneth. 2009. *The Great Stock Market Crash of 1929*. Boston: Houghton Mifflin Harcourt.

Garber, Peter M. 1990. "Famous first bubbles," *Journal of Economic Perspectives* 4 (2): 35-54.

Garfinkle, Steven J. 2004. "Shepherds, merchants, and credit: Some observations on lending practices in Ur III Mesopotamia," *Journal of the Economic and Social History of the Orient* 47 (1): 1-30.

———. 2012. *Entrepreneurs and Enterprise in Early Mesopotamia: A Study of Three Archives from the Third Dynasty of Ur*. Bethesda, MD.: CDL Press.

Garland, Robert. 1987. *The Piraeus from the Fifth to the First Century B.C.* Ithaca, N.Y.: Cornell University Press.

Gilbert, Cass. 1900. "The financial importance of rapid building," *Engineering Record* 41: 624.

Goddeeris, Anne. 2002. *Economy and Society in Northern Babylonia in the Early Old Babylonian Period (ca. 2000-1800 BC)*. Leuven, Belgium: Peeters.

Goetzmann, William H. 2009. *Beyond the Revolution: A History of American Thought from Paine to Pragmatism*. New York: Basic Books.

Goetzmann, William N., and K. Geert Rouwenhorst (eds.). 2005. *The Origins of Value: The Financial Innovations That Created Modern Capital Markets*. Oxford: Oxford University Press.

Goetzmann, William N., and Elisabeth Köll. 2005. "The History of Corporate Ownership in China: State Patronage, Company Legislation, and the Issue of Control," in Randall K. Morck (ed.), *A History of Corporate Governance around the World: Family Business Groups to Professional Managers*. Chicago: University of Chicago Press, pp. 149-84.

Goetzmann, William N., and Andrey D. Ukhov. 2006. "British investment overseas 1870-1913: A modern portfolio theory approach," *Review of Finance* 10 (2): 261-300.

Goetzmann, William N., Andrey Ukhov, and Ning Zhu. 2007. "China and the world financial markets 1870-1939: Modern lessons from historical globalization," *Economic History Review* 60 (2): 267-312.

Goetzmann, William N., Catherine Labio, K. Geert Rouwenhorst, and Timothy Young (eds.). 2013. *The Great Mirror of Folly: Finance, Culture, and the Great Crash of 1720*. New Haven, CT.: Yale University Press.

Grant, James. 1992. *Money of the Mind*. New York: Farrar, Straus and Giroux.

Guinnane, Timothy. 2005. "German Debt in the Twentieth Century," in William N. Goetzmann, and K. Geert Rouwenhorst (eds.), *The Origins of Value: The Financial Innovations That Created Modern Capital Markets*. Oxford: Oxford University Press, pp. 327-41.

Hadden, Peter. 1994. *On the Shoulders of Merchants: Exchange and the Mathematical Conception of Nature in Early Modern Europe*. Albany, N.Y.: State University of New York Press.

Halley, Edmund. 1693. "An estimate of the degrees of mortality of mankind, drawn from curious tables of the births and funerals at the city of Breslaw, with an attempt to ascertain the price of annuities upon lives," *Philosophical Transactions* London 17: 596-610. Available at: http://www.pierre-marteau.com/ editions/1693-mortality/halley-text.html.

Hansen, Valerie, and Ana Mata-Fink. 2005. "Records from a Seventh Century Pawn Shop," in William N. Goetzmann and K. Geert Rouwenhorst (eds.), *The Origins of Value: The Financial Innovations That Created Modern Capital Markets*. Oxford: Oxford University Press, pp. 56-64.

Hansmann, Henry, Reinier Kraakman, and Richard Squire. 2006. "Law and the rise of the firm," *Harvard Law Review* 119 (5): 1333-403.

Hao, Yen-p'ing. 1970. *The Comprador in Nineteenth Century China: Bridge between East and West*, vol. 45. Cambridge, MA.: Harvard University Press.

Harl, Kenneth W. 1996. *Coinage in the Roman Economy, 300 BC to AD 700*. Baltimore: Johns Hopkins University Press.

Harris, William V. 2006. "A revisionist view of Roman money," *Journal of Roman Studies* 96: 1-24.

Harris, William V. (ed.). 2008. *The Monetary Systems of the Greeks and Romans*. Oxford: Oxford University Press.

Hobson, J. H. 1902. *Imperialism: A Study*. London: Cosimo.

Huis, Joost, Reinhart Pirngruber, and Bas Van Leeuwen. 2014. "Climate, War and Economic Development: The Case of Second Century BC Babylon," in R. J. Van der Spek, Jan Luiten van Zanden, and Bas van Leeuwen (eds.), *A History of Market Performance: From Ancient Babylonia to the Modern World*, vol. 68. London: Routledge.

Hutson, Elaine. 2005. "The early managed fund industry: Investment trusts in 19th century Britain," *International Review of Financial Analysis* 14: 439-54.

Inikori, Joseph E. 2002. *Africans and the Industrial Revolution in England*. Cambridge: Cambridge University Press.

Jacobsen, Thorkild. 1976. *The Treasures of Darkness: A History of Mesopotamian Religion*. New Haven, CT.: Yale University Press.

Jones, Alfred Winslow. 1949. "Fashions in forecasting," *Fortune*, March, pp. 88-91.

Jones, David Francis. 2006. *The Bankers of Puteoli: Finance, Trade and Industry in the Roman World*. Stroud, U.K.: Tempus.

Jovanovic, Franck. 2001. "Does God practice a random walk? The 'financial physics' of a 19th-century forerunner, Jules Regnault (avec Philippe Le Gall)," *European Journal of the History of Economic Thought* 8 (3): 323-62.

———. 2006. "Economic instruments and theory in the construction of Henri Lefèvre's science of the stock market," *Pioneers of Financial Economics* 1: 169-90.

Jowett, Benjamin (trans. and ed.). 1885. *The Politics of Aristotle: Translated into English*, 2 vols. Oxford: Oxford University Press.

Jursa, Michael. 2014. "Market Performance and Market Integration in Babylonia in the 'Long Sixth Century' B.C.," in R. J. Van der Spek, Jan Luiten van Zanden, and Bas van Leeuwen (eds.), *A History of Market Performance: From Ancient Babylonia to the Modern World*, vol. 68. London: Routledge.

Kavanagh, Thomas. 2005. *Dice, Cards, Wheels: A Different History of French Culture*. University Park: University of Pennsylvania Press.

Kay, Philip. 2014. *Rome's Economic Revolution*. Oxford: Oxford University Press.

Keynes, John Maynard. 1920. *The Economic Consequences of the Peace*. New York: Harcourt, Brace and Howe.

———. 2006. *General Theory of Employment, Interest and Money*. London: Atlantic Books.

Klapper, Leora, Víctor Sulla, and Dimitri Vittas. 2004. "The development of mutual funds around the world," *Emerging Markets Review* 5 (1): 1-38.

Kuran, Timur. 2011. *The Long Divergence: How Islamic Law Held Back the Middle East*. Princeton, N.J.: Princeton University Press.

Lai, C. K. 1992. "The Qing State and Merchant Enterprise: The China Merchant's Company, 1872-1902," in J. K. Leonard and J. R. Watt (eds.), *To Achieve Security and Wealth: The Qing Imperial State and the Economy, 1644-1911*. East Asia Program. Ithaca, N.Y.: Cornell University Press, pp. 139-55.

Larsen, Mogens Trolle. 1977. "Partnerships in the old Assyrian trade," *Iraq* 39 (1): 119-45.

Law, John. 1750. *Money and Trade Considered: With a Proposal for Supplying the Nation with Money*. Edinburgh: R. & A. Foulis. First published in 1705.

Lee, En-han. 1977. *China's Quest for Railway Autonomy, 1904-1911: A Study of the Chinese Railway Rights Recovery Movement*. Singapore: Singapore University Press.

Lee, Pui Tak. 1991. "Business networks and patterns of Cantonese compradors and merchants in nineteenth-century Hong Kong," *Journal of the Royal Asiatic Society Hong Kong Branch* 31: 1-39.

Le Goff, Jacques. 2004. *From Heaven to Earth: The Shift in Values between the 12th and the 13th Century in the Christian West*. A. H. Heinecken Prize for History Lecture Series. Amsterdam: Royal Netherlands Academy of Arts and Sciences.

Leiberman, Stephen J. 1980. "Of clay pebbles, hollow clay balls, and writing: A Sumerian view," *American Journal of Archaeology*

84 (3): 339-58.

Lenin, V. I. 1963. *Imperialism, the Highest Stage of Capitalism*. Lenin's Selected Works, vol. 1. Moscow: Progress Publishers. Originally published in 1917. Available at: https://www.marxists.org/archive/lenin/works/1916/imp-hsc/.

Lin, Justin Yifu. 1995. "The Needham Puzzle: Why the Industrial Revolution did not originate in China," *Economic Development and Cultural Change* 43 (2): 269-92.

London Gazette. 1720. no. 5879 August 20-23.

Lowenfeld, Henry. 1909. *Investment: An Exact Science*. London: Financial Review of Reviews.

Luzzatto, Gino. 1963. *Il Debito Publico della Repubblica di Venezia*. Milan: Instituto Editoriale Cisalpino.

Lysias. *Oration XXII*. Available at: http://www.gutenberg.org/cache/epub/6969/ pg6969.html.

Malmendier, Ulrike. 2005. "Roman Shares," in William N. Goetzmann and K. Geert Rouwenhorst (eds.), *The Origins of Value: The Financial Innovations That Created Modern Capital Markets*. Oxford: Oxford University Press, pp. 31-42.

Malthus, T. R., Donald Winch, and Patricia James. 1992. *Malthus: An Essay on the Principle of Population*. Cambridge: Cambridge University Press.

Mann, Bruce H. 2002. *Republic of Debtors: Bankruptcy in the Age of American Independence*. Cambridge, MA.: Harvard University Press.

Manning, Joseph Gilbert. 2003. *Land and Power in Ptolemaic Egypt*. Cambridge: Cambridge University Press.

Manning, Joseph Gilbert, and Ian Morris (eds.). 2007. *The Ancient Economy: Evidence and Models*. Redwood City, CA: Stanford University Press.

Marowitz, Harry. 1991. "Autobiography," in Tore Frängsmyr (ed.), *Les Prix Nobel. The Nobel Prizes 1990*. Stockholm: Nobel Foundation.

Martin, Fredrick. 1876. *The History of Lloyd's and of Marine Insurance in Great Britain*. London: Macmillan and Company.

Marx, Karl. 2007. *Capital: A Critique of Political Economy-The Process of Capitalist Production*. New York: Cosimo.

———. 1921. *Capital: The Process of Capitalist Production*, Samuel Moore and Edward Aveling (trans.), Frederick Engels (ed.). Revised and amplified according to the fourth German ed. by Ernest Untermann. Chicago: Charles H. Kerr.

Marx, Karl, and Friedrich Engels. 1906. *Manifesto of the Communist Party*. Chicago: Charles H. Kerr and Company.

Meadows, Andrew, and Kirsty Shipton. 2004. *Money and Its Uses in the Ancient Greek World*. Oxford: Oxford University Press.

Millett, Paul. 2002. *Lending and Borrowing in Ancient Athens*. Cambridge: Cambridge University Press.

Moreno, Alfonso. 2007. *Feeding the Democracy: The Athenian Grain Supply in the Fifth and Fourth Centuries BC*. Oxford: Oxford University Press.

Mueller, Reinhold C., and Frederic Chapin Lane. 1997. *The Venetian Money Market: Banks, Panics, and the Public Debt, 1200-1500*. Money and Banking in Medieval and Renaissance Venice, vol. 2. Baltimore: Johns Hopkins University Press.

Mundy, John. 1954. *Liberty and Political Power in Toulouse 1050-1230*. New York: Columbia University Press.

Munro, John H. 2003. "The Medieval origins of the financial revolution: Usury, rentes and negotiability," *International History Review* 25 (3): 505-62.

Murphy, Antoine. 1997. *John Law: Economic Theorist and Policy-Maker*. Oxford: Oxford University Press.

———. 2005. "John Law: Innovating Theorist and Policy Maker," in William N. Goetzmann and K. Geert Rouwenhorst (eds.), *The Origins of Value: The Financial Innovations That Created Modern Capital Markets*. Oxford: Oxford University Press, pp. 225-38.

Neal, Larry. 1993. *The Rise of Financial Capitalism in the Age of Reason*. Cambridge: Cambridge University Press.

———. 2005. "Venture Shares of the Dutch East India Company," in William N. Goetzmann and K. Geert Rouwenhorst (eds.), *The Origins of Value: The Financial Innovations That Created Modern Capital Markets*. Oxford: Oxford University Press, pp. 165-75.

Neal, Larry, and Jeffrey Williamson. 2014. *The Cambridge History of Capitalism*, vol. 1. Cambridge: Cambridge University Press.

Needham, J., and L. Wang. 1959. *Science and Civilisation in China*, vol. 3. Cambridge: Cambridge University Press.

Nicholas, Tom. 2008. "Does innovation cause stock market runups? Evidence from the Great Crash," *American Economic Review* 98 (4): 1370-396.

Nissen, Hans J., Peter Damerow, and Robert K. Englund. 1993. *Archaic Bookkeeping*. Chicago: University of Chicago Press.

Nivison, David S. 1996. "'Virtue' in Bone and Bronze," in *The Ways of Confucianism: Investigations in Chinese Philosophy*, edited with an introduction by Bryan W. Van Norden. La Salle, IL: Open Court Press.

Norwich, John Julius. 1982. *A History of Venice*. New York: Alfred A. Knopf.

Ott, Julia C. 2011. *When Wall Street Met Main Street*. Cambridge, MA.: Harvard University Press.

Papazarkadas, N. 2012. "Poletai," in *The Encyclopedia of Ancient History*. Available at: http://onlinelibrary.wiley.com/doi/10.1002/9781444338386.wbeah04267/full.

Parkins, Helen, and Christopher Smith (eds.). 2005. *Trade, Traders and the Ancient City*. London: Routledge.

Peng, Xinwei, and Edward H. Kaplan. 1994. *A Monetary History of China*, vol. 1. Bellingham, WA.: Western Washington University.

Piquet, Caroline. 2004. "The Suez Company's concession in Egypt, 1854-1956: Modern infrastructure and local economic development," *Enterprise and Society* 5 (1): 107-27.

Plato. 1967. *Plato in Twelve Volumes*, vol. 3, W. R. M. Lamb (trans.). London: William Heinemann.

Polo, Marco. 1920. *Marco Polo; Notes and Addenda to Sir Henry Yule's Edition, Containing the Results of Recent Research and Discovery, by Henri Cordier*. London: John Murray. Project Gutenberg. Chapter 24. Available at: http://www.gutenberg.org/ebooks/10636.

Pomeranz, Kenneth. 1997. "'Traditional' Chinese business forms revisited: Family, firm, and financing in the history of the Yutang Company of Jining, 1779-1956," *Late Imperial China* 18 (1): 1-38.

Porter, Dale H. 1998. *The Thames Embankment: Environment, Technology, and Society in Victorian London*. Akron, OH.: University of Akron Press.

Postlethwayt, Malachy, Jacques Savary des Brûlons, Emanuel Bowen, Thomas Kitchin, Charles Mosley, and Richard William Seale. 1766. *The Universal Dictionary of Trade and Commerce*. London: Printed for H. Woodfall, A. Millar, J. and R. Tonson, et al.

Rand, Ayn. 2005. *The Fountainhead*. London: Penguin.

Rasmussen, Barbara. 1994. *Absentee Landowning and Exploitation in West Virginia: 1760-1920*. Lexington: University Press of Kentucky.

Rathbone, Dominic, and Peter Temin. 2008. "Financial Intermediation in First-Century AD Rome and Eighteenth-Century England," in Koenraad Verboven, Katelijn Vandorpe, and Véronique Chankowski (eds.), *Pistoi dia tèn technèn. Bankers, Loans and Archives in the Ancient World*. Leuven, Belgium: Peeters.

Regnault, Jules. 1863. *Calcul des Chances et Philosophie de la Bourse*. Paris: Mallet-Bachelier [et] Castel.

Richetti, John J. 2005. *The Life of Daniel Defoe: A Critical Biography*. Oxford: Blackwell.

Rodewald, Cosmo. 1976. *Money in the Age of Tiberius*. Manchester, U.K.: Manchester University Press.

Rosenstein, Nathan. 2008. "Aristocrats and agriculture in the Middle and Late Republic," *Journal of Roman Studies* 98: 1-26.

Rosenthal, Jean-Laurent, and Roy Bin Wong. 2011. *Before and Beyond Divergence*. Cambridge, MA.: Harvard University Press.

Rosman, Kevin J. R., Warrick Chisholm, Sungmin Hong, Jean-Pierre Candelone, and Claude F. Boutron. 1997. "Lead from Carthaginian and Roman Spanish mines isotopically identified in Greenland ice dated from 600 BC to 300 AD," *Environmental Science & Technology* 31 (12): 3413-416.

Rostovtzeff, Michael Ivanovitch. 1926. *The Social & Economic History of the Roman Empire*, vol. 1. New York: Biblio and Tannen.

Rubin, Jared. 2009. "Social insurance, commitment, and the origin of law: Interest bans in early Christianity," *Journal of Law and Economics* 52 (4): 761-86.

Ruskin, John. 1867. *The Stones of Venice*, vol. 1. New York: John Wiley & Sons.

Sakowski, A. M. 1932. *The Great American Land Bubble*. New York: Harper and Brothers.

Schaps, David M. 2004. *The Invention of Coinage and the Monetization of Ancient Greece*. Ann Arbor: University of Michigan Press.

———. 2006. "The Invention of Coinage in Lydia, in India, and in China," Paper presented at Session 30 of the XIV International Economic History Congress, Helsinki, August 21-25, 2006.

Scheiber, Sylvester J. 2012. *The Predictable Surprise: The Unraveling of the U.S. Retirement System*. Oxford: Oxford University Press.

Scheidel, Walter (ed.). 2009. *Rome and China: Comparative Perspectives on Ancient World Empires*. Oxford: Oxford University Press.

Scheidel, Walter, Ian Morris, and Richard P. Saller (eds.). 2007. *The Cambridge Economic History of the Greco-Roman World*. Cambridge: Cambridge University Press.

Schmandt-Besserat, Denise. 1992. *From Counting to Cuneiform*, vol. 1. Austin: University of Texas Press.

Schmitz, Leonhard. 1875. "Argentarii," in William Smith (ed.), *A Dictionary of Greek and Roman Antiquities*. London: John Murray, pp. 130-132. Available at: http:// penelope.uchicago.edu/Thayer/E/Roman/Texts/secondary/SMIGRA*/Argentarii.html.

Schneider, Robert Alan. 1989. *Public Life in Toulouse, 1463-1789: From Municipal Republic to Cosmopolitan City*. Ithaca, N.Y.: Cornell University Press.

Schwartz, David. 2006. *Roll the Bones: The History of Gambling*. East Rutherford, N.J.: Gotham Books.

Sciabarra, Chris Matthew. 1995. *Ayn Rand: The Russian Radical*. University Park: Pennsylvania State University Press.

Scott, William Robert. 1995. *Joint Stock Companies to 1720*. Bristol: Theomes Press. Original edition 1910-1912.

Seaford, Richard. 2004. *Money and the Early Greek Mind: Homer, Philosophy, Tragedy*. Cambridge: Cambridge University Press.

Seneca. 1920. "On Taking One's Own Life," in *Epistulae Morales*, R. M. Gummere (trans.). Cambridge, MA.: Harvard University

Press, epistle 77.

Shultz, Earle, and Walter Simmons. 1959. *Offices in the Sky*. Indianapolis, IN.: Bobbs-Merrill.

Silver, Morris. 1995. *Economic Structures of Antiquity*. Contributions in Economics and Economic History 159. Westport: Greenwood Press.

———. 2011. "Finding the Roman Empire's disappeared deposit bankers," *Historia* 60 (3): 301-27.

Slotsky, Alice Louise. 1997. *The Bourse of Babylon: Market Quotations in the Astronomical Diaries of Babylonia*. Bethesda, MD.: CDL Press.

Smith, Adam. 1921. *An Inquiry into the Nature and Causes of the Wealth of Nations*, vol. 2. London: J. M. Dent & Sons.

Smith, Paul J. 1991. *Taxing Heaven's Storehouse: Horses, Bureaucrats, and the Destruction of the Sichuan Tea Industry, 1074-1224*. Harvard-Yenching Institute Monograph Series, vol. 32. Cambridge, MA.: Council on East Asian Studies and Harvard University Press.

Sombart, Werner. 2001. *The Jews and Modern Capitalism*, M. Epstein (trans.). Kitchener, Ont.: Batoche. Originally published in 1911.

Sosin, Joshua D. 2000. "Perpetual Endowments in the Hellenistic world: A Case-Study in Economic Rationalism," Dissertation, Duke University, Durham, NC.

Spieth, Darius. 2006. "The Corsets Assignat in David's 'Death of Marat.'" *Source: Notes in the History of Art* 30: 22-28.

———. 2013. "The French Context of Het Groote Tafereel der dwaasheid, John Law, Rococo Culture, and the Riches of the New World," in William N. Goetzmann, Catherine Labio, K. Geert Rouwenhorst, and Timothy Young (eds.), *The Great Mirror of Folly: Finance, Culture, and the Great Crash of 1720*. New Haven, CT.: Yale University Press, p. 231. Stasavage, David. 2011. *States of Credit: Size, Power, and the Development of European Polities*. Princeton, N.J.: Princeton University Press.

Stolper, Matthew W. 1985. *Entrepreneurs and Empire: The Murašû Archive, the Murašû Firm, and Persian Rule in Babylonia*. Istanbul: Nederlands Historisch-Archaeologisch Instituut te Istanbul.

The United States, vol. 1. New York: Journal of Commerce and Commercial Bulletin.

Sverdrup, H., and Peter Schlyter. 2013. "Modeling the Survival of Athenian Owl Tetradrachms Struck in the Period from 561-42 BC from Then to the Present," in *Proceedings of the 30th International Conference of the System Dynamics Society*, vol. 5. St.

Gallen, Switzerland: Systems Dynamics Society, pp. 4024-4043.

Temin, Peter. 2002. "Price behavior in ancient Babylon," *Explorations in Economic History* 39 (1): 46-60.

———. 2006. "The economy of the early Roman Empire," *Journal of Economic Perspectives* 20 (1): 133-51.

———. 2013. *The Roman Market Economy*. Princeton, N.J.: Princeton University Press.

Temin, Peter, and Hans-Joachim Voth. 2003. "Riding the South Sea Bubble," MIT Working Paper, Cambridge, MA.

———. 2006. "Banking as an emerging technology: Hoare's Bank, 1702-1742," *Financial History Review* 13 (2): 149-78.

Thayer, Theodore. 1953. "The Land-Bank system in the American colonies," *Journal of Economic History* 13 (2): 145-59.

Thomas, Hugh. 1997. *The Slave Trade*. New York: Simon and Schuster.

Thomas, W. A. 2001. *Western Capitalism in China*. Burlington, VT.: Ashgate.

Thucydides. 1910. *The Peloponnesian War*, Richard Crawley (trans.). London and New York: J. M. Dent and E. P. Dutton.

Times. 1917. "COMPANY MEETINGS. Kyshtim Corporation (Limited). Mineral Resources of the Estates. Metallurgical and Commercial Industries," December 15, p. 12.

Tyson, Peter. 2006. "Future of the Passage," Available at: http://www.pbs.org/wgbh/ nova/arctic/passage.html.

Ukhov, Andrey. 2003. Financial Innovation and Russian Government Debt before 1918. Yale ICF Working Paper 03-20, May 5.

Van De Mieroop, Marc. 1986. "Tūram-ilī: An Ur III merchant," *Journal of Cuneiform Studies* 38 (1): 1-80.

———. 1992. *Society and Enterprise in Old Babylonian Ur*. Berlin: Dietrich Reimer Verlag.

———. 1997. *The Ancient Mesopotamian City*. Oxford: Oxford University Press.

———. 2005. "The Invention of Interest: Sumerian Loans," in William N. Goetzmann and K. Geert Rouwenhorst (eds.), *The Origins of Value: The Financial Innovations That Created Modern Capital Markets*. Oxford: Oxford University Press, pp. 17-30.

———. 2014. "Silver as a Financial Tool in Ancient Egypt and Mesopotamia," in Peter Bernholz and Roland Vaubel (eds.), *Explaining Monetary and Financial Innovation: A Historical Analysis*. Financial and Monetary Policy Studies vol. 39. Cham, Switzerland: Springer International, pp. 17-29.

Van der Spek, Robartus J. 1997. "New evidence from the Babylonian astronomical diaries concerning Seleucid and Arsacid history," *Archiv für Orientforschung* 1997: 167-75.

Van der Spek, Robartus J., Jan Luiten van Zanden, and Bas van Leeuwen (eds.). 2014. *A History of Market Performance: From*

Ancient Babylonia to the Modern World, vol. 68. London: Routledge.

Van Egmond, Warren. 1980. *Practical Mathematics in the Italian Renaissance: A Catalog of Italian Abbacus Manuscripts and Printed Books to 1600*. Monografia 4, Annali dell'Istituto e Museo di Storia della Scienza di Firenze. Florence: Istituto e Museo di Storia della Scienza.

Van Wees, Hans. 2013. *Ships and Silver, Taxes and Tribute: A Fiscal History of Archaic Athens*. London: IB Tauris.

Veenhof, Klaas R. 2010. "Ancient Assur: The city, its traders, and its commercial network," *Journal of the Economic and Social History of the Orient* 53: 39-82.

Veenhof, Klaas R., and Jesper Eidem (eds.). 2008. *Mesopotamia: The Old Assyrian Period*. Orbis Biblicus et Orientalis, vol. 160/5. Saint Paul, MN.: Academic Press Fribourg.

Veenhof, Klaas R., K. R. Veenhof, and Jesper Eidem. 2008. *Mesopotamia: Annäherungen*. Saint Paul, MN.: Academic Press Fribourg.

Velde, François, and David Weir. 1992. "The financial market and government debt policy in France, 1746-1793," *Journal of Economic History* 52 (1): 1-39.

Verboven, Koenraad. 2003. "54-44 BCE. Financial or Monetary Crisis?" In E. L. Cascio (ed.), *Credito e Moneta nel Mondo Romano*. Bari, Italy: Edipuglia, pp. 49-68.

Verboven, Koenraad, Katelijn Vandorpe, and Véronique Chankowski. 2008. *Pistoi dia tèn technèn. Bankers, Loans and Archives in the Ancient World*. Leuven, Belgium: Peeters.

Von Glahn, Richard. 2005. "The Origins of Paper Money in China," in William N. Goetzmann and K. Geert Rouwenhorst (eds.), *The Origins of Value: The Financial Innovations That Created Modern Capital Markets*. Oxford: Oxford University Press, pp. 65-90.

Von Reden, Sitta. 2007. *Money in Ptolemaic Egypt: From the Macedonian Conquest to the End of the Third Centrury BC*. Cambridge: Cambridge University Press.

Watson, Burton (trans.). 1971. *Records of the Grand Historian of China. Translated from the Shih chi of Ssu-ma Ch'ie*. New York: Columbia University Press.

Xenophon. 1892. *The Works of Xenophon*, H. G. Daykins (trans.). London: Macmillan and Company.

Zelin, Madeleine. 2005. *The Merchants of Zigong: Industrial Entrepreneurship in Early Modern China*. New York: Columbia University Press.

全球視野87

金融創造文明：從美索不達米亞到世界經濟體的誕生，
5000年前至21世紀世界經濟大歷史

2020年3月初版　　定價：新臺幣580元
2021年5月初版第三刷

著　　者	William N. Goetzmann	
譯　　者	吳　書　榆	
叢書編輯	黃　淑　真	
校　　對	呂　佳　真	
封面設計	兒　　日	

出　版　者	聯經出版事業股份有限公司	副總編輯	陳　逸　華
地　　址	新北市汐止區大同路一段369號1樓	總編輯	涂　豐　恩
叢書編輯電話	(02)86925588轉5322	總經理	陳　芝　宇
台北聯經書房	台北市新生南路三段94號	社　　長	羅　國　俊
電　　話	(02)23620308	發行人	林　載　爵
台中分公司	台中市北區崇德路一段198號		
暨門市電話	(04)22312023		
台中電子信箱	e-mail：linking2@ms42.hinet.net		
郵政劃撥	帳戶第0100559-3號		
郵撥電話	(02)23620308		
印　刷　者	文聯彩色製版印刷有限公司		
總　經　銷	聯合發行股份有限公司		
發　行　所	新北市新店區寶橋路235巷6弄6號2樓		
電　　話	(02)29178022		

行政院新聞局出版事業登記證局版臺業字第0130號

本書如有缺頁，破損，倒裝請寄回台北聯經書房更換。　ISBN 978-957-08-5478-7 (平裝)
聯經網址：www.linkingbooks.com.tw
電子信箱：linking@udngroup.com

國家圖書館出版品預行編目資料

金融創造文明：從美索不達米亞到世界經濟體的誕生，5000年前至21世紀世界經濟大歷史/ William N. Goetzmann著．吳書榆譯．初版．新北市．聯經．2020年3月．656面．14.8×21公分（全球視野：87）
譯自：Money changes everything: how finance made civilization possible
ISBN 978-957-08-5478-7（平裝）
[2021年5月初版第三刷]

1.經濟史　2.文明史

550.9　　109001269